行政法学概要

主　编　胡建淼

副主编　罗文燕　吕尚敏

浙江工商大學出版社
ZHEJIANG GONGSHANG UNIVERSITY PRESS
·杭州·

图书在版编目(CIP)数据

行政法学概要 / 胡建淼主编. — 杭州：浙江工商大学出版社，2012.5(2020.1 重印)

ISBN 978-7-81140-514-9

Ⅰ. ①行… Ⅱ. ①胡… Ⅲ. ①行政法学—中国—高等学校—教材 Ⅳ. ①D922.101

中国版本图书馆 CIP 数据核字(2012)第 073273 号

行政法学概要

胡建淼 主编

责任编辑 任晓燕
责任校对 周敏燕
封面设计 陈思思
责任印制 包建辉
出版发行 浙江工商大学出版社
(杭州市教工路 198 号 邮政编码 310012)
(E-mail：zjgsupress@163.com)
(网址：http://www.zjgsupress.com)
电话：0571－88904980，88831806(传真)
排　　版 杭州朝曦图文设计有限公司
印　　刷 杭州高腾印务有限公司
开　　本 710mm×1000mm 1/16
印　　张 25.25
字　　数 495 千
版 印 次 2012 年 5 月第 1 版 2020 年 1 月第 4 次印刷
书　　号 ISBN 978-7-81140-514-9
定　　价 49.00 元

浙江工商大学出版社营销部邮购电话 0571－88904970

《行政法学概要》

编 委 会

主　编　胡建淼

副主编　罗文燕　吕尚敏

撰稿人　（以姓氏笔画为序）

吕尚敏　刘东亮　吴佩周　陈　党

陈骏业　罗文燕　骆梅英　雷伟红

第一章 行政法概述

【要点提示】

本章阐述行政与行政法的概念与特征、行政法律关系、行政法的地位与功能，以及中外行政法的发展历史。重点掌握行政法的基本概念、行政法的地位与功能，学会识别行政法律关系与非行政法律关系。

第一节 行政与行政法

一、行政法上的行政

行政法是有关行政的法，在学习行政法之前不能不先对“行政”本身有所认识。

(一) 行政的界定

行政一词的一般含义为经营、管理和执行。就此意义而言，不仅存在于国家和政府事务中，而且还广泛存在于私人的组织和行为中。比如说，个人及家庭财产的管理、工商企业的管理、社会组织和团体事务的管理等。显然，行政法上的行政范围没有如此广泛。一般认为，行政法所涉及的行政属于“公共行政”(或称为公行政)，与私行政相对。

什么是公共行政呢？关键在于对其中“公共性”的界定，但这是一个比较复杂的问题。西方行政学学者本(Stanley I. Benn)和高斯(Gerald F. Caus)的观点可资借鉴，他们认为可以从机构、利益和参与三个角度对公共性作综合衡量。就机构来说，公共性体现为靠税收支持的政府官僚机构，机构成员是因公而非为私行动；就利益来说，公共性体现在为公共利益服务，而非私人或私有公司的利益；就参与而言，公共性体现在公众对行政活动的参与性、空间的参与性、信息的参与性和资源的参与性等。不过，这一界定是从与私行政相区别层面着眼的，难免囊括了立法、司法等中的行政，有待进一步界定。

根据宪政分权原理，现代社会的公共行政应该是对应于与立法权和司法权有别的行政权的，与立法相比它具有从属性与执行性，与司法相比由于其将一定行政目的与利益作为基本追求，从而缺乏司法的超然与中立。由此，我们可以将行政法中的行政定位为行使国家行政权力行为这种意义上的公共行政。

需要进一步指出的是，虽然一般情况下与立法权、行政权和司法权等相对应存在立法机关、行政机关和司法机关，但我们不能因此将国家行政权力行为意义上的公共行政等同于行政机关的行为。因为，其一，行政权力主体不限于行政机关，一些由特别法律、法规授予行政权力的组织同样享有行政职权。例如，高校并非行政机关，却有给学生授予学士、硕士和博士学位的行政权力。原因在于《中华人民共和国学位条例》第 8 条的授权性规定："学士学位，由国务院授权的高等学校授予；硕士学位、博士学位，由国务院授权的高等学校和科学研究机构授予。"[①]其二，行政机关实施的行为并不都是行使行政权力的行为，还包括立法行为、司法行为和民事行为等。又如，国务院作为最高国家行政机关，有权制定属于行政法律渊源的行政法规。[②] 因此，国务院制定行政法规的行为一般被列为立法行为，受《中华人民共和国宪法》(以下简称《宪法》)和《中华人民共和国立法法》(以下简称《立法法》)的调整。

至此，我们可以对行政法中的"行政"从以下三层含义上界定。

1. 该行政属于一般行政中的公共行政；

2. 该行政是与立法权行为和司法权行为相区别的行政权行为；

3. 该行政的主体主要是国家行政机关，但还包括其他有合法依据享有和行使一定国家行政权力的组织。

(二) 行政的特征

立足前述界定，通过与立法和司法的比较，我们可以归纳出行政的特征。

第一，行政是广泛、复杂、多样和多变的行为。

在包括立法行为、司法行为和行政行为在内的所有公权力行为中，行政占据了绝大部分。行政的广泛性在于除传统的治安、国防、税收和外交外，还包括教育、科技、文化、商贸、金融、交通、环境、农林、水利、劳动、民政、人口、宗教和信息产业等众多领域，而且随着新兴领域的出现而不断拓宽。

---

① 近十年来，我国地方人民法院的行政判例表现出行政诉讼被告范围扩大的趋势。"田永诉北京科技大学案"、"刘燕文诉北京大学案"引起了理论界和实务界的普遍讨论。在这些案件中，高校都被作为法律、法规授权的组织而归入行政诉讼被告的范畴。

② 《宪法》第 89 条规定："国务院行使下列职权：(一)根据宪法和法律，规定行政措施，制定行政法规，发布决定和命令……"

同时，由于行政旨在处理社会公共事务，维护和促成社会生活，实现国家目的，公共事务尤其是现代社会公共事务本身的复杂性，注定了现代社会行政的高难度和任务的复杂性。这是立法行为单纯在抽象层次上处理问题和司法行为侧重于中立地适用法律所不能比拟的。

不同于传统行政，现代行政具有多样的功能。不仅保有传统行政的维护社会秩序的基本功能，而且有基于国家生存照顾义务，改善社会成员生存环境与生活条件的服务功能，以及面对现代社会生活的复杂性，对未来可能出现情况作前瞻性规划的计划功能等。

现代社会是一个发展变化迅速的社会，新的现象和新的问题不断演化与出现，以此为对象的行政也处在不断变化之中：行政的范围在不断地迁移和扩展、行政的功能日趋多样化、行政的手段也在不断地更新。例如，从公法手段演化到公私法手段并用，采用行政规划、行政奖励和行政契约等新型行政行为。

第二，行政是积极主动的行为。

在现代社会，行政的主要任务在于维护和促进公共利益，面对复杂、多变和相互勾连的社会环境，行政常常要积极主动介入经济、教育、文化、环保等各种关系民众生活的领域，通过事先调查、全面规划和及时采取措施等，才能防止可能出现的各种危险与危机，促进社会福利和民众的各种利益，推进社会向富裕、文明与和谐的方向发展，从而满足民众和社会需要，实现行政目的。当然，也有一部分行政是被动的，如行政机关颁发营业执照、卫生许可证等行为，但这一情形并不能遮蔽行政的积极主动性本质。

这是一个与司法和立法明显不同的特征。司法机关奉行的是“不告不理”原则，司法机关不能主动到社会上去揽案子办；立法行为虽然具有一定的主动性，但很多法律案并不是立法机关自己主动提起的，而是由行政机关甚至司法机关等草拟和推动的。①

第三，行政是追求公共利益的行为。

与司法寻求以中立和超然立场在相互冲突的纠纷中作出正确的法律判断不同，现代行政以维护和实现公共利益为目的，具有明确的利益取向。行政虽然也常常在个案中适用法律，但适用法律只是达成行政目的的重要手段，并非仅仅为了执行法律。

第四，行政是合法性与合目的性兼顾的行为。

在法治社会，行政当然要依法进行；但是，与司法行为不同，行政还有自身的目的追求——维护和实现公共利益，否则行政就丧失了产生和存在的现实基础。这

---

① 我国宪法和相关法律严格规定了立法程序中有立法提案权的组织和个人，如立法机关之外的国务院、中央军事委员会、最高人民法院、最高人民检察院等。

就要求行政在追求其目的时不得自外于法律，要在法律的支配之下运行。显然，在绝大多数情况下，法治之法与行政的目的性之间是一致的。法本身经常就是一定公共利益的体现，适用和执行法律就是对公共利益的维护和实现。因此，在合法性与合目的性之间寻求兼顾与平衡是行政的一个重要特征。

当然，由于社会本身的复杂多变性和法本身的局限性，法不可能涵盖和预测到所有的公共利益，难免有时候会出现行政的合法性与合目的性之间的紧张关系。此时，一般可通过适当解释法律和修正行政目标来加以消除或缓解。

第五，行政是注重配合与沟通的行为。

与司法强调独立性与中立性不同，为实现行政目的考虑，行政运行过程需要注重内部协调与内外沟通。

之所以强调内部协调，原因之一在于行政事务是一种牵涉面广泛的事务，往往事关全局，需要各类行政部门之间相互配合、相互支持才能做好。例如，政府决定兴建一个重大水利工程就可能涉及水利行政、土地行政、环境保护行政以及文物保护行政等，需要多个主管行政部门之间相互配合才能最终确定方案。原因之二在于行政效率的要求。如果同级行政部门之间相互推诿扯皮、上级行政部门的决策不能得到下级行政部门的贯彻，行政效率就会非常低下，公共利益将会受损，行政目的将难以实现。

之所以强调内外沟通，乃是行政民主与行政程序正当的要求。现代行政是以民主制度为基础的，不再局限于人民与政府之间的间接代理和决定与服从关系，而是尽可能吸收民众直接参与行政决策过程，在决定之前就要求政府官员与民众之间有着比较充分的沟通，从而不仅可以使政府真正掌握民众关切与公共利益之所在，使民众支持政府的决策，而且沟通行为本身也可以为行政过程提供参与和合意的正当化基础。

（三）行政的分类

分类是认识事物和现象的重要方法，为加深对行政的认识，以下我们将从不同角度和标准阐述三种常见的行政分类。

1. 根据行政手段对公民的法律效果不同，可以将行政分为秩序行政、给付行政和计划行政。

秩序行政，又称规制行政、侵害行政、干预行政或干涉行政，是指通过对社会成员以干预、限制权利和自由，施加义务或负担等方式，形成社会秩序和规制其追求其利益的活动。例如，禁止通行、行政拘留、征收税费等。

给付行政，又称服务行政或福利行政，是指通过给予社会成员以利益或服务来提供或改善其生活条件的行政活动，体现了现代国家对民众的生存照顾义务。例如，兴建公共设施、兴办公用事业、维护自然环境、提供社会福利与保障等。

计划行政，是指针对未来确定发展目标和普遍框架的行政活动。例如，制定土地规划、城市规划、环境规划和行业规划等。

2. 根据法律对行政的约束程度不同，可以将行政分为羁束行政和裁量行政。

羁束行政，是指行政组织在法定条件下必须采取相应活动的行政。例如，《中华人民共和国土地管理法》第76条规定："未经批准或者采取欺骗手段骗取批准，非法占用土地的，由县级以上人民政府土地行政主管部门责令退还非法占用的土地……"按照该规定，土地主管部门"责令退还非法占用的土地"的行为就是一个羁束行政。

裁量行政，是指行政组织在特定条件下有选择余地，也就是可以进行一定裁量的行政。《中华人民共和国治安管理处罚法》第26条规定："有下列行为之一的，处五日以上十日以下拘留，可以并处五百元以下罚款；情节较重的，处十日以上十五日以下拘留，可以并处一千元以下罚款：(一)结伙斗殴的……" 显然，公安机关按照该规定选择确定具体处罚就属于裁量行政。

3. 根据行政的内部和外部效果，可以将行政分为内部行政与外部行政。

内部行政，是指对作为外部管理相对人的公民、法人或者其他组织不发生效力的行政组织内部的行为或决定，具体表现为对行政组织和系统内部的人、财、物和事等进行管理或配置，目的在于创造公共行政所必需的内部条件。

外部行政，是指行政组织执行法律、发布行政规定或作出具体行政决定，而对行政组织以外的公民、法人或者其他组织的权利或义务发生效力的行为。

二、行政法的概念

由于行政现象所具有的广泛、复杂、多样和多变等特点，各国学者对行政法的认识不尽相同，甚至存在较大的差异。

在大陆法系国家，行政法是公法的重要一支，德国著名行政法学家哈特穆特·毛雷尔教授对其作了这样的界定："行政法是指以特有的方式调整行政——行政行为、行政程序和行政组织的(成文或者不成文)法律规范的总称，是为行政所特有的法。但是，这并不意味着行政法只是行政组织及其活动的标准。更准确地说，行政法是并且正是调整行政与公民之间的关系、确立公民权利和义务的规范，只是范围限于行政上的关系而已。"显然，这是一种侧重于行政法内容和调整对象的界定。而在英美法系国家，行政法则侧重于行政程序规范，强调通过司法权对行政权的控制。美国行政法学大师肯尼思·C. 戴维斯教授的行政法定义就凸显了行政法的控权功能：行政法是"关于行政机关的权力和程序的法律，特别要包括对行政行为进行司法审查的法律"。

显然，上述两种行政法定义各有所长，分别从不同角度反映了各自国家行政法的主要倾向与重点。

我们不妨吸取两者之长，给行政法作一个综合性的界定：行政法，是指以行政关系为调整对象，以有关行政组织、行政行为和行政程序等的规定为内容，以规范和控制行政权力为价值取向的一类法律规范的总称。这一界定有以下几层含义。

1. 行政法有自己独立的调整对象——行政关系，是一个与民法等部门法并列的独立的法律部门。这里的“行政关系”，包括四类。

(1)行政管理关系，是指拥有行政权力的组织在行使行政职权的过程中与没有隶属关系的公民、法人或者其他组织之间发生的关系。

(2)行政监督关系，是指依法享有监督权的主体(立法机关、司法机关、行政复议机关和监察机关等)在对拥有行政权力的组织及其公务人员行使监督权过程中发生的关系。

(3)行政救济关系，是指认为自己的合法权益受到拥有行政权力的组织侵害的公民、法人或者其他组织，通过向人民法院和行政复议机关请求救济而与后二者发生的关系。

(4)内部行政关系，是指行政组织系统内部和行政组织内部发生的各种关系。包括上下级行政机关之间、同级行政机关之间以及行政机关内部的人财物管理之间等发生的关系。

2. 行政法的内容包括三个方面。一是有关行政组织方面的规定。如宪法、行政机关组织法等对行政组织及其职权职责的规定。二是有关各类行政行为的规定。如行政许可行为、行政处罚行为、行政措施行为、行政征收征用行为、行政裁决行为等的规定。三是行政程序的规定。如行政处罚程序、行政许可程序、行政复议程序、行政立法程序等的规定。

3. 行政法是以规范和控制行政权力为价值取向的法。现代社会是法治社会，法治的核心价值与基本精神是法律至上，以法律控制权力，保障基本人权。法治的这一核心价值和基本精神首先体现在行政法治中，强调行政法对行政权的至上地位，行政权要依法行使，受行政法的规范与控制，以保障与行政权力行使主体相对一方的公民、法人或者其他组织的合法权益。之所以说首先要在行政法治中贯彻以法律控制权力的基本法治精神，主要原因在于行政权力相较于其他国家权力更富有侵害性。其侵害性体现为三个方面。其一，不同于司法权的“不告不理”和立法权启动的审慎，行政权力是一种具有积极主动性的权力，容易被滥用而侵害行政相对方的合法权益。其二，行政权是一种非常广泛的权力，且有不断扩张的趋势，覆盖和深入到社会生活的方方面面，稍有不慎就会危及公民、法人或者其他组织的合法权益。一个人可以一辈子不与司法机关和立法机关打交道，但不可能不与行政机关接触。其三，不同于立法权的定期性和间接性，行政权力是一种经常性和直接性的权力，给行政侵害提供了更多的机会。其四，不同于司法权的严格法律约束性，行政权力常常出没于法律规则疏松甚至缺位的裁量领域，由此也给行政侵害带来更多的可能性。

三、行政法的特征

基于以上对行政和行政法的认识，我们可以对行政法的特征作如下内容与形式两方面的概括。

（一）行政法的内容特征

1. 调整范围广泛、技术较强。由于现代公共行政是一个涉及众多生活领域的事业，以行政关系为调整对象的行政法的覆盖领域自然也是非常广泛。不仅包括了传统的治安、税收、国防和外交领域，还包括教育、科技、劳动、文化、卫生、农林牧渔业、贸易、金融、司法行政、民政等众多领域，而且进一步扩展到环境保护、社会保险和社会福利等新兴领域。同时，由于行政现象的复杂性和行政面对未来生活的塑造作用，行政专业化成了不可避免的选择，因此行政法也就日益反映与呈现出行政的专业技术性特征。

2. 行政法律规范常常具有支配性特征。由于行政的目标在于追求公共利益，为了保证此目标的达成，行政法常使行政组织在行政法律关系中处于支配性地位。行政命令就是行政法规定的众多行政手段中的一种典型的支配性手段。

3. 规范内容变动性较强、稳定性较弱。由于行政现象具有多变性的特征，用来规范和控制行政的行政法必然要随着其变化而不断地作出调整（立、改、废），否则就无法满足行政法的目的，并会阻碍行政任务的实现。在我们这样一个处在行政改革和转型时期的国度，行政法的易变性特征表现得尤为明显。

（二）行政法的形式特征

一是行政法规范数量庞大，表现形式多样。由于行政法涉及的范围广泛和领域众多，行政法规范的数量异常庞大。[①] 同时，由于行政法制定的主体多样和多层级，在我国行政法规范文件就有法律、行政法规、地方性法规、行政规章、自治条例和单行条例、法律解释和条约等众多法源表现形式，具体名称更是繁多，有法、条例、规定、规则、决定、通知、办法、细则、公告等，不胜枚举。

二是难以形成统一的行政法典。由于行政法规范的数量庞大、涉及范围广泛、内容复杂多变，不管是从立法技术上还是法典本身所寻求的稳定性与统一性上都几乎不可能编纂出类似于民法典和刑法典等统一的法典。这也是为什么我们找不到一部冠名为“中华人民共和国行政法”的法律文件的原因。

三是行政法的实体规范与程序规范往往共存于同一个法律文件之中。行政法同民法、刑法等并列为部门法，但记载民法规范、刑法规范等的法律文件中几乎全

---

① 北大法意 2010 版法规数据库的“行政法规”主题下属于“行政法类”的法律、法规、规章和其他行政规范性文件的总数就达 18 万件以上之巨。

是实体规范，而行政法律文件中常常既有实体规范，又有数量可观的程序规范。即使一些国家制定了专门的行政程序法典，但其中却包含着不少行政实体规范。这恐怕既有立法技术等方面的考虑，也与行政法倚重行政程序规范和控制行政权力的价值取向有关。

第二节 行政法律关系

一、行政法律关系的概念

行政法律关系属于法律关系之一种，是行政主体在行使行政职权过程中与其他主体之间形成的并受行政法调整和约束的行政关系。

行政法律关系的含义，可以从以下几个方面理解。

（一）行政法律关系是一种行政关系

行政关系是行政主体在行使行政职权时与其他主体之间形成的关系，具体包括行政管理关系、行政监督关系、行政救济关系和内部行政关系。

（二）行政法律关系是受行政法调整和约束的行政关系

行政关系并不天然就是行政法律关系。在前法治社会，由于行政不受法律的约束，行政关系仅是一种与法律不相干的特殊社会关系；只有在法治社会，强调行政的法律控制，此时绝大多数行政关系才因法律的调整与约束而转化为行政法律关系。这就意味着要将那些并非由行政法调整的行政关系排除在行政法律关系之外，如人民法院通过行政诉讼与行政主体之间产生的监督关系。

（三）行政法律关系主体必有一方是行使行政职权的行政主体

行政法律关系是行政主体在行使行政职权过程中与其他主体（行政相对人、下级或同级行政机关、具有隶属关系的行政公务人员或机构等）之间形成的行政关系。因此，行政主体始终是关系之一方，自然是必不可少的，而且在一般情况下常常是起主导与支配作用的一方。

（四）行政法律关系是有强行性的法律关系

与民事法律关系的自愿性不同，行政法律关系的产生、变更和消灭，关系主体双方往往很少有自愿的选择或协商的权力或权利，双方都要依据行政法律规范的规定来行为。对于享有行政职权一方的行政主体来说，行政职权既是权力又是职责；对于相对方的行政相对人来说，在行政法律关系中则常常处于被支配的地位，很少有自愿选择的余地。

需要指出的是，随着管理型政府向服务型政府的逐步转变，参与行政、协商行政将会成为主流，行政法律关系中的强制性色彩将逐渐消隐。但现阶段，我国行政法律关系中强制性色彩还是相当明显的。

二、行政法律关系主体

行政法律关系主体，是参加行政法律关系，享有行政法上权力或权利，承担行政法上义务和责任的人。个人和组织都可以成为行政法律关系主体，范围非常广泛。行政法律关系主体可以从多种不同的角度分类，从行政管理关系角度看，我们可以将行政法律关系主体分为行政主体和行政相对人。鉴于本书对这一分类有专章介绍，下面仅作简要介绍。

（一）行政主体

行政主体，是指能够以自己名义拥有和行使行政职权，并能够独自承担行使行政职权行为的法律后果的组织。一般来说，这类主体包括行政机关和法律法规授予行政职权的组织。在行政法律关系中，这类主体常常处于主导和支配地位。

（二）行政相对人

行政相对人，是指在行政法律关系中与行政主体相对应的人，也即行政主体的行政职权行为所针对的人。一般来说，行政相对人是行政管理关系中处于被管理和被支配地位的人，包括公民、法人和其他组织，还包括外国人、无国籍人与外国组织。行政机关也可以在行政法律关系中成为一定行政主体行使行政职权的相对人。

三、行政法律关系内容

行政法律关系的内容，是指行政法律关系主体所具体享受的权利和承担的义务。

每一类行政法律关系主体，不论是行政主体还是行政相对人，既是权利的享有者，也是义务的承担者。当其享受权利时，我们可以称其为“权利主体”；当其承担义务时，我们可以称其为“义务主体”。因此，我们可以说，既没有绝对的权利主体，也没有绝对的义务主体。鉴于权利与义务的相对性，我们可以说行政法律关系主体之间互为权利主体与义务主体。

就行政主体而言，其权利是以职权这种特殊形态表现出来的，同时也是行政机关的职责。行政主体的职权与职责只能来自法律的规定，没有法律规定就没有行政的职权与职责。

就行政相对人而言，其义务来自法的规定，其权利既有法定权利，也有法无禁止即可为的自由。

四、行政法律关系客体

行政法律关系客体，是指行政法律关系主体的权利和义务所指向的对象，并充当法律关系主体发生权利和义务关系的中介。

由于行政范围的广泛性，行政法律关系的客体异常丰富。具体而言，包括人身、行为、行政权力、财物、精神产品、信息等。例如，治安管理法律关系中的行政拘留就是针对人身的，行政机关对行政相对人的保护职责就是针对保护行为的，行政权力的授予与委托关系就是针对行政权力的，税收与征用法律关系就是针对一定财物的，知识产权的行政保护以及由国家特定行政机关颁发见义勇为奖状等就是针对知识产品和道德产品等精神产品的，根据《互联网信息服务管理办法》（国务院2000年）等规定对互联网经营者提供的互联网信息内容加以规范就是针对信息的。

五、行政法律关系的产生、变更与消灭

行政法律关系与其他社会关系一样，处在不断发生、变更与消灭的运行过程中。行政法律关系发生，就是在行政法律关系主体之间建立与形成某种权利和义务关系。行政法律关系的变更，就是改变行政法律关系主体之间已有的权利和义务关系内容。行政法律关系的消灭，就是终止行政法律关系主体之间已有的权利义务关系。不过，不论是行政法律关系的发生，还是变更或消灭，都必须是基于一定的行政法律事实。

（一）行政法律事实

所谓的行政法律事实，是指能够引起行政法律关系发生、变更与消灭的客观原因与条件，具体包括法律事件和法律行为。

法律事件分为社会事件和自然事件，前者是指不以具体法律关系主体意志为转移的社会变迁或社会变革，后者则是指不以人的意志为转移的自然灾害、偶然事件和人的生老病死等。

法律行为是指受一定意志支配的能够引起行政法律关系发生、变更或消灭的主体活动。具体而言，就是指行政主体、行政相对人、第三人以及其他关系人的一定行为。引起行政法律关系发生的行为可以是作为行为，也可以是不作为行为；可以是合法行为，也可以是违法行为。

（二）行政法律关系发生、变更与消灭的特点

与民事法律关系相比，行政法律关系的发生、变更与消灭主要有以下两个特点。

1. 行政法律关系的发生、变更与消灭，多数情况下是由行政主体主动行为引

起的。不同于民事法律关系主体的平等地位，行政主体在行政法律关系中经常处于主导和支配地位，而且在多数情况下必须积极主动地行使职权。即使是依申请行政行为，仅有行政相对人提出的申请并不足以导致行政法律关系的产生，常常还需要有行政主体的审查受理行为才成。

2. 行政法律关系的发生、变更与消灭，大多数情况下是由行政主体单方行为引起的。在民事法律关系中，强调主体之间的自愿性，不论是签订契约还是民事侵权赔偿，都鼓励民事主体之间的自愿协商、达成一致。而在行政法律关系中，虽然现代行政越来越强调行政相对人对行政程序的参与，但最终决定权还是由行政主体行使。也就是说，引起行政法律关系产生、变更和消灭的法律行为最终还是由行政主体作出的。

行政主体所为的具体行政行为引起行政法律关系的产生、变更、消灭的情形占很大比例。除此之外，法律的公布（如免税的法律）、行政合同的签订以及某些事实行为的发生[①]也会引起行政法律关系的产生、变更或消灭。

第三节　行政法的地位与功能

一、行政法的地位

行政法的地位，是指行政法作为一个法规范体系在整个法规范体中所处的位置。为此，我们可以将行政法地位问题归结为两个方面：其一，行政法是否是一个独立的法律部门；其二，作为一个独立的法律部门，行政法与其他法律部门法相比，在法律体系中是否存在特殊的定位。

首先，行政法是一个独立的法律部门。衡量一类法规范整体是否享有法律部门地位的标准，是看其是否具有独立的调整对象或独特的调整方法。行政法以行政关系为调整对象，行政关系是公权力主体在行使行政权力时与相对一方发生的权利义务关系，以追求公益为主要目标，双方享有（拥有）的权利（力）和承担的义务常常是不平等的，与调整平等主体之间财产关系与人身关系的民法有着巨大的差异；在调整方法上，行政法常常采用单方作出具体行政决定、制定抽象行政规范，甚至进行行政立法的方式来进行调整，显然不同于民法的自愿协商，也不同于刑法的定罪与刑罚方法。因此，行政法是一个有独立调整对象和独特调整方法的与民法、

---

① 陈新民在《中国行政法学原理》一书中对引起公民在行政法上权利和义务的事实行为作了举例说明，例如进入公共机构，如公共博物馆、车站、政府机构等，就有义务必须遵守公共机构的规则等。参见陈新民：《中国行政法学原理》，中国政法大学出版社 2002 年版，第 55 页。

刑法并列的重要法律部门。

其次,行政法与宪法有着非常密切的关系。关于行政法与宪法的密切关系,德国几位行政法大儒作了如下生动的描述。奥托·麦耶(Otto Mayer)说:"宪法消失,行政法长存。"弗立兹·韦纳(Fritz Werner)说:"行政法乃具体化之宪法。"赫曼·罗斯(Herman Reuβ)说:"行政法乃活生生的宪法。"[①]也就是说,行政法是宪法最重要的实施法,宪法主要是通过行政法得以落实的,以至于有人说行政法是仅次于宪法的重要法律部门。

最后,行政法常常作为民法与刑法的前提性规定而出现。例如,《中华人民共和国物权法》第 9 条明确规定:"不动产物权的设立、变更、转让和消灭,经依法登记,发生效力;未经登记,不发生效力,但法律另有规定的除外。"将行政登记这一行政行为作为私法关系生效的前提条件。又如,《中华人民共和国刑法》第 125 条规定:"非法制造、买卖、运输、邮寄、储存枪支、弹药、爆炸物的,处三年以上十年以下有期徒刑;情节严重的,处十年以上有期徒刑、无期徒刑或者死刑。"显然,此条中的"非法"指的是未获取相应的行政许可,如果已经获得行政许可,就不存在此条所规定的犯罪与刑罚。因此,行政许可与否就成了是否构成犯罪的前提条件。在刑法中,类似这样的规定还有很多。

二、行政法的功能

现代行政法以建设行政法治国家为基本价值追求。为此,我国制定了《中华人民共和国行政处罚法》、《中华人民共和国行政许可法》、《中华人民共和国行政复议法》(以下简称《行政复议法》)、《中华人民共和国政府信息公开条例》、《中华人民共和国行政监督法》、《中华人民共和国行政强制法》等一系列行政法的基本法律文件。这些行政法规范正在和即将进一步实现以下三方面基本功能。

(一)保护公民、法人和其他组织的合法权益

从理论上讲,作为主权在民的社会主义国家,保护公民、法人和其他组织合法权益免受不法侵害,本是行政法的终极关怀。从实践上看,由于行政权力行使的主动性、广泛性和直接性,以及权力本身所固有的易被滥用性,行政法必须对行政权力加以规范和控制,防止其侵害作为行政相对一方的公民、法人和其他组织的合法权益。

当行政相对方的合法权益受到行使行政权力的主体侵害时,为保护其合法权益,行政法设置了一系列的救济制度。例如,《行政复议法》为公民、法人和其他组织提供了复议救济途径,《中华人民共和国行政诉讼法》(以下简称《行政诉讼法》)

---

① 陈新民:《公法学札记》,中国政法大学出版社 2001 年版,第 3 页。

为公民、法人和其他组织提供了通过行政诉讼保护自己合法权益的救济机制,《中华人民共和国国家赔偿法》(以下简称《国家赔偿法》)为公民、法人和其他组织合法权益受侵害并造成损失的,提供了请求国家赔偿的手段。

(二) 监督行政主体依法行使行政权力,防止违法行政

行政法治不仅要求行政不得侵害相对一方的合法权益,而且要求行政权力必须在法律规定的权限范围内运行,依照法律规定的程序行使,强调法律对于行政的优先地位,否则构成违法行政。

具体而言,行政法对行政设定了各种监督机制,包括内部的与外部的,纵向的与横向的,事后的与过程中的。例如,《中华人民共和国公务员法》规定的监督主要属于内部的、纵向的监督,以行政处分为主要责任方式;《中华人民共和国行政监督法》规定的监督主要属于行政系统内部的横向监督,以行政处分为主要责任方式;《行政复议法》、《行政诉讼法》和《国家赔偿法》所规定的监督,就属于事后的、外部的监督模式典型,主要采用撤销、限期履行、确认违法、赔偿损失等责任方式;另外,《行政处罚法》、《行政许可法》、《政府信息公开条例》等,更强调行政程序过程中的监督。

(三) 促使行政主体高效行政、合理行政,维护社会秩序和公共利益

面对复杂多变的现代社会的行政事务,行政主体并不是在法律规定的范围内循规蹈矩就够了;相反,必须积极、能动地去完成行政任务,又不失合理谨慎。

行政法不仅明确规定了行政主体应该做什么和不得做什么,而且授予行政主体广泛行政裁量权,给行政权力行使留下了大量裁量空间。为此,行政主体应基于维护社会秩序、公共利益以及保护行政相对人合法权益的需要,根据主客观具体情况,在法律规定范围内积极、谨慎选择和合理裁量,否则就有可能构成失职和滥用裁量权等行政违法。

第四节　行政法的历史与挑战

没有历史就没有现在,也就没有未来。现在是历史基础上发展而来的现在,而未来则是建立在现在基础上的未来。因此,认识行政法的历史,对理解和发展当下的行政法,以及预测未来行政法的走向具有重要的现实意义。

一、外国行政法发展史

各国行政法都有自身的历史发展轨迹,都有各自的历史发展原因。这里我们选取英美法系的英国与美国,以及大陆法系的法国作简单介绍。

(一) 英国行政法

英国学者曾经对行政法怀有深深的偏见,甚至拒不承认英国行政法的存在。英国著名宪法学者戴雪声称:"四境之内,大凡一切阶级均受命于普通法律,而普通法律复在普通法院执行。当法律主治用在此项旨意时,凡一切意思之含有官吏不可受治于普通法律及普通法院者皆摒除。因此之故,在英格兰中无一物可符合法国所谓'行政法'或'平政院'。"[①]

其实,如果像后来的英国学者那样,将行政法理解为控制行政权力的法、动态的宪法和关于公共行政的法的话,那么,英国同样存在行政法,而且英国行政法的存在远远早于英国学者对行政法的研究。

17 世纪英国资产阶级革命时,普通法院与作为新兴资产阶级利益代表的议会站在一起,共同反对迫害进步人士的专制王权和国王设立的特权法院。议会主权确立后,国王特权受到限制,除大法官法院以外的特权法院被废除,普通法院承担起对地方治安法官等行政官吏的监督。由此开始,英国确立了行政诉讼制度,并形成了公私法诉讼不分,由普通法院按照同样诉讼程序审理的公私法诉讼的特点。1888 年英国地方郡议会成立,地方治安法官的行政权力转移到新成立的民选机构,原来普通法院对治安法官的各种监督也顺势转移到新成立的各种行使行政权力的机构。19 世纪中叶以后,面对中央政府机构的扩张,普通法院的监督也扩展到中央行政机构。因此,英国行政法是长期历史演变的结果,主要表现为普通法院在控制行政权力的诉讼中适用的一般法律规则,以及少量仅适用于行政法领域的特别法律规则。这也是英国行政法的第二个特点。

英国行政法的控权精神,还特别表现在英国行政法的基本原则上。(1) 越权无效原则。这是英国行政法的核心原则,王名扬先生将其归纳为程序越权与实质越权两个方面。程序越权,是指行政机关违反成文法规定必须遵守的程序;实质越权则包括超越行政管辖权范围、不履行法定义务、权力滥用以及记录中所表现的法律错误四层含义。[②] (2) 行政法治原则。英国行政法学家威廉·韦德(Sir William Wade)先生等曾将英国的法治原则归纳为以下四层含义:第一,英国法治原则的基本含义强调任何事情必须依法而行。将此用于政府就意味着政府所做的任何事情都必须有议会立法的授权,否则就是对他人自由与权利的侵犯,受影响的人有权诉诸法院。第二,政府必须根据公认的、限制自由裁量权的一整套规则办事,即使议会基于其主权授予政府无限的自由裁量权。第三,对政府行为是否合法的争议应

---

① [英]戴雪:《英宪精义》,雷宾南译,中国法制出版社 2001 年版,第 244 页。

② 王名扬:《英国行政法》,中国政法大学出版社 1987 年版,第 160 页。

当由完全独立于行政之外的法官裁决。第四,法律必须平等地对待政府和人民。[①]

(3) 自然正义原则。该原则又称为"自然公正原则"。威廉·韦德指出:"在行政法上自然正义是一个界定完好的概念,它包括公正程序的两项根本规则:一个人不能在自己的案件中做法官,人们的抗辩必须公正地听取。"[②]该原则现在已体现在许多制定法的规定之中,在制定法没有规定的空白区域,该原则仍然在发挥着重要作用。

显然,英国行政法的这三个基本原则都是在英国普通法发展的历史中逐步形成的,但存在共同的价值取向——控制行政权力,只是各有侧重而已。

(二) 美国行政法

美国是一个历史不长的新兴国家,其行政法几乎是与行政同步产生的。在北美殖民地时期就继承了英国的司法审查传统,通过普通法院控制行政权力是其行政法制度的核心。从 1789 年美国联邦政府成立到 1886 年州际商业委员会成立之前的近一百年时间内,其行政法的特点就是按照英国普通法和衡平法的原则对行政活动进行司法审查。

为了应对工业化引起的一系列社会经济问题,联邦国会于 1887 年制定了州际商业法,并据此成立控制铁路运输等运输业的州际商业委员会。不同于传统的行政机构,该委员会对总统独立,同时享有制定运输政策和决定运输价格的立法权、执行该政策的行政权和裁决由此引起的争端的司法权,而且其管辖范围覆盖了整个行业的全部活动,从而开创了联邦政府控制经济的新时代,改变了传统行政的消极角色定位,使联邦行政法大大地向前迈进了一步。鉴于州际商业委员会的成功经验,国会又建立了联邦储备委员会、联邦贸易委员会、联邦能源委员会等一系列独立管制机构。由于这些机构的职权违背了联邦宪法的分权原则,分割了总统的行政权力,遭到了不少批评与反对。为了回应这些批评与反对,国会在创立独立控制机构的法律中,规定独立管制机构行使裁决权力时采用审判式的听证程序,让利害关系人有为自己利益辩护的机会,还规定法院有权对独立管制机构的决定进行司法审查。由于英国普通法传统的司法审查胜诉与否很大程度上依赖于当事人对救济手段的选择,采用法律规定的司法审查则有效地避免了这一选择的困难,能更好地满足行政权力扩张后的控权和救济的需要,从而形成了用法律规定的司法审查取代英国普通法传统的司法审查的美国行政法传统模式。

如果说 1887 年至 1932 年是美国行政法传统模式的形成阶段,那么自 1933 年罗斯福总统推行新政开始到 1946 年美国联邦行政程序法制定为止,则是美国行政

---

① Sir William Wade, Christopher Forsyth, *Administrative Law* (8th ed), Oxford University Press, 2000, p. 20.

② [英]韦廉·韦德:《行政法》,徐炳等译,中国大百科全书出版社 1997 年版,第 95 页。

法的迅速发展阶段。为了摆脱经济危机和复兴经济,罗斯福总统采取了一系列控制银行和市场、鼓励和控制农业生产、规定最低工资和最高工作时间、建立社会保障等方面的措施,并为执行这些措施建立了诸如证券交易委员会、国家劳动关系委员会、联邦电讯委员会和联邦海事委员会等大量独立控制机构。同时,法律并没有为这些机构行使权力规定必要的程序。鉴于这些机构与分权原则相悖的高度集中的权力,在摆脱经济危机之后,企业界和美国律师协会等一起反对政府权力的扩张,美国国会加强了对如何限制行政权力问题的研究,最高法院也显示出强化司法审查的倾向。在此背景下,罗斯福总统在1939年命令司法部长成立了一个研究行政程序的委员会。1941年司法部长程序委员会向国会提交了立法建议,国会在此建议的基础上于1946年制定了联邦行政程序法。行政程序法的出台是美国行政法发展史上的一个里程碑,它给行政机关规定了最低程序要求,统一了联邦政府的行政程序。同年,美国还制定了另外一部重要的法律——联邦侵权赔偿法。

此后的1947年至1965年,行政程序法得到了进一步巩固。

20世纪60年代中期至70年代末期,美国行政法进入批评和改革传统行政法模式阶段。在这一阶段由于行政重心已从经济控制领域趋向社会控制领域、环境保护领域和消费者保护领域,行政法也随之从以控制为中心转向以促进行政提供福利和服务为中心。为此,以实现行政公开原则为宗旨对行政程序法作了几次修改:1966年制定了公开政府文件的情报自由法,1972年制定了公开咨询委员会会议的联邦咨询委员会法,1974年制定了对本人公开政府所保持的个人记录的隐私权法,1976年制定了公开合议制机构会议的阳光政府法。此外,还通过修改放弃了国家在司法审查中的主权豁免原则,进一步扩大了司法审查的范围。对此,王名扬先生精辟地指出:“传统司法审查的目的是防止行政机关侵害私人的权利,20世纪70年代以后,法院在司法审查中没有放弃传统目的,但是主要追求更积极的目的,扩大公众对行政程序的参与,监督行政机关为公众提供更多福利和服务。”

20世纪80年代以后,美国行政法进入重新评估阶段,即对上阶段的政策和改革进行评价,探讨行政机关的规制作用和法院的司法审查在多大范围内存在更能发挥效率,强调政府规制的效益分析,并取消了一部分政府规制,加强了企业之间的自由竞争。

(三) 法国行政法

一般认为法国是世界上最早出现行政法的国家,这主要是从将行政法看做独立于私法的一个公法部门角度来说的。在法国,行政法意味着应用于行政的独立于私法的规则总体,而适用该法律引起的争端则由独立于普通司法官员的行政法官管辖。甚至可以说,法国的行政法就是由行政法官通过判例所创制的。

法国大革命之前,由于热衷于保持对所有法律事务的垄断,最高法院经常干涉行政事务,阻止一些君主试图引入的改革措施,以致1641年圣杰曼公告禁止最高法院对任何涉及国家、行政或政府的案件进行审判,将该权力转移到国王和他任命的人手中。这种冲突一直延续到1789年大革命后,1790年8月16日至24日的法律明确规定:“司法职能分立且永远与行政职能分离。普通法院的法官以任何方式介入行政权的运作都将被视为违法行为,他们也不能将行政官员传至自己的法庭要求其说明权力运作的情况。”这是基于法国特殊的历史背景和法国人自己对三权分立理论理解的结果。

为此,行政部门成了自己的法官。为了给受行政越权侵害的公民提供救济途径和借助个人申诉促进行政改革,作为第一任执政官的拿破仑成立了国家参事院这一专门机构。早期,这一机构并不是一个具有独立性的真正法院,只能受理针对部长的申诉,既无权作出决定也无权宣判,只是作为行政层级中部长的上级向国家元首提出建议。此后,经过近一个世纪变迁,国家参事院逐渐获得了对案件的独立审判权和初审、终审管辖权,演变成现在的名义上属于行政系统实质上具有独立行政审判权的最高行政法院。

由于缺乏可以依据的行政法规则,法国行政法官通过判例自己提出行政法的一般理论,自己创制了大部分行政法规则。这一传统一直延续到现在。当然,当初也有一部分由立法者制定的成文行政法,如有关省级建制的1871年8月10日法律,有关大区、省、市镇的权力和自由的1982年3月2日法律。

按照法国著名行政法学者古斯塔夫·佩泽尔的观点,法国行政法的演变分为三个阶段:一是从共和八年到第三共和国初期,受行政活动范围(治安、国防、公共救助和公共工程等)狭窄的限制,行政法以公共权力和主权概念为基础,适用范围很小;二是从第三共和国初期到第一次世界大战之前,由于公共权力扩展到诸如教育和社会等个人无利可图的领域,以及铁路运输、燃气和电等具有垄断或公共服务特征的私人活动领域,行政法以公共服务理论为基础,相应地扩大了适用范围;三是在两次世界大战后,行政法进入一个新的历史发展时期。由于国家对私人经济活动干预的加强,出现了私法在公共服务领域适用和公法适用于公共服务以外领域的公私法交织现象。此外,行政的法律手段和方式也发生了变化:大量采用行政规划、行政奖励和行政契约等不同于传统的做法。

二、中国行政法发展史

虽然我国历史上有诸如《唐六典》、《元典章》等规定行政活动的法典,但现代意义的行政法萌芽于民国时期。《中华民国临时约法》规定了主权在民并提到了行政诉讼,北洋军阀政府与国民党政府先后颁布《行政诉讼法》,国民党政府颁布的《行政诉讼法》还公布了一些行政组织法。但鉴于当时的历史条件,这些规定基本上停留于纸面。因此,此时的行政法尚处在萌芽阶段。

新中国的行政法发展则是一波三折,一般将其分为四个阶段。

1949 年至 1957 年为初创阶段。此时，大规模的战争已经结束，百废待兴。在 1949 年《共同纲领》和 1954 年《宪法》的基础上，国家先后颁布行政管理方面的法律、法规 800 多件，建立了行政监察制度，以及公民控告国家机关及其工作人员违法失职行为的制度；制定了规定中央人民政府和国务院职权与职责的组织法；此外，还规定了国家机关工作人员职务侵权赔偿制度。无疑，在废除旧中国法统基础上建立的这些行政法制具有开创性意义，虽然与当代行政法治的要求相比还有相当大的距离。

1957 年至 1978 年为挫折与倒退阶段。在 1957 年的"反右"运动中，开始批判"法律至上"，行政法的发展速度放慢以至停滞；1966 年开始了长达十年的"文化大革命"，不仅公检法被砸烂，而且作为行政法规范对象的政府本身也被"革命委员会"取而代之，当初制定的一点行政法规范事实上也被废除了。公民的民主权利严重受到侵害，行政法制则处在荒芜之中。

1978 年至 1989 年为重建与发展阶段。1978 年底召开的中共十一届三中全会决定将全党全国的工作重点转移到社会主义现代化建设上来，把民主法制建设提到重要的议事日程，使备受摧残的中国行政法制由此走上重建与发展之路。

1979 年 11 月全国人大常委会作出《关于中华人民共和国建国以来制定的法律、法令效力问题的决议》，恢复了包括行政法在内的一大批法律的效力；颁布了《中华人民共和国地方各级人民代表大会和地方各级人民政府组织法》、《中华人民共和国国务院组织法》、《国务院关于国家行政机关工作人员的奖惩暂行规定》等一批组织与人事行政法；还制定了诸如《中华人民共和国治安管理处罚条例》、《中华人民共和国森林法》、《中华人民共和国土地管理法》、《中华人民共和国水法》等一大批专门领域的行政法律规范。

1989 年至今为走向繁荣阶段。1989 年 4 月 4 日，全国人大制定了《行政诉讼法》，并于翌年 10 月 1 日生效。该法的颁布实施，标志着真正体现行政法治基本精神的行政立法的开始，在此基础上全国人大又出台了《行政复议条例》(1990)、《国家赔偿法》(1994)、《行政处罚法》(1996)、《行政复议法》(1999)、《行政许可法》(2003)等一般性的行政立法。中国行政法由此走上了繁荣之路，并为中国行政法治的推进提供了比较完备的行政法制前提。

三、行政转型对行政法的挑战

第二次世界大战后，西方发达国家进入"社会法治国"的时代。以德国为例，其社会法治国的内涵包括为民众创造可以忍受的生活条件、引进社会安全体系、强调社会公平、确保社会自由和建立必要的公法补偿体系。行政法的任务不再限于消极保护民众免受国家行政权力过度侵害，而是要求国家必须积极提供生活照顾；国家不再仅仅充当维护社会秩序的警察角色，而是作为各种行政给付的提供者出现。[①]

2004年国务院发布的《全面推进依法行政实施纲要》规定："强化公共服务职能和公共服务意识，简化公共服务程序，降低公共服务成本，逐步建立统一、公开、公平、公正的现代公共服务体制。"2006年中共第十六届中央委员会第六次全体会议通过的《中共中央关于构建社会主义和谐社会若干重大问题的决定》中进一步明确："建设服务型政府，强化社会管理和公共服务职能。"至此，我国政府职能转型的大幕徐徐拉开。以规范控制政府行政权力为己任的行政法，必然面临着如何应对政府转型的挑战。

具体而言，我国行政法可能面临以下转型或挑战。

1. 由干涉型行政法向互动型行政法转变。总体来说，现行行政法为配合秩序行政的需要，授予行政主体大量优益性权力，行政主体在行政活动中享有近乎绝对支配性地位。虽然近十年来的一些行政立法已经注意到行政相对人的参与权问题，但在实践中屡屡遭到忽视。[②] 在服务行政背景下，如果要真正改善和提高民众的生活质量，满足民众的生活需求，就应该建立在行政主体与行政相对人之间充分沟通、交流和协商基础上，力求在达成共识的基础上形成行政决定或行政契约，切不可出现让民众感觉是"被"幸福了一把。为此，行政法如何保障这一行政转型的需要，就是一个需要认真对待的问题。

2. 由以规范行政管理为重心的行政法向促使行政积极为民众提供改善生活条件的服务行政转移。如果说行政法规范行政管理主要是为了防止行政主体干坏事，那么服务行政时代的行政法的重心应该是如何促使行政主体积极主动地做好事，即为民众的生存发展提供全方位的照顾。

3. 如何将计划行政纳入行政法治的范围。服务行政离不开事先进行周密细致的规划，如此才能保证人类生存发展需要的自然资源与生态环境的永续利用，社会生活环境的安全、方便与舒适。但行政计划毕竟是面向未来的筹划，存在诸多不确定性，行政主体在这一领域存在巨大的裁量空间，如何减少或消除这一法治虚空，也是行政法必须面对的挑战。

4. 如何应对行政私法化对行政法的冲击。在现代行政中，存在将公共行政任

---

① 翁岳生编：《行政法》(上)，(台湾)元照出版公司2006年版，第43页。

② 例如，1998年实施的《中华人民共和国价格法》第23条规定："制定关系群众切身利益的公用事业价格、公益性服务价格、自然垄断经营的商品价格等政府指导价、政府定价，应当建立听证会制度，由政府价格主管部门主持，征求消费者、经营者和有关方面的意见，论证其必要性、可行性。"但此后进行的一系列水、电、煤气等公用产品价格听证，火车票价、公交车票价等公益性服务的价格听证，几乎都是每听必涨，听证成了橡皮图章，社会影响极坏。

务交由私人组织去完成，或者由行政主体采用私法手段去完成行政任务这两种倾向，以至于有些学者称其为“公法私法化浪潮”。面对公共行政遁入私法领域的倾向，行政法应该持一种什么样的态度？是否应该在一定领域为私法化现象设置禁止“红线”？“红线”又该设置在哪里？等等问题，正期待着行政法给出回应。

【自我测试】

1. 如何理解行政的含义？如何区分“公行政”和“私行政”？
2. 与立法权和司法权相比，行政权有哪些特点？
3. 如何定义行政法？行政法的特征有哪些？
4. 简述英、美、法各国行政法的发展历史，简述我国行政法的发展历史。
5. 什么是行政法律关系？分析行政法律关系的特征以及三大基本构成要素。
6. 试述行政法的地位与功能。
7. 分析行政法律关系的产生、变更、消灭，与民事法律关系相比行政法律关系有哪些特征？

第二章 行政法的渊源与适用

【要点提示】

本章介绍行政法的各种渊源及其相互之间的效力等级关系，尤其应注意行政法中各种成文法渊源的基本含义，包括宪法、法律、行政法规、地方性法规、自治条例与单行条例、行政规章、法律解释、国际条约和行政协定等。另外，为了能够正确适用各种行政法律规范，还必须掌握它们在法律体系中的效力位阶。当各种法律规范存在抵触时，应根据适当的规则来找到可以适用的法律规范。

第一节　行政法的渊源

一、行政法渊源的概念

所谓行政法的渊源，并非指行政法规范的来源或其社会基础，而是指行政法规范的载体及其表现形式。由于各种行政法的表现形式是按照其效力等级的高低依次排列而成的，因而有时也称之为行政法的效力渊源。概言之，所谓行政法的渊源，是指依照其效力等级高低而形成的一个有序系列的各种行政法规范的表现形式。由于行政法规范的层次众多，且很难予以法典化，因而行政法的渊源呈现出与其他部门法不同的多样化特征。

在理论上，行政法的渊源可被分为成文法渊源和不成文法渊源。所谓成文法渊源，也称制定法渊源，是指由特定国家机关依照法定程序制定的、较为系统的成文法律文件。根据制定机关的不同，它们通常被赋予一种明确的法律等级。具体而言，我国行政法的成文法渊源通常包括宪法、法律、行政法规、地方性法规、自治条例和单行条例、行政规章、法律解释以及国际条约八种。而不成文法渊源，则并非指其没有文字记载，而是指这些法的渊源并未由国家机关对其内容进行系统化的处理，因而其效力、内容及适用的规则都存在着某种不确定性。但是，不成文法渊源对于成文法渊源的适用起着补充、解释和说明的作用。当成文法渊源存在缺漏、冲突以及含义不清时，不成文法渊源可以弥补成文法渊源在适用上的各种困境。具体而言，行政法的不成文法渊源主要包括判例、习惯以及行政法原理等。

二、行政法的成文法渊源

(一) 宪法

我国宪法中包含了许多关于行政权的来源及其运用规则的规定，因而宪法是我国行政法的首要渊源。与其他行政法渊源相比，宪法具有最高的法律地位，它不仅是其他行政法的立法根据，而且我国所有的行政机关在实施行政管理时都必须以宪法作为首要的法律依据，不得与宪法相抵触。我国宪法规定，一切国家机关和武装力量、各政党和各社会团体、各企业事业组织，都必须以宪法为根本的活动准则，并且负有维护宪法尊严、保证宪法实施的职责。由于宪法和行政法均将规范与约束行政权作为自身最为重要的使命之一，因而两者之间存在着高度密切的关系，故而行政法又被称为“动态的宪法”。从世界宪政史和行政法发展史的角度来看，凡是行政法较为发达的国家，也必然是一个宪政体制较为成熟的国家。反过来看，宪政体制的不完善也必然会制约行政法的发展空间。

在我国宪法中，存在着许多直接可用来规范、约束行政权的行政法规范，具体包括以下内容。

1. 行政机关的组织制度和职权规范。例如，《宪法》第 86 条规定了国务院的组成人选，并规定国务院实行总理负责制；各部、各委员会实行部长、主任负责制。第 89 条规定了国务院行使的职权范围。第 90 条规定，国务院各部部长、各委员会主任负责本部门的工作；召集和主持部务会议或者委员会会议、委务会议，讨论决定木部门工作的重大问题。

2. 行政管理活动基本原则。例如，《宪法》第 3 条规定了中华人民共和国的国家机构实行民主集中制的原则。第 27 条规定了一切国家机关实行精简的原则，实行工作责任制，实行工作人员的培训和考核制度，不断提高工作质量和工作效率，反对官僚主义。

3. 国家行政区划、特别行政区的设立及中央与地方关系等规范。例如，《宪法》第 30 条规定了我国行政区域的划分：全国分为省、自治区、直辖市，省、自治区分为自治州、县、自治县、市，县、自治县分为乡、民族乡、镇，直辖市和较大的市分为区、县，自治州分为县、自治县、市，自治区、自治州、自治县都是民族自治地方。第 31 条规定国家在必要时得设立特别行政区。第 3 条第 4 款规定中央和地方的国家机构职权的划分，遵循在中央的统一领导下，充分发挥地方的主动性、积极性原则。

(二) 法律

法律是全国人民代表大会及其常务委员会依照法定程序制定的规范性文件。全国人民代表大会制定的称为基本法律,而由全国人大常委会制定的则是一般法律。法律在行政法规范体系中的地位仅次于宪法,是最基本、最重要的行政法渊源。

在我国历史上,由于有关行政管理方面的法律一度非常缺乏,行政管理活动曾长期依赖于党和政府的政策进行,从而影响了行政管理活动的规范性和稳定性。20 世纪 80 年代以来,我国有关行政管理方面的立法步伐大大加快,迄今为止我国已在许多重要的领域,如行政处罚、行政许可以及行政强制等方面进行了立法,初步建立起了行政管理活动的法律框架。在行政法领域最为重要的法律包括《行政诉讼法》(1989)、《国家赔偿法》(1994)、《行政处罚法》(1996)、《行政复议法》(1999)、《行政许可法》(2003)、《公务员法》(2005)、《行政强制法》(2011)等;另外,在一些具体的行政管理领域,我国也已建立起较为全面的行政法规范体系,例如《治安管理处罚法》、《道路交通安全法》、《食品安全法》等。

(三) 行政法规

行政法规是指国务院为领导和管理国家各项行政工作,根据宪法和法律制定的有关政治、经济、教育、科技、文化等方面的规范性文件。根据《立法法》的规定,行政法规可以就下列事项作出规定:(1)为执行法律的规定需要制定行政法规的事项;(2)《宪法》第 89 条规定的国务院行政管理职权的事项。这两项立法,若从权力来源的角度看,前者属于国务院的执行性立法,后者则属于国务院的创制性立法。

行政法规的地位虽然低于宪法和法律,但数量庞大、涉及面广,在行政法渊源中具有举足轻重的地位。到目前为止,我国国务院制定的行政法规的数量约为六七百件,其内容涉及行政管理的各个领域。例如,《政府信息公开条例》(国务院令第 492 号)、《国有土地上房屋征收与补偿条例》(国务院令第 590 号)、《公路安全保护条例》(国务院令第 593 号)、《个体工商户条例》(国务院令第 596 号)、《中华人民共和国无线电管制规定》(国务院令第 579 号)、《城市生活无着的流浪乞讨人员救助管理办法》(国务院令第 381 号),等等。

(四) 地方性法规

地方性法规是指省、自治区、直辖市以及较大的市的人民代表大会及其常务委员会根据本行政区域的具体情况和实际需要,在不同宪法、法律、行政法规相抵触的前提下,依照法定程序制定的规范性文件。其中所谓“较大的市”包括:第一,省、自治区人民政府所在地的市;第二,经济特区所在地的市;第三,经国务院批准的较大的市。较大的市的人大及其常委会制定的地方性法规,应当报请省、自治区的人民代表大会常务委员会批准后方可施行。规定本行政区域特别重大事项的地方性法规,应当由人民代表大会通过。

按照《立法法》第 64 条的规定,地方性法规可以就下列事项作出规定:一是为执行法律、行政法规的规定,需要根据本行政区域的实际情况作具体规定的事项;二是属于地方性事务需要制定地方性法规的事项;三是国家尚未制定法律或者行政法规的其他事项,省、自治区、直辖市和较大的市根据本地方的具体情况和实际需要,可以先制定地方性法规,但属于法律保留的事项除外。

(五)自治条例和单行条例

自治条例和单行条例,是指民族自治地方即自治区、自治州和自治县的人民代表大会根据当地民族的政治、经济和文化特点,依照法定程序所制定的,用以调整本自治地方事务的规范性文件。有权制定自治条例或单行条例的机关仅限于民族自治地方的人民代表大会,不包括其人大常委会。自治条例与单行条例的区别在于,前者涉及事项的范围比较广泛,往往属于综合性事务。而后者涉及的事项则相对单一,属于某个方面的单项事务。自治区的自治条例和单行条例,报全国人民代表大会常务委员会批准后生效。自治州、自治县的自治条例和单行条例,报省、自治区、直辖市的人民代表大会常务委员会批准后生效。

自治条例和单行条例可以依照当地民族的特点,对法律和行政法规的规定作出变通规定,但不得违背法律或者行政法规的基本原则,不得对宪法和民族区域自治法的规定,以及其他有关法律、行政法规专门就民族自治地方所作的规定作出变通规定。

(六)行政规章

行政规章分为部门规章与地方政府规章两类。部门规章是指国务院各部门为执行法律或者国务院的行政法规、决定、命令,依照法定程序制定的规范性文件。根据《立法法》第 71 条的规定,国务院各部、委员会、中国人民银行、审计署和具有行政管理职能的直属机构,均有权制定规章。例如,交通运输部所制定的《公路超限检测站管理办法》(交通运输部令 2011 年第 7 号)。部门规章规定的事项应当属于执行法律或者国务院的行政法规、决定、命令的事项。并且,各部门只有在本部门的权限范围内方可就相关事项制定规章,如果是涉及两个以上国务院部门职权范围的事项,应当提请国务院制定行政法规或者由国务院有关部门联合制定规章。

地方政府规章是指省、自治区、直辖市和较大的市(包括省或自治区人民政府所在地的市、经济特区所在地的市和经国务院批准的较大的市)的人民政府,根据法律、行政法规和本省、自治区、直辖市的地方性法规,依照法定程序所制定的规范性文件。地方政府规章可以就下列事项作出规定:(1)为执行法律、行政法规、地方性法规的规定需要制定规章的事项;(2)属于本行政区域的具体行政管理事项。例如,北京市人民政府制定的《北京市房屋租赁管理若干规定》(北京市人民政府令第

231号)即属于地方政府规章。

(七) 法律解释

根据1981年全国人大常委会通过的《关于加强法律解释工作的决议》,我国法律解释包括立法解释、司法解释、行政解释和地方解释四种。

立法解释,是由全国人大常委会针对法律、法令条文本身需要进一步明确界限或作补充规定的情况下所作的解释;司法解释分为审判解释和检察解释,前者是由最高人民法院针对审判工作中具体应用法律、法令的问题进行的解释,后者是由最高人民检察院针对检察工作中具体应用法律、法令的问题进行的解释;行政解释是由国务院及主管部门针对不属于审判和检察工作中的其他法律、法令如何具体应用的问题进行的解释;地方解释则是指凡属于地方性法规条文本身需要进一步明确界限或作补充规定的,由制定法规的省、自治区、直辖市人民代表大会常务委员会进行解释或作出规定,凡属于地方性法规如何具体应用的问题,由省、自治区、直辖市人民政府主管部门进行解释。法律解释的效力等级取决于解释主体的等级地位。

(八) 国际条约和行政协定

国际条约是指两个或两个以上的国家缔结的关于政治、经济、文化、军事、法律等方面权利与义务的协议。行政协定则是两个或两个以上国家政府之间签订的协议。《行政诉讼法》第72条规定:"中华人民共和国缔结或者参加的国际条约同本法有不同规定的,适用该国际条约的规定。中华人民共和国声明保留的条款除外。"因此,国际条约在适用效力上优于本国行政法,对我国行政活动有法律拘束力。在我国,国际条约通常在被转化成为国内立法后才予以适用。

三、行政法的不成文法渊源

(一) 判例

所谓判例,是指经过人民法院以一定程序遴选确定、能够为人民法院今后审理类似案件提供借鉴和指导的典型案例。当一个案件的判决被确定为判例后,人民法院在此后审理类似事实的案件时应当根据该案件中所确立的规则来适用法律。在英美法系中,判例是最主要的法律渊源之一。根据《布莱克法律词典》的解释,判例是"一项已经判决的案件和法院的判决,它被认为是为一个后来发生的相同或类似的案件或类似的法律问题,提供一个范例或权威性的法律依据,法院试图按照在先前的案例中确定的原则进行审判。这些事实或法律原则方面与已在审理的案件相近似的案件称为先例"。判例在英美国家法律体系中的重要地位甚至可以超越议会的制定法。制定法只有在转化为判例后才会成为一项真正具有适用性的规则,因而具有"法官造法"之说。

我国虽然并未像英美法系国家那样将判例作为最主要的法律渊源,从而发展出一套系统、完善的判例适用的技术，但无可否认的是，判例在弥补成文法的不足以及增强法律适用的针对性方面具有独特的、明显的优势。因而，我国现在已经逐步发展出一套有关"典型案例"的适用指导制度。自1985年起，最高人民法院创办发行《最高人民法院公报》，开始以公报的方式公开发布案例，这些案例都是经最高人民法院审判委员会讨论通过的。另外，最高人民法院还以传媒的方式发布案例，即在《人民日报》、《法制日报》、《人民法院报》等报纸上公布有重大影响的和具有典型意义、有一定指导作用的最高人民法院裁决文书。虽然我国没有明确宣布最高人民法院所发布的案例对各级人民法院的裁判具有先例约束力，但是由于上诉制度的存在、最高人民法院所具有的权威性和案例创制发布过程的严肃性，最高人民法院发布的案例事实上已被赋予了和最高人民法院司法解释同等的司法权威，对各级人民法院的审判工作产生了事实上的先例约束力。今后，我国应当通过立法进一步明确、强化最高人民法院公布的典型案例对于地方人民法院的约束力，并完善典型案例的遴选、讨论审议和公布程序，提升判例的质量。

（二）习惯

所谓习惯，是指人们在长期的生活与交往中所形成的较为稳定的交往规则。这种规则虽然并未像法律那样被明确宣示并被赋予强制力，但是人们都信守这一规则并且彼此心照不宣。在我国行政管理的实践中，由于法律规则尚未完备，因而行政机关与民众的交往也存在许多惯常的做法。一项习惯若要在法律上具有适用性，通常而言必须符合三个要件：一是该习惯长期以来得到遵守，二是该习惯是众所周知且合理的，三是该习惯不与制定法相矛盾。

在德国，过去曾经以习惯为主要的法律渊源，现在由于成文法主导地位的确立，习惯法地位明显下降，但仍然承认其作为包括行政法在内的法律部门的重要补充性渊源；在英国，诺曼人入侵之前习惯曾经是主要的法律渊源，后来随着普通法的发展，习惯法的地位虽然下降，但仍然有着重要的地位；在日本，同样承认习惯的不成文法律渊源地位；在非洲一些地区，习惯至今仍是其主要法律渊源。

（三）行政法原理

在西方国家，权威的法学理论一直是其法律渊源，在早期甚至是非常重要的法源。例如，在古罗马时期，罗马君主就在《引证法》中将帕比尼安等五大法学家的著作规定为权威引证。就行政法而言，不仅制定法、判例和习惯是法律渊源，而且权威行政法学家的著作以及学说确立的行政法原则与原理均可以成为法源。只是这些原则与理论需要经过行政机关和司法机关的适用并转化为判例等，或由制定法将其固定下来才能确认而已。例如，20世纪90年代后期，日本制定了《行政程序法》，将行政法的很多学理原则以成文法规范的形式确定下来。但是作为行政程序法上重要原则的平等对待原则仍然是重要的非成文法源，对成文法源起着重要的补充作用。[①]

第二节　行政法规范的效力等级

行政法规范虽然存在着多种渊源形态，但是它们之间的排列并不是杂乱无章的，而是根据其效力高低形成一个金字塔形的等级体系。这样，所有的行政法规范才能形成一个协调统一的整体，从而为其适用奠定基础。按照我国《宪法》、《立法法》等法律的规定，行政法规范的效力等级体系按照如下规则确定。

一、《宪法》高于其他法律规范

我国《宪法》第5条规定："中华人民共和国实行依法治国，建设社会主义法治国家。国家维护社会主义法制的统一和尊严。一切法律、行政法规和地方性法规都不得同宪法相抵触。一切国家机关和武装力量、各政党和各社会团体、各企业事业组织都必须遵守宪法和法律。一切违反宪法和法律的行为，必须予以追究。"由此可见，宪法在我国整个法律体系中居于最高位置，所有行政法规范都不能与其相抵触，否则无效。

二、法律高于行政法规

我国《立法法》第56条规定，国务院根据宪法和法律，制定行政法规。该法并在第79条规定："法律的效力高于行政法规、地方性法规、规章。"另外，我国《宪法》第67条还规定，全国人民代表大会常务委员会有权撤销国务院制定的同宪法、法律相抵触的行政法规、决定和命令。这些规定表明，行政法规的内容是不得与法律相抵触的，否则会导致行政法规的无效。

三、行政法规高于地方性法规

我国《立法法》第79条第2款规定，行政法规的效力高于地方性法规、规章。在我国，国务院领导全国性的行政管理事务，为了确保国务院的政令能够在全国范围内统一实施，我国行政法规范的等级体系基本上遵循"地方服从中央"的原则确立。为此，行政法规被赋予了高于地方性法规的效力。需要指出的是，民族自治地方的自治条例和单行条例虽然也由自治地区的人民代表大会制定，但是自治条例

---

① 日本学者盐野宏在其专著《行政法》一书中指出：平等对待原则引自《日本国宪法》第14条，如果以宪法为理解前提，没有必要特地作为不成文法的法源来理解。但是以依法治国的程序法为前提，该原则被视为非成文法原则。参见［日］盐野宏：《行政法》，杨建顺译，法律出版社2001年版，第45—46页。

和单行条例依法对法律、行政法规、地方性法规作变通规定的，在本自治地方适用自治条例和单行条例的规定。

四、与规章有关的规范性文件的效力等级

1．地方性法规的效力高于本级和下级政府规章。也就是说，省级人民代表大会及其常委会制定的地方性法规的效力高于省级政府的规章以及较大的市的人民政府制定的规章，而较大的市的人民代表大会及其常委会制定的地方性法规的效力高于较大的市的人民政府制定的规章。

2．市级（较大的市）地方性法规与省级政府规章抵触时，报省一级人大常委会裁决。

3．地方性法规与部门规章抵触，不能确定如何适用时，由国务院提出意见，国务院认为应当适用地方性法规的，应当决定在该地方适用地方性法规的规定；认为应当适用部门规章的，应当提请全国人民代表大会常务委员会裁决。

4．部门规章之间、部门规章与地方政府规章之间对同一事项的规定不一致时，由国务院裁决。

5．省、自治区的人民政府制定的规章的效力高于本行政区域内的较大的市的人民政府制定的规章。

第三节　行政法的适用规则

一、上位法优于下位法

法律规范的等级体系已经明确了不同法律之间的位阶关系，因而在适用时就需要遵循上位法优于下位法的原则。该原则要求：当下位法与上位法的内容相抵触时，抵触的部分无效，应适用上位法；而当下位法与上位法的内容不抵触时，往往应优先适用下位法，因为此时的下位法通常是在上位法的范围内对所规范的事项作出进一步的细化规定，更具有现实的针对性。

二、特别法优于普通法

在同一机关制定的不同的法律、行政法规、地方性法规、自治条例和单行条例、规章之间，当其中的特别规定与一般规定不一致时，应适用特别规定。例如，同样都属于法律，《行政处罚法》规定可以对公民当场处罚的罚款种类仅限于作出50元以下的罚款，但是《道路交通安全法》（2003年10月28日通过）第107条规定：对道路交通违法行为人处以200元以下罚款的，交通警察可以当场作出行政处罚决

定。在此,相对于《行政处罚法》的一般规定,《道路交通安全法》的规定属于特别规定,因而应当优先适用后者。

三、新法优于旧法

在同一机关制定的不同的法律、行政法规、地方性法规、自治条例和单行条例、规章之间,当新的规定与旧的规定不一致时,应适用新的规定。但是,当同一机关制定的新的一般规定与旧的特别规定不一致时,则由制定机关裁决。例如,法律之间对同一事项的新的一般规定与旧的特别规定不一致,不能确定如何适用时,应由全国人民代表大会常务委员会裁决。行政法规之间对同一事项的新的一般规定与旧的特别规定不一致,不能确定如何适用时,则由国务院裁决。

四、法无授权不得适用的规则

在行政管理活动中,行政法的适用主体除了行政机关以外,也包括根据法律、法规的授权来行使行政管理职能的组织。这些组织在行使权力时,仅可在被明确授予的权力限度内适用该法律规范。例如,我国《证券法》(2006 年 1 月 1 日起施行)第 197 条规定:“未经批准,擅自设立证券公司或者非法经营证券业务的,由证券监督管理机构予以取缔,没收违法所得,并处以违法所得一倍以上五倍以下的罚款;没有违法所得或者违法所得不足三十万元的,处以三十万元以上六十万元以下的罚款。”而证券监督管理机构在性质上属于事业单位(中国证券监督管理委员会属于国务院直属的事业单位),因而证券监督管理机构在行使监管职权时,必须严格依照被授权的权限来行使其权力。凡是法律、法规没有明确授予的权力,一概不得行使。

【自我测试】

1. 下列有关行政法规和规章的说法哪一种是正确的?( )(2005 年司法考试试卷二第 49 题)
   A. 涉及两个以上国务院部门职权范围的事项,不得制定规章,应当由国务院制定行政法规。
   B. 行政机关对行政许可事项进行监督检查收取费用须由法规规章规定。
   C. 行政法规应由国务院起草、讨论和通过,国务院部门不能成为行政法规的起草单位。
   D. 有规章制定权的地方政府可以直接依据法律制定规章。
2. 下列有关法律规范的适用和备案的说法哪一种是正确的?( )(2005 年司法考试试卷二第 43 题)
   A. 地方性法规与部门规章对同一事项的规定不一致,不能确定如何适用时,由国务院作出最终裁决。

B. 不同行政法规的特别规定与一般规定不一致，不能确定如何适用时，由国务院裁决。

C. 地方政府规章内容不适当的，国务院应当予以改变或者撤销。

D. 凡被授权机关制定的法规违背授权目的的，授权和所制定的法规应当一并被撤销。

3. 某地方性法规规定，企业终止与职工的劳动合同的，必须给予相应的经济补偿。某企业认为该规定与劳动法相抵触，有权作下列何种处理？（　　）（2003 年司法考试试卷二第 23 题）

A. 向全国人大书面提出进行审查的建议。

B. 向全国人大常委会书面提出进行审查的建议。

C. 向国务院书面提出进行审查的要求。

D. 向省人大书面提出进行审查的要求。

4. 关于规章制定，下列说法哪些是正确的？（　　）（2003 年司法考试试卷二第 76 题）

A. 起草的规章直接涉及公民切身利益的，起草单位必须举行听证会。

B. 部门规章送审稿，由国务院法制机构统一审查。

C. 除特殊情况外，规章应当自公布之日起 30 日后施行。

D. 规章应当自公布之日起 30 日内，由法制机构依法报有关机关备案。

5. 按照《立法法》和相关法律的规定，下列哪些机关或者机构具有制定规章的权力？（　　）（2003 年司法考试试卷二第 77 题）

A. 国务院办公厅　　B. 国家体育总局

C. 国务院法制办公室　　D. 审计署

6. 材料分析。（2009 年司法考试试卷四第 6 题，有删节）

案情：高某系 A 省甲县个体工商户，其持有的工商营业执照载明经营范围是林产品加工，经营方式是加工、收购、销售。高某向甲县工商局缴纳了松香运销管理费后，将自己加工的松香运往 A 省乙县出售。当高某进入乙县时，被乙县林业局执法人员拦截。乙县林业局以高某未办理运输证为由，依据 A 省地方性法规《林业行政处罚条例》以及授权省林业厅制定的《林产品目录》（该目录规定松香为林产品，应当办理运输证）的规定，将高某无证运输的松香认定为"非法财物"，予以没收。高某提起行政诉讼要求撤销没收决定，法院予以受理。

《森林法》及行政法规《森林法实施条例》涉及运输证的规定如下：除国家统一调拨的木材外，从林区运出木材，必须持有运输证，否则由林业部门给予没收、罚款等处罚。A 省地方性法规《林业行政处罚条例》规定"对规定林产品无运输证的，予以没收"。

问题：

省林业厅制定的《林产品目录》的性质是什么？可否适用于本案？理由是什么？

第三章 Chapter 3 行政法基本原则

【要点提示】

与其他法律部门的基本原则相比，行政法基本原则具有发挥作用的更大舞台。在本章，应该对行政法基本原则的功能给予足够的关注；同时应该了解域外主要法治国家行政法基本原则，特别是这些原则背后所蕴含的基本价值；并掌握本章所述中国行政法基本原则，学会利用这些原则去分析实践中发生的各类型行政法现象。

第一节　行政法基本原则概述

一、行政法基本原则的含义

行政法基本原则，是指体现一国行政法基本价值，并对该国行政立法、执法、司法和守法起规制和指导作用的基础性规范。

具体而言，行政法基本原则具有以下特征。

1. 从行政法基本原则的内容看，它直接体现了一国行政法的基本价值，是行政法基本价值与一定类型生活事实相互作用而形成的价值凝结。由此，行政法基本原则不仅与体现其他部门法基本价值的法律基本原则不同，也同侧重于事实构成描述的行政法规则有别。

2. 从行政法基本原则的适用范围看，它具有广泛的适用性。不仅适用于执法、司法和守法环节，而且适用于包括专门立法机关和行政立法机关的行政立法活动，由此保证了行政法部门的内在统一性。显然，任何一个法律规则都很难有如此广泛的适用性，尤其是对立法行为的规制与指导作用几乎是零。

3. 从行政法基本原则的法律地位看，它是一种基础性规范。所谓“基础性规范”有两层含义：其一，行政法基本原则是一种具有规制和指导作用的规范，并非仅仅是标示“善”与“恶”或“好”与“坏”的一般意义上的价值，而是面对一定类型生活事实进而提出的具有规范约束力的应然要求；其二，其“基础性”则体现在行政法基本原则是行政法规范体系的灵魂和内在价值尺度，是行政法规则的正当性来源。

4. 行政法基本原则具有高度抽象性和长期稳定性。这与行政法基本原则是一国行政法基本价值的宣示有关，作为一种基本价值，其所关注的是抽象层面的应然取向，与具体事实构成基本无涉，从而体现出高度抽象特性；作为一种基本价值，必然是长期稳定的，不会随着具体情境的改变而轻易发生变化，从而与注重具体事实构成的法规则有着显著的区别。

二、行政法基本原则的功能

现代社会是一个行政法出多门（多部门、多层级立法）、行政规则数量庞大、行政权力空前扩张、社会变化迅速、行政现象复杂的社会，原有仅靠行政规则治理模式的形式行政法治模式捉襟见肘。行政法基本原则基于自身的特殊优势，将发挥无可替代的功能。具体而言，行政法基本原则之于行政法治主要可以承担以下功能。

1. 保障行政的善法之治功能。如果说行政法律适用在绝大多数情况下还是有章可循的，那么行政立法则常常给人感觉是在无边的大海上航行。如果没有导航装置的指引，加上立法者的褊狭与短视，就很容易偏离法治的航程，制定出恶法。行政法基本原则是体现行政法治基本精神的价值凝结，既能为立法者提供正确的立法指引，又能给具体的规则提供正当化理由，从而保障所制定出的行政法规则处在善法之列。

2. 维护行政法规则内在统一功能。行政法规则数量庞大，涉及面广，没法形成统一的行政法典，如何防止规则之间的冲突与碰撞就成了一个突出的问题。虽然通过冲突规则（层级冲突规则、新旧冲突规则和一般与特殊冲突规则）和法律解释等事后方法能一定程度上消解行政法规则之间的冲突，但总难免防不胜防、耗时费力和让特定法律关系主体付出相当大代价。借助行政法基本原则对立法的指导和规制作用，就能最大限度地减少规则之间的冲突，形成具有内在统一性的行政法规则体系，并收到防患于未然和事半功倍之功效。

3. 指导行政法规则解释功能。当行政法规则面对具体案件出现理解的歧义或不明时，可以在行政法基本原则的指导下作出合乎行政法基本原则之价值取向的解释。这既是行政法规则本应体现和落实行政法基本原则价值的要求，也是维护行政法规则体系内在统一性的需要。

4. 克服行政法规则滞后功能。现在社会的变化速度越来越快，需要行政干预的新的现象和新的问题越来越多，而行政立法总是滞后于社会现实的发展变化。面对这一法制真空，是放任行政自由裁量还是勒令行政静候立法机关的指令？显然，两者都是不足取的。此时，由法律适用者根据行政法基本原则，结合个案的基本事实情况，制定出仅适用于该个案的规则就能比较好地解决问题——既限制了行政恣意裁量，又满足了现实需求。

三、行政法基本原则的适用

虽然行政法有上述如此重要的功能，似乎无处不在，但在具体立法、执法和司法活动中却难得一见，只是偶露峥嵘。为什么会这样呢？

在行政立法中，由于行政法基本原则属于立法者的基本价值共识，作为其立法时所隐含的基本价值前提发挥作用，并不需要时时提出来讨论。只有当拟制定的具体制度、规则等可能与基本原则发生价值冲突时，或立法成员对拟制定具体制度或规则有多种不同主张时，才可能会出现其援引法律原则来论证自己主张或反驳对方主张的现象。当然，在这一争论过程中，同时也能起到保障所制定行政法规范的内在统一以及与整个行政法体系内在一致的作用。

在执法和司法活动中，一般来说是不得直接引用行政法基本原则作为行政决定和司法裁决之依据的。理由很简单，一是行政法基本原则高度抽象，针对个案不具有明确的指引性，或者可适用性弱；二是立法者已经在行政法基本原则的指引下，针对拟规范的具体情境制定了具体的适用规则，行政法适用者如果抛开已有的这些法律规则去适用行政法基本原则于当下个案，就是试图针对当下个案根据原则立法，这就有僭越立法者权力的嫌疑。当然，当个别规则缺位时，基于填补法律漏洞的需要，法律适用者可以根据行政法基本原则结合当下个案的具体情况，谨慎制定仅适用于当下个案的具体规则。这实质上已经属于法律解释学中漏洞填补之一种情形了。

在法律适用中引用行政法基本原则更容易出现的场合是，当法律条款的含义发生歧义，或者法律规则之间发生冲突的时候，借助行政法基本原则对其进行评价，选择出更符合基本原则价值要求的含义条款加以运用。当然，与漏洞填补相比，这类法律解释方法更为常见。

还需要注意的是，包括行政法基本原则在内的法律原则在适用时难免出现原则之间的冲突，但这种冲突并不可怕，可以通过权衡冲突原则的不同分量(weight)来作出选择，并不会因为冲突而导致原则一方失去效力。[①] 而规则的冲突，常常会

---

① ［美］罗纳德·德沃金：《认真对待权利》，信春鹰、吴玉章译，中国大百科全书出版社1998年版，第48页。

以其中一方打败另一方的方式，也就是另一方被判定无效的方式来消解。[①]

第二节　域外行政法基本原则与国内之选择

一、域外主要国家行政法基本原则

英、美、法、德等法治发达国家，其现代行政法的起步远早于中国，通过司法实践和学理总结，已经形成比较稳定的获得公认的行政法基本原则群，非常值得我们借鉴。下面分国别作简要介绍，以开拓思路和增加知识。

（一）英国行政法基本原则

在英国，法官经常根据越权无效和自然公正这两个原则来对行政行为进行司法审查，这两个原则堪称英国行政法的基本原则。

1. 越权无效原则。该原则的含义是，任何越权的行政行为或者行政命令在法律上都是无效的，也就是说要剥夺其法律效力。[②]

我们知道，英国是一个奉行法治与议会主权的国家，政府和司法机关都必须遵守议会制定的法律，其行为的法律效力也来自法律的授予。因此，一旦违反法律的规定就没有法律效力。当然，政府行为是否有法律效力，主要由司法机关通过司法审查来加以确定。需要指出的是，英国的“越权”有时又称为超越管辖权，但其含义等同于“违法”。

2. 自然公正原则。该原则包括两个根本规则：一是任何人不能在自己的案件中做法官；二是人们的抗辩必须公正地听取。[③]

具体到行政领域，第一个规则的含义是一个行政决定不能由与该决定有利益牵连的行政官员作出，也就是说必须由没有偏私的行政官员作出决定。第二个规则的内容有三点：第一，公民有在合理的时间之前得到通知的权利；第二，有了解行

---

① ［美］罗纳德·德沃金：《认真对待权利》，信春鹰、吴玉章译，中国大百科全书出版社1998年版，第43页。当然，德沃金在规则冲突问题上的认识并不准确，因为规则一旦发生冲突，并不一定就是以一方完全有效、另一方完全无效的方式收场。现实中，通过将冲突规则一方看成另一方的例外的方式来消解规则之间的冲突也是比较常见的，此时冲突两方仍然有效，只是一方在该事实问题上不予适用而已。这一点为哈特所主张。参见［英］H. L. A. 哈特：《法律的概念》（第二版），许家馨、李冠宜译，法律出版社2006年版，第242页。

② ［英］威廉·韦德：《行政法》，徐炳等译，中国大百科全书出版社1997年版，第44页。

③ 同②，第95页。

政机关的意见和根据的权利;第三,有为自己辩护的权利。[①]

自然公正是英国的一个普通法原则,起源于自然法,直到 18 世纪时该原则还与自然法、衡平法、最高法等概念通用。自然公正原则是一个程序法原则,一旦被违反,在英国行政法领域可以带来两种后果:一是在对相对人有重要影响的行政决定中违反了自然公正原则,法院会认定该行政决定无效;二是在对相对人影响较小或违法较轻的行政决定中违反该原则,法院会撤销该行政决定。

(二) 美国行政法基本原则

王名扬教授将美国行政法基本原则归结为四个:一是联邦主义,二是分权原则,三是法律平等保护原则,四是法治原则。[②] 这四个原则本是美国宪法原则,但同时也为行政法领域所必须遵循。

1. 联邦主义。美国作为一个联邦制国家,联邦和州在各自权力范围内是独立的政治实体,联邦宪法本着建立一个有效和有限的联邦政府的宗旨,在联邦和州之间进行权力分割,从而实现了联邦与州之间的纵向分权。在确立联邦法律效力最高的前提下,又维持了各州在其宪法确立的权力范围内的独立性,从而实现了纵向的分权与制衡。当然,所分之"权"首要的是行政权力。

2. 分权原则。这里的分权原则是指在联邦层面,将国家权力分为立法权、行政权和司法权,分别由国会(参、众两院)、总统和最高法院行使,三个部分既相互独立又相互制约,形成所谓的三权分立与制衡。通过这一横向层面的权力分割与制衡机制,可以对包括行政权力在内的国家权力进行比较有效的制约与控制。

3. 法律平等保护原则。为了制止美国南方各州对刚解放的黑奴的持续歧视,1868 年通过的《美利坚合众国宪法》第 14 条修正案第 1 款中规定:"在州管辖范围内,也不得拒绝给予任何人以法律平等保护。"由此确立了法律平等保护原则。该原则的核心是对情况相同的人,应享有同样的权利和承担同样的义务,对情况不同的人应具有不同的权利和义务。该原则要求州政府及其官员不得拒绝给任何人以法律上的平等保护。

4. 法治原则。法治原则强调法律至上,权力在法律支配之下,必须依法行使权力,不得侵害民众的基本权利。

该原则包括三项要素。(1)基本权利要素。法治原则要求美国宪法中必须规定享有一些基本权利,以此作为一切立法遵循的标准和政府行使权力的限制。(2)正当法律程序要素。如果说前一要素是从实体方面对政府行使权的限制,那么,这一要求则是从程序方面规范政府行使权力的行为,强调未经正当法律程序不

---

① 王名扬:《英国行政法》,中国政法大学出版社 1987 年版,第 153 页。

② 王名扬:《美国行政法》,中国法制出版社 1995 年版,第 77 页。

得剥夺公民的生命、自由和财产。(3)保障法律权威的机构要素。要保障公民的基本权利，要保证法律的实施，必须有相应的机构。在美国，这些机构包括法院、行政机关、总统、国会和律师。

(三) 法国行政法基本原则

法国行政法基本原则为行政法治原则。[①] 行政法治原则有以下三个方面内容。

1. 行政活动必须依据法律。对公民来说，法律没有禁止就有行动的自由，而对于行政机关来说则是没有法律上的依据就不可以作出任何行为，即无法律就无行政。

2. 行政行为必须符合法律。行政机关仅有法律授权还不够，其行为还必须符合法律目的和法律在实体和程序上的具体规定。

3. 行政机关必须采取行动保证法律的实施。行政机关不得为法律所禁止之行为，更负有以积极行动去实现法律规定的职责。

(四) 德国行政法基本原则

德国行政法基本原则主要包括依法行政原则和比例原则两项。

1. 依法行政原则。[②] 该原则要求行政受议会立法的制约，同时处于行政法院的控制之下。具体包括两项子原则。

(1)法律优先原则。该原则强调行政应当受现行法律的约束，不得采取任何违反法律的措施。但在现行法律缺位时，该原则并不能禁止法律缺位领域的行政活动。违反该原则的法律后果有：违法的法规命令无效，违法的行政行为原则上是可以撤销或者废止的，行政合同违法无效。

(2)法律保留原则。法律保留，是指行政机关只有在取得法律授权的情况下才可以实施相应的行政行为，即使该领域尚未立法，行政机关也不得在此自行制定法规命令和作出行政行为。

法律保留范围包括侵害行政、给付行政和特别法律关系等领域，但并不是说这些领域中所有事务都属于议会制定法律的保留范围，根据重要性理论，这里是有程度限制的。具体而言，这里存在一个程度上的阶梯结构："完全重要的事务需要议会法律独占性调整，重要性小一些的事务也可以由法律规定的法令制定机关的调整；一直到不重要的事务，不属于法律保留的范围。"[③]

2. 比例原则。比例原则，又译为合理性原则，它要求行使裁量权的方法或措

---

① 王名扬：《法国行政法》，中国政法大学出版社 1988 年版，第 204 页。

② [德]哈特姆特·毛雷尔：《行政法学总论》，高家伟译，法律出版社 2000 年版，第 103 页。

③ 同②，第 110 页。

施，必须是为实现所追求的目的而言是适当的和必不可少的，同时也要求在方法与目的上保持着合理的比例。具体可以展开为以下三层意思或三个子原则。

（1）适当性原则。行政机关在执行法律的时候，只能采用那些适合与实现该法律目的的方法，不得采用与实现法律目的无关甚至相抵触的方法。

（2）必要性原则。该原则要求行政机关在若干可以实现法律目的的方法中，应该选择对个人与社会造成损害最小的措施。

（3）比例原则。又称狭义比例原则或狭义合理性原则，该原则要求平衡行政措施对个人造成的损害与社会获得利益之间的关系，禁止对个人的损害超过对社会的利益的措施。①

这三个子原则之间是一种递进的关系。

从以上四国行政法基本原则的表现形式看，似乎存在不少差异，但从其所体现的基本价值追求看是一致的：强调行政法律对行政权力的控制与支配，保护行政相对方合法权益免受行政权力的不法侵害。

二、中国行政法基本原则的选择

行政法基本原则是基于一定的价值前提（行政法基本价值）和一定事实前提（一定类型的生活事实）相互作用的基础上演化和提炼出来的。由于人们对这两个前提的认识不同，对行政法基本原则内容的看法也相差较大。②

鉴于教学目的考虑，以下重点介绍国内影响较大的一种观点。该观点认为行政法基本原则有二：行政合法性原则与行政合理性原则。

该观点实质上是以控制行政权力为价值前提——这一点与前述英美法德等国行政法基本价值追求是一致的，以行政活动受法律控制的程度不同（羁束性的和裁量性的）为事实前提，得出前述二分法的行政法基本原则内容：对羁束性行政活动要求其必须合法，对裁量性行政活动要求其必须合理。

但必须指出的是，这种二分法的行政法基本原则看上去非常简洁明了，而且逻辑上似乎也很周全，但还是存在不少缺陷。其一，由于没有考虑行政领域作为事实前提的事实类型的复杂性，这样的原则针对性不强。比如说，对法律保留问题就没有很好地体现出来，对法律程序的正当性也缺乏足够的关注，对行政相对人信赖利益的保护问题也没法融入其中。其二，这些原则基本上是围绕行政执法行为来考

---

① 以上内容参见［印度］M.P.赛夫：《德国行政法——普通法的分析》，周伟译，山东人民出版社2006年版，第159页。

② 国内学者关于行政法基本原则的提法非常多，有提一个原则的，有提两个、三个直至七个的，即使从数量上看是相等的，但内容上常常也存在不少差异。对这些不同观点的梳理与分析，参见陈骏业：《行政法基本原则元论》，知识产权出版社2010年版，第14页。

虑的，对行政立法、行政司法、行政给付、行政计划和行政合同等的适用性不强。因此，我们在学习下述原则的时候，也应该看到其局限性。

第三节　行政合法性原则

所谓行政合法性原则，是指行政主体的设立、行政职权的拥有和行政职权的行使，都必须依据法律和符合法律，不得同法律相抵触，违反行政法的行为必须承担相应的法律责任。

具体而言，行政合法性原则包括以下几方面内容。

一、行政主体的设立必须合法

行政要合法，基本要求之一是将行政职权配置给合格的主体拥有与行使，从组织制度上为行政合法提供保证。行政主体就是拥有行政职权并能以自己的名义行使职权和承担义务的基本单位，要保障行政合法首先必须保证行政主体的设立符合法律要求。没有依法设立的合格行政主体，就不可能有合法的行政行为。

二、行政职权的拥有必须合法

按照现代民主法治理论，行政职权并非行政组织天然拥有的，只能是来自体现民意的法律规范的授予才具有正当性。否则，就可能构成对民主的僭越和导致行政专制。因此，即使是依法设立的行政组织，其拥有什么样的行政职权和拥有多大的行政职权等，也绝不是其自己或上级行政组织说了算的，必须根据法律规范来确定。一般来说，行政主体的行政职权来自两个方面的法规范：一是宪法和组织法等的规定，二是特别法律规范的授予。当然，具体配置到行政组织时，常常需要有权机关根据前述规范加以确定。

三、行政职权的行使必须合法

行政合法的核心在于行政职权的依法行使。只要行政职权是依法行使的，就不存在行政滥权和行政失职，也就不会有损害行政相对人合法权益的事情发生，行政任务的完成也就有了法律上的保障。行使职权的合法性包括程序上的合法和实体上的合法两个方面，前者要求行政主体必须按照法律规定的方式、方法、步骤和时限等进行行政活动，后者要求行政活动内容必须符合实体法规范的要求。

四、违法行政必须承担相应的法律责任

追究违法行政的法律责任既是行政活动合法的基本保障，也是现代政府作为

责任政府的基本要求。如果违法行政不需要承担法律责任，行政组织就会为所欲为，私人利益和公共利益就会深受其害，行政法治乃至法治国家就会成为泡影；如果政府不需要为自己的违法行为负责，行政就会演化成专制与暴虐，民选政府就会成为民主的叛逆。一般来说，可以通过行政复议、行政诉讼和行政赔偿等途径追究违法行政的法律责任。

还需要指出的是，此处的"合法"具有丰富的内涵：包含了"法律优先"与"法律保留"等基本要求。行政合法，并不意味着只是符合全国人大及其常委会制定的狭义上的法律，还包括有法规范制定权的行政机关制定的行政法规范。但是，其一，行政主体的任何行为包括制定行政规范，均不得违反宪法和法律，此即为法律优先要求；其二，行政立法的权限不是无限的，有关特定事项只能由法律规定。例如，我国《立法法》第 8 条明确规定了有关犯罪和刑罚、对公民政治权利的剥夺和限制人身自由的强制措施和处罚、司法制度等十方面的事项只能由法律规定。此即为法律保留要求的体现。

第四节　行政合理性原则

所谓行政合理性原则，是指行政主体在行政裁量权限范围内的活动必须符合合理性价值要求。

从严格形式行政法治看，所有行政活动都必须是"循规蹈矩"的，行政主体不应该有自由裁量的行为。但这仅是一种不可能实现的法治理想。由于立法能力的局限性，行政现象的复杂多变性，立法总是滞后于社会现实的需要，难免存在粗疏、冲突与遗漏，立法者甚至常常有意为行政留下大量裁量空间。在这种情况下，如何防止滥用行政裁量权和发挥行政裁量权更好地满足个案公正的积极作用就成了必须认真对待的重大问题。行政合理性裁量原则就是由此而生的。

具体而言，行政合理性原则包括以下内容。

一、行政活动必须符合法律目的

法律是人类行为的产物，每一部法律及其具体规定都以实现一定的目的为己任。立法者容忍或赋予行政主体以裁量权，并不是放任行政主体恣意裁量，而是要求行政主体根据个案的具体情况作出更能符合法律目的要求的裁量选择。也就是说，从表面上看立法者在裁量领域似乎对行政主体放弃了合法性要求，但实际上对行政主体提出了更高的要求——实质合法性要求。一旦行政裁量违反了法律目的，那就意味着一种根本上的违法，而不仅仅是一个不合理的问题。

二、行政行为的动机必须正当

行政裁量行为应该出自正当的动机，如基于维护社会秩序、保障公共利益和保护个人权益等的考虑，但不得假执行法律之名，满足个人的偏私、歧视、报复或恶意，如为了报复他人而对其施加行政处罚。

三、行政决定内容必须是可以实现的

行政决定必须是符合客观规律的，不得对行政相对人施加根本不可能做到和完成的义务。例如，责令行政相对人在一小时内拆除一幢违章建造的大楼。

四、行政裁量是在考虑合理因素的基础上作出的

行政裁量选择本是建立在众多相关因素考虑的基础上作出的，这是行政裁量更能体现个案公正的原因之所在。行政主体在为行政裁量时，应该全面综合考虑所有相关因素，特别是法律明示或默示要求考虑的因素，而不应该将无关的因素考虑进来，造成裁量的不公。例如，《中华人民共和国治安管理处罚法》(以下简称《治安管理处罚法》)第 43 条规定，对“多次殴打、伤害他人或者一次殴打、伤害多人的”可以“处十日以上十五日以下拘留，并处五百元以上一千元以下罚款”，此时，处罚种类和处罚幅度的选择，就应该考虑殴打或伤害的次数、殴打的人数以及殴打伤害的程度、殴打者的动机等因素来确定，而不应该考虑打人者的性别、民族、长相的美丑、家庭财产状况、职业等不相干的因素。

五、行政选择必须符合比例性要求

大陆法系国家有一个著名的“比例原则”，我们这里的比例性要求与其是一致的。具体而言，包括以下内容：第一，行政主体在为实现行政目标的手段选择时，应该选择与行政目标的实现相关的手段；第二，在存在多个相关手段时，应该选择对行政相对人造成侵害最小的手段；第三，即使以上条件均得到满足，如果行政主体所追求的利益小于因此所造成的损害，行政主体仍不得为相应的裁量选择。

六、行政裁量结果符合公正与安定的要求

公正是法律的灵魂，行政裁量符合公正的要求乃是行政法治的基本要求之一。具体而言，主要体现在两个方面。其一，每个个案中的裁量应该从个案自身的具体情况出发，力求实现公正。比如说，在行政处罚中要过罚相当，不得重过轻罚，也不得轻过重罚。其二，同样情况同样对待，不得因人因时而随意变动。裁量的恣意与擅断不仅是对公正的亵渎，而且也是对法安定性的破坏，并使得行政相对人无所适从。

【自我测试】

1. 试述行政法基本原则的功能。与其他部门法的基本原则相比,行政法基本原则之功能有什么不同?

2. 材料分析。(2003 年司法考试试题)

某市为加强道路交通管理,规范日益混乱的交通秩序,决定出台一项新举措,由交通管理部门向市民发布通告,凡自行摄录下机动车辆违章行驶、停放的照片、录像资料,送经交通管理部门确认后,被采用并在当地电视台播出的,一律奖励人民币 200—300 元。此举使许多市民踊跃参与,积极举报违章车辆。当地的交通秩序一时间明显好转,市民满意。新闻报道后,省内甚至外省不少城市都来取经、学习。但与此同时,也发生了一些意想不到的事:有违章驾车者去往不愿被别人知道的地方,电视将车辆及背景播出后,引起家庭关系、同事关系紧张,甚至影响了当事人此后的正常生活;有乘车人以肖像权、名誉权受到侵害为由,把电视台、交管部门告上法庭的;有违章司机被单位开除,认为是交管超越范围行使权力引起的;有抢拍者被违章车辆故意撞伤后向交警索赔的;甚至有利用偷拍照片向驾车人索要高额"保密费"的;等等。报刊将上述新闻披露后,某市治理交通秩序的举措引起了社会的不同看法和较大争议。

问题:

请谈谈你对某市治理交通秩序新举措合法性、合理性的认识。(注意:不能仅就此举引发的一些问题、个案谈具体适用法律的意见。)

答题要求:

(1)运用掌握的法学知识阐释你认为正确的观点和理由;

(2)说理充分,逻辑严谨,语言流畅,表述准确;

(3)答题文体不限,字数要求 800—1000 字。

行政法主体

【要点提示】

行政法主体即行政法律关系主体，是指在行政法律关系中享有权利、承担义务的当事人，通常包括行政主体和行政相对人。在我国，能够作为行政主体的主要是国家行政机关和法律、法规授权的组织；而行政相对人则是在行政管理法律关系中与行政主体相对应的另一方当事人，即其权益受到行政主体行政行为影响的个人、组织。行政主体对行政相对人的管理是通过行政人的活动实现的，行政人与行政主体之间构成一种行政职务关系，其行为产生的效果由行政主体承担。

第一节　行政主体与行政组织法律制度

一、行政主体

(一) 行政主体的含义

行政主体作为行政法律关系一方当事人的总称，是指依法拥有行政职权，能够以自己的名义独立进行行政管理，并对行使职权的行为产生的效果承担法律责任的组织，主要包括行政机关和法律、法规授权的组织。对于行政主体这个概念，可以从以下四个方面进行理解。

1. 行政主体是一种组织，而不是个人。在行政法律关系中，行政主体只能由国家行政机关或社会组织构成。行政公务人员虽然是行政行为的具体实施者，但他们都是以组织的名义进行行政活动的，因而公务员个人不能成为行政主体。

2. 行政主体是依法拥有行政职权的组织。并非一切国家机关和社会组织都属于行政主体，只有依法拥有行政职权的组织才能成为行政主体。所谓“依法拥有”是指行政职权是由法律、法规设定的，或者是有关机关通过法定程序授予的。

因此，不拥有行政职权的国家立法机关、审判机关和检察机关以及普通社会组织都不能成为行政主体。

3. 行政主体能够以自己的名义独立进行行政管理。一个组织只有具有独立的法律人格，能够以自己的名义独立进行行政管理活动，才能成为行政主体。在我国，行政主体主要包括各级人民政府以及能以自己名义行使行政职权的政府工作部门。除此之外，有些行政机关的内设机构、派出机关或派出机构，依据法律、法规的特别规定，也可以以自己的名义对外进行行政管理活动，此时它们也属于行政主体。

4. 行政主体能够独立承担因行使行政职权而产生的法律责任。作为行政主体的组织，必须能够以行政复议被申请人或行政诉讼被告的身份，参加行政复议或行政诉讼，并以自己的名义承受裁判结果。

由此可见，行政主体与行政法主体是两个既有联系又有区别的概念。行政主体是行政法律关系中处于管理一方当事人的总称，而行政法主体不仅包括行政主体，还包括处于被管理一方的行政相对人。因此，行政主体只是行政法主体的一部分，行政法主体的范围要大于行政主体的范围。

(二) 行政主体的类型

根据行政主体所行使的行政职权的来源，可以将行政主体划分为职权行政主体与授权行政主体。

1. 职权行政主体。"职权行政主体是指行使法律、法规赋予的固有行政职权的行政主体。"①职权行政主体是行政主体的主要组成部分，一般由具有独立法律地位的行政机关构成。在我国，职权行政主体具体包括国务院、国务院组成部门、国务院直属机构、国务院部委管理的国家局、地方各级人民政府、县级以上地方人民政府的职能部门和县级以上地方人民政府的派出机关。

根据有关法律的规定，职权行政主体资格的取得，应当具备下列条件。(1)有法定设立依据。设立职权行政主体，通常应当具有宪法和行政组织法所提供的法律依据，并经有权机关批准设立。(2)拥有法定职责权限。没有行政职责权限的社会组织不能成为普通的行政组织，更不能成为职权行政主体。(3)有法定机构编制和人员编制。职权行政主体应当由相应的机构和工作人员组成，这是行政工作得以开展的基本要求。(4)拥有独立的行政经费。行政经费是行政主体行使行政职权，并独立承担相应行政责任的物质基础和保障条件。(5)拥有办公场所和必要的办公条件。没有必要的办公场所和办公条件，既不利于行政主体开展行政活动，也不便于行政相对人与行政主体之间的联系。(6)由权力机关或行政机关公告其成立。公告的内容主要包括：机关名称和成立时间，机关的性质、级别和职责权限，机

---

① 胡锦光、杨建顺、李元起：《行政法专题研究》，中国人民大学出版社 1998 年版，第 107 页。

关的办公场所、通信地址以及首长姓名等。

2. 授权行政主体。“授权行政主体则是指行使法律、法规赋予或有权机关依法转予的非固有行政职权的行政主体。”[①]授权行政主体具体包括经法律法规授权的行政机关的内部机构、派出机构和临时机构，以及法律法规授权的企事业单位、社会团体、行业协会、基层群众性自治组织等其他社会公共组织。

授权行政主体资格的取得，通常需要具备下列条件：(1)有法律、法规或有权机关的授权。授权行政主体行使的行政职权通常通过两种授权方式获得：一是由法律、法规直接授权；二是由有权机关依法授权。(2)具有相应的组织形式。有关组织和机构取得授权行政主体资格，应当在组织形式方面有一定的机构编制和人员编制，有一定的活动经费，有一定的办公场所和办公条件等。(3)符合法定程序要求。授权行政主体资格的取得，不仅要有法定授权依据，还要严格遵守法定程序。

(三) 行政机关

1. 行政机关的含义。行政机关是指依宪法或行政组织法的规定而设置的行使国家行政职能的国家机关。对于这个概念，应当从三个方面进行理解：首先，行政机关是国家机关，这一点使它区别于政党、人民团体、社会组织；其次，行政机关是行使国家行政职能的国家机关，这一点使它区别于立法机关、司法机关；最后，行政机关是依宪法或行政组织法的规定而设置的行使国家行政职能的国家机关，这一点使它区别于法律、法规授权的组织和其他社会公权力组织。

2. 行政机关的性质和特征。行政机关具有双重性质：一方面相对于国家权力机关、决策机关，行政机关是执行机关，其基本职能是执行最高国家权力机关制定的法律和各级国家权力机关作出的决议、决定；另一方面相对于行政相对人，行政机关是行政主体。它代表国家行使行政权，管理国家内政外交事务，有权发布行政命令，实施行政行为，必要时还可以对行政相对人采取行政强制措施，并处以行政处罚。

与立法机关、司法机关等其他国家机关相比较，作为国家机关重要组成部分的行政机关，主要具有以下几个方面的特征。

(1)从国家机关之间的分工来看，国家行政机关的主要任务是行使国家行政职权、管理国家行政事务。根据宪法的规定，立法机关行使国家立法权和监督权，司法机关行使国家司法权，行政机关行使国家行政权。立法机关立法，行政机关执法，二者的分工明显不同。行政机关和司法机关虽然都是执法机关，但行政机关的执法是通过领导、组织和管理国家行政事务实现的，而司法机关的执法则是通过裁

---

① 胡锦光、杨建顺、李元起：《行政法专题研究》，中国人民大学出版社 1998 年版，第 107 页。

决法律争议和进行法律监督实现的。

(2)从组织体系来看,国家行政机关实行的是"领导—从属制"。这是由行政管理对速度和效率的要求所决定的。"领导—从属制"的基本内容是:上级行政机关领导下级行政机关,下级行政机关从属于上级行政机关,向上级行政机关负责和报告工作。

(3)从决策体制以及组织和活动方式来看,国家行政机关一般实行首长负责制。行政机关直接对公民、法人或其他组织实施管理和服务,特别要求权限清楚、责任明确,故一般都实行首长负责制。

(4)从职能行使方式来看,国家行政机关行使其职能通常是主动的、经常的、不间断的。行政机关行使的是国家社会、经济、文化的组织管理职能,包括保障国家安全、维护社会秩序、发展社会经济、保障人民生活等,这些职能的行使必须是连续而不间断的。除行政审批、行政裁决等少数行政行为之外,大多数行政行为都是由行政机关主动实施的。

(5)从与社会的关系来看,国家行政机关与个人、组织的联系最经常、最直接、最广泛。在行政管理过程中,行政机关要经常与个人、组织发生直接的联系,如征收税款、颁发证照、确定利率以及进行环境监测等。

3. 行政机关的分类。由于行政机关的种类、数目繁多,为了便于研究,人们依据一定的目的,按照不同的标准,将其划分为以下六种类型。

(1)根据行政机关的职权管辖范围,分为中央行政机关与地方行政机关。中央行政机关的管辖范围及于全国,如中华人民共和国国务院;而地方行政机关的管辖范围只及于相应地方行政区域,如省、市、县、乡等地方各级政府。划分中央行政机关和地方行政机关的意义在于明确各自的地域管辖范围,以免行政机关在行使行政职权时越权或扯皮推诿。

(2)根据行政机关的权限性质,分为一般行政机关与部门行政机关。一般行政机关是管理全国或一定区域内全面性或综合性行政事务的机关,如国务院和地方各级人民政府;部门行政机关是分管某一部门或特定领域的行政机关,如国务院各部委和地方人民政府的工作部门。一般行政机关和部门行政机关都是独立的行政主体,都能以自己的名义对外行使职权,并由其本身承担相应职权行为的法律责任。从这一点来看,一般行政机关与部门行政机关的关系不同于部门行政机关与其内设机构的关系。但是,一般行政机关与部门行政机关也是一种领导与被领导的关系,一般行政机关有权向部门行政机关发布命令、指令和指示,部门行政机关有服从的义务。

(3)根据行政机关的决策和负责体制,分为首长制行政机关与委员制行政机关。在实行首长负责制的行政机关,行政首长拥有最终决策权,并对整个行政机关的行为负责;而委员制行政机关的决策权则归于一个由若干委员组成的委员会,重要决策实行集体讨论，根据少数服从多数的原则作出决策，委员会成员共同负责。世界各国的行政机关大多实行首长负责制，这是由行政机关的职能和性质所决定的。需要说明的是，在一些行使准司法职能的行政机关中，实行委员会制的正在逐渐增多，战后国外建立的独立管理机构大多设立委员会作为其决策机构。

(4)根据行政机关的管理对象，分为外部管理行政机关与内部管理行政机关。外部管理行政机关有权对作为行政管理相对人的个人、组织实施管理，如公安、工商、民政、海关等行政机关的主要职能是对外管理；而内部管理行政机关的管理对象则主要是有隶属关系的内部机构和人员，这一类的内部行政机关主要有办公厅、编制委员会、档案局、机关事务局以及人事、财务、后勤等工作机关。大部分行政机关具有双重身份，既有权对外部行政相对人实施管理，同时也有权管理行政机关的内部事务。

(5)根据行政机关设置的依据和存在时间的长短，分为常设行政机关与临时行政机关。常设行政机关是基于经常性行政事务的需要，根据宪法和组织法的规定而长期设置的行政机关。常设行政机关通常由国家权力机关决定设置，如国务院和地方各级人民政府及其工作部门，有时则由行政机关根据工作需要自行决定设置，如国务院的直属机构与办事机构。临时行政机关通常由权力机关或行政机关根据某一临时性任务或工作的需要而设立，相应的任务或工作完成后该机关即予撤销。临时行政机关除了各种协调委员会以外，还有一些地方政府设立的联合执法机构，以及其他一些为完成某种特定任务、实施某种特定事项而设立的临时办事机构。

(6)根据行政机关承担的主要任务，分为行政决策机关、行政执行机关、行政监督机关和行政辅助机关。行政决策机关是在行政管理过程中有权对相关事项作出判断、选择和决定的行政机关。行政执行机关是将行政决策付诸实施的行政机关。行政监督机关是行政机关内部担当监督职能的行政机关。行政辅助机关是为行政决策机关提供信息和咨询服务的行政机关。

(四) 法律、法规授权的组织

“法律、法规授权的组织是指依具体法律、法规而行使特定行政职能的非国家行政机关组织。”[①]在现代社会，国家行政机关不再是行政权的唯一主体，法律、法规不断授权一些非行政机关组织行使一定的行政职能，使之成为新的行政主体。根据我国现行法律、法规授权的情况，被授权组织主要有以下几类。

1. 基层群众性自治组织。基层群众性自治组织包括村民委员会和居民委员

---

① 姜明安主编:《行政法与行政诉讼法》，北京大学出版社、高等教育出版社 2007 年版，第 138 页。

会。它们既不是一级国家政权机关，也不是行政机关的派出机关。根据我国《宪法》、《居民委员会组织法》和《村民委员会组织法》的规定，以及现行《宪法》实施以来我国城乡基层社会组织建设的实际情况，基层群众性自治组织是城乡居（村）民依照法律规定，按照一定的居住范围设立的，实行自我管理、自我教育、自我服务的社会组织。

2. 事业与企业组织。事业单位，是指国家为了社会公益目的，由国家机关举办的或者其他组织利用国有资产举办的，从事教育、科技、文化、卫生等活动的社会服务组织；企业则是指依法设立的，以营利为目的，从事商品的生产、经营和服务活动的经济组织。

3. 行业组织。行业组织包括行业协会和专业协会。行业协会是联系政府与企业的非营利性的社团法人，发挥着政府和单个企业都无法承担的行业自律职能；专业协会是指从事同一职业的人员与单位组成的社团法人，可以依据章程进行自我管理，甚至享有对其成员予以惩戒的权力。

4. 社会团体。根据国务院 1998 年 10 月颁布的《社会团体登记管理条例》第 2 条的规定，社会团体是指公民自愿组成，为实现会员共同意愿，按照其章程开展活动的非营利性社会组织。在我国，《工会法》、《企业劳动争议处理条例》等法律、法规分别授权工会保障职工合法权益，参与劳动争议的处理；《妇女权益保障法》则授权各级妇联维护各族各界妇女的利益，接受被侵害人的投诉。

5. 行政机关的内设机构和派出机构。行政机关有内设机构和派出机构之分。内设机构是行政机关根据行政工作的需要，在本机关内部设立的处理某项行政事务的工作机构，如公安局中的户籍科、法制科等；派出机构是行政机关在一定区域内设立的分支机构或代表机构，如公安派出所、税务所等。行政机关的内设机构和派出机构，一般不能以自己的名义对外作出行政行为和承担法律责任，成为独立的行政主体。但是，在某些特殊情况下，可以根据法律、法规的授权，独立作出某种特定行政行为。

二、行政组织法

行政组织法有广义、狭义之分。广义的行政组织法包括行政机关组织法、行政编制法和公务员法，狭义的行政组织法仅指行政机关组织法。

（一）行政组织法的体系

行政组织法是规定国家行政机关的组织、职权、法律地位、工作及会议制度等事项的法律规范的总称。我国现有的行政组织法主要由四部分构成。第一部分是宪法关于行政权与行政组织的规定。例如，《宪法》第三章第三节关于国务院的规定和第五节中关于地方各级人民政府的规定。第二部分是《国务院组织法》与《地方各级人民代表大会和地方各级人民政府组织法》。第三部分是单行法律中关于行政权与行政组织的规定。例如,《立法法》第 56 条关于行政法规立法权的规定和《行政处罚法》第 12 条、第 13 条关于规章对处罚的设定等。第四部分是其他规范性法律文件中有关行政组织的规定。例如,第九届全国人大第一次会议通过的《关于国务院机构改革方案的决定》以及国务院通过的《国务院行政机构设置和编制管理条例》、《关于议事机构和临时机构设置的通知》等。

行政组织法通常规定下列内容:(1)行政机关的组成;(2)行政机关的法律地位;(3)行政机关的职权;(4)行政机关的活动原则;(5)行政机关的基本工作制度;(6)行政机关的主要会议制度;(7)行政机关的内部组织机构和编制;(8)行政机关设立、变更、撤销的程序。

行政组织法分中央行政机关组织法和地方行政机关组织法。中央行政机关组织法又分国务院组织法和国务院各部委、各直属机构、各办公机构组织条例,地方行政机关组织法又分一般地方行政机关组织法和各级地方人民政府的组织条例。

(二) 中央行政机关组织法

《宪法》第 85 条规定:“中华人民共和国国务院,即中央人民政府,是最高国家权力机关的执行机关,是最高国家行政机关。”国务院由总理、副总理若干人、国务委员若干人、各部部长、各委员会主任、审计长、秘书长组成,实行总理负责制。国务院总理的人选,由国家主席提名,全国人民代表大会决定,国家主席任免;国务院副总理、国务委员、各部部长、各委员会主任、审计长、秘书长的人选,由国务院总理提名,全国人民代表大会决定,国家主席任免。在全国人民代表大会闭会期间,根据国务院总理提名,全国人民代表大会常务委员会决定,国家主席可任免部长、委员会主任、审计长、秘书长。国务院每届任期与全国人民代表大会每届任期相同,为 5 年。总理、副总理、国务委员连续任职不得超过两届。

根据 1982 年《宪法》和《国务院组织法》的规定,国务院主要由下列机构组成。(1)国务院办公厅。办公厅是国务院设立的协助国务院领导处理国务院日常工作的行政机构,由秘书长领导,并设副秘书长若干人。(2)国务院组成部门。国务院组成部门是依法分别履行国务院基本行政管理职能的行政机构,实行部长、主任、行长、署长负责制。根据第九届全国人民代表大会第一次会议通过的《关于国务院机构改革方案》,国务院设 29 个部、委、行、署,分别是外交部、国防部、国家计委、国家经贸委、教育部、科技部、国防科工委、国家民委、公安部、国家安全部、监察部、民政部、司法部、人事部、劳动和社会保障部、国土资源部、建设部、铁道部、交通部、信息产业部、水利部、农业部、对外贸易经济合作部、文化部、卫生部、国家计生委、中国人民银行、审计署。(3)国务院直属机构。直属机构是在国务院统一领导下主管某项专门业务、具有独立的行政管理职能的机构,如国家统计局、国家工商行政管理局、国家药品监督管理局、国家税务总局、民航总局、海关总署等。(4)国务院办事机构。办事机构是国务院设立的协助总理办理各项专门事项、不具有独立的行政管理职能的机构。主要有国务院外事办公室、国务院侨务办公室、国务院港澳事务办公室等，国务院法制办公室、国务院经济体制改革办公室以及国务院研究室等。

中华人民共和国成立六十多年来，国务院的领导体制经历了一个发展变化的过程。新中国成立初期，政务院主要通过政务会议形式行使职权、进行领导，属于集体讨论、决定和集体负责的领导体制。1954 年《宪法》规定："总理领导国务院的工作，主持国务院会议。副总理协助总理工作。"1975 年《宪法》未对国务院的领导体制作出规定。1978 年《宪法》规定，总理主持国务院工作，副总理协助总理工作，实际上实行的仍是集体负责制。根据 1982 年《宪法》，国务院实行总理负责制。总理负责制主要体现在以下几个方面：一是国务院总理领导国务院的工作；二是国务院会议由总理负责召集并主持；三是国务院发布的决定、命令和行政法规，由总理签署；四是国务院总理可以向全国人大及其常委会提出有关组成人员的人选，可以直接任免所属机关的有关行政人员。在实行总理负责制的同时，国务院还实行一定形式的会议制度，重大问题分别由国务院常务会议和国务院全体会议讨论决定。

（三）地方行政机关组织法

地方各级行政机关即地方各级人民政府，是地方各级人民代表大会的执行机关，一方面要向同级人民代表大会及其常务委员会（县级以上）负责并报告工作，另一方面还要向上一级国家行政机关负责并报告工作，服从国务院的领导。就其行政建制而言，可大体分为普通建制地方行政机关、民族自治地方行政机关和特别行政区地方行政机关三种类型。

1. 普通建制地方行政机关。目前，中国的普通建制地方行政机关一般分为三级，即省、自治区、直辖市的人民政府，县、自治县、县级市人民政府，乡、民族乡、镇人民政府。在有些地方，省级地方行政机关与县级地方行政机关之间还设有一级地方行政机关，即自治州人民政府、设区的市和管县的市的人民政府，因此，地方行政机关在这些地方不是三级而是四级。至于省、自治区人民政府下设的地区行政公署，县、自治县下设的区公所，市、市辖区人民政府下设的街道办事处，只是相应地方人民政府的派出机关，而不是一级地方行政机关。

地方各级人民政府由正副职首长和各政府部门负责人组成。其中：省（自治区、直辖市）、自治州（设区的市和管县的市）两级人民政府组成人员中包括秘书长；乡（镇）人民政府只设乡（镇）长、副乡（镇）长，而不再设专门工作部门。地方各级人民政府均实行首长负责制。县级以上人民政府同时设全体会议和常务会议，全体会议由本级人民政府全体成员组成，常务会议由正副职首长组成（省、州级政府常务会议的组成人员包括秘书长）。政府工作中的重大问题，必须经政府常务会议或全体会议讨论决定。

地方各级人民政府根据工作需要和精干的原则，设立必要的工作部门。县级以上地方人民政府设立的工作部门既受本级人民政府统一领导，同时又受上一级人民政府主管部门的领导或业务指导。根据有关法律规定，省、自治区、直辖市人民政府的厅、局、委员会等工作部门的设立、增加、减少或者合并，由本级人民政府报请国务院批准，并报本级人大常委会备案。自治州、县、自治县、市、市辖区的人民政府的局、科等工作部门的设立、增加、减少或者合并，由本级人民政府报请上一级人民政府批准，并报本级人大常委会备案。此外，地方人民政府经批准还可以设立一定数量的派出机关。例如，省、自治区的人民政府经国务院批准，可以在地区设立行政公署；县、自治县的人民政府在必要的时候，经省、自治区、直辖市的人民政府批准，可以设立若干区公所；市辖区、不设区的市的人民政府，经上一级人民政府批准，可以设立若干街道办事处。

2. 民族自治地方行政机关。实行民族区域自治，是中国政府根据历史情况、民族关系和民族分布状况确立的一项基本制度。根据《宪法》和《民族区域自治法》的有关规定，民族自治地方政府包括自治区政府、自治州政府、自治县(旗)政府三级，民族乡政府虽然带有自治性质，但不是一级民族自治地方政府。自治区政府由主席、副主席、秘书长、各委员会主任及厅长、局长组成，自治州政府由州长、副州长、秘书长及主任、局长等组成，自治县政府由县长、副县长及主任、局长等组成。在领导体制方面，民族自治地方政府与普通行政建制地方政府一样，实行行政首长负责制，自治区主席、自治州州长和自治县县长由实行区域自治民族的公民担任。

中国民族自治地方的各级人民政府，除行使地方各级人民政府的职权外，还可依照宪法和相关法律的规定行使自治权。民族自治地方行政机关的自治权可大致概括为以下几个方面：一是立法自治权，二是经济管理自治权，三是财政管理自治权，四是人事管理自治权，五是科学、文化、教育等方面的管理自治权。

3. 特别行政区地方行政机关。特别行政区是中国一级地方行政区域，是根据宪法和法律设立的具有特殊法律地位，实行不同于一般行政区的社会、政治、经济制度的行政区域。根据《香港特别行政区基本法》和《澳门特别行政区基本法》的有关规定，香港、澳门特别行政区政府分别是香港、澳门特别行政区的行政机关，其首长为特别行政区行政长官，在当地通过选举或协商产生，由中央人民政府任命，任期5年，可连任一次。行政长官代表本特别行政区，依照基本法的规定对中央人民政府和特别行政区负责。

(四) 行政组织系统内部的关系

根据行政机关之间有无隶属关系或隶属关系的紧密程度，可以将行政组织系统内部的关系分为三种类型：一是领导关系，二是指导关系，三是公务协助关系。前两种是发生在彼此存在隶属关系的行政机关之间的关系，而第三种则是发生在彼此没有隶属关系的行政机关之间的关系。

1. 领导关系。领导与被领导关系(简称"领导关系")是在有直接隶属关系的行政机关之间形成的一种职务关系。在领导关系中,一方面作为领导方的行政机关享有对被领导方行政机关的命令权、指挥权和监督权,可以直接改变或撤销被领导的行政机关的行政行为;另一方面作为被领导方的行政机关必须接受和服从领导方行政机关的命令、指挥和监督,否则就要承担相应的法律责任。在行政实践中,行政机关之间的领导关系主要有两种情况:一是单一的领导关系,如上下级人民政府之间的关系;二是双重领导关系,如地方人民政府中的公安部门,既受本级人民政府的领导,同时又受上级公安部门的领导。

2. 指导关系。指导与被指导关系(简称"指导关系")是在有间接隶属关系的行政机关之间形成的一种职务关系。在指导关系中,一方面作为指导方的行政机关无权直接改变或者撤销被指导方行政机关的行政行为,而只能采取建议、劝告等间接的措施或手段影响被指导方行政机关,使之接受自己的指导;另一方面作为被指导方的行政机关应当主动地接受指导方行政机关的指导,正确地行使自己的职权。但是,如果被指导方行政机关出于某种原则,没有接受或拒绝接受指导方行政机关的指导,一般也不会引起直接的法律责任,这是指导关系与领导关系的一个重要区别。

3. 公务协助关系。公务协助关系是在无隶属关系的行政机关之间形成的一种职务关系。这种关系既可以发生在同级行政机关之间,也可以发生在不同级别的行政机关之间;既可以发生在职能性质相同的行政机关之间,也可以发生在不同职能性质的行政机关之间。彼此之间没有隶属关系的行政机关之所以能形成公务协助关系,是因为它们都是国家行政机关,虽然彼此之间既不存在领导关系也没有指导关系,但它们的根本任务和目标是一致的。所以,当一方行政机关行使职权、执行公务需要另一方行政机关协助时,另一方行政机关就应当给予必要的协助。

第二节 行政职权与行政职责

行政职权与行政职责是两个既有联系又有区别的概念。法律首先赋予行政机关一定的行政职责,为保证这些职责的完成,法律又赋予行政机关以相应的行政职权及行政优益权。

一、行政职权

(一) 行政职权的概念和特征

职权因职责而产生。"所谓行政职权,是指行政主体依法享有的、对于某一行政领域或某个方面行政事务实施行政管理活动的资格及其权能。它是定位到具体的组织机构和职位上的行政权力，是通过立法将行政权力与一定的行政主体、行政事务联系起来加以规范的结果。”[①]

一般来讲，行政职权具有下述特征。

1. 法定性。“无法律即无行政。”法定性是指行政主体行使权力必须以法律为依据，受法律约束。其内容主要包括四个方面：一是行政职权只能由法律设定或依法授予；二是行政职权只能由法律规定的机关和组织行使；三是行政职权的内容必须和法律的规定相一致；四是行政职权的行使必须符合法律规定的程序。

2. 强制性。行政职权是国家意志的体现，具有强制性。这种强制性主要表现在两个方面。其一，行政职权的行使一般不被行政相对人的意志和行为所左右，也就是说，不管行政相对人是否同意或协助，都不影响行政职权的运用。其二，行政职权的行使以国家强制力为保障，遇有抵触时，行政主体可以使用法律规定的手段和方式排除妨碍以保证行政管理目标的实现。

3. 专属性。行政职权作为国家行政权的具体表现形式，是一种体现着国家意志和强制力的权力。正因为这样，行政职权在具体归属上应当具有专属性，不能为人们随意拥有和行使。在我国，能够拥有和行使行政职权的只能是具有行政主体身份的国家行政机关或社会组织，即依据宪法、法律和法规的规定，能够以独立的法律地位参加行政法律关系、进行行政管理的机关和组织。

4. 不可处分性。行政职权的不可处分性主要表现在三个方面：首先，行政主体不得自由转让其行政职权，除非符合法定条件并经过法定程序。其次，行政主体不得自由放弃其行政职权，否则会被视为失职行为，就要承担相应的法律责任。再次，即使是自由裁量行政职权的行使，也要在一定程度上受到法律的约束。这是因为，行使行政职权是为了国家和社会的利益，而不是为了满足行政主体自身的需求。如果行政机关擅自处分其行政职权，就会损害国家利益和社会公共利益。

5. 优益性。行政职权是行政主体管理行政事务、维护公共秩序的权力，体现着国家的意志和公共利益。为了使国家、社会、集体和公民的利益能够得到及时、有效的保护，保障国家行政管理目标的实现，就有必要赋予其一定的优益性，使行政主体在行使其行政职权时在地位上优于行政相对人。

（二）行政职权的内容

行政职权的具体内容因行政主体而异，且非常丰富。罗豪才教授主编的《行政法学》曾将行政职权概括为七大类，分别是制定行政规范权、行政命令权、行政处置权、行政决定权、行政强制执行权、行政救济权和行政司法权。[②] 胡建淼教授主编

---

① 胡建淼主编：《行政法学》，复旦大学出版社 2003 年版，第 72 页。

② 罗豪才主编：《行政法学》，中国政法大学出版社 1996 年版，第 72 页。

的《行政法学》则将行政职权分为16种，即制定行政规范权、行政调查权、行政检查权、行政决定权、行政许可权、行政确认权、行政奖励权、行政处罚权、行政强制权、行政委托权、行政合同权、行政经营权、行政物质帮助权、行政裁决权、行政复议权、行政申诉处理权。[①] 这里，采用姜明安教授主编的《行政法与行政诉讼法》中的归类方法，将行政职权大致分为以下七种。

1. 行政立法权。行政立法权是指行政机关制定行政法规、规章的权力。在我国，行政机关立法权的取得主要有三种情形：一是宪法与有关的组织法所规定的行政立法权，即通常所说的职权立法；二是其他法律所授予的立法权，即一般授权立法；三是最高国家权力机关特别授予的立法权，通常称为特别授权立法。国务院可以根据宪法和法律，制定行政法规；国务院各部、委员会、中国人民银行、审计署和具有行政管理职能的直属机构，可以根据法律和国务院的行政法规、决定、命令，在本部门的权限范围内，制定规章；省、自治区、直辖市和较大的市的人民政府，可以根据法律、行政法规和本省、自治区、直辖市的地方性法规，制定规章。行政机关的立法权属于准立法权，必须根据法律行使，其内容不能与宪法、法律相抵触。

2. 行政命令权。行政命令权是指行政机关发布决定、命令，要求行政相对人作出一定的行为或不作出一定的行为的权力。行政命令根据其内容，可以分为"令"和"禁令"两种。前者是要求行政相对人进行一定作为的命令，后者则是要求行政相对人不作为的命令。

3. 行政处理权。行政处理权是行政机关依法处理涉及行政相对人某种权益的事项的权力。行政处理的范围很广，主要包括行政许可、行政给付、行政征收、行政征用等。也就是说，行政机关大量职责的履行，是通过行政处理实现的。

4. 行政监督权。行政监督权是指行政机关依法对行政相对人守法和履行法定义务的情况进行监督的权力。行政机关在进行行政监督时，拥有检查、审查、调查、查验等法定的权力，同时要承担相应的法定义务。

5. 行政裁决权(亦称行政司法权)。行政裁决权(亦称行政司法权)，是专门行政机关按照准司法程序裁决特定的行政争议或与行政管理有关的特定民事争议的权力。例如，县级以上地方人民政府对自然资源权属纠纷的裁决权，商标评审委员会、专利复审委员会对有关商标、专利纠纷的裁决权等。

6. 行政强制权。行政强制权是指行政机关为了保障行政管理的顺利进行，强制不履行行政法上义务的行政相对人履行义务，或者出于维护社会秩序或保护公民人身健康、安全的需要，而对行政相对人的人身、财产采取直接或间接强制措施的权力。根据其对象不同，可将行政强制分为对财产的强制、对人身的强制和对行为的强制。

---

① 胡建淼主编：《行政法学》，复旦大学出版社2003年版，第74—75页。

7. 行政处罚权。行政处罚权是指行政机关在实施行政管理过程中，依法对违反行政管理秩序的行政相对人予以行政制裁的权力。行政处罚大致分为四类：一是申戒罚，又称精神罚或名誉罚，如警告、通报批评等；二是自由罚，又称人身罚，如行政拘留等；三是能力罚，又称行为罚，如暂扣或者吊销许可证、暂扣或者吊销营业执照、责令停产停业等；四是财产罚，如罚款、没收非法所得、没收财物等。

（三）行政职权的配置

1. 行政职权的设定。行政职权的设定，是指通过立法直接赋予行政机关一定行政职权的法律制度，是固有行政职权的配置方式。行政职权的设定具有如下法律特征：其一，行政职权设定的主体是宪法和行政组织法的立法主体；其二，行政职权设定的内容是赋予行政机关一定的行政职权；其三，行政职权设定的性质是国家的立法行为；其四，行政职权设定的效果是导致行政主体的确立。

2. 行政职权的授予。行政职权的授予，简称"行政授权"，是指以单项法律、法规或有权机关的决定赋予行政机关或其他组织以非固有职权的活动。行政职权的授予具有如下法律特征：其一，行政职权的授予是国家赋予行政机关或其他组织非固有职权的活动；其二，行政职权的授予必须有明确的法律依据并符合法定方式；其三，行政职权的授予创设新的行政主体。

3. 行政职权的分配。行政职权的分配，是指行政主体为有效行使行政职权，在其内部组成机构或人员之间就行政职权的行使所作的分工。作为行政主体拥有行政职权以后的一种内部安排，行政职权的分配具有如下法律特征：其一，行政职权分配的主体是行政主体，包括行政机关和有关组织；其二，行政职权分配的客体是行政职权的行使权；其三，行政职权分配的对象是行政主体的内部组成机构和公务人员；其四，行政职权分配的性质是内部行政行为，对外不具有约束力。

4. 行政职权的委托。行政职权的委托，简称"行政委托"，是指行政主体根据行政管理的需要，自行决定将其行政职权范围内的行政事务委托给其他行政机关、有关组织或个人，受委托者以委托者的名义行使行政职权、实施行政管理行为，并由委托者承担法律后果的制度。行政职权的委托具有如下法律特征：其一，行政委托的委托者只能是拥有行政职权的行政主体；其二，行政委托的受委托者可以是行政主体，也可以是非行政主体的组织或个人；其三，行政委托的法律效果是设定行为主体，而不是设定行政主体；其四，在行政委托法律关系中，受委托者只能在委托的范围内以委托者的名义行使行政职权，其行为效果由委托的行政主体承担。

5. 行政职权的协助。行政职权上的协助，简称"行政协助"，是指行政主体在实施行政职权的过程中，基于执行公务的需要和自身条件的限制，请求其他行政主体配合其实施同一行政行为或共同行政行为的法律制度。作为行政职权的一种特殊的临时配置方式，行政协助具有如下法律特征：其一，行政协助是发生在行政主体之间的活动；其二，行政协助是两个以上的行政主体实施同一个行政行为或一个共同行政行为,而不是实施两个以上的行政行为;其三,在行政协助法律关系中,协助主体与被协助主体分别以自己的名义或共同行政主体的名义实施行政行为,并对行为的效果承担法律责任。

二、行政职责

(一) 行政职责的含义与特征

行政职责是相对于行政职权而言的,它是国家为了实现其行政职能而赋予特定的行政主体以一定的任务并要求其完成的一种义务,简单地说就是行政机关的职务责任。一般来讲,行政职责具有下述特征。

1. 法定性。在现代民主法治国家,行政主体的行政职责大都通过法律予以明确规定。在特殊情况下,通过行政规范和行政合同,也可以产生行政职责。根据依法行政的要求,行政主体对于法定职责必须严格按照法定标准履行,或者在法定幅度内适当履行。只有在个别没有法律明确规定的情况下,行政主体才能按照社会公认的合理性标准履行职责。

2. 伴生性。行政职责是行政主体在行使行政职权的过程中必须承担的义务,它是行政职权的伴生物,与行政职权不可分离。正因为这样,没有无职责相伴的行政职权,也没有无职权相伴的行政职责。这就要求行政主体在依法拥有行政职权的同时,都要依法履行其行政职责,否则就要承担相应的法律责任。

(二) 行政职责的基本内容

行政职责的内容是丰富多样的,不同的行政主体往往会有不同的行政职责。从概括的角度,可将行政职责总结为以下几个方面。

1. 依法履行职责,不失职。行政主体拥有的行政职权,是国家权力在行政管理领域的具体运用。行政主体代表国家管理社会公共事务,在享有权力的同时负有不可推卸的责任。对于行政职责,行政主体必须依法履行,不可随意处分,更不能放弃,否则就会因失职而承担不利的法律后果。

2. 严格遵守权限,不越权。行政权限是行政主体在行使行政职权时不得逾越的法定范围和界限。在现代民主法治国家,任何行政职权都有相应的边界,不能允许无范围或界限的行政职权存在。在行政法基本原则中,"越权无效"原则占有非常重要的地位。根据这个原则,行政主体必须在法定权限范围内行为,一切超越法定权限的行为都是无效的。

3. 符合法定目的,不滥用职权。在行政管理活动中,行政主体必须按照法定目的依法行使行政职权。这是因为,任何出于不正当的动机而背离法定目的的滥用职权行为,都有可能违背社会公共利益,侵害公民、法人和其他组织的合法权益,阻碍行政管理目标的顺利实现。

4. 正确适用法律，避免适法错误。不同的法律具有不同的调整范围和调整方法，同一部法律的不同条款调整的内容也有所不同。因此，行政主体在适用法律的过程中，不仅要适用正确的法律，而且还要适用正确的法律条款。既不能把此法当做彼法、把此条款当做彼条款，更不能错误地适用无效的法律。

5. 遵守法定程序，避免程序违法。行政程序是行政主体在行使行政职权的过程中所应遵循的方式、步骤、时限和顺序。严格遵守法定程序，是现代行政法对行政主体的基本要求。实践证明，行政主体只有遵守行政程序，才能保证行政行为的合法、有效，从而保护行政相对人的合法权益。反之，行政主体违背程序要求而随意行政，则会导致行政行为的违法、无效，不利于行政管理目标的实现。

6. 遵循合理原则，避免行政不当。违反合法性原则的行政行为属于行政违法，而违反合理性原则的行政行为则属于行政不当，行政违法与行政不当都属于行政瑕疵。这就要求行政主体在行使行政职权时，不仅要遵循合法性原则，还必须遵循合理性原则。只有做到既合法又合理，才能充分贯彻立法目的，实现行政管理目标，保障公民、法人和其他组织的合法权益。

三、行政优益权

（一）行政优益权与行政职权的关系

为保障国家行政权的有效行使，国家赋予行政主体及行政人职务上的优先条件和物质上的受益条件。所谓行政优益权，就是行政主体及行政人依法享受这些优益条件的资格。行政优益权由行政优先权和行政受益权构成。前者为职务上的优先权，体现的是行政主体与行政相对人的关系；后者为物质上的受益权，体现的是行政主体与国家的关系。

行政优益权虽然不属于行政职权，但它与行政职权密切相关。一方面行政优益权是以行政职权为基础的，若无行政职权就不能依法享有行政优益权；另一方面行政优益权是为行使行政职权、履行行政职责服务的，是行政职权有效运作的保障条件。

行政优益权与行政职权的区别主要表现在两个方面。一是主体不同。享受行政优益权的主体可以是组织（行政主体），也可以是个人（行政人），而行政职权只能归属于组织而不能归属于个人。二是处分性程度不同。只要不影响行政管理活动的开展，行政主体或行政人可以选择放弃行政受益权，却不能放弃行政职权，否则便导致行政失职或构成违法。

（二）行政优先权

行政优先权，是指行政主体及行政人在行使行政职权时依法所享有的职务上的优惠条件。行政优先权作为一种“特权”，应当由行政主体及行政人在法定情形下享用。其基本内容包括以下几个方面。

1. 优先通行权。优先通行权，是指行政主体及行政人在执行职务时享有的优先通行的权利。例如，《国家安全法》第 9 条规定："国家安全机关的工作人员在依法执行紧急任务的情况下，经出示相应证件，可以优先乘坐公共交通工具，遇交通阻碍时，优先通行。"

2. 优先使用权。优先使用权，是指行政主体及行政人在执行职务时享有的优先使用有关器具的权利。例如，《人民警察法》第 13 条规定："公安机关因侦查犯罪的需要，必要时，按照国家有关规定，可以优先使用机关、团体、企业事业组织和个人的交通工具、通讯工具、场地和建筑物。"

3. 获得社会协助权。行政主体及行政人在执行职务时，可以而且应当得到公民和组织协助。例如，《人民警察法》第 34 条规定："人民警察依法执行职务，公民和组织应当给予支持和协助。"

4. 人身特别保护权。人身特别保护权，是指公务人员依法执行公务，其人身权受到法律的特别保护。

(三) 行政受益权

行政受益权，是指行政主体因行使行政职权而享有的由国家提供物质保障的优惠条件。在行政职权法定的条件下，国家应当根据工作需要，向行政主体提供必要的物质保障条件，如划拨行政经费、提供办公用房、配备检测设备和交通工具等，以保证行政主体有效行使行政职权，履行行政职责，提高行政效率，更好地为行政相对人服务。

需要指出的是，行政受益权与行政收益权是两个不同的概念。行政受益权是行政主体从国家获得的物质保障条件，而不是行政主体从行政相对人那里获得物质回报。

第三节　行政人与公务员制度

一、行政人

(一) 行政人的含义

"行政人是中国行政法学理论上的一个重要概念，特指依法代表国家，并以行政主体的名义，实施行政行为，其行为效果归属于行政主体的个人。"[①]

① 胡建淼：《行政法学》，法律出版社 2003 年版，第 104 页。

要正确理解“行政人”这个概念，需要厘清它与行政相对人、行政主体、行为主体、国家公务员等相关概念之间的关系。

1. 行政人与行政相对人。行政人与行政相对人是两个不同的概念。行政人是实施行政行为的个人，在行政管理法律关系中处于管理一方，有权以行政主体的名义对行政相对人实施管理，并依法采用各种行政强制手段；而行政相对人则是在行政管理法律关系中处于被管理一方的个人或组织，负有服从和协助行政管理的义务。

2. 行政人与行政主体。行政主体和行政相对人之间是一种委托代理关系。二者的主要区别表现在两个方面：其一，行政主体是一种组织，而行政人是个人；其二，行政主体是独立的行政法律关系的当事人，而行政人则不具有独立的行政法律关系当事人的地位，它只能以行政主体的名义实施行政行为，所引起的后果要由所属的行政主体承受。

3. 行政人与行为主体。行为主体既可以是组织，也可以是个人，而行政人只能是个人。也就是说，行政人属于行为主体，但行为主体不一定是行政人。

4. 行政人与国家公务员。行政人是个法学概念，公务员则是个法律概念。根据《公务员法》第 2 条的规定，公务员是指依法履行公职、纳入国家行政编制、由国家财政负担工资福利的工作人员。在我国，行政人主要由国家公务员担任，但又不限于公务员。这是因为，公务员以外的人员依法行使行政职权时也是行政人。此外，公务员也并非在任何情况下都是行政人。

（二）行政人的特征

我国的行政人主要由国家公务员担任，但又不限于公务员。一般来讲，行政人具有以下特征。

1. 行政人是个人而不是组织。行政主体只是组织，而不是个人，而行政人恰恰相反，是个人而不是组织。行政人的“个人”特征与行政主体的“组织”特征，将二者明显区分开来。

2. 行政人是实施行政行为的个人。行政人是个人，但个人未必都是行政人。对于一个公务员来讲，只有当他依法代表行政主体实施行政行为时，才是行政人。当他在行政法律关系中处于被管理地位时，则是行政相对人。

3. 行政人实施行政行为必须也只能以行政主体的名义进行。行政主体对行政相对人的管理，是通过行政人的活动实现的。离开行政人这个中介，行政主体便无法实施其行政行为；反之，离开行政主体，行政人的行为就失去了法律基础和归宿。由于行政人在行政管理法律关系中并非作为一方当事人出现，因而只能以行政主体的名义而不是以个人的名义实施行政行为。

4. 行政人实施行政行为所引起的效果由其所属的行政主体承受。行政人实施行政管理活动，在形式上必须以行政主体的名义，在实质上必须按行政主体的意志进行。在这种情况下,行政主体对行政人的过错承担连带责任。

(三) 行政人的法律地位

行政人的法律地位,是指行政人在各种行政法律关系中的权利和义务的综合体现。正因为这样,讨论行政人的法律地位,必须分析行政人所处的行政法律关系。

1. 行政主体与行政人的关系。行政主体与行政人的关系,是行政人与行政相对人发生关系的前提。行政主体是独立的行政法律关系的当事人,而行政人则不具有独立的行政法律关系当事人的地位。在行政管理活动中,任何行政行为都是行政人代表行政主体所做的行为。从行政主体与行政人的关系来看,行政人从属于行政主体,二者之间是一种代理与被代理的关系。也就是说,行政人只能以行政主体的名义进行行政管理活动,其行为后果应当归属于行政主体。

2. 行政人与行政相对人的关系。行政人与行政相对人的关系是基于行政主体与行政人的关系而发生的。行政人以行政主体的名义实施行政行为,这就决定了它在行政管理活动中只能以其所代表的行政主体的法律身份与行政相对人发生行政法律关系。因此,行政人所行使的权力都是行政主体的权力,所履行的义务都是行政主体的义务,由此导致的法律后果也应当由行政主体对外承担。

二、公务员

(一) 公务员的概念和范围

公务员有广义和狭义之分。广义的公务员即通常所说的"国家公职人员",包括所有国家机关(行政机关、立法机关和司法机关)中代表国家行使国家权力的工作人员;狭义的公务员仅指国家行政机关中非选举产生和非政治任命的公职人员,即通常所说的业务类公务员。"公务员一般是指国家依法定方式任用的,在中央和地方各级国家机关中工作的,依法行使国家行政权、执行国家公务的人员。"[①]根据上述定义,可以从以下三个方面来理解一般公务员的概念:其一,公务员是经法定方式和法定程序任用的人员;其二,公务员是在中央和地方各级国家机关中工作的人员,一般不包括企事业组织和社会团体的工作人员;其三,公务员是指在国家机关中依法行使国家行政权、执行国家公务的人员,不包括国家机关中的工勤人员。

在中国,公务员的概念和范围与一般西方国家有所不同。1993 年 10 月 1 日起施行的《国家公务员暂行条例》第 3 条明确规定:"本条例适用于各级国家行政机关中除工勤人员以外的工作人员。"这是当时对公务员概念和公务员法适用范围的

---

① 姜明安主编:《行政法与行政诉讼法》,北京大学出版社、高等教育出版社 2007 年版,第 149 页。

法定解释。根据该条例，中国共产党机关、权力机关、审判机关、检察机关、群众团体、民主党派以及企事业单位的工作人员都不属于公务员范围。2006 年 1 月 1 日施行的《公务员法》第 2 条则将公务员范围扩大为“依法履行公职、纳入国家行政编制、由国家财政负担工资福利的工作人员”。按照这个划分标准，中国的公务员范围似乎应当包括下列人员：一是行政机关的工作人员，二是权力机关的工作人员，三是审判机关的工作人员，四是检察机关的工作人员，五是中国共产党机关的工作人员，六是民主党派机关的工作人员，七是政协机关的工作人员，八是工、青、妇等群团机关的工作人员。

通过上面的比较可以看出，各国公务员的概念和范围存在着较大的差异。如果按照从小到大、由窄到宽的排列顺序，可以将世界各国（地区）的公务员范围划分为以下四种基本类型。

第一种类型：公务员仅指国家行政机关中非选举产生和非政治任命的公职人员，即通常所说的业务类公务员，而不包括由选举产生或政治任命的政务类公务员。这种类型主要以英国为代表，受英国影响公务员范围与其相类似的国家和地区主要有印度、巴基斯坦、澳大利亚、南非、加纳以及中国香港特别行政区。实行多党制的英国，强调公务员政治中立、职务常任。在英国，公务员习惯上称为“文官”(civil service)，经过公开考试而择优录用，无过失就可以长期任职，不与内阁共进退。按照英国公务员法的相关规定，公务员既不包括选举和政治任命的议员、首相、总理、国务大臣、政务次官、专门委员会委员等政务官，也不包括法官、军人以及在企事业单位和地方自治机构工作的人员，范围是相对比较小的。

第二种类型：公务员是国家行政机关工作人员的统称，既包括业务类公务员，亦包括政务类公务员。这种类型的典型代表主要有美国、德国、韩国等。以美国为例，其公务员范围不仅包括总统、特种委员会成员、部长、副部长、部长助理以及独立机构的长官等政治任命的官员，而且还包括工勤人员在内的行政部门的所有工作人员。根据德国《联邦公务员法》第 2 条的相关规定，国家公务员是指在国家政府部门及其下属机构、社团或被赋予公务权的机构中任职，从而形成公务关系或者服务关系的人员。凡是为联邦效劳的公务员是联邦的直接公务员，凡是为联邦直属团体、机构或者公法基金会效劳的公务员是间接的联邦公务员。

第三种类型：公务员包括中央和地方各级行政机关、立法机关、审判机关、检察机关以及公共事业机构（如学校、医院等）的工作人员。法国、摩洛哥、黎巴嫩等国家以及中国澳门地区，均属于这种类型。需要指出的是，尽管法国国家机关工作人员通称为公务员，但是只有一部分适用于公务员法管理。1983 年 7 月 13 日制定的《法国公务员权利和义务总章程》第 2 条规定：“本法适用于如下人员：国家行政机关、各大区的行政机关、各省行政机关、各市镇行政机关（非军事的）公务员以及隶属于它们的公立公益机构，包括国家公务员以及地方政府的公务员。但是不包括议会中的国家公职人员，也不包括司法部门中的国家公职人员。在具有工业和商业特性的国家公共服务机构和公益公立机构中，本法只适用于担当国家公职的人员。”①因此，根据其是否适用于《公务员法》，可以将法国公务员分为两大类：一是适用于《公务员法》的公务员，如在中央和地方政府机关中从事行政事务管理的公职人员、教师、医务人员等；二是不适用于《公务员法》的公务员，如议会的工作人员、法院的法官以及军事人员等。

第四种类型：公务员不仅包括各级国家机关（行政机关、立法机关和司法机关的统称）的公职人员，而且还包括党的机关的工作人员。这种类型以中国和越南为代表。从《国家公务员暂行条例》到《中华人民共和国公务员法》，中国的公务员范围经历了由小到大的变化过程，即从“各级国家行政机关中除工勤人员以外的工作人员”扩展到“依法履行公职、纳入国家行政编制、由国家财政负担工资福利的工作人员”。

（二）公务员的分类

根据公务员职位的性质、特点和管理需要，对公务员合理分类，是公务员科学管理的基础。在西方国家，公务员通常分为政务类公务员和业务类公务员两大类。所谓政务类公务员，通常是指通过选举或任命产生，与相应政党共进退的政府组成人员以及其他政治性较强的职位的行政人员；所谓业务类公务员，通常是指通过竞争考试任职，政治上保持中立，无重大过错即在政府中长期任职，并受一般公务员法规调整的公职人员。

我国不实行政党轮流执政的制度，故没有政务类公务员和业务类公务员的划分。根据《公务员法》的规定，我国将公务员划分为综合管理类、专业技术类和行政执法类三个类别。公务员职务分为领导职务和非领导职务。领导职务层次分为国家级正职、国家级副职、省部级正职、省部级副职、厅局级正职、厅局级副职、县处级正职、县处级副职、乡科级正职、乡科级副职。非领导职务层次在厅局级以下设置，分为巡视员、副巡视员、调研员、副调研员、主任科员、副主任科员、科员、办事员。

此外，我国《公务员法》还将公务员分为一般职公务员和特别职公务员。特别职公务员系指公务员中的领导成员以及法官、检察官等。其中，公务员中的领导成员主要是指各级人民政府组成人员和县级以上人民政府工作部门的正副职负责人。一般职公务员则指除特别职公务员以外的所有公务员。《公务员法》第 3 条规定：“法律对公务员中的领导成员的产生、任免、监督以及法官、检察官等的义务、权利和管理另有规定的，从其规定。”由此可见，特别职公务员除适用《公务员法》外，

① 谭宗泽：《公务员法》，引自应松年主编：《当代中国行政法》（上卷）第八章，中国方正出版社 2005 年版，第 313 页。

还要适用特别法的规定，而且特别法的适用优于《公务员法》的适用。

（三）公务员的法律地位

公务员的法律地位在不同的行政法律关系中是不一样的。在外部行政管理法律关系中，公务员以所在行政机关的名义行使国家行政权，其行为的结果归属于相应行政机关，不具有一方当事人的资格；在行政诉讼法律关系中，公务员既不能作为原告，也不能作为被告，不具有诉讼当事人的地位；在内部行政法律关系中，公务员则可以以公务员的名义作为一方当事人与行政机关发生法律关系；在行政法制监督法律关系中，公务员也可以作为监督对象与监督主体发生关系，成为一方当事人。

公务员的法律地位主要由其法定权利和法定义务所决定。根据《公务员法》第13条的规定，公务员享有下列权利：一是获得履行职责应当具有的工作条件；二是非因法定事由、非经法定程序，不被免职、降职、辞退或者处分；三是获得工资报酬，享受福利、保险待遇；四是参加培训；五是对机关工作和领导人员提出批评建议；六是提出申诉和控告；七是申请辞职；八是法律规定的其他权利。根据《公务员法》第12条的规定，公务员应当履行下列义务：一是模范遵守宪法和法律；二是按照规定的权限和程序认真履行职责，努力提高工作效率；三是全心全意为人民服务，接受人民监督；四是维护国家的安全、荣誉和利益；五是忠于职守，勤勉尽责，服从和执行上级依法作出的决定和命令；六是保守国家秘密和工作秘密；七是遵守纪律，恪守职业道德，模范遵守社会公德；八是清正廉洁，公道正派；九是法律规定的其他义务。

三、行政职务关系

（一）行政职务关系的内容

行政职务关系，是指行使行政职权的公务员，基于行政职务而与国家所发生的权利义务关系。其基本内容可大致概括为两个方面：一是行政机关对公务员管理而产生的关系，即人事管理关系；二是公务员从行政机关获取工资福利待遇而产生的关系，即具有一定特殊性的劳动关系。

1. 人事管理关系。行政机关对公务员的管理主要包括以下几方面。(1)考核。对公务员的考核，分平时考核和定期考核，考核的范围包括德、能、勤、绩、廉五个方面，重点考核工作实绩。定期考核的结果分为优秀、称职、基本称职和不称职四个等次，作为调整公务员职务、级别、工资以及公务员奖励、培训、辞退的依据。(2)奖励。对工作表现突出，有显著成绩和贡献，或者有其他突出成绩的公务员或者公务员集体，给予精神奖励和物质奖励。奖励分为嘉奖、记三等功、记二等功、记一等功、授予荣誉称号。对受奖励的公务员或者公务员集体予以表彰，并给予一次性奖金或者其他待遇。(3)惩戒。公务员因违法违纪应当承担纪律责任的,可以依照《公务员法》的规定给予处分。处分分为警告、记过、记大过、降级、撤职、开除。对公务员的处分,应当事实清楚、证据确凿、定性准确、处理恰当、程序合法、手续完备。(4)培训。对新录用人员应当在试用期内进行初任培训,对晋升领导职务的公务员应当在任职前或者任职后一年内进行任职培训,对从事专项工作的公务员应当进行专门业务培训,对全体公务员应当进行更新知识、提高工作能力的在职培训。(5)交流。公务员可以在公务员内部交流,也可以与国有企业事业单位、人民团体和群众团体中从事公务的人员交流。交流的方式包括调任、转任和挂职锻炼。(6)晋升。公务员晋升职务,应当具备拟任职务所要求的思想政治素质、工作能力、文化程度和任职经历等方面的条件和资格,按照法定程序办理,实行任职前公示制度和任职试用期制度。

2. 特别劳动关系。公务员与所在行政机关的特别劳动关系主要表现为以下几个方面。(1)工资。公务员实行国家统一的职务与级别相结合的工资制度。公务员工资包括基本工资、津贴、补贴和奖金,应当按时足额发放。任何机关不得扣减或者拖欠公务员的工资。(2)福利。公务员按照国家规定享受福利待遇。公务员实行国家规定的工时制度,按照国家规定享受休假。(3)保险。国家建立公务员保险制度,保障公务员在退休、患病、工伤、生育、失业等情况下获得帮助和补偿。公务员因公致残的,享受国家规定的伤残待遇。公务员因公牺牲、因公死亡或者病故的,其亲属享受国家规定的抚恤和优待。

通过上面的分析,可以看出,行政职务关系具有以下几个特征:第一,行政职务关系属于内部行政法律关系;第二,行政职务关系产生和存在的基础是担任一定的行政职务;第三,行政职务关系的主体是公务员和国家;第四,行政职务关系是一种特殊的劳动关系。

(二)行政职务关系的产生

公民经过法定程序担任行政职务,从而与国家形成行政职务关系。在我国,行政职务关系的产生主要有以下几种途径。

1. 考任。考任是通过竞争考试的方式录用公务员。根据《公务员法》的规定,录用担任主任科员以下及其他相当层次的非领导职务公务员,采取公开考试、严格考察、平等竞争、择优录取的办法。公务员录用考试采取笔试和面试的方式进行,考试内容根据公务员应当具备的基本能力和不同职位类别分别设置。

2. 选任。选任是以选举方式任用公务员。选任是一种传统的公职任用方式,具有广泛的、高度的民主性。这种方式在国外只适用于部分政务类公务员,在我国目前也仅适用于对各级政府组成人员的任用。例如,根据我国《宪法》的规定,地方各级人民代表大会分别选举本级人民政府的省长和副省长、市长和副市长、县长和副县长、区长和副区长、乡长和副乡长、镇长和副镇长。选任制公务员在选举结果生效时即任当选职务;任期届满不再连任,或者任期内辞职、被罢免、被撤职的,其所任职务即终止。

3. 委任。委任是由有权机关或者行政首长直接委任的任用方式。委任与选任的最大区别在于:选任通过选举方式产生,委任则不需要通过选举方式。《公务员法》第40条规定:“委任制公务员遇有试用期满考核合格、职务发生变化、不再担任公务员职务以及其他情形需要任免职务的,应当按照管理权限和规定的程序任免其职务。”

4. 聘任。聘任是应聘人员通过与聘任单位签订人事聘任合同而成为公务员的任用方式。《公务员法》第95条至第99条对公务员的聘任规定如下:(1)机关根据工作需要,经省级以上公务员主管部门批准,可以对专业性较强的职位和辅助性职位实行聘任制;(2)机关聘任公务员可以参照公务员考试录用的程序进行公开招聘,也可以从符合条件的人员中直接选聘;(3)聘任公务员应当按照平等自愿、协商一致的原则,签订书面的聘任合同,确定机关与所聘公务员双方的权利、义务;(4)聘任制公务员按照国家规定实行协议工资制;(5)聘任合同期限为1年至5年,可以约定1个月至6个月的试用期。

(三)行政职务关系的变更和消灭

行政职务关系因一定的法律事实而产生,同时也因一定的法律事实而变更甚至消灭。

1. 行政职务关系的变更。国家公务员在任职期间,因某种法律事实的出现而使职务关系的内容(职权、职责等)发生变化,称为行政职务关系的变更。行政职务关系的变更通常有以下三种情形:(1)升职,即由低一级职位提升为高一级职位;(2)降职,即由高一级职位降为低一级职位;(3)转任,即根据工作需要而进行的平级调动。

2. 行政职务关系的消灭。行政职务关系的消灭,是指由于发生某些事实或行为致使行政职务关系不能继续存在。行政职务关系的消灭通常有以下五种情形。(1)辞职。公务员自愿辞去公职,并得到任免机关的批准,使行政职务关系不再继续。(2)辞退。公务员具有某种法定情形,所在的行政机关可予以辞退,单方面终止其行政职务关系。(3)退休。公务员达到国家规定的退休年龄或者丧失工作能力的,应当退休,导致行政职务关系消灭。(4)开除。公务员因违反政纪受到开除处分,意味着行政机关强制其退出公务员队伍,并终止其行政职务关系。(5)死亡。公务员死亡自然导致行政职务关系的终结。

第四节 行政相对人

行政相对人是行政法学中的一个基本范畴,指的是行政法律关系中与行政主体相对应的另一方当事人，在我国目前的行政法律中一般称为“公民、法人或者其他组织”。

一、行政相对人的概念与法律地位

（一）行政相对人的概念

行政相对人（简称相对人）是在行政管理法律关系中与行政主体相对应的另一方当事人，即其权益受到行政主体行政行为影响的个人、组织。对于这个概念，应当从以下几个方面进行理解。

首先，行政相对人既包括自然人，也包括法人和非法人组织。在绝大多数行政管理领域，与行政主体发生行政管理法律关系的当事人都是公民。作为行政相对人的组织主要是指具有法人资格的企业、事业组织和社会团体以及非法人组织。此外，外国人和无国籍人在与作为行政主体的行政机关和法律、法规授权的组织发生各种行政法律关系时，也可以成为行政相对人。因此，行政相对人不仅包括作为自然人的公民、外国人和无国籍人，也包括法人或者其他组织。

其次，行政相对人是处在行政管理法律关系中的个人、组织。在行政管理法律关系中，作为行政主体的一方当事人是有权实施行政管理行为的行政机关、法律法规授权的组织或其他社会公权力组织，另一方当事人则是接受行政主体行政管理的个人、组织，即行政相对人。也就是说，个人、组织只有处在行政管理法律关系中，才具有行政相对人的地位；反之，就不能赋予其“行政相对人”的称谓。

最后，行政相对人是其权益受到行政行为影响的个人、组织。行政管理法律关系包括整体行政管理法律关系和具体行政管理法律关系。在具体的行政管理法律关系中，只有其权益受到行政主体相应行政行为影响的个人、组织，才在该行政管理法律关系中具有行政相对人的地位。需要指出的是，行政主体行政行为对相对人权益的影响有时是直接的，有时是间接的。作为个人、组织，无论其权益受到行政主体行政行为的直接影响还是间接影响，都是行政相对人。

（二）行政相对人的法律地位

行政相对人的法律地位主要表现在以下几个方面。

首先，行政相对人是行政管理的对象。在行政管理法律关系中，作为行政主体的一方享有国家行政权，能依法实施行政管理行为，作出影响对方当事人权益的行政行为；而作为行政相对人的另一方当事人，则必须服从行政主体的管理，依法履行相应行政行为确定的义务，遵守行政管理秩序。

其次，行政相对人是行政管理的参与人。行政相对人对行政管理的参与是现代民主的重要体现。在现代社会，行政相对人不再只是被动的管理对象，而是行政管理活动的参与者。一方面可以通过听证会、意见征求会以及来信来访等多种形式，参与行政立法和其他规范性文件的制定，充分表达其意见和要求；另一方面还可以通过告知、申辩、听证等行政程序，参与具体行政行为的实施，并对各级行政机关及其工作人员的工作提出批评、建议。

再次，行政相对人是行政法制监督的主体。在行政法制监督关系中，行政相对人作为行政法制监督主体，有权对行政主体行使职权的行为和国家公务员遵纪守法的情况实施监督。但是，行政相对人不能对监督对象作出直接产生法律效力的监督行为，而只能通过批评、建议、申诉、控告、检举等方式向有权国家机关反映，或者通过舆论机构对违法行政行为予以揭露、曝光，为有权国家机关提供线索，使之采取能产生法律效力的措施，从而实现行政法制监督的目的。

最后，行政相对人是行政救济的对象。行政相对人在其合法权益受到行政主体侵犯后，可以依法申请法律救济，成为行政救济法律关系的一方主体。在我国，行政救济制度主要包括行政机关的救济与司法机关的救济，前者主要有行政复议、行政申诉等，后者主要是行政诉讼。对于合法权益遭受侵害的行政相对人而言，最具重要意义的行政救济方式主要是行政赔偿和行政补偿。

二、行政相对人的种类

依据不同的标准，可以将行政相对人划分为若干种不同的类型。

（一）个体相对人与组织相对人

以行政相对人自身的存在形态为标准，可以将行政相对人分为个体相对人与组织相对人。个体相对人是自然人形态的相对人，他们以个人的名义成为行政管理的相对人。作为行政相对人的个人主要是指公民，同时还包括外国人和无国籍人。组织相对人是团体形态的相对人，包括法人和非法人组织两种情况。组织作为行政相对人与行政主体发生行政法律关系时，应由其法定代表人代表。

（二）直接相对人与间接相对人

以行政相对人与行政行为的关系为标准，可以将行政相对人分为直接相对人与间接相对人。直接相对人是其权益受到行政行为直接影响的相对人，如行政许可的申请人、行政处罚的被处罚人等；间接相对人是其权益受到行政行为间接影响的相对人，如治安处罚关系中受到被处罚人行为侵害的人、行政许可关系中可能受到许可行为不利影响的竞争者或相邻人。

（三）特定相对人与不特定相对人

以行政主体行政行为的对象是否确定为标准，可以将行政相对人分为特定相对人与不特定相对人。特定相对人通常是行政主体具体行政行为的相对人，在范围上明确而具体；不特定相对人通常是行政主体抽象行政行为的相对人，范围比较广泛而不确定。

（四）内部相对人与外部相对人

以行政相对人与行政主体之间是否存在隶属关系为标准，可以将行政相对人分为内部相对人与外部相对人。内部相对人是内部行政法律关系中与行政机关或机构相对应的另一方当事人，通常具有内部隶属关系；外部相对人则是外部行政法律关系中与行政主体相对应的公民、法人或组织。

（五）受益相对人与侵益相对人

以行政行为对其权益影响的性质为标准，可以将行政相对人分为受益相对人与侵益相对人。受益相对人是通过受益行政行为获取某种权益的相对人，侵益相对人是因为行政行为而失去某种利益或其利益受到损害的相对人。一般来讲，行政奖励、行政给付或行政许可行为的相对人为受益相对人，行政处罚、行政强制的相对人为侵益相对人。

三、行政相对人的权利与义务

（一）行政相对人的权利

行政相对人的权利是指由行政法所规定或确认的，在行政法律关系中由行政相对人享有并与行政主体的义务相对应的各种权利。[①] 行政相对人在行政法上的权利可大致概括为五个方面。

1. 知情权。行政相对人有权了解和获取行政主体的各种行政信息，具体包括规范性法律文件、制度、决定、标准、程序规则以及与行政相对人本人有关的各种档案材料等。

2. 行政参与权。行政相对人依法享有通过合法途径参与国家行政管理活动的权利。除进入国家公务员队伍直接从事行政管理工作之外，行政相对人还可以通过座谈会、听证会、论证会以及来信来访等多种方式，参与行政法规、规章及行政政策的制定，参与国民经济与社会发展计划的编制和执行，参与与自身有利害关系的具体行政行为的决定和实施等。

3. 监督权。行政相对人依法享有监督权，既可以对各级行政机关及其工作人员的工作提出批评，并就如何改善行政管理、提高行政效率提出意见和建议，还有权对行政主体及行政公务人员的违法、失职行为进行检举、揭发，要求相关的国家机关进行查处，以保持国家行政机关的廉洁。

4. 行政受益权。行政相对人依法享有通过行政主体的积极行为获得各种利益及利益保障的权利。具体包括基本生活水平的保障、义务教育的保障、劳动就业和劳动安全的保障，以及特定群体福利优待的保障等。

---

① 方世荣：《论行政相对人》，中国政法大学出版社 2000 年版，第 62—63 页。

5. 救济权。行政相对人对行政主体作出的具体行政行为不服,有权依法申请行政复议和提起行政诉讼;在其合法权益受到行政主体违法行政行为侵犯并造成损失时可以依法请求国家赔偿。此外,行政相对人的财产如果因公共利益需要而被国家征收、征用时,还可以依法请求补偿。

(二) 行政相对人的义务

行政相对人在享有行政法上的权利的同时,还必须履行相应的义务。

1. 服从行政管理的义务。在行政管理过程中,行政相对人的首要义务是服从行政管理。其具体内容包括:遵守行政法规、规章和其他规范性文件,执行行政决定和行政命令,遵守法定行政程序,维护行政管理秩序。

2. 接受行政监督的义务。行政监督是行政主体对行政相对人遵守法律、法规,履行行政法上义务的情况进行的监督,是实现行政管理目标的重要手段。行政相对人要自觉接受行政主体的检查、审查、检验、鉴定,并向行政主体提供报表、账册等有关材料,主动配合行政监督。

3. 协助行政管理的义务。对行政主体及其工作人员执行公务的行为,行政相对人应当积极予以协助。例如,配合公安机关维持社会秩序,协助人民警察追捕违法犯罪分子或抢救交通事故中的受伤人员,必要时为公务人员提供交通工具或执行公务所需的其他设施等。在国家利益和社会公共利益受到侵害或威胁时,行政相对人应采取措施,尽可能避免或减少损害的发生。

4. 遵守行政程序的义务。无论是请求行政主体实施某种行政行为,还是应行政主体的要求作出某种行为,行政相对人都要严格遵循法律、法规规定的程序,并向行政主体提供真实的信息资料;否则,就要承担不利的法律后果,如遭到拒绝或缴纳滞纳金等。

【自我测试】

1. 广义行政组织法应包括下列哪些选项?( )

   A. 行政机关组织法　　B. 行政编制法

   C. 公务员法　　D. 行政程序法

2. 关于行政机关与行政主体之间的关系,下列哪些说法是正确的?( )

   A. 行政机关都可以成为行政主体。

   B. 并非所有行政机关在所有场合都是行政主体。

   C. 成为行政主体的不限于行政机关。

   D. 行政主体是对行政机关行政法地位的表述。

3. 根据行政法学对行政机关的分类理论,下列哪些选项是正确的表述?( )

   A. 乡政府是一般权限行政机关。

B. 地区行署是省政府的派出机关。

C. 审计局是专业性行政机关。

D. 国家税务总局是国务院的工作部门。

4. 关于国家行政机构,下列哪些说法是不正确的?(　　)

A. 国家粮食局是国务院直属机构。

B. 国务院台湾事务办公室是主管台湾事务的办事机构。

C. 财政部的司级内设机构的增设由财政部审核,国务院机构编制管理机关批准。

D. 国务院学位委员会是国务院组成部门。

5. 关于行政机关和机构的设立,下列哪些说法是不正确的?(　　)

A. 经国务院批准,省人民政府可以设立行政公署。

B. 经市公安局批准,县公安局可以设立派出所。

C. 经全国人大常委会批准,国务院可以设立直属机构。

D. 经市人民政府批准,县人民政府可以设立区公所。

6. 关于被授权组织,下列哪些说法是正确的?(　　)

A. 被授权组织与行政机关具有完全相同的法律地位。

B. 被授权组织只有在行使被授职权时才成为行政主体。

C. 被授权组织以自己的名义行使法律、法规所授予的行政职权。

D. 被授权组织由其本身就行使所授职权的行为对外承担法律责任。

7. 下列何种情形不符合法律、法规有关公务员任职和辞职的规定?(　　)

A. 李副市长兼任公安局长和安全局长。

B. 市经济委员会张主任兼任投资公司董事长。

C. 教育局高副局长辞职一年后经教育局批准到教育局所属的教育培训中心担任主任。

D. 市政府批准办公厅机要处王处长辞职出国。

8. 下列哪些做法不符合有关公务员管理的法律、法规规定?(　　)

A. 县公安局法制科科员李某因2002年和2004年年度考核不称职被辞退。

B. 小王2004年7月通过公务员考试进入市法制办工作,因表现突出于2005年1月转正。

C. 办事员张某辞职离开县政府,单位要求他在离职前办理公务交接手续。

D. 县财政局办事员田某对单位的开除决定不服向县人事局申诉,在申诉期间财政局应当保留田某的工作。

9. 关于行政相对人,下列哪种说法是正确的?(　　)

A. 行政相对人是受行政行为直接影响的个人、组织。

B. 行政机关也可能成为行政相对人。

C. 非法人组织不能作为行政相对人。

D. 国家公务员不可能作为行政相对人。

10. 材料分析。

2007年2月，某县财政局监督检查科对该县某国有企业进行了财务检查，发现该企业以节假日名义超标准向职工发放生活补贴34410元，向某公司违规缴纳企业管理费313813元，以及白条入账、结转不及时等财务基础管理不规范问题。根据以上违法事实，县财政局监督检查科以该科的名义对该企业作出了责令调整会计账目、追回有关资金、对企业处以3万元罚款的处理决定。该企业对县财政局监督检查科的处理不服，遂向县财政局的上一级主管部门市财政局申请行政复议。市财政局审查后认为，县财政局监督检查科是县财政局的内设机构，不具备财政执法主体资格，县财政局监督检查科以自己名义对外作出的处罚决定是无效的。因此，作出行政复议决定，撤销该行政处罚决定。

问题：

(1)县财政局监督检查科是否属于行政主体，为什么？

(2)该处罚决定应当以哪个机关的名义作出？

第五章 Chapter 5 行政行为概述

【要点提示】

本章通过对行政行为的概念与特征、行政行为的分类、行政行为的内容与形式、行政行为的效力以及行政行为的成立、变更与消灭等内容的学习，要求掌握行政行为的基本概念，学会把握行政行为的各种基本形态及其在法律上的具体效力。

第一节　行政行为的概念与特征

一、行政行为的概念

行政行为是行政法学中的一个核心的、基础性的概念。由于现代行政法主要是规范行政权的设置、运行以及对其进行监督的法，而行政行为恰恰是行政权最集中、最典型的外在表现形式，是行政权的物质载体，因此研究行政行为的各种理论成为现代行政法学的一个中心命题。现代行政法学的基本理论体系实际上也是围绕行政行为的相关理论建立起来的。然而，这一行政法学中最重要的概念在我国学界却众说纷纭，对其所作的具体定义种类繁多，至今尚未有确切定论。从某种意义上而言，行政行为现在已成为只可描述不可定义的一个概念。造成这种现象的原因，一方面在于我国行政法学的理论仍处于发展之中，许多基本概念建立还有待进一步成熟；另一方面是随着社会生活的发展，行政活动具体方式也处于不断拓展之中，客观上增加了对行政行为进行界定的难度。尽管如此，行政行为作为行政法学中的一个基础性概念，我们仍有必要对其进行适当的定义。

（一）其他国家行政法学关于行政行为的定义

1. 法国。在法国，行政行为作为学理上首先使用的一个名词，主要用来说明行政机关进行活动的法律手段。但是对这一概念的理解同样存在三种不同的视角。

一是形式意义上的行政行为。此种视角将行政行为界定为行政机关所实施的全部行为,用以区别立法机关所采取的立法行为与司法机关所采取的司法行为。此种定义将行政机关以私法为依据所实施的行为都包括在内,如行政机关购买办公用品的行为等,显然很难适应行政法理论发展的现实需要。

二是实质意义上的行政行为。此视角将行政行为界定为适用普遍规则于具体事件的行为,以区别于制定普遍性规则的立法行为。但是在当今社会,行政机关基于各种原因制定普遍性规则的行为越来越常见,行政立法的数量有时甚至超过了立法机关的立法数量,所以这一定义实际上也很难反映当今的行政活动现实。

三是功能意义上的行政行为。此种视角将行政行为定义为行政机关所实施的用以产生行政法上效果的法律行为,以及私人由于法律或行政机关授权执行公务时所采取的行为。此种定义将行政行为限定为法律行为,排除了事实行为;限定为产生行政法效果的行为,排除了行政机关所实施的私法意义上的行为;行政行为在主体上则不限于行政机关。此种定义较好地反映了当今法国行政活动的现实,也较为适应法国行政法理论体系发展的需求,因此成为法国行政行为定义的通说。①

2. 德国。德文中所使用的行政行为(Verwaltungsakt)一词是从法语(Acte administrative)中翻译过来的。1895 年德国行政法的集大成者奥托・迈耶(Otto Mayer)出版了《德国行政法》一书,对行政行为的概念及其在行政法学中的核心地位作了描述,认为行政行为是“行政机关决定个人权利义务的裁决”,然而当时对于行政行为的确切定义仍处于争论之中。1976 年德国制定了《行政程序法》,行政行为的概念被确定为一个法律上的概念。根据 1997 年联邦德国颁布的《行政程序法》的最新文本,“行政行为是行政机关为规范公法领域的个别情况采取的具有直接对外效力的处分、决定或其他官方措施”(该法第 35 条)。由此可见,当今德国对于行政行为的理解是较为狭义的。德国通过立法形式确定行政行为定义的做法使行政行为从一个学术用语转变为一个法律用语,对世界上其他国家都产生了重要影响。

3. 日本。第二次世界大战以前,日本法律常以德国为蓝本,因此德国行政法中行政行为的概念也被日本学者所吸纳。当今日本行政法学关于行政行为的定义亦有多种说法。根据日本学者盐野宏的定义,行政行为是指行政活动之中,在具体场合具有直接法效果的行政的权力性行为。行政行为是使行政主体和私人之间的法律关系形成或者消灭的法行为,是一种法道具。②

---

① 关于法国行政法对行政行为的定义,参见王名扬:《法国行政法》,中国政法大学出版社 1988 年版,第 134—137 页。

② [日]盐野宏:《行政法》,杨建顺译,法律出版社 1999 年版,第 80 页。

从以上各国关于行政行为的定义中我们可以发现大陆法系国家在界定行政行为概念上存在的异同。就共同方面而言，一是多将行政行为定义为一种具体性、外部性及权力性的法律行为，二是行政行为的定义常与行政诉讼的制度构建联系在一起。行政行为范围的界定常常对行政诉讼的受案范围及判决种类等有着直接的影响。这一点尤其值得我国行政法学理论借鉴。当然各国关于行政行为概念的内涵与外延界定也都存在某种程度上的不一致之处。

英美法系国家由于不存在明确的公私法的划分，所以其对行政行为这一概念本身的研究不像大陆法系国家那样关注，在内容上也不够系统和具体。当然这并不意味着英美法系国家没有“行政行为”这一概念，只不过表述不同而已。如美国《联邦行政程序法》使用“机关行为”的概念，其内容包括了规章制定及行政裁决等诸多方面。

（二）国内行政法学关于行政行为的定义

我国国内行政法学关于行政行为的定义同样经历了一个发展与演变的过程，至今关于行政行为的确切定义仍未有定论。新中国成立后最早的行政法学教科书，即王珉灿先生于 1983 年主编的《行政法概要》将行政行为定义为：“行政行为是国家行政机关实施行政管理活动的总称。”[①]这一定义将行政行为的主体限定为行政机关，将行政行为的内容则界定为“实施行政管理活动”的所有行为，反映了当时人们对于行政行为的一种较为朴素和直观的认识。

随着我国行政法治实践与理论的发展，人们对行政行为这一概念的内涵与外延的认识也不断地深化。在 1989 年我国《行政诉讼法》制定后，鉴于该法将“具体行政行为”的概念写入了法律条文之中，因此在此后的很长一段时期，行政行为这一概念的外延在学术界获得了暂时性的较为一致的意见，即在学理上将行政行为分为抽象行政行为与具体行政行为——以至于在此后很长一段时间内，人们不再热衷于讨论行政行为的定义，而是讨论抽象行政行为与具体行政行为的区分标准。而在司法实践中，则主要依据《行政诉讼法》的规定本身来界定具体行政行为的范围。此后，行政法治实践的深入发展使得人们不得不追问《行政诉讼法》中关于具体行政行为范围的罗列是否能适应实践中的需求，例如，行政行为仅是指单纯的法律行为还是包括事实行为？是仅限于单方行为还是包括双方行为（行政合同）？是仅限于外部行政行为还是包括内部行政行为？是仅限于权力行为还是包括了非权力行为（如行政指导）？人们甚至开始怀疑将行政行为划分为抽象行政行为与具体行政行为这一分类本身的必要性与科学性。对上述问题的反思与解答构成了我国当前学术界关于行政行为各种形形色色的定义的基础。

---

① 王珉灿主编：《行政法概要》，法律出版社 1983 年版，第 97 页。

（三）本书关于行政行为的定义

我们认为，关于行政行为的定义既要考虑历史的因素，同时更重要的是要能切合当前我国行政法治的现实需求，尤其是应当顺应我国行政诉讼实践的发展需求。作为行政法上一个核心的技术性概念，行政行为的概念应当能够用来满足行政法控权宗旨的需要，因此对行政行为概念的外延的界定不宜过于宽泛，以免减弱行政法控权过程中的针对性与有效性。在学理上，我们可以创设行政活动的概念作为行政行为的上位概念，从而避免行政行为这一概念的泛化与通俗化，使得其成为一个精确的法律语词。基于上述考虑，我们将行政行为定义为：行政行为是指由行政主体作出的受行政法调整并能通过行政复议与行政诉讼等进行监督的一种行政活动。

二、行政行为的特征

基于本书对行政行为的定义，行政行为具有如下四个方面的特征。

（一）法律从属性

行政行为是行政主体为了创设其与行政相对人之间某种法律上的权利义务关系而主动、有意识为之的行为，其实施必须严格依照法律规定进行。这一特征使得行政行为区别于行政机关或其他组织基于某种单纯的客观事实而引发的事实行为，如执行公务中的殴打行为。后者的实施目的并非为了创设某种法律关系，故不具有法律从属性。

（二）权力性

行政行为是行政主体基于某种行政职权而作出的，是代表国家对行政相对人的权利义务所作的一种判定，具有一定的国家权威性。这一特征使得行政行为与民事行为明显地区别开来。

（三）执法性

行政行为既不像立法一样创设规则，同时也不像司法一样定纷止争，其主要的目的在于通过对法律的严格适用进行有效的社会管理，从而达到维护公共秩序之目的。这一特征使得行政行为在宏观上与其他权力性行为相区别。

（四）效果性

行政行为的实施目的是为了使某种行政法律关系产生、变更或消灭，故若某种行为不具有此种法效果，就不能被认定为行政行为。如行政机关的驳回相对人申诉等重复处理行为。

第二节　行政行为的分类

一、作为行政行为与不作为行政行为

这是依行政行为的表现方式不同所作的分类。一般认为，作为行政行为是指行政主体以积极的行为改变现有的法律关系状态的行为，如行政处罚和行政征收等。不作为行政行为是指行政主体以消极方式维持现有法律关系状态的行为，包括行政主体不予答复的行为和拒绝行为。由于不作为行政行为具有隐蔽性，以及我国行政法学理论的稚嫩，对不作为行政行为的研究长期以来处于被忽视状态，致使我国在一些重大的立法（如《国家赔偿法》等）中对不作为行政行为未作相关的明确规定。而实际上，作为一对基本范畴，作为行政行为与不作为行政行为本来就是同时存在的。近年来，对不作为行政行为的研究日渐趋多，并已有若干较有影响的著作与论文问世，如周佑勇教授对于行政不作为就有较为深入的研究。

二、行政规定行为与行政决定行为

这是依行政行为适用对象的范围不同所作的分类。行政规定行为是指行政主体制定规章（不含）以下的具有普遍约束力的规则的行为，其适用的对象具有不确定性。行政决定行为是指行政主体针对特定的行政相对人所作的决定其具体权利与义务的行为。

与上述分类相对应的是我国行政法学界关于抽象行政行为与具体行政行为的划分。长期以来，这种分类是我国行政法学对行政行为所作的一种最重要的分类，因为我国的《行政诉讼法》明确提到了具体行政行为的概念，为解决司法实践中的问题，需要对具体行政行为与抽象行政行为作明确的划分。但是，抽象行政行为中所包含的制定行政法规与行政规章的行为属于立法性行为，我国的《立法法》对此有明确的规定，因此我们认为应将其划离行政行为的范畴，而仅将规章以下的行政规定归入行政行为，这样的处理也便于我们将来在修改《行政诉讼法》时将行政规定纳入司法审查的范围。

三、羁束行政行为与自由裁量行政行为

这是以行政行为受法律约束的程度不同所作的分类。羁束行政行为是指法律对某种行政职权的行使作了具体明确的规定，行政主体应无条件适用该规定，不能参与自己的主观意志的行政行为，如税率的确定。自由裁量行政行为是指法律对某种行政职权的行使仅规定了一定的幅度、范围，在该幅度、范围内，行政主体可以

根据自己的合理判断作出具体认定的行政行为。在当今社会,由于社会生活的复杂性,法律授予行政机关某种自由裁量权的状况越来越普遍,如何有效控制与规范自由裁量的行政行为是行政法学中一个技术性很强的问题。需要强调的是,关于行政行为的此种分类主要是依据行政行为受法律的约束程度而不是行政主体对事实认定的取舍角度所作的分类。在事实认定方面,行政主体在许多情况下都享有一定的裁量权。

四、依职权行政行为与依申请行政行为

这是以行政行为的启动条件不同所作的分类。依职权行政行为是指行政主体根据法律授权而无须相对人申请直接主动实施的行政行为,如行政处罚。依申请行政行为是指行政主体只有在相对人提出申请的前提下方能实施的行政行为,如行政许可。在依申请行政行为中,行政相对人的申请是否有效是行政行为能否启动的前提条件,这就使得其与依职权行政行为在时效的计算、行为的效力等方面存在许多区别。

五、授益性行政行为与负担性行政行为

这是以行政行为对相对人权利义务所产生的影响不同而作的分类。授益性行政行为是指行政主体授予、确认相对人某种权利或利益的行政行为,如颁发驾驶证。负担性行政行为是指行政主体对相对人科以某种义务或剥夺其某种权利的行政行为,如行政征收。此种分类由于直接以行政相对人是否能从行政行为中获得某种利益为标准,所以对于研究如何有效保护行政相对人的权益能产生重要影响。例如,授益性行政行为一经作出,行政相对人基于对国家的信赖,往往就会按照该行政行为所确定的权利来行事。若行政主体基于公共利益的需要而须撤销此种行政行为,则须对行政相对人的信赖利益给予补偿。而同时,对于是否需要撤销此种授益性的行政行为,法律往往也作严格的限制。

六、要式行政行为与不要式行政行为

这是以行政行为是否必须具备某种法定的方式为标准所作的分类。行政行为的方式包括书面、口头、动作、默示等。要式行政行为是指法律对其行为方式作了明确规定的行政行为,如颁发离婚证。不要式行政行为是指法律对于行为的方式没有明确要求,只要其能够体现出意思表示的功能即可的行政行为。行政行为的不同方式对于行政行为的严肃性、证明效力等都有重要影响,因此法律对于某些行政行为要求其必须具备一定的形式要件是必要的。这种要件是否具备就直接关系到行政行为能否成立或生效。

七、内部行政行为与外部行政行为

这是以行政行为的对象与行政主体之间是否具有某种身份上的隶属关系的不同而作的分类。内部行政行为是指行政主体对隶属于其自身的组织或人员所进行的管理活动。如行政机关对其所属公务员的奖惩、任免行为、上级行政机关对下级报告的审批等。外部行政行为是指行政主体对不隶属于它的组织或个人所进行的管理活动,是行政主体对社会事务所进行的管理。

在我国现阶段,内部行政行为排斥法院的司法审查。这主要是考虑到内部行政主体与相对人之间存在特殊的身份隶属与管理关系,他们之间的关系属于"内部事务",只要内部解决即可,国家公权力不宜过多介入。这一理论发端于德国等国19世纪时存在的特别权力关系理论。该理论认为,在一些特定的领域,诸如国家机关与公务员之间、公立学校与学生之间、军队与军人之间、监狱与囚犯之间等,由于两者之间存在特殊的身份关系,因此也产生了特殊的权利义务关系,这种关系不能适用一般的法律进行调整;其纠纷亦经由内部途径解决,法院不予干涉。20世纪中期以后,随着德国行政法治理论与实践的发展,特别权力关系理论逐渐瓦解,此后又产生了所谓"基础关系"与一般管理关系的区分。认为内部管理中涉及人民基本权利的事项应属于"基础关系",受一般法律调整,法院可以介入。反之,纯粹的内部管理事项则仍由内部途径解决。这一发展对我国亦有重要的启示意义。在未来,继续把所有内部行政行为排除在司法审查之外显然不利于人民权利之保护。

八、单方行政行为与多方行政行为

这是以行政行为的作出是否需要与相对人的合意为标准而进行的分类。单方行政行为是指行政法律关系的产生、变更与消灭仅由行政主体单方意思表示即可决定,而无须行政相对人同意的行为,如行政处罚。双方行政行为是指行政主体只有在取得行政相对人的同意,与行政相对人达成合意时方可作出的行政行为,如行政合同。我国较早时期的行政法理论往往将行政行为限定为单方行为,最高人民法院也曾在早期的司法解释中作同样的限定。但此后,随着行政合同实践的不断发展,行政法理论需要呼应这种需要,以使涉及行政合同的相关纠纷能够得到正确的解决。因此最高人民法院修改了此前的司法解释,不再将行政行为限定为单方行为。

九、行政行为的其他分类

除上述分类外,我国行政法学理论对行政行为的分类已日趋多样化,研究相对较为深入。在学理中对行政行为的分类还有:主行政行为与从行政行为,可诉行政行为与不可诉行政行为，终局行政行为与非终局行政行为，中间行政行为与最终行政行为，无条件行政行为与附条件行政行为，实力行政行为与意思行政行为，单一行政行为与共同行政行为，对人行政行为与对物行政行为，实体行政行为与程序行政行为，合法行政行为与违法行政行为，有效行政行为与无效行政行为，等等。[①] 这些分类对于我们深入了解各类行政行为的具体特征从而建立起相应的行政行为的规则有着重要意义。

第三节 行政行为的内容与形式

一、行政行为的内容

行政行为是内容与形式的统一体。行政行为作为行政主体对相对人所作的一种意思表示，其内容对相对人的权利义务会产生直接的影响。从总体上看，行政行为的内容都是围绕着创设、变更或消灭相对人的权利义务而展开的。因此，行政行为的内容可表现为如下几种形态。

(一) 赋予权利或利益

指行政行为的内容是赋予相对人某种法律上的权利、资格或直接给予某种利益。此种行政行为也被称为授益性行政行为，其在法律上的典型形态是行政许可行为和行政给付行为。如公安机关给赵某颁发驾驶证的行为，即为赋予赵某驾驶车辆的权利。县民政局给五保户王某送去救济金，即为授予王某直接的物质利益的行为。

(二) 科以义务

指行政行为为行政相对人增设某种法律上的义务，这种义务可以是要相对人“作为”的义务，如罚款处罚即是为相对人设定了缴纳金钱的义务；也可以是禁止行政相对人实施某种行为的义务，如责令停产停业即是禁止相对人的经营行为。

(三) 确认权利或义务

指由行政主体依据法定职权证明相对人的某种法律地位、法律事实或法律关系的存在。这种证明虽然表面上看并不创设新的法律关系，而是行政主体对既定事实的一种事后确认，但是，由于这种确认系有关国家机关在其职权范围内实施，具有很强的公信力，因此往往对相对人的权利义务产生决定性的影响。例如，交警部门所作的交通事故认定，对于事故当事人的权利义务关系的形成就会起到关键

---

① 胡建淼：《行政法学》(第二版)，法律出版社 2003 年版。

性作用。因此确认权利或义务本身也应当属于行政行为的内容之一。

（四）变更权利或义务

指行政行为的内容是改变行政相对人原有的权利义务，即使相对人原有的权利义务发生增减。如扩大行政相对人的经营范围。

（五）消灭权利或义务

指行政行为的内容是使相对人通过原来的行政决定获得的权利或产生的义务归于消灭。这里的消灭应该不是指法律直接设定的权利或义务的消灭，如拘留可被理解为对法定的人身自由权的消灭，这种法定权利的消灭实际上属于对相对人科以新的义务的范畴，而不是这里所言的权利的消灭。此处的权利义务的消灭是指由行政主体通过行政决定产生的权利或义务被撤销了。如撤销对行政相对人的罚款、解除对相对人存款的冻结措施等。

二、行政行为的形式

行政行为的形式是指行政行为的外在表现方式。行政行为形式在法理上的价值主要表现在如下几个方面。

一是感知价值。行政行为若没有通过一定的形式表现出来，那它最多只是行政主体单方的内心意思决定，不能为相对人一方所感知。行政行为只有通过一定的形式表现于外时，才可能被相对人所感知。因此，行政行为的形式具有在行政主体与相对人之间进行沟通的价值。

二是证明价值。行政行为的形式提供了行政行为被外化和固定的一个基础，因此行政行为的有效形式可被用来证明行政行为的存在。不同行政行为的形式在法律上的证明能力各有差异。例如，行政行为的书面形式相比于口头形式就具有较强的自身证明力。

在实践中，行政行为的形式主要有以下六种。

（一）口头形式

行政行为的口头形式是行政主体仅仅借助于话语来实现其意思表示的方式。这种方式最大的优点就是简易、便捷、直接，可当场作出，而无须等待一个法定的期间。但是，这种表现方式的特点也是显而易见的，那就是其自证能力差。一旦实施，其自身不能重现，除非借助于其他力量，如录音等。一旦发生纠纷，纠纷裁决机关往往很难处理。因此，这种行为方式只有在一些内容简单、后果轻微的行政行为中才被使用。

（二）书面形式

书面形式是行政主体借助于文字表述来实现其意思表示的方式。这是行政行为最常用的一种表示方式，实践中大部分的行政行为都是采用这种表示方式作出。

如行政处罚决定必须制作处罚决定书,口头处罚无效。这种方式的最大优点是内容明确且便于保存与重现。一旦发生纠纷,裁决机关只要审查该书面决定即可作出判断。实践中书面形式的具体表现亦多种多样,可分为一般书面形式与特殊书面形式,前者如行政处罚决定书,后者如鉴证形式、公证书形式等。若法律对某一种行政行为明确规定为必须采取某一形式,则无此形式要件的行政行为将被视为违法。

(三) 动作形式

动作形式指行政主体借助于执法人员的不同肢体动作来实现其意思表示的方式。此种方式最典型的就是交通警察的指挥手势。

(四) 自动化装置

指行政主体通过一定的机械设备并通过预先设定的控制程序自动传达某种具有法律约束力的信息的方式。其最常见的形态是设置在十字路口的交通信号灯。

(五) 定式化标记

指行政主体通过某种法定的符号、标记而为意思表示的方式。如设置在人行横道上的斑马线等。

(六) 默示方式

行政行为除了可以通过上述各种明示的方式进行外,在法律有明确规定的情况下,也可以通过某种默示的方式进行。所谓默示方式,是指行政主体的沉默行为在法律上被推定为一种同意或拒绝的意思表示的方式。如我国《行政许可法》第50条规定,被许可人申请延续其行政许可,行政机关逾期未作决定的,视为准予延续。此处"准予延续"的意思表示即是通过默示的方式作出的。由于默示方式具有被推定的直接法律效果,因此该种表示方式只有在法律有明确规定时方能实施。

第四节　行政行为的效力

一、行政行为效力的含义与内容

行政行为的效力是指已成立的行政行为所能够产生的对社会、行政主体及行政相对人的一种法律上的约束力。一般而言,行政行为的效力包括四个方面的内容,即公定力、确定力、拘束力、执行力。

(一) 公定力

公定力是指行政行为一经成立,无论其是否合法,即具有被推定为合法有效而要求所有组织与个人予以尊重的一种法律效力。行政行为的公定力具有三个明显的特征。第一,公定力是一种被推定的作用力。也就是说,公定力的产生并非来源于行政行为的具体内容,而是直接来源于法理上的假设。只要行政行为一经成立(存在),不问行政行为的内容如何,即被推定为合法有效而具有行政行为的其他各种效力。第二,公定力发生的前提是行政行为的成立。也就是必须存在一个被法律认可的行政行为。因此,非行政行为包括假象行政行为等不具有公定力。必须强调的是,行政行为是否成立与行政行为是否合法是两个不同的概念,需要加以甄别。第三,公定力是一种对世的效力,其约束的对象不仅包括行政相对人与行政主体,而且包括社会中所有的其他成员。

关于行政行为公定力的来源,理论上存在多种不同的解说,如"国家权威说"、"法安说"、"社会信任说"、"秩序需求说"等。我们认为,公定力之所以需要存在主要是因为行政行为系行政主体代表国家进行秩序维护的行为,为了确保这种维护秩序行为的有效进行,需要赋予所有的行政行为以一种事先被假定为合法有效的力量。相对人若有异议,可进行事前的申辩及事后依法定程序的救济,而不能当场予以反抗。否则,这种秩序维护行为便很难进行。当然,对于是否需要赋予所有的行政行为都具有公定力,学理上有不同的意见。如"有限公定力说"就认为无效行政行为不具有公定力,对此尚可以展开进一步的深入研讨。

(二) 确定力

行政行为的确定力是指已成立的行政行为具有的不受任意改变的法律效力。行政行为的确定力具体包括两种形态。

1. 实质确定力。指行政行为一经作出并送达相对人,行政主体即不得任意改变行政行为的具体内容,包括对行政行为的撤销、变更等。实质确定力即"一事不再理",其之所以存在是因为行政行为是行政主体依据法律对相对人权利义务的一种判定,应当具有一定的权威性和严肃性,一经作出,就不得随意更改。这也是行政诚信原则的一个内在要求。当然,实质确定力并不完全禁止行政行为的事后改变行为,但必须由法定主体在具备法定原因的情况下,经过必要的程序(如有些需要钱进行补偿)后方得改变。

2. 形式确定力。亦称不可争讼力,是指行政行为经过法定的复议或诉讼期间后,不管行政行为的内容如何,行政相对人都不得再对行政行为提起争讼。这种效力与行政行为的具体内容无关,故被称为形式确定力。形式确定力的存在主要是为了督促当事人尽快行使救济权利,以使该项法律关系能够尽早确定,以维护社会关系的稳定性。

(三) 拘束力

行政行为的拘束力是指行政行为的具体内容,即其所设定的权利义务对双方当事人具有约束力，双方当事人都必须予以履行。拘束力是在行政主体与相对人之间存在的法律效力，并不牵涉其他人。

（四）执行力

行政行为的执行力指行政行为的内容具有被强制实现的效力。从某种意义上而言，执行力是行政行为所具有的拘束力在逻辑上的一种延伸。拘束力表明了行政行为的内容对行政主体与相对人的内在效力，而执行力则表明了这种内在效力可通过一种外在的强制措施予以实现的一种效力。因此，也有学者认为执行力已经包括了拘束力的要求，但若细分起来，拘束力应是指一种内在的效力，而执行力可被视为一种外在的效力。执行力的作用对象既包括行政相对人，也包括行政主体。

二、行政行为的有效要件

通常情况下，行政行为要产生各种法律效力，则该行政行为本身必须是有效的（公定力除外，因为它仅是一种被法理所推定的效力）。那么，什么样的行政行为才是有效的呢？这就牵涉到行政行为的有效要件问题。理论上而言，合法的行政行为都是有效的，但是有效的行政行为则未必是合法的，即违法的行政行为在满足若干要件（如法定救济时效的经过）后也有可能产生法律效力。因此，行政行为的有效要件可被分为一般有效要件（即合法要件）与特殊有效要件。

（一）一般有效要件（合法要件）

1. 主体合法。行政行为的主体必须是被法律所认可的具有法定行政职权的主体。

2. 内容合法。行政行为的内容必须是行政主体基于法定事实在法定权限范围内作出。

3. 程序合法。在法律有明确规定的情况下，行政行为必须遵守强制性的法定程序，否则，该行为就可能会因为违法而归于无效。

4. 适用法律正确。行政行为的合法性不仅要求行政行为的过程与结果合法，而且其所适用的法律依据也必须是准确无误的。行政主体适用错误的法律所作的任何决定都是一种违法的决定。

（二）特殊有效要件

一个有效的行政行为原则上必须是合法的行政行为，但是，基于其他更重要的法律利益，一个违法的行政行为在一些情况下也被视为有效。这些情形主要包括如下两种。

1. 法定救济时效的经过。已成立的行政行为具有公定力。行政相对人如对此不服，必须在法定期间内申请救济。若经过法定期间仍未提起，则该行政行为也能够产生法律效力，而不问行政行为的内容如何。这是法律的安定性对行政行为效力的内在要求。

2. 轻微违法行政行为的转化。部分轻微的违法行政行为如果一旦被认定为无效，可能对其他利益会造成严重影响。此时，基于利益衡量原则，法律通常承认该违法行政行为仍为有效，但需对该违法行政行为造成的损失予以补救。例如，行政机关违法批准在绿化带建造一幢高楼，若此建筑许可被认定无效，则该高楼将要被拆除，这样损失就会更大。因此，在此情况下，可承认该违法许可的效力，但要求行政机关另行安排绿化地带予以补救。我国最高人民法院在关于《行政诉讼法》的司法解释中确认了此种有效情形。

三、行政行为的无效

一般认为，行政行为具有重大或明显违法情形的应属于无效行政行为。例如，一个醉酒的交通警察胡乱以手势指挥交通的行为，就属于无效行政行为。

无效行政行为的法律后果主要体现在如下几个方面：有权机关可以不受时效限制审查该行为；行政机关应将行政行为实施取得的利益返还；行政行为不待宣告自始没有法律效力；行政相对人具有对无效行政行为的抵抗权，可以自行决定不履行该行为设定的义务。

行政行为的无效与可撤销不同，可撤销行政行为是指行政行为具有一般的违法情形。此种情形下的行政行为在被撤销之前具有公定力，相对人不能行使抵抗权，并且相对人申请撤销该行政行为须受到法定期限限制。

四、行政行为的生效

行政行为的有效要件仅解决行政行为理论上而言能否产生效力的问题。一个有效的行政行为并不一定马上就产生法律效力。换言之，行政行为的生效还须满足特定的生效要件。不同的行政行为其生效要件也可能不同。一般而言，行政行为的生效包括以下四种情形。

1. 即时生效。指行政行为一经作出立即生效。如交通警察的指挥手势。

2. 告知生效。指行政行为的具体内容经告知行政相对人后生效。法律上的告知有多种方式，如信函、邮件、电话、公告，等等。这是行政行为最常用的生效方式。

3. 受领生效。即行政行为经相对人接受后方能生效。换言之，若相对人拒绝受领，则行政行为不能生效，如行政调解决定。

4. 附款生效。也就是附条件生效。有些行政行为在作出时即附有生效条件，那么只有该条件成立时行政行为才能生效。例如，“施工期间本道路禁止通行”的禁令，只有在施工期间才具有法律效力。

第五节　行政行为的成立、变更与消灭

一、行政行为的成立

行政行为的成立与行政行为的合法、有效等是不同的概念。行政行为的成立是指被法律所认可的行政行为确已存在。因而成立要件所要解决的实际上就是行政行为与非行政行为(如民事行为、事实行为等)的区分问题。就判断的基准而言，它是一种事实判断。而只有已成立的行政行为才可进一步论及是否有效的问题，关于行政行为是否符合有效要件的判断是一种价值判断。一般而言，行政行为的成立要件主要包括以下三项。

1. 主体适格。行政行为成立要件中主体适格的具体含义与有效要件中的不同。这里所谓的主体适格是指行为的主体须具有一般的行政权的权能，这里的行政权是概括性的、抽象的表述，而不是指某项特定的行政权的权能。行为主体的行为是否符合某项特定的行政权的权能仅涉及行政行为的合法性与有效性的问题，而不涉及行政行为是否能够成立的问题。

2. 为行政行为的意思表示。行政行为是行政主体对相对人所作的一种意思表示，这种意思表示必须能为相对人所感知，否则行政相对人则无法服从、配合行政主体实施行政行为，因而该意思表示必须形之于外而不能仅限于行政主体自身的内心活动。

3. 行政权的实际运用。行政行为的成立不仅要求行为主体要具有行政权的权能，而且必须具体运用了这种权能，在客观上实施了相关行为，从而形成一种可对行政相对人的权利义务产生实际影响的行政决定。

二、行政行为的变更

行政行为成立后，可能基于各种原因需要发生变更。尽管行政行为一经作出即具有确定力，但行政行为的确定力理论并不绝对禁止行政行为的变更，只是要求这种变更需要受到法定条件的限制。

(一) 行政行为变更的含义及其形态

所谓行政行为的变更，是指行政行为在作出后至消灭前，行政行为的内容、依据和形式发生变更。行政行为的变更不同于行政行为的改变，行政行为的改变包括行政行为的变更和撤销。行政行为的变更也不包括行政法律关系的主体所发生的变更。例如，将建设局错误颁发的规划行政许可改由规划局颁发，或是将颁发给甲的规划行政许可改为颁发给乙，都不是行政行为的变更而是原行政行为的撤销

及新行政行为的作出。

具体而言,行政行为的变更包括以下三种形态。

1. 行政行为内容的变更。所谓行政行为内容的变更,是指由行政行为所确定的具体权利和义务发生变更。例如,工商局将对因生产假货的商户甲的罚款从50000元改为30000元,即是对甲的义务的削减,因而属于此处的变更行为。

2. 行政行为依据的变更。行政行为的依据包括事实依据和法律依据,这两种依据发生的改变均属于行政行为变更的范畴。(1)行政行为事实依据的变更。例如,环保局将对甲企业罚款的理由从“未领取排污许可证排污”改为“未使用规定的排污设备排污”。(2)行政行为法律依据的变更。例如,交通局把对违法超载的王某进行罚款处罚的法律依据从《道路交通安全法》改为适用《公路法》。

3. 行政行为形式的变更。行政行为的形式多种多样,如书面、口头、动作等。有时法律对某种行政行为的形式作了限定,此时行政行为就必须采用特定的形式。例如,行政机关把对王某的口头警告改为书面的警告处罚。

(二)行政行为变更的限制

1. 法定主体限制。行政行为是由行政主体作出的,因而有权变更行政行为的主体主要包括两种:一是作出行政行为的行政主体自身;二是对行政主体负有监督职责的主体,例如上级行政机关。我国宪法和有关组织法均规定了上级行政机关对下级行政机关的监督职权。另外,我国《行政复议法》等也规定了复议机关有权变更下级行政机关所作的明显不当的具体行政行为。在行政行为进入诉讼阶段以后,人民法院依据《行政诉讼法》也有权对显失公正的行政处罚行为进行变更。

2. 法定事由限制。即使是行政主体自身或者是负有监督职责的其他国家机关,变更行政行为也还须受到法定事由的限制;否则,行政行为将失去公信力。变更行政行为的法定事由主要包括行政行为的事实认定或法律依据发生变化等方面。

3. 法定程序限制。就行政主体自身而言,行政行为的变更通常应遵守与行政行为作出时法律规定的相应程序。若是上级行政机关决定变更的,则应遵守《行政复议法》及宪法和有关组织法规定的程序;若是法院决定变更的,则应遵守《行政诉讼法》中的程序规定。

另外,变更行政行为是否还需要受到法定时间的限制等也是值得探讨的问题。例如,在诉讼过程中,行政行为能否变更是值得研究的。

三、行政行为的消灭

行政行为的消灭是指经由一定的法定事由和程序,行政行为在法律上不再存在。造成行政行为消灭的事由主要包括撤销、撤回(废止)、失效等。

1. 撤销。行政行为的撤销,是指有权机关针对违法或不当的行政行为作出的在法律上消灭其存在的行为。行政行为被撤销后，具有追溯效力。行政行为一旦被撤销，其效力就自始不存在。有权撤销行政行为的机关包括作出行政行为的行政主体自身，也包括上级行政机关（如复议机关）以及人民法院等。另外，撤销行为是针对违法或不当的行政行为所作出，而不是针对合法的行政行为。例如，我国《行政许可法》第69条规定行政行为具备五种违法情形之一的，作出许可决定的机关或者其上级机关可以撤销行政许可决定。

2. 撤回（废止）。行政行为的撤回，也称行政行为的废止（废止通常适用于抽象的行政决定），是指行政主体基于公共利益的需要，使一个合法的行政行为在撤回决定作出后失去效力的行为。行政行为的撤回与撤销不同，撤回权的主体仅限于作出行政行为的行政主体自身；而撤销权的主体却非限于此。撤回是针对一个合法的行政行为作出的，往往是行政主体基于客观情况发生变化或具体行政行为的依据发生了改变，为了维护公共利益，"不得不"撤回；撤销却是针对违法的行政行为作出，是"应当"撤销。行政行为的撤回给行政相对人的利益造成损失的，应当给予补偿；而行政行为被撤销后，若该违法的行政行为已经给当事人或其他利害关系人造成损失，国家应承担赔偿责任。

行政行为从其存在的形态看，除了成立、变更与消灭之外，还包括行政行为的补正、转换等瑕疵的治愈形态。

【自我测试】

1. 依照有关法律规定，具有法人资格的社会团体应当自批准成立之日起60日内向登记管理机关备案，登记管理机关自收到备案文件之日起30日内发给《社团登记证书》。社团登记机关的上述行为是下列哪种行为？（　　）（1999年司法考试试卷一第49题）

   A. 依职权行为　　B. 要式行政行为

   C. 自由裁量行政行为　　D. 羁束行政行为

2. 下列属于行政行为的是（　　）

   A. 城建局对违法建楼的税务局处以罚款。

   B. 卫生局向县法院食堂颁发卫生许可证。

   C. 工商局到超市购买办公用品。

   D. 市政府和开发商签订办公楼建筑承包合同。

3. 下列选项中的哪个组合是关于行政行为确定力的正确理解？（　　）（1999年司法考试试卷一第15题）

   ①相对人不得任意擅自改变行政行为；②行政主体非经法定程序不得任意改变或撤销行政行为；③相对人必须遵守和实际履行行政行为规定的义务；④行政行为在行政复议或诉讼期间不停止执行。

A. ①② B. ②③④ C. ③④ D. ①②③④

4. 下列选项中的哪一组是关于行政行为从属性的正确理解？（ ）(1999 年司法考试试卷一第 3 题)

①行政行为的实施必须有法律依据；②行政行为必须在行政机关首长指令的范围内实施；③行政行为一经作出，相对人必须遵守和服从；④行政行为是受法律约束的行为。

A. ①②④ B. ①④ C. ②④ D. ①②③④

5. 下列哪些行为属于依职权的行政行为？（ ）

A. 行政处罚 B. 行政许可 C. 行政征收 D. 行政给付

6. 下列属于行政行为成立要件的是（ ）

A. 行政行为是产生一定法律效果的行为。

B. 行政行为必须是行政主体的行为。

C. 行政行为必须是行政机关的行为。

D. 行政行为必须是行使行政权力的行为。

7. 大华纺织厂系国有企业红旗机械厂为安置待业人员创立的集体企业。1993 年，两厂因隶属关系发生纠纷。市国有资产管理局以国资字第 6 号文的形式对两厂产权作出界定。国资字第 6 号文属于书面种类的哪种行政行为？（ ）(1997 年司法考试试卷一第 71 题)

A. 抽象行政行为 B. 具体行政行为

C. 内部行政行为 D. 行政裁决行为

8. 行政处罚决定作出后，该决定的效力状态是（ ）

A. 行政处罚决定可以通过留置送达后生效。

B. 无法留置送达的，可以通过公告送达后生效。

C. 行政处罚决定经相对人同意后才生效。

D. 行政处罚决定只要符合法定生效要件，一经作出即生效。

9. 行政行为的内容是（ ）

A. 确认法律事实或法律地位。 B. 判定相对人的行为是否构成犯罪。

C. 赋予权利或设定义务。 D. 剥夺权利或免除义务。

10. 行政行为无效的法律后果体现在哪些方面？（ ）(1999 年司法考试试卷一第 72 题)

A. 司法机关可以不受时效限制审查该行为。

B. 行政机关应将行政行为实施取得的利益返还。

C. 行政行为自宣布无效之日起失去法律效力。

D. 行政相对人可以自行决定不履行该行为设定的义务。

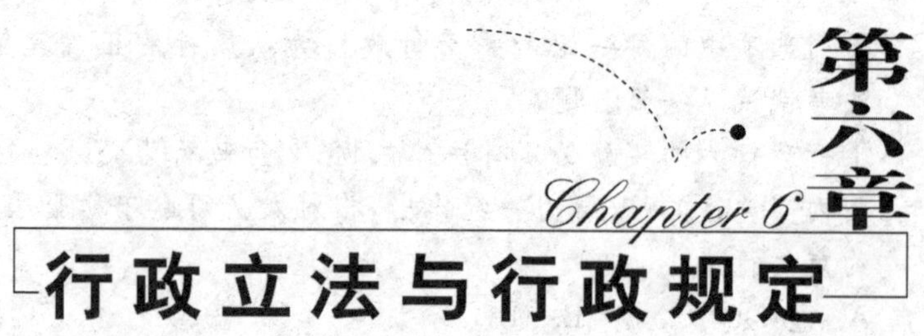

行政立法与行政规定

【要点提示】

行政立法包括行政法规和规章的制定,行政立法是行政机关立法行为的一种,而且是主要方式,它与权力机关的立法构成了我国的立法体制。行政立法是行政法的主要渊源。行政规定是行政机关制定的但不属于法范畴的规范性文件,它在行政活动过程中起到承前启后、承上启下的功能和作用。

第一节 行政立法概述

一、行政立法的概念

行政立法,是指特定的国家行政机关依法制定和发布行政法规和规章的活动。这个定义中,包含下列三层意思。

1. 行政立法的主体是指行政机关,并不是指其他国家机关,但这并不意味着各级行政机关都是行政立法的主体。在我国,行政立法的主体是特定的,主要有国务院,国务院各部、委员会,中国人民银行,审计署和具有行政管理职能的直属机构,省、自治区、直辖市人民政府,省、自治区人民政府所在地的市人民政府,经国务院批准的较大的市人民政府,以及经济特区所在地的市人民政府。只有以上这些特定行政机关才有权作出行政立法行为。《立法法》将经国务院批准的较大的市人民政府以及经济特区所在地的市人民政府合称为“较大的市”。

2. 行政立法主体应按照各自的立法权限和程序进行立法。在现代国家中,立法权属于国家权力机关是一般原则,由行政机关来行使则是一种例外和补充,因此行政机关进行行政立法必须有法律依据和授权依据,行政立法的主体、权限、程序必须符合法律规定。

3. 行政立法的主要内容是有关行政管理方面的事务,其制定形式是行政法规和规章,发布用“令”的形式。行政立法的最终结果,表现为适用于不特定公民、法人或其他社会组织的普遍性规则,即行政法规和规章,但行政立法属于从属性立法活动,即行政法规和规章从属于法律。

行政立法是特定行政机关依法制定行政法规和规章的活动,但并不意味着行政法是行政机关制定的法,因为行政机关虽然可以制定行政法,但行政法并非都由行政机关制定,而且也并不是行政机关制定的规定都属于行政法律规范的集合;同时行政立法也不等同于行政机关的立法活动,在行政机关的立法活动中,除了行政法规和规章的制定、修改、废除的活动外,还包括行政机关提出法律议案、进行行政解释等活动。

“行政立法”一词,在行政法学领域一般是指行政立法行为,既包括行政立法的过程,即行政立法的程序,也包括行政立法的结果,即行政法规和规章的文本内容,是内容和形式、实体和程序的结合体。

二、行政立法的性质特点

行政立法既具有立法的性质,是一种准立法行为,从属于法律;同时又具有行政性质,属于抽象行政行为的范畴。

(一) 行政立法的准立法性质

行政立法的准立法性质表现在以下几方面。

1. 行政立法是特定行政机关代表国家并以国家的名义制定的、人们必须遵守的行为规则。行政机关制定的行政法规和规章,属于国家法律体系的组成部分,所以人们在遵守宪法和法律的同时,也必须遵守行政法规和规章,否则也会被依法追究法律责任。

2. 行政立法属于法的范畴,具有法的基本特性,即普遍性、规范性和强制性。首先,行政法规和规章的内容是针对不特定的人或事且能多次、反复适用,具有法的普遍性;其次,行政法规和规章的功能作用,在于规范人们的行为,包括规范行政主体的行为,规范行政相对人的行为等,而且行政立法的内容和形式具有规范性,文本结构通常由章、节、条组成,条下设款、项、目,其规范与法律规范的结构一样;最后,行政法规和规章对公民、法人、其他社会组织具有国家强制力,公民、法人、其他社会组织必须遵守,否则行政机关可依法追究法律责任,并依法自行强制执行或申请法院强制执行。

3. 行政立法程序要遵循法定的立法程序。行政机关制定行政法规和规章,必须经过立项、起草、审查、会议讨论和决定、签署并公布等立法程序。

行政立法虽然具有立法的性质,但它仅是准立法行为,不完全等同于权力机关的立法活动,两者有着重要的区别。

(1)立法的主体不同。权力机关的立法主体是公民选举产生的人民代表机关,而行政立法的主体是行政机关。行政机关是人民代表机关的执行机关，由人民代表机关产生，并向其负责，受其监督。

(2)立法的客体不同。权力机关所立之法的客体即法的调整对象通常是国家政治、经济、文化生活中的重要问题或基本制度问题，而行政立法的调整对象通常是有关国家社会、经济、文化等事务的管理问题。

(3)立法效力不同。国家权力机关所立的法律，具有仅次于宪法的效力，而作为行政立法的行政法规和规章，它们的效力低于法律，而地方政府所立的规章，还不得同地方性法规相抵触。

(4)立法程序的要求不同。权力机关的立法程序正式、严格，注重追求民主的价值目标；而行政立法的程序相比权力机关立法程序，显得简便、灵活，偏向追求效率的价值目标。

(5)立法名称不同。法律通常以"法"的名称出现，但其也可以称"条例"、"通则"等；地方性法规不能以"法"的名称出现，可以称"条例"、"规定"等；行政法规不能以"法"的名称出现，可称"条例"、"规定"、"办法"及"实施条例"、"实施规定"、"实施细则"等名称。

(二) 行政立法的行政性质

行政立法的行政性质表现在三个方面。

1. 行政立法的机关是行政机关。

2. 行政立法的调整对象主要是行政管理事务或与行政管理事务相关的事务。

3. 行政立法的主要目的是执行和实施权力机关执行的法律、地方性法规，实现行政管理职能。

三、行政立法的分类

依据不同的标准，行政立法可以作不同的分类。

(一) 职权立法与授权立法

行政立法依据其权力来源，可以分为职权立法和授权立法。职权立法是指行政机关直接根据宪法和组织法规定的职权，对其管辖范围内的事务制定行政法规和规章，这种立法要求行政机关只能在宪法和组织法规定的职权范围内进行立法，不能逾越上级行政机关和其他行政机关的立法权限。授权立法是指行政机关根据特定法律、法规的授权，或者依据国家权力机关或上级行政机关通过专门决议的授权，就自己职权范围以外的事务，制定行政法规和规章，这种立法行政机关可以就权力机关管辖的事务立法，下级行政机关可就上级行政机关管辖的事务立法。

根据授权的来源不同，结合《立法法》，又可将授权立法分为以下三类。

1. 替代法律的授权立法。根据《立法法》第 9 条的规定，应当由全国人民代表大会及其常务委员会制定的法律事项，在尚未制定法律之前，全国人民代表大会及其常务委员会可授权国务院根据实际需要，对其中的部分事项先制定行政法规，但有关犯罪和刑罚，对公民政治权利的剥夺和限制人身自由的强制措施和处罚、司法制度等事项除外。

2. 特别授权立法。例如，1989 年 4 月 4 日第七届全国人民代表大会第二次会议通过的《关于国务院提请审议授权深圳市制定深圳经济特区法规和规章的议案的决定》。

3. 法条授权。即在制定的法律中专设一条规定国务院可以就有关问题制定行政法规。

（二）中央行政立法和地方行政立法

行政立法依据行使行政立法权的主体级别不同，可以分为中央行政立法和地方行政立法。

中央行政立法是指国务院和国务院各部委、中国人民银行、审计署及具有行政管理职能的国务院的直属机构进行的行政立法活动。中央行政立法主要是调整全国范围内的普遍性问题和必须由中央统一作出规定的重大问题。中央行政立法的规则是其制定的行政法规和规章的效力范围可以至全国，但也可以针对某一特定区域。

地方行政立法是指各省、自治区、直辖市人民政府，省、自治区人民政府所在地的市的人民政府，经国务院批准的较大的市的人民政府，以及经济特区所在地的市人民政府制定规章的活动。它一方面根据地方的实际情况，将法律、中央行政立法的规定具体化，确定实施细则和执行办法；另一方面则对本行政区域的特有问题作出规定，或对本区域的地方性法规的规定具体化。地方行政立法的规则是其制定的规章的效力范围只能在本行政区域范围内，而不能突破其管辖的行政区域。

（三）创制性行政立法与执行性行政立法

行政立法依据其内容不同可以分为创制性行政立法与执行性行政立法。

创制性行政立法是指特定的行政机关根据宪法和组织法规定的行政职权或特定法律法规的授权，就法律、行政法规、上级行政机关的规章尚未规定的事项予以规定，进行的行政立法活动。创制性行政立法又可分为两类：一类是为了填补法律和法规的空白而进行的创制性行政立法，称为自主性行政立法。自主性立法中，如果是行政机关基于有权机关或法律的特别授权，对本应由法律规定的事项，在条件尚不充分、经验尚未成熟或社会关系尚未正式定型的情况下，先由行政机关作出有关规定，经过一段试验期后，再总结经验，由法律正式规定下来，这种自主性行政立法又称试验性行政立法，其多属于特别授权立法，需要法律或有权机关的特别授权，其立法名称通常称为“暂行条例”、“暂行规定”等。试验性行政立法实施后如果新法律制定实施,该试验性行政立法随新的法律制定实施而当然废止。另一类是为了补充法律、法规在某个具体方面内容的不足而进行的创制性行政立法,称为补充性行政立法。补充性行政立法应以法律、法规的授权为根据,在被补充的法律、法规确立的原则下制定补充规定。补充性行政立法并不因授权法律、法规的废止而当然废止,只要不与新的法律、法规相抵触就具有法律效力。

创制性行政立法,如是根据宪法和组织法进行的,属于职权立法的范围,立法所调整的事务即在相应的行政机关职权范围之内;如是根据具体法律、法规或国家权力机关、上级行政机关授权决议进行的,则属于授权立法的范围,立法所调整的事务可在其相应的行政机关职权范围之外,但必须在相应的法律、法规或决议授权范围之内。

执行性行政立法是指行政机关就特定的法律、法规或上级行政机关的规章而规定的具体实施办法、细则,其是明确具体行政法律规范的确切含义和适用范围,而不是创设新的权利义务规范的立法活动。这种立法必须要有具体的特定法律文件作为根据,而且这种立法的法律文件名称通常是明确指出该行政立法的具体法律依据。这种行政立法可分为两类:一类是行政机关就权力机关制定的法律、地方性法规作出的具体实施办法、细则,一类是行政机关就上级行政机关制定的行政法规、规章,根据当地的实际情况规定的具体实施办法、细则。其规则是只能就上位法作具体化、地方化,而不能突破上位法的规定,与上位法抵触。

四、行政立法原则

我国的行政立法活动应遵循四项原则。

(一) 依法立法原则

1. 以宪法,特别是宪法的基本原则为依据。宪法是国家的根本大法,无论是权力机关的立法活动,还是行政机关的行政立法活动,都必须依据宪法而不得与之相违背。

2. 依照法定权限立法。行政立法主体应依照宪法、法律、授权法所确定的权限范围而进行立法,否则会导致越权无效或被撤销的后果。

3. 依照法定程序立法。行政立法活动必须按照法定程序立法,否则违反法定程序的立法会被确认无效或撤销。

(二) 民主立法原则

立法活动反映的应是民意,显示着人民的参与,体现立法追求的民主价值,实现实体的民主和程序的民主。民主立法原则有以下要求。

1. 立法主体的民主性。立法权应由人民行使,或由人民授权的机关行使。

2. 立法内容的民意性。立法应以维护人民的利益为宗旨,应当体现人民的意志，行政立法应不违反宪法、法律，符合宪法和法律。

3. 立法程序的公开性和民主性。立法过程应当实现公开化和民主化，充分听取各方面的意见，立法的结果也应当实现公开化。

(三) 法制统一原则

该原则要求在立法上体现社会主义法制统一和尊严，要求法律既具有稳定性和连续性，又必须适时地进行废、改、立，要求法律必须予以遵守而不得违背。其具体内容主要表现在以下几个方面。

1. 上位阶的法律规范性文件高于下位阶的法律规范性文件。

2. 行政法律规范的协调统一。立法应注意各种法律规范文件的相互补充和配合，不仅要做到下位阶的法律规范性文件不与上位阶的法律规范性文件相抵触，而且要做到同级不同类的法律规范之间的协调统一，同一主体制定的法律规范之间不矛盾，做到行政立法不越权，特别法优于一般法，后法优于前法。

3. 稳定性和连续性与适时废、改、立的统一。在立法中，一方面必须保持法的稳定性和连续性，以维护法的权威性；另一方面立法机关必须在不损害基本立法精神和法制统一原则的前提下，及时对行政法律规范废、改、立，以解决社会发展与法律滞后的矛盾。

(四) 科学立法原则

这一原则要求：

1. 立法必须遵循客观规律。立法应顺应社会、历史的发展规律，对社会客观规律予以正确表述。

2. 立法应采取科学、严谨的态度。它要求立法者必须实事求是，从我国国情出发，并借鉴外国的立法经验，原则性与灵活性相结合。

3. 立法必须运用现代科学知识与科学技术。立法活动要跟上时代的步伐，立法要具有科学的预见性，就必须积极地运用科学程序和科学知识，否则立法质量会出现问题。

第二节　行政法规

一、行政法规的含义

(一) 行政法规的概念

行政法规是国务院根据宪法和法律以及全国人民代表大会及其常务委员会的授权决议，按照法定程序制定发布的有关国家的政治、经济、教育、科技、文化等行政管理事项的规范性文件。

行政法规的制定主体是国务院,其他任何机关制定的规范性文件都不是行政法规。当然,也并不是国务院制定发布的文件都是行政法规。行政法规的效力可及于全国,但并不是每一个行政法规文件效力必及于全国。行政法规不仅在行政执法和行政复议中作为依据,而且在行政诉讼中也作为人民法院审理行政案件的依据。

(二)行政法规的名称

我国行政法规的名称一开始没有统一的法律规定,实践中使用的名称也很乱,如条例、规定、办法、决定、措施、细则等,直至1987年国务院办公厅发布的《行政法规制定程序暂行条例》,规定了国务院制定的行政法规的名称及使用标准:行政法规的名称仅三种,即条例、规定、办法。其使用标准是:行政法规的内容是对某一方面的行政工作作比较全面系统的规定,使用"条例";行政法规的内容是对某一方面的行政工作作部分的规定,使用"规定";行政法规的内容是对某一项行政工作作比较具体的规定,使用"办法"。

2002年1月1日起施行的《行政法规制定程序条例》规定:行政法规的名称一般称"条例",也可以称"规定"、"办法"等;国务院根据全国人民代表大会及其常务委员会的授权决议制定的行政法规,称"暂行条例"或"暂行规定";实施法律的行政法规为"实施条例"、"实施细则"、"实施办法";国务院各部门和地方人民政府制定的规章不得称"条例"。

行政法规应当备而不繁,逻辑严密,条文明确、具体,用语准确、简洁,具有可操作性。行政法规根据内容需要,可以分章、节、条、款、项、目。章、节、条的序号用中文数字依次表述,款不编序号,项的序号用中文数字加括号依次表述,目的序号用阿拉伯数字依次表述。

二、行政法规的立法权限

根据《立法法》的规定,行政法规规制的事项有以下三项。

1. 执行法律的行政事项。国务院是全国人民代表大会及其常务委员会的执行机关,执行最高权力机关的意志是国务院的当然职责,其执行行为主要体现在对最高权力机关制定的法律的执行,为了执行法律,国务院有权制定相应的实施细则等。行政法规对这一事项的规定有两个条件:(1)法律本身留有空间并允许国务院制定相应的规则;(2)所制定的行政法规不能超越所执行法律之原则和具体内容。

2. 依职权履行行政管理职能的事项。国务院有权在《宪法》第89条规定的职权范围内制定行政法规,这类事项具有很大的伸缩性,立法上难以对这些事项进行列举。为此,《立法法》第8条进行了排除性的列举,下列事项只能制定法律:(1)国家主权的事项;(2)各级人民代表大会、人民政府、人民法院和人民检察院的产生、组织和职权；(3)民族区域自治制度、特别行政区制度、基层群众自治制度；(4)犯罪和刑罚；(5)对公民政治权利的剥夺，限制人身自由的强制措施和处罚；(6)对非国有财产的征收；(7)民事基本制度；(8)基本经济制度以及财政、税收、海关、金融、外贸的基本制度；(9)诉讼和仲裁制度；(10)必须由全国人民代表大会及其常务委员会制定法律的其他事项。

3. 依授权而应当制定法律的其他事项。有些事项本应制定法律，但由于制定法律的条件和时机还不成熟，全国人大及其常委会有权将这样的事项让国务院先制定行政法规，进行授权立法，但全国人大及其常委会对有关犯罪和刑罚、对公民政治权利的剥夺和限制人身自由的强制措施和处罚、司法制度等事项则不得授权，而且授权决定应当明确授权的目的、范围，国务院应当严格按照授权目的和范围行使该项权力，不得将该项权力转授给其他机关。授权立法事项，经过实践检验，制定法律的条件成熟时，由全国人大及其常委会及时制定法律，法律制定后，相应立法事项的授权终止。

三、行政法规制定程序

根据《立法法》和《行政法规制定程序条例》的规定，制定行政法规的程序主要有四个步骤。

(一) 行政法规的立项

行政法规的制定受立法计划的制约，每年或每届政府任职期间都应当有相应的立法计划。立法计划以立项为基础，行政法规的立项由国务院各部门申报，立项申请应包括：立法项目所要解决的主要问题，依据的方针政策和拟确立的主要制度等。列入国务院年度立法计划的行政法规项目必须符合下列要求：适应改革、发展、稳定的需要，有关的改革实践经验基本成熟，所要解决的问题属于国务院职权范围并需要国务院制定行政法规的事项。而国务院年度立法工作计划在执行中也可以根据实际情况予以调整。

(二) 行政法规的起草

1. 行政法规的起草主体是国务院，年度立法工作计划确定的行政法规可以由国务院的一个部门或几个部门具体负责起草，也可以由国务院法制机构起草或组织起草。

2. 起草行政法规，除应当遵循《立法法》确定的立法原则，并符合宪法和法律的规定外，还应当符合下列要求：(1)体现改革精神，科学规范行政行为，促进政府职能向经济调节、社会管理、公共服务转变；(2)符合精简、统一、效能的原则，相同或者相近的职能规定由一个行政机关承担，简化行政管理手续；(3)切实保障公民、法人和其他组织的合法权益，在规定其应当履行的义务的同时，应当规定其相应的权利和保障权利实现的途径;(4)体现行政机关的职权与责任相统一的原则,在赋予有关行政机关必要的职权的同时,应当规定行使职权的条件、程序和应承担的责任。

3. 行政法规的起草还应做到以下五点:(1)应当深入调查研究,总结实践经验,广泛听取有关机关、组织和公民的意见;听取意见可以采取召开座谈会、论证会、听证会等多种形式;(2)起草部门应当对涉及有关管理体制、方针政策等需要国务院决策的重大问题提出解决方案,报国务院决定;(3)起草部门应当就涉及其他部门的职责或者与其他部门关系紧密的规定,与有关部门协商一致,经过充分协商不能取得一致意见的,应当在上报行政法规草案送审稿时说明情况和理由;(4)起草部门将行政法规送审稿报送国务院审查时,应当一并报送行政法规送审稿的说明和有关材料;(5)起草部门向国务院报送的行政法规送审稿,应当由起草部门主要负责人签署,几个部门共同起草的行政法规送审稿,应当由该几个部门主要负责人共同签署。

(三) 行政法规的审查

报送国务院的行政法规送审稿,由国务院法制机构负责审查,国务院法制机构主要从以下方面对行政法规送审稿进行审查。

1. 是否符合宪法、法律规定和国家的方针政策。

2. 是否符合《行政法规制定程序条例》第 11 条的规定。

3. 是否与有关行政法规协调、衔接。

4. 是否正确处理有关机关、组织和公民对送审稿主要问题的意见。

5. 其他需要审查的内容。

行政法规送审稿有下列情形之一的,如制定时机不成熟,主要制度争议比较大,起草部门未与有关部门协商、论证不充分等瑕疵的,国务院法制机构可以缓办或者退回起草部门。国务院法制机构对行政法规送审稿可以采取多种形式进行论证,听取有关机关、组织和公民的意见。国务院有关部门对行政法规送审稿涉及主要制度、方针政策、管理体制、权限分工等有不一致意见的,应当将争议的主要问题、有关部门的意见以及国务院法制机构的意见报国务院决定。最后,国务院法制机构应当认真研究各方面的意见,与起草部门协商后,对行政法规送审稿进行修改,形成行政法规草案和对草案的说明。行政法规草案由国务院法制机构主要负责人提出提请国务院常务会议审议的建议;对调整范围单一、各个方面意见一致或者依据法律制定的配套行政法规草案,由国务院法制机构直接提请国务院审批。

(四) 行政法规的决定与公布

行政法规草案由国务院常务会议审议,或者由国务院审批。国务院常务会议审议行政法规草案时,由国务院法制机构或者起草部门作说明。审议后,国务院法制机构应当根据国务院对行政法规草案的审议意见，对行政法规草案进行修改，形成行政法规草案修改稿，报请总理签署国务院令公布施行。签署公布行政法规的国务院令载明该行政法规的施行日期。行政法规签署公布后，及时在国务院公报和在全国范围内发行的报纸上刊登。国务院法制机构应当及时汇编出版行政法规的国家正式版本。在国务院公报上刊登的行政法规文本为标准文本。行政法规应当自公布之日起 30 日后施行，但是涉及国家安全、外汇汇率、货币政策的确定以及公布后不立即施行将有碍行政法规施行的，可以自公布之日起施行。

另外，行政法规在公布后的 30 日内由国务院办公厅报全国人大常委会备案。如行政法规条文本身需要进一步明确界限或者作出补充规定的，由国务院解释。国务院法制机构研究拟订行政法规解释草案，报国务院同意后，由国务院公布或者由国务院授权有关部门公布。行政法规的解释与行政法规具有同等效力。对属于行政工作中具体应用行政法规的问题，省、自治区、直辖市人民政府法制机构以及国务院有关部门法制机构请求国务院法制机构解释的，国务院法制机构可以研究答复，其中涉及重大问题的，由国务院法制机构提出意见，报国务院同意后答复。

第三节　行政规章

一、行政规章的含义

（一）行政规章的概念

规章是指特定行政机关根据法律、法规，依据法定程序制定和发布的具有普遍约束力的规范性文件的总称，包括部门规章和政府规章。部门规章是指国务院各部、委员会、中国人民银行、审计署和具有行政管理职能的直属机构制定和发布的规章。政府规章又称地方规章，是指省、自治区、直辖市人民政府，省、自治区人民政府所在地的市和国务院批准的较大的市及经济特区所在地的市的人民政府制定和发布的规章。规章在行政执法和行政复议中作为依据，但在人民法院审理行政案件中作为参照。

（二）行政规章的名称

国务院制定发布的 2002 年 1 月 1 日起施行的《规章制定程序条例》规定，规章的名称一般称“规定”、“办法”，但不得称“条例”。规章用语应当准确、简洁，条文内容应当明确、具体，具有可操作性。法律、法规已经明确规定的内容，规章原则上不作重复规定。除内容复杂的外，规章一般不分章节。

二、行政规章的立法权限

行政规章的规制事项因规章性质不同而有所不同。

(一) 国务院部门规章可以作出规定的事项

国务院部门规章规定的事项应当属于执行法律或者国务院的行政法规、决定、命令的事项。其具体事项主要有：

1. 执行法律的事项。由于在法律和部门规章之间存在着行政法规，因此一般情况下部门规章不能超越行政法规直接执行法律，或者说行政法规已对执行法律的事项有所规定的，部门规章不能超越职权而规定有关事项。只有当法律规定某方面事务可以由部门规章制定，或者行政法规短期内不能对法律留有空间的事项作出规定时，部门规章才可制定执行法律的事项。

2. 执行行政法规的事项。行政法规与规章是相邻的上下位关系，因此部门规章为执行行政法规而对某方面的行政事项作出规定是其职责所在，如国务院的《中外合作办学条例》出台以后，教育部等有关部门为了执行该条例制定《中外合作办学条例实施办法》。

3. 本部门的具体行政管理事项。《立法法》第 71 条规定："国务院各部、委员会、中国人民银行、审计署和具有行政管理职能的直属机构，可以根据法律和国务院的行政法规、决定、命令，在本部门的权限范围内，制定规章。"表明国务院各部门有权对本部门的具体行政管理事项制定规章。但涉及两个以上国务院部门职权范围的事项，应当提请国务院制定行政法规或者由国务院有关部门联合制定规章。

(二) 地方政府规章可以作出规定的事项

1. 为执行法律、行政法规、地方性法规的规定需要制定规章的事项。如较大市的人民政府由于其行政级别低于省级，因此既要对同级人大制定的地方性法规负责执行义务，同时要对所在省人大及其常委会制定的地方性法规负责执行义务。

2. 属于本行政区域的具体行政管理事项。但属于本行政区域内具体行政管理法规已经作出明确规定的事项，规章原则上不作具体规定。

三、行政规章的制定程序

根据《立法法》和《规章制定程序条例》，规章制定程序主要有四个阶段。

(一) 规章的立项

国务院部门内设机构或其他机构认为需要制定部门规章的，应当向该部门报请立项；省、自治区、直辖市和较大的市的人民政府所属工作部门或者下级人民政府认为需要制定地方政府规章的，应当向该省、自治区、直辖市或者较大的市的人民政府提请立项。

报送制定规章的立项申请，应当对制定规章的必要性、所要解决的主要问题、拟确立的主要制度等作出说明。国务院部门法制机构，省、自治区、直辖市和较大的市的人民政府法制机构，应当对制定规章的立项申请进行汇总研究，拟订本部门、本级人民政府年度规章制订工作计划，报本部门、本级人民政府批准后执行。国务院部门，省、自治区、直辖市和较大的市的人民政府，应当加强对执行年度规章制定工作计划的领导。对列入年度规章制定工作计划的项目，承担起草工作的单位应当抓紧时间，按照要求上报本部门或者本级人民政府。年度规章制定工作在执行中，可以根据实际情况予以调整，对拟增加的规章项目应当进行补充论证。

(二) 规章的起草

1. 规章起草的主体。部门规章由国务院部门组织起草，地方政府规章由省、自治区、直辖市人民政府和较大的市的人民政府组织起草。国务院部门可以确定规章由一个或几个内设机构或者其他机构负责起草工作，也可以确定由其法制机构起草或者组织起草。省、自治区、直辖市人民政府和较大的市的人民政府可以确定规章由其一个部门或者几个部门负责起草工作，也可以确定由其法制机构起草或组织起草。起草规章可以邀请有关专家、组织参加，也可以委托有关专家、组织起草。

2. 规章起草的要求。起草规章的部门应当深入调查研究，总结实践经验，广泛听取有关机关、组织和公民的意见。听取意见可以采取书面征求意见、座谈会、听证会等多种形式。

起草的规章直接涉及公民、法人或者其他组织切身利益，有关机关、组织或者公民对其有重大意见分歧的，应当向社会公布，征求社会各界的意见。起草单位也可以举行听证会。听证会依照下列程序要求组织：听证会公开举行，起草单位应当在举行听证会的30日前公布听证会的时间、地点和内容；参加听证会的有关机关、组织和公民对起草的规章，有权提问和发表意见；听证会应当做笔录，如实记录发言人的主要观点和理由；起草单位应当认真研究听证会反映的各种意见，起草的规章在报送审查时，应当说明对听证会意见的处理情况及其理由。

起草部门规章涉及国务院其他部门的职责或者与国务院其他部门关系紧密的，起草单位应当充分征求国务院其他部门的意见。起草地方政府规章涉及本级人民政府其他部门的职责或与其他部门关系密切的，起草单位应当充分征求其他部门的意见。起草单位与其他部门有不同意见的，应当充分协商；经过充分协商不能取得一致意见的，起草单位应当在上报规章草案送审稿时说明情况和理由。

起草单位应当对规章送审稿及其说明、对规章送审稿主要问题的不同意见和其他有关材料按规定报送审查。报送审查的规章送审稿，应当由起草单位主要负责人签署；几个起草单位共同起草的规章送审稿，应当由该几个起草单位主要负责人共同签署。规章送审稿的说明应当对制定规章的必要性、规定的主要措施、有关方面的意见等情况作出说明。

(三) 规章的审查

规章送审稿由法制机构负责统一审查。法制机构主要从以下方面对送审稿进行审查:是否符合有关的立法原则,是否与有关规章协调、衔接,是否正确处理有关机关、组织和公民对规章送审稿主要问题的意见,是否符合立法技术要求,需要审查的其他内容。规章送审稿有下列情形之一的,法制机构可以缓办或者退回起草单位:(1)制定规章的基本条件尚不成熟;(2)有关机构或者部门对规章送审稿规定的主要制度存在较大争议,起草单位未与有关机构或者部门协商的;(3)上报送审稿未经广泛论证的。

法制机构应当就规章送审稿涉及的主要问题,深入基层进行实地调查研究,听取基层有关机关、组织和公民的意见。规章送审稿涉及重大问题的,法制机构应当召开由有关单位、专家参加的座谈会、论证会,听取意见,研究论证。规章送审稿直接涉及公民、法人或者其他组织切身利益,有关机关、组织或者公民对其有重大意见分歧,起草单位在起草过程中未向社会公布,也未举行听证会的,法制机构经本部门或者本级人民政府批准,可以向社会公布,也可以举行听证会。

有关机构或者部门对规章送审稿涉及的主要措施、管理体制、权限分工等问题有不同意见的,法制机构应当进行协调,达成一致意见;不能达成一致意见的,应当将主要问题、有关机构或者部门的意见和法制机构的意见上报本部门或者本级人民政府决定。法制机构应当认真研究各方面的意见,与起草单位协商后,对规章送审稿进行修改,形成规章草案和对草案的说明。草案说明应当包括制定规章拟解决的主要问题、确立的主要措施以及与有关部门协商情况等,规章草案和说明由法制机构主要负责人签署,提出提请本部门或者本级人民政府有关会议审议的建议。法制机构起草或者组织起草的规章草案,由法制机构主要负责人签署,提请本部门或者本级人民政府有关会议审议的建议。

(四) 规章的决定和公布

部门规章应当经部务会议或委员会会议决定,地方政府规章应当经政府常务会议或者全体会议决定。审议规章草案时,由法制机构作说明,也可以由起草单位作说明。法制机构应当根据有关会议审议意见对规章草案进行修改,形成草案修改稿,报请本部门首长或者省长、自治区主席、市长签署命令予以公布。

公布规章的命令应当载明该规章的制定机关、序号、规章名称、通过日期、施行日期和部门首长或者省长、自治区主席、市长签署以及公布日期。部门联合规章由联合制定的部门首长共同署名公布,使用主办机关的命令序号。部门规章签署公布后,部门公报或者国务院公报和全国范围内发行的有关报纸应当及时予以刊登。地方政府签署公布后,本级人民政府公报和本行政区域范围内发行的报纸应当及时刊登。在部门公报或者国务院公报和地方人民政府公报上刊登的规章文本为标准文本，规章应当自公布之日起30日后施行；但是，涉及国家安全、外汇汇率、货币政策的确定以及公布后不立即施行将有碍规章施行的，可以自公布之日起施行。

另外，规章应当自公布之日起，由法制机构依照《立法法》和《法规规章备案条例》的规定向有关机关备案。规章有下列情况之一的，由制定机关解释：(1)规章的规定需要进一步明确具体含义的；(2)规章制定后出现新的情况，需要明确适用规章依据的。规章解释由规章制定机关的法制机构，参照规章送审稿审查程序提出意见，报请制定机关批准后公布，规章的解释同规章有同等效力。

第四节　行政规定

一、行政规定的含义

行政规定，又称其他规范性文件，是指各类国家行政机关为实施法律法规和规章以及执行国家政策，在法定权限内针对不特定的相对人制定的除行政法规、规章以外的可反复适用的具有普遍约束力的决定、命令以及行政措施等。简言之，行政规定是由行政主体所制定的针对不特定对象作出的可反复适用的具有普遍约束力的行政规则。它具有以下特征。

(一)行政性

行政规定的行政性体现在以下四个方面：第一，行政规定的制定主体是国家行政机关，而不是国家权力机关或国家司法机关，更非其他社会组织；第二，行政规定调整的内容主要是行政管理事务及与行政管理相关的事务；第三，行政规定的根本目的是执行和实施法律法规、规章及国家政策，实现行政管理职能，保障公民、法人及其他组织的合法权益；第四，行政规定的制定是行政权力运行的结果。

(二)规范性

行政规定产生于调整一定社会关系的需要，其目的在于为不特定的相对人提供一种具有普遍约束力的行为准则，因而具有规范性。具体表现为行政规定具有普遍性、抽象性、导向性和执行性。普遍性是指行政规定针对的对象不是特定的人和事，而是针对不特定的人和事；不是一次性适用，而是同样条件下可以反复适用。抽象性是指行政规定将各种具体事实状态和行为方式的特点与共性概念归纳出来，舍弃它们的具体形态，以“类场合”或“类行为”的方式加以描述和规定。正是由于行政规定所提供的抽象的行为模式，它在适用范围上才具有普遍性。导向性则是指可以通过这种抽象的行为模式，指出人们应当做什么，可以做什么，不能做什么，以引导人们的行为。执行性，指的是行政规定具有强制执行的法律效果，并强制人们接受其规范性调整,从而使人们作出符合规范要求的行为。当然,行政规定的规范性程度较之正式法律渊源的规范性程度低。

(三) 制定主体的广泛性

即行政规定制定主体的广泛性。有权制定行政规定的主体,不仅包括所有具有行政立法权的行政机关,而且包括其他各级各类行政机关。各级人民政府及其职能部门,一般都有权制定行政规定。在实践中,各级各类行政机关根据行政管理的需要,一般都制定行政规定。因此,行政规定的制定主体是非常广泛的。

(四) 效力等级多层级性

国家行政机关严密的上下级关系,决定了下级行政机关制定的行政规定不能与上级行政机关制定的行政规定的内容相抵触。此外,在效力等级上,行政规定还可以分别从属于相应行政机关制定的行政法规和规章,具有从属性的特点。如国务院制定的行政规定,效力低于自己制定的行政法规。

行政规定与行政立法相比,具有以下一些区别。

1. 制定主体范围不同。行政立法的主体仅限于宪法和法律规定的享有行政立法权的行政机关,具有特定性;而行政规定的制定主体可以是各级各类行政机关,具有广泛性。

2. 效力高低不同。行政法规、规章的效力一般高于相对应的行政规定,除了法定解释性的行政规定(行政解释)以外,大多数的行政规定不属于法源性文件,效力自然低于属于法源性的行政法规、规章。

3. 规范内容不同。行政立法可在法定权限内对行政相对人设定某些权利义务,而行政规定不能对行政相对人设定实体法上的权利义务,尤其不能设定行政处罚和行政强制措施,在法律没规定的情况下可设定一些程序性的权利义务,或对法律法规、规章规定的权利义务进行具体化。简言之,行政立法规定的为行政法律规范,而行政规定规定的是行政规则,而不是行政法律规范。

4. 制定程序不同。行政立法的制定有法定的程序规定,比较正式、严格,而行政规定制定的程序没有法定的程序规定,相对来说比较简单和不规范。

二、行政规定的分类

1. 行政规定可以根据其目的、内容功能分为创制性行政规定、执行性行政规定、解释性行政规定、指导性行政规定。

创制性行政规定又称创设性行政规定,是指行政机关在法律、法规和规章以及上级行政机关的规定均未作规定的情形下,率先确立有关权利和义务或行为标准的行政规定。由于行政规定不属于行政立法,一般来说不得创设权利义务,故此这种创制性行政规定有严格的限制:(1)以法律、法规和规章的授权为前提;(2)内容一般限于授益性行政行为，而不是负担性行政行为；(3)也可涉及程序性权利义务，但不得违反宪法和法律的原则和精神，禁止创设行政处罚和行政强制措施。

执行性行政规定是指为了执行和落实法律、法规和规章而制定的行政规定。执行性行政规定是对法律、法规和规章进行的具体细化或地方化，其不能突破或与法律、法规和规章的规定相抵触。

解释性行政规定是指行政机关为了实施法律、法规和规章，统一各级行政主体及其公务人员对法律、法规和规章的理解及执行活动，对法律、法规和规章进行解释而形成的行政规定，根据行政规定制定机关是否有法定解释权，解释性行政规定可以分为法定解释性行政规定和自主解释性行政规定。

指导性行政规定是指行政机关对不特定人事先实施书面行政指导时所形成的一种行政规定，其不具有行政强制性。

2. 根据行政规定是否具有法律渊源地位，可以分为具有法源地位的行政规定和与法律规范相结合而具有法源地位的行政规定和不具法源地位的行政规定。

具有法源地位的行政规定，是指该行政规定属于行政法渊源的范围之内，但不属于行政立法的行政规定。这种行政规定属于行政法渊源之一，如国务院对行政法规的解释，其与行政法规本身具有同等法律效力。

与法律规范相结合而具有法源地位的行政规定，即行政规定可因与准用性法律规范结合而具有普遍性强制拘束力。这种行政规定一般是法律规范中的事实构成要件的一部分，也可是法律规范中的法律后果具体裁量基准的一部分。例如，国务院制定的《中华人民共和国水土保持法实施条例》第 6 条规定："水土流失重点防治区按国家、省、县三级划分，具体范围由县级以上人民政府水行政主管部门提出，报同级人民政府批准并公告。"这是一条准用性法律规范。湖北省人民政府制定的《湖北省人民政府关于划分水土流失重点防治区的公告》，则是一个行政规定，并且是一个为该条例第 6 条所承认的、构成第 6 条之部分内容的行政规定。在这种情况下，准用性法律规范因其内容的不确定性，拘束力并不完整，行政规定本身也没有独立的普遍性强制拘束力，一般只是法律规范中的事实构成要件的一部分。只有两者结合，才共同构成了普遍性强制拘束力。

3. 不具有法源地位的行政规定。除了上述两类以外的其他行政规定，在行政系统内部具有执行力，且下级行政机关常常具有执行的义务，可以是行政机关作出具体行政行为的依据，当然其不可能拘束人民法院审理行政案件。

三、行政规定的效力等级及作用

(一) 行政规定的效力等级

1. 行政规定与法律、法规和规章的效力等级规则。

(1)国务院的行政规定效力低于法律，高于地方性法规、规章，等于或低于行政法规。

(2)其他有行政立法权的行政机关制定的行政规定,效力低于同级及其以上的权力机关的立法,高于下级行政机关制定的规章,等于或低于自己制定的规章。

(3)其他行政规定的效力都低于法律、法规和规章。

2. 行政规定之间的效力等级规则。

(1)行政规定之间的效力等级与其制定主体之间的行政隶属关系相一致。

(2)下级行政机关的行政规定不得与上级行政机关的行政规定相抵触。

(3)被授权组织的行政规定不得与其主管的行政机关及上级行政机关的行政规定相抵触。

(二) 行政规定的作用

行政规定介于法律、法规和规章及行政主体作出的具体行政行为之间,处于承上启下、承前启后的地位。其作用主要表现在以下几个方面。

1. 将法律、法规和规章细化、个体化,有利于规范行政机关的行为,促进行政机关依法行政。

2. 及时解决行政管理中出现的新问题,确保法律、法规和规章在特定地区、部门的贯彻实施,同时也有利于调动和发挥行政机关的积极性,有利于提高行政机关的效率。

3. 在立法真空地带进行调整和规范,为制定成熟的行政法规、规章提供有益的探索,积累有益的经验,有利于促进和完善行政立法工作。

【自我测试】

1. 根据有关法律规定,以下为规章制定主体的有(　　)。
   A. 国务院各部委　　B. 国务院直属机构
   C. 国务院办公厅　　D. 省会市的人民政府
2. 公安部发布《禁酒令》,要求公安干警在工作时间禁止喝酒。该发布《禁酒令》的行为是(　　)。
   A. 内部行政行为　　B. 外部行政行为
   C. 行政立法行为　　D. 行政规定行为
3. 行政立法行为属于(　　)。
   A. 抽象行政行为　　B. 具体行政行为
   C. 内部行政行为　　D. 依申请的行政行为
4. 《中华人民共和国治安管理处罚条例》属于(　　)。
   A. 行政法律　　B. 行政法规
   C. 行政规章　　D. 其他行政规范性文件

5. 有权制定规章的主体有(　　)。

A. 教育部　　B. 北京市人大

C. 武汉市人民政府　　D. 宁波市人大

6. 下列立法名称可以用条例的有(　　)。

A. 法律　　B. 行政法规　　C. 地方性法规　　D. 规章

7. 行政立法的生效形式可以是(　　)。

A. 即时生效　　B. 附款生效　　C. 告知生效　　D. 受领生效

【要点提示】

行政处罚是行政机关维护行政管理秩序、实现行政管理目的的必要手段。本章要求通过对行政处罚的概念与特征、行政处罚的种类与形式、行政处罚的设定、行政处罚的实施机关、行政处罚的适用以及行政处罚程序的学习，掌握行政处罚的基本概念和特征，辨析行政处罚与相关概念的异同，了解和掌握行政处罚的设定、处罚程序、行政处罚的适用条件及具体适用情形，特别是行政处罚程序包括听证程序的具体步骤和内容。

第一节　行政处罚的概念与特征

一、行政处罚的概念

行政处罚是行政机关进行行政管理的一项重要权力。现代各国行政机关都在不同程度上执掌着行政处罚权。然而，由于法律传统及司法、行政体制的诸多差异，各国对行政处罚概念的理解表述和制度设计有所不同。

各国关于行政处罚的观念和制度大致可以归纳为三类。

第一类，将行政处罚理解为国家对公民、组织违反行政法规范，破坏行政管理秩序的行为所给予的包括刑罚在内的处罚。日本是这一类观念的代表。在日本，行政处罚指“根据统治权，作为一种制裁措施，对行政上的义务违反者以刑法中有刑名规定的刑罚或罚款。这种刑罚也称行政刑罚，罚款也称行政上的秩序罚”[①]。在英美法系国家，由于受自然公正的普通法原则的影响，作为一种法律制裁形式，

① ［日］室井力主编：《日本现代行政法》，中国政法大学出版社 1995 年版，第 168 页。

行政处罚概念在行政法领域中远不如大陆法系国家那样引人注目,其地位最多是补充性的,通称为"行政制裁"。如在美国联邦行政程序法中,没有行政处罚的概念,只有对相对人不利的"制裁"。而且这种制裁不仅由行政机关实施,有时法院也有权实施。①

第二类,将行政处罚理解为以刑法和刑事诉讼法以外的特别法规定的处罚措施和程序惩戒行政违法行为的活动。如德国制定了违反秩序法、奥地利制定了行政罚法来追究相对人违反行政法义务所应当承担的责任。在这些国家,行政处罚有自己的实体和程序规定,不包括刑事处罚。

第三类,将行政处罚理解为行政机关以及其他行政主体依法制裁行政违法行为的活动。我国关于行政处罚的观念属于第三种。

然而,无论在理论和法律上交织着多么繁多复杂的概念,各国对行政处罚的理解都建立在有行政违法行为存在这一基础上,而且这种违法行为与犯罪行为有严格区别,无论是行政机关还是法院,抑或是各种社会组织都是针对行政违法行为实施的制裁。

《行政处罚法》第3条规定:"公民、法人或者其他组织违反行政管理秩序的行为,应当给予行政处罚的,依照本法由法律、法规或者规章规定,并由行政机关依照本法规定的程序实施。"这一规定提醒我们认识行政处罚的概念,至少有以下三点值得注意。

第一,公民、法人或者其他组织构成行政处罚的行为,是违反行政管理秩序的行为,而学者们通常所说的是"违反行政法律规范的行为"。由此引出的问题是,如何理解这两者的不同?如果国家已将所有的行政管理秩序法定化,则违反行政管理秩序的行为和违反行政法律规范的行为在内容上没有差别;但如果国家没有能够实现所有行政管理秩序法定化,则是否存在着法外的行政处罚呢?显然,法律只是调整社会生活的一个重要手段,而非唯一的手段,不可能也没有必要将所有违反行政管理秩序的行为纳入法律调整的范围。公民、法人或者其他组织违反行政管理秩序的行为,并不必然会受到行政处罚。如果法律、法规或者规章没有对一个违反行政管理秩序的行为作出处罚规定,行政机关就不得对该行为实施处罚。一旦法律、法规或规章规定某一违反行政管理秩序的行为是属于可予以行政处罚的行为,那该行为就具有了行政违法性。

第二,可以设定和规定行政处罚的规范性文件,只能是法律、法规和规章。一般在阐述行政处罚的概念时,往往以违反"行政法律规范"作为处罚的依据,这种笼统的表述,往往会忽略立法对行政处罚设定权的严格限制,容易导致行政处罚设定

① 英美法系国家主要是通过由法院判处监禁和罚款等刑罚手段来保障行政法上义务的实现,这与日本相似,所以其行政处罚的观念可以归为第一种观念。

的混乱局面。

第三，强调了行政处罚必须遵守法定程序。作为一种制裁性的行政行为，且行政处罚具有很大裁量性，更需要通过处罚程序来实现对处罚决定的合法性和合理性控制。

根据以上分析，所谓行政处罚，是指依法具有行政处罚权的行政主体，根据法律、法规或规章的规定，并按照法定程序对违反行政管理秩序的公民、法人或者其他组织所实施的一种法律制裁。行政处罚是行政主体进行行政管理的一项重要权力和有效手段，是作为相对人的公民、法人或者其他组织因实施了行政违法行为而应当承担的一种行政法律责任。

二、行政处罚的特征

与刑事制裁、民事制裁等其他类型的法律制裁相比较，行政处罚具有自身如下特征。

（一）行政处罚主体的特定性

我国行政处罚主要是行政主体实施的一种具体行政行为，[①]但并非所有的行政主体都是行政处罚的主体，只有依法享有处罚权的行政主体才能进行行政处罚，才是行政处罚主体。[②]

（二）行政处罚对象的外部性和受罚行为的行政违法性

行政处罚的对象是实施了行政违法行为的公民、法人或者其他组织。首先，行政处罚的对象是在外部行政管理中的相对人，包括公民、法人或者其他组织；其次，外部相对人实施了违反行政管理秩序且依照法律、法规和规章应受处罚的行为，是行政处罚适用的前提。行政处罚是作为外部相对人的公民、法人或者其他组织因实施了行政违法行为而承担的一种法律责任。

（三）行政处罚内容的制裁性

行政处罚具有制裁性，是行政处罚主体对违反行政法规范的相对人的一种惩罚，属于行政制裁。行政处罚的制裁性表现为对相对人的人身权和财产权进行限制、剥夺或科以相对人新的金钱给付义务，等等。

---

① 依照《行政诉讼法》规定，我国人民法院享有对显失公正行政处罚决定的变更权，这意味着人民法院执掌着一定的行政处罚决定权，详见第四节“行政处罚的实施机关”的阐述。

② 各国执掌行政处罚权的主体因实行不同的行政处罚观念而有较大差异，法院是否享有行政处罚权依各国法律规定而定。如我国通过行政处罚制裁的许多行政违法行为，在日本则是通过由法院依照刑事诉讼程序处以刑罚的方法处理的。

（四）行政处罚决定的可诉性

受处罚人和受害人对行政处罚决定不服的，除了法律、法规规定必须复议前置的外，可依法直接向人民法院提起行政诉讼。通过行政诉讼，人民法院根据审理结果作出相应判决。这种可诉性既为行政相对人提供了一个有效的法律救济途径，也是督促行政机关依法、公正行使处罚权的司法制约手段。

（五）行政处罚功能的多重性

行政处罚具有惩罚、威慑和教育等多重功能。通过处罚，对行政违法行为人的权利和义务科以不利的影响，以起到制裁和威慑作用，确保其以后不再犯。对其他人而言，也可以从因实施行政违法行为而受到行政处罚这一事实中，感受到法律的强制力量，从而起到预防其实施违法行为的威慑作用。同时，行政处罚的实施又是一个对广大公民的法制教育过程。行政处罚的多重功能，决定了其在行政机关维护行政管理秩序、实现行政任务中的重要作用，它是行政机关有效实施行政管理，维护公共利益和社会秩序，保护公民、法人或者其他组织合法权益的不可或缺的手段。

三、行政处罚的相关概念辨析

在现实生活中，客观社会的复杂多变使得某一社会现象的产生和存在，总伴随着若干相似现象的产生和存在。这种情况增加了人们对这种社会现象认识的难度。因此，对相似的社会现象加以区别，将有助于人们更好地认识这种社会现象本身。行政处罚作为现代法治社会中一种重要的法律制度和现象，也存在着这种状况，有必要对行政处罚及其相关的概念进行区别。

（一）行政处罚与行政处分

行政处罚与行政处分，合称行政制裁，都属于行政法调整的范围。一般认为，行政处分是指国家行政机关基于行政隶属关系或者监察机关基于职权，对违反行政法规范的国家机关工作人员实施的一种行政制裁措施。行政处罚与行政处分在客观上都表现为行政机关依法作出的一种行政行为，对受处罚(分)者而言，都是一种行政法律责任。但它们是两个不同的概念，两者的区别至少表现在以下四个方面。

1. 作出的主体不同。行政处罚的主体是依法享有行政处罚权的行政主体。并不是所有的行政主体都有行政处罚权。行政处分是行政主体对其内部工作人员的一种惩戒，因而行政主体对其所属工作人员都有行政处分权。除了公务员所在的行政机关，上级行政机关、行政监察机关对其也有行政处分权。

2. 针对的对象不同。行政处罚针对的是行政管理过程中违反行政法规范的公民、法人或者其他组织，也称外部行政相对人，它们与行政处罚主体之间不存在隶属关系，行政处罚主体是基于法定的外部管理权限和处罚权限对它们进行处罚；而行政处分的对象是行政主体内部违反法律政纪的工作人员，也称内部行政相对人，他们与行政处分主体之间一般存在隶属关系。

3. 制裁的形式不同。行政处罚的形式、种类很多，分申诫罚、财产罚、行为罚和人身罚四大类，具体有警告，罚款，没收，责令停产停业，暂扣、吊销许可证和执照，拘留及法律、行政法规规定的其他处罚形式。而根据《中华人民共和国公务员法》，行政处分有警告、记过、记大过、降级、撤职和开除六种形式。

4. 救济途径不同。相对人不服行政处罚决定的，可以通过行政复议、行政诉讼和行政赔偿寻求救济。对行政处分不服的，则只能向上级行政机关或人事、监察部门申诉。

（二）行政处罚与刑罚

刑罚，是一国为维护社会正常秩序而对罪犯实施的一种法律制裁，与行政处罚一样，两者都属于法律制裁的范畴。但是，行政处罚与刑罚明显存在如下区别。

1. 制裁性质不同。行政处罚属于行政行为，处罚程度也较之刑罚轻，绝大部分行政处罚不涉及受处罚人的人身自由、政治权利，更不涉及受处罚人的生命。刑事处罚可以剥夺受处罚人的财产权利、政治权利、自由权利直至生命。在一个法制完善的国家，行政处罚和刑罚是两种不可缺少的法律制裁形式，两者的有机结合，是国家有效维护正常社会秩序的重要保证。

2. 适用行为不同。行政处罚所针对的行为是行政违法行为，而刑事处罚针对的是触犯刑律构成犯罪的行为。

3. 适用主体不同。行政处罚适用的主体是行政机关和法律、法规授权的组织。刑罚的适用主体只能是人民法院。公安机关、检察机关在刑事诉讼中履行的是侦查和控诉职能，它们不是刑罚的适用主体。

4. 处罚形式不同。行政处罚的主要形式有警告、罚款、没收、停止经营活动和吊销证照等。刑罚的主要形式有管制、拘役、有期徒刑、无期徒刑、死刑、罚金、剥夺政治权利等。

（三）行政处罚与行政执行罚

行政执行罚是指行政强制执行机关对拒不履行法定义务或拒不履行已生效的具体行政行为的义务人反复地科以新的金钱给付义务，以迫使其履行义务的执行方法。执行罚属于行政强制的范畴，是一种间接强制执行的手段，它与行政处罚都带有惩罚的性质，尤其是执行罚与行政处罚中的罚款都表现为科以相对人以一定的金钱给付义务，但行政处罚与行政执行罚有着本质的不同。

1. 目的不同。行政处罚是对违法行为人实施制裁的法律制度；而行政执行罚则是为了迫使相对人履行行政法上的义务，属于行政强制。在很多情况下，行政处罚决定可以成为行政执行罚的客体。

2. 适用方式不同。针对违法行为人的行政处罚是一次性，尤其是行政主体对相对人的同一个违法行为处以罚款时，必须遵循“一事不再罚原则”；而行政执行罚则具有持续性，如果相对人拒不履行行政法上的义务，行政机关可以反复地、持续地处以执行罚，直至义务人履行了义务为止。

3. 形式不同。行政处罚的形式多种多样，有警告、罚款、没收、吊销许可证和执照、行政拘留等；而行政执行罚的形式，从我国目前的立法情况看，主要表现为征收滞纳金、征收滞报金、加处罚款等科以新的金钱给付义务的形式。《行政处罚法》第 51 条第 1 项规定的“到期不缴纳罚款的，每天按罚款数额的百分之三加处罚款”的“加处罚款”就属于执行罚。

为了规范行政处罚的设定和实施，保障和监督行政机关有效进行行政管理，维护公共利益和社会秩序，保障公民、法人或者其他组织的合法权益，全国人大于 1996 年 3 月 17 日审议通过了《行政处罚法》，并于同年 10 月 1 日起正式施行。该法对行政处罚的基本原则、处罚的种类和设定、处罚实施机关、处罚的管辖、处罚的适用、处罚的程序以及法律责任等基本问题作了统一的规定。《行政处罚法》的颁布和实施，标志着我国行政处罚制度日臻健全、完善，它对行政主体正确、有效地进行行政处罚、履行行政管理职能起到重要的保障作用。

第二节 行政处罚的基本原则

行政处罚的基本原则，是指由法律规定的，特定机关设定行政处罚、行政主体实施行政处罚时必须遵守的基本准则。它贯穿于行政处罚的整个过程，对设定、实施行政处罚提出了原则性的要求，具有普遍的指导意义。行政处罚的基本原则包括处罚法定原则、处罚公正原则、处罚公开原则、一事不再罚原则、处罚与教育相结合原则和保障相对人权利原则。

一、处罚法定原则

处罚法定原则是行政合法性原则在行政处罚中的具体体现，它要求行政处罚的设定、行政处罚实施主体及其权限必须符合法律规定，处罚必须有法定依据，以及处罚必须依照法定程序进行。

第一，处罚主体及其职权法定。并非所有的行政主体都能实施行政处罚，只有依法享有处罚权的行政机关和法律、法规授权的组织才有处罚权，而且必须在法定职权范围内行使行政处罚权。

第二，行政处罚主体在处罚时必须有法定的依据，即法无明文规定不得罚。什么行为构成行政违法行为、是否给予处罚以及给予什么样的处罚必须有法律、法规、规章的明文依据。没有法定依据的，行政处罚无效。

第三，行政处罚主体在对违反行政法规范的相对人进行处罚时，必须遵守法定的程序。不遵守法定程序的，行政处罚无效。

二、处罚公正原则

处罚公正原则是处罚法定原则的重要补充，是行政合理性原则在行政处罚中的具体体现。

享有行政处罚设定权的机关在设定行政处罚、行政主体在实施行政处罚过程中，在罚与不罚、怎么罚以及罚多少等问题上，拥有很大程度的自由裁量权，这就要求做到公平、公正、合理。

第一，行政处罚的设定和实施必须做到客观、公平、合理，做到过罚相当，即是否处罚、处罚种类及处罚幅度要与违法行为的事实、性质、情节及社会危害程度相当，不能畸轻畸重。

第二，行政主体行使行政处罚权时，要符合立法目的，出于正当的动机，否则构成滥用职权。

第三，行政主体进行行政处罚时要公正对待，一视同仁，相同情况同样对待，不同情况不同对待，不能反复无常。

三、处罚公开原则

处罚公开原则是处罚法定原则和处罚公正原则的外在表现，它并不仅仅要求行政主体公开处罚的结果，更重要的是在行政处罚决定作出以前公开处罚的依据、过程。强调处罚依据、过程的公开，有利于对行政主体的处罚活动实施监督，保证处罚的合法、公正。

第一，行政处罚的依据必须事先向社会公开，行政主体不能依据未公布的规定或内部文件实施处罚。

第二，处罚的过程即处罚的程序必须公开，包括执法身份的公开，告知当事人处罚的事实、理由和依据，听取当事人申辩，举行听证等。

第三，处罚的结果必须公开，不管是当场处罚，还是事后依照一般程序处罚，行政主体都必须采取书面形式，即填写或制作处罚决定书，并将处罚决定书送达当事人。这样，有利于当事人及时、有效地寻求救济。

四、一事不再罚原则

一事不再罚原则，指行政处罚实施机关对违法行为人的同一个违法行为，不得以同一事实和依据给予两次以上的处罚。一事不再罚原则对防范重复处罚的乱罚现象，保证过罚相当，保护受处罚当事人合法权益具有重要意义。《行政处罚法》规定:“对当事人的同一个违法行为,不得给予两次以上罚款的行政处罚。”[①]这一规定是一事不再罚原则的具体体现。

一事不再罚原则要求做到以下两个方面。

第一,对违法行为人的同一个违法行为,不能以同一个事实和同一法律依据实施两次以上的处罚。(1)一个违法行为违反了同一个行政法规范,一个处罚主体或多个处罚主体不能根据同一个法律规范再次实施处罚。(2)如果一个违法行为同时触犯了两个或两个以上不同的行政法规范,并应由两个以上不同的行政机关分别实施行政处罚的,则不违反一事不再罚,但不能重复罚款。也就是说,先实施处罚的机关已给予罚款的情况下,其他处罚机关就不能再次予以罚款,但可依法进行其他法定形式的处罚,如没收、吊销许可证和执照等。

第二,违法行为人的同一行为如果同时违反行政法律规范、刑法和民事法律规范,需同时承担相应法律责任时,行政处罚责任不能替代刑事、民事法律责任。这并不违反一事不再罚原则。《行政处罚法》第7条规定:“公民、法人或者其他组织因违法受到行政处罚,违法行为对他人造成损害的,应当依法承担民事责任。违法行为构成犯罪的,应当追究刑事责任,不得以行政处罚代替刑事处罚。”违法行为涉嫌构成犯罪的,行政机关必须将案件移送司法机关。但在同时适用行政处罚和刑罚时,为了保护当事人的合法权益,行政处罚与刑罚之间可以相互折抵。人民法院判处拘役或者有期徒刑时,行政机关已经给予当事人行政拘留的,应当依法折抵相应刑期;人民法院判处罚金时,行政机关已经给予当事人罚款处罚的,应当折抵相应罚金。[②]

五、处罚与教育相结合原则

处罚与教育相结合原则,要求行政主体在实施行政处罚的同时,要加强对受处罚人的法制教育,使其真正了解自己行为的违法性和应受惩罚性,促使其今后自觉守法,以达到处罚的真正目的。行政处罚的制裁性主要是通过限制或剥夺受处罚人行政法上的权利或增设行政法上的义务来实现的,但行政处罚只是一种手段,而不是目的,不能为罚而罚,一罚了之。行政主体在行政处罚的适用过程中,要教育当事人在真正认识行为违法性、危害性的基础上纠正或限期纠正违法行为,这是教育受处罚人和社会大众自觉守法的首要一步。[③] 另外,《行政处罚法》第25条、第27条对青少年的特别规定,对从轻、减轻以及不予处罚等规定,都体现了处罚与教育相结合的原则。

---

① 参见《行政处罚法》第24条。

② 参见《行政处罚法》第28条。

③ 参见《行政处罚法》第23条。

六、保障相对人权利原则

从内容上看，行政处罚权表现为一种实体上的权利，处罚主体有权决定是否处罚和如何处罚，有权对被处罚人的实体权利予以限制和剥夺。而且，行政处罚决定一经作出，相对人必须服从，否则将导致不利的法律后果。也就是说，相对人在整个行政处罚过程中处于劣势的地位。在现代社会，行政处罚权的运用越来越广泛和普遍，相应地相对人合法权益受侵害的可能性也大大增加。因此，保护相对人在行政处罚过程中的权利就显得尤其重要。《行政处罚法》主要通过赋予相对人一系列程序性的权利以维护其实体权利。这些程序性权利主要包括：

第一，陈述权、申辩权。行政处罚法不仅规定了相对人在行政处罚过程中享有陈述权和申辩权，同时还规定，行政机关及其执法人员不得因当事人的申辩而加重处罚；如果行政机关及其执法人员拒绝听取当事人陈述、申辩的，行政处罚决定不能成立。

第二，申请行政复议和提起行政诉讼的权利。

第三，请求国家赔偿的权利。公民、法人或者其他组织因行政机关违法给予行政处罚受到损害的，有权依法提出赔偿要求。①

第三节　行政处罚的种类与设定

一、行政处罚的种类

行政处罚的种类是行政主体采取处罚的具体形式。行政处罚有哪些具体的表现形式，对不同的行政违法行为采取哪一种类的处罚形式，不仅与受处罚人的合法权益有密切关系，而且直接关系到行政处罚正确、有效地实施。

(一) 学理分类

1. 申诫罚。申诫罚又称为名誉罚，是一种影响相对人名誉、声誉，给相对人施加一定精神上压力，使其不再违法的处罚形式。申诫罚一般适用于较轻的行政违法行为，属于行政处罚中最轻的处罚种类，②包括警告、通报批评等。

2. 财产罚。财产罚是一种剥夺相对人一定财产或者科以相对人新的财产给

---

① 参见《行政处罚法》第 6 条。

② 一般认为申诫罚是最轻的一类行政处罚，但在实际运用中也有可能对相对人间接产生较严重的后果，如对违法经营的企业处以通报批评，对该企业的市场竞争力等方面会产生非常不利的影响，所以对于申诫罚的轻重不能一概而论。

付义务的处罚形式，这种处罚在于使违法者缴纳一定数额的金钱或者是剥夺其一定财物，并不影响违法者的人身自由和进行其他活动的权利。财产罚适用范围比较普遍，具体形式有罚款、没收（违法所得或非法财物）、拆除（违章建筑），等等，其中适用最多的是行政罚款。

3. 能力罚。能力罚也叫行为罚，是一种取消、限制相对人从事某种活动的能力或资格的处罚形式。这里的能力或资格是指通过法律许可获得的一种特殊的行为能力或资格，一旦被取消或限制，相对人就不能或暂时不能从事某种特殊活动，具体包括暂扣、吊销许可证和执照，责令停产停业，等等。

4. 人身罚。人身罚也称人身自由罚，是一种短期内剥夺相对人人身自由的处罚形式，是行政处罚中最为严厉的处罚种类。行政拘留是一种最典型的人身罚。

（二）法定种类

为了进一步规范、统一行政处罚的种类及其设定，《行政处罚法》对行政处罚的种类作了如下明确的列举规定。

1. 警告。警告是行政主体对违法相对人发出警戒，申明其有违法行为，告诫其不得再违法的处罚形式。它兼具教育和制裁性质。警告不同于一般的口头批评，是一种影响被处罚人名誉的行政处罚形式，必须采取书面形式作出，指明行为人的违法之处并具有避免再犯的作用，而批评教育不具有国家强制性，仅是通过教育使行为人自觉地认识到自己的错误并主动予以改正，不是处罚形式。

2. 罚款。罚款是行政主体科以违法相对人承担金钱给付义务，并责令其在一定期限内交纳的处罚形式。罚款是行政管理过程中运用得较为广泛的一种处罚形式。从法律、法规、规章的规定看，罚款通常都有供行政主体自由裁量的幅度，数额不等。

3. 没收。没收有两种：没收非法财物和没收违法所得。没收非法财物是指行政主体对违法相对人的与其违法行为有关的财物予以剥夺的处罚形式，包括没收实施违法行为的工具、违禁物品以及其他与违法行为有关的财物，等等。没收违法所得指行政主体对违法相对人的因违法行为而获得的非法金钱收入予以剥夺的一种处罚形式，如没收违法经营所获得的非法利润等。

4. 责令停产停业。责令停产停业是指行政主体对违法从事生产经营活动的相对人，限制或取消其在一定期限和范围内从事生产经营活动资格的处罚形式。

5. 暂扣、吊销许可证和执照。暂扣许可证和执照，是指行政主体对持有许可证和执照能从事特定活动的相对人，在一定期限内暂行扣押其许可证和执照，使之暂时失去从事该类活动资格的处罚形式。吊销许可证和执照，是指行政主体对持有许可证和执照能从事特定活动的相对人，永久性地取消其许可证和执照，使其不再具有从事该类活动资格的处罚形式。

6. 行政拘留。行政拘留是指行政主体对违法相对人在短期内剥夺其人身自由的处罚形式。目前我国的行政拘留特指治安拘留。拘留有严格的期限限制，即1至15日。

7. 法律、行政法规规定的其他行政处罚。上述六种行政处罚是行政处罚的基本形式，也是运用得最多的处罚种类。为防止现有法律和行政法规规定的处罚种类的遗漏和今后立法中可能出现新的处罚形式，故作了这一项概括性的条款。同时，这一规定也表明，只有法律和行政法规才能创设行政管理所需要的新的处罚形式。

二、行政处罚的设定

(一) 行政处罚设定权的界定

行政处罚的设定权实质上属于立法权限的问题，是指国家机关(包括立法机关和特定行政机关)依照职权和实际需要，通过制定和发布法律、法规、规章，创设和规定可以给予行政处罚的行为、处罚的种类和幅度的权力。由于行政处罚直接涉及相对人的人身权和财产权，其设定的主体及其设定的权限必须以制定法加以严格的限制，否则，将难以从根源上解决滥处罚、乱处罚的问题。

根据《行政处罚法》第10、11、12、13、14条的规定，行政处罚的设定权包括创设权和规定权两种。创设权是指在没有上位阶法律规范对处罚加以规定的情况下首次规范处罚的权力，规定权是指上位阶法律规范已对处罚作出规定的情况下对规范进行具体化的权力。处罚的规定权须受到已有法律规范的限制，不能超出已有法律规范所创设的给予处罚的行为、处罚种类和幅度等。我国行政处罚设定权的配置主要基于两个方面：一是我国的立法体制，在中央和地方、立法机关和行政机关之间合理配置设定权；二是人权保障的需要，区别行政处罚的不同种类进行不同层次的设定权配置。如对涉及公民人身自由权的人身罚，实行法律保留原则，只能由法律进行设定。

(二) 行政处罚设定权限划分

行政处罚的设定主体及其权限分为以下四种情况。

1. 法律的设定权。法律，是由国家最高权力机关即全国人民代表大会及其常委会制定的，可以设定各种行政处罚，而且，限制人身自由的行政处罚只能由法律设定。作为有权制定法律的国家最高权力机关，全国人大及其常委会应当拥有设定一切行政处罚种类的权力，以适应行政管理的需要；同时，人身罚是最严厉的一种处罚形式，关系到相对人的人身自由，将这种行政处罚的设定权授予最高权力机关，体现了国家对公民人身自由的重视和保护，对保证公民的人身自由不受非法侵害，是非常必要的。

2. 行政法规的设定权。行政法规是国家最高行政机关即国务院制定的，可以设定除人身罚以外的任何处罚，包括警告，罚款，没收(违法所得和非法财物)，责令停产停业，暂扣、吊销许可证和执照以及其他各种处罚种类。如果法律对违法行为已经作出行政处罚规定，行政法规需要作出具体规定的，必须在法律规定的给予行政处罚的行为、种类和幅度的范围内进行规定。

3. 地方性法规的设定权。地方性法规是省、自治区、直辖市人大及其常委会、省会所在市人大及其常委会以及国务院批准的较大市人大及其常委会制定或批准的，它可以设定除限制人身自由、吊销营业执照以外的其他各种行政处罚。如果法律、行政法规对违法行为已经作出行政处罚规定，地方性法规需要作出具体规定的，必须在法律、行政法规规定的给予行政处罚的行为、种类和幅度的范围内进行规定。

4. 行政规章的设定权。行政规章包括部门规章和地方政府规章。部门规章是国务院各部委制定的，地方政府规章是由省、自治区、直辖市人民政府及省会所在市人民政府、国务院批准的较大市人民政府制定的。这两种规章在法律、法规规定的给予行政处罚的行为、种类和幅度的范围内作出具体规定；尚未制定法律、法规的，行政规章可以对违反行政管理秩序的行为设定警告或者一定数量的罚款的行政处罚。也就是说，行政规章设定处罚的权力较为有限，只能设定警告和罚款两种处罚形式，而且罚款的数额也有限制。此外，国务院直属机构虽无规章制定权，但为了行政管理的需要，在国务院授权的情况下，也可以设定警告和一定数额罚款这两种处罚形式。至于规章设定罚款的数额限定，部委规章由国务院规定，地方规章由省、自治区、直辖市人大常委会规定。

除上述法律、法规、规章可以设定行政处罚以外，其他规范性文件一律不得设定任何行政处罚。

第四节　行政处罚的实施机关

一、行政处罚实施机关的概念

行政处罚的实施机关是指根据法定职权或行政机关的委托实施行政处罚的组织，包括国家行政机关，法律、法规授权的组织以及受委托的组织。有一点需要明确，行政处罚的实施机关不同于行政处罚主体。行政处罚主体是指依法享有行政处罚权，并能承担因行使行政处罚权而引起的相应法律后果的组织，它包括国家行政机关和法律、法规授权的组织。也就是说，受委托的组织是行政处罚的实施机关，但不是行政处罚主体。

从世界范围看，由于各国实行不同的行政处罚观念，在行政处罚主体方面也呈现出较大的差异。与我国行政处罚主体相比，其主要差异表现在法院是否享有行政处罚权。在大陆法系国家，行政机关享有行政处罚权，法院在行政处罚领域的作用则依各国法律的规定而有所不同。例如：奥地利，除非法律有特别规定，行政处罚由县级行政官署管辖；德国法律规定行政处罚一般由行政机关先作出决定，当事人如提出异议，由法院作出裁决。如果检察机关将违反行政管理秩序的行为同与之相关联的犯罪一并追究，则对该犯罪有管辖权的法院有权对该行政违法行为直接实施行政处罚。在我国，行政处罚主体是依法享有行政处罚权的行政主体，人民法院不能对行政违法行为直接实施行政处罚。但是，根据《行政诉讼法》，人民法院对行政处罚显失公正的，有权直接予以变更。[①] 这意味着人民法院虽然没有对行政违法行为的首次处罚权，但在某种程度上执掌着对具有行政违法行为相对人实施行政处罚的最终决定权。当然，人民法院的这种行政处罚权是有所限制的，第一，人民法院在变更行政机关的行政处罚决定时，不得加重对原告的处罚，但利害关系人同为原告的除外；第二，人民法院审理行政案件不得对行政机关未予处罚的人直接给予行政处罚。[②]

二、行政处罚实施机关的种类

根据《行政处罚法》的规定，我国行政处罚的实施机关包括以下四种。

一是具有法定处罚权的国家行政机关。行政机关是最主要的行政处罚实施主体，但并不是所有的行政机关都拥有行政处罚权，只有根据法律、法规、规章的规定具有行政处罚权的行政机关，才能进行行政处罚，而且必须在法定职权范围内实施行政处罚。

二是经特别决定而获得行政处罚权的国家行政机关。除了前述由单一的行政机关实施处罚外，《行政处罚法》第 16 条还规定了有关行政处罚权集中行使即由有关综合执法机关实施处罚的问题。这是指经过国务院决定或经国务院授权的省、自治区、直辖市人民政府决定，可以行使其他行政机关的行政处罚权的国家行政机关。相对集中行使处罚权制度的确立，具有重要的积极意义。一方面有利于精简行政执法机构，节省大量的人力、物力和财力，提高行政效率；另一方面还有利于避免对相对人的重复处罚。但是，相对集中行政处罚权应当遵守下列基本要求。首先，必须发生在综合管理领域，如城市管理、市场管理等领域，在这些领域的行政管理权交叉现象较为突出，相对集中行政处罚权，有利于减少冲突，降低执法成本，提高行政效率；其次，不能违背专属处罚权的权限分工，如限制人身自由的行政处罚权只能由公安机关行使，不能决定给公安机关以外的行政机关行使；最后，必须报经特定的行政机关审批。有权进行审批的只能是国务院或者经国务院授权的省级人民政府。

---

① 参见《行政诉讼法》第 54 条第(四)项。

② 参见《最高人民法院关于执行〈中华人民共和国行政诉讼法〉若干问题的解释》第55 条。

三是法律、法规授权的具有管理公共事务职能的组织。具有管理公共事务职能的组织，在性质上不属于国家行政机关，但因国家行政管理的需要，一些法律、法规赋予这类组织一定的行政处罚权。被授权组织在授权范围内实施行政处罚。

四是受行政机关委托的组织。这是指受行政机关的委托具体行使某一方面的行政处罚权的组织。它只能以委托的行政机关的名义实施行政处罚，其处罚的后果由委托的行政机关承担。因此，受委托的组织不是行政处罚主体。根据《行政处罚法》第 19 条的规定，受委托的组织必须符合以下条件：

(1)依法成立的管理公共事务的事业组织；

(2)具有熟悉有关法律、法规、规章和业务的工作人员；

(3)对违法行为需要进行技术检查或者技术鉴定的，应当有条件组织进行相应的技术检查或者技术鉴定。

行政机关不得委托其他组织或者个人实施行政处罚，而且对受委托的组织实施行政处罚的行为应当负责监督。上述组织在接受委托之后，不得再委托其他任何组织或者个人实施行政处罚。

第五节　行政处罚的管辖与适用

一、行政处罚的管辖

行政处罚的管辖是指行政主体对违法案件实施行政处罚的权限分工。行政处罚的管辖包括职能管辖、地域管辖、级别管辖和指定管辖等。

(一) 职能管辖

职能管辖是根据行政主体各自管理的特定事项来确定处罚的权限分工。不同的行政主体，法律赋予其管理的事项是不同的，相应地，行政主体的行政处罚权应与其法定的管理事项相一致，不能超出其法定的事务权限范围。《行政处罚法》规定，行政处罚由“有行政处罚权的行政机关管辖”，这就明确了行政处罚的职能管辖。

(二) 地域管辖

地域管辖是根据行政主体行使职权的地域范围来确定处罚的权限分工。《行政处罚法》规定行政处罚的地域管辖以违法行为发生地为标准来划分。即对于违法案件，由违法行为发生地的行政主体实施行政处罚。[1]

---

[1] 参见《行政处罚法》第 20 条。

(三) 级别管辖

级别管辖是根据行政主体的级别来确定上下级行政主体之间实施行政处罚的权限分工。《行政处罚法》规定,除法律、法规另有规定外,对违法行为要由县以上地方人民政府具有行政处罚权的行政机关实施行政处罚。[①] 这就明确了行政处罚管辖在级别上要求是具有行政处罚权的县级以上地方人民政府及其职能部门,但法律、法规另有规定的,从其规定。

(四) 指定管辖

指定管辖是指上级行政机关在管辖权发生争议时,决定由下级行政机关具体行使行政处罚权的一种制度。"管辖权发生争议"包括两个以上行政机关争抢、推诿处罚权或有管辖权的行政机关因特定原因无法行使处罚权等情况。《行政处罚法》规定,管辖权发生争议的,由它们共同的上一级行政机关指定管辖。[②]

除以上四种管辖外,法律、法规对管辖另有规定的,按法律、法规的规定确定行政处罚的管辖。

二、行政处罚的适用

行政处罚的适用,指行政处罚实施机关对行政违法案件通过调查核实,具体运用行政处罚法规范,决定是否给予具有违法行为的公民、法人或者其他组织处罚以及如何处罚的活动。

(一) 行政处罚的适用条件

行政处罚的适用必须具有以下条件。

1. 处罚对象有违反行政法规范的行为。行政处罚的实质是对行政违法行为的一种惩戒,因而,行政处罚适用的前提条件是处罚的对象已经实施了行政违法行为。这一条件包含三方面内容。

(1)违法行为必须是付诸实施、客观存在的,即行为人已经实施或正在实施违法行为。行为人仅有违法的主观想法或设想而未付诸行动,对其就不能适用行政处罚。

(2)违法行为是属于违反行政法规范的行为。行政处罚只针对违反行政法规范的行为,违反刑事、民事等法律规范的行为,属于刑事、民事等法律制裁适用的范围,不能适用行政处罚。

(3)违法行为是指违反行政法规范中的禁止性规范和义务性规范的行为。在授权性规范、禁止性规范和义务性规范三种法律规范中,授权性规范是赋予相对人

---

① 参见《行政处罚法》第 20 条。

② 参见《行政处罚法》第 21 条。

某种权利，相对人既可以行使也可以放弃该权利，不会发生违法的问题。而禁止性规范和义务性规范是对相对人的义务性要求，一有违反，即构成违法，行政处罚针对的就是违反这两类规范的违法行为。

2. 处罚对象的违法行为依法律、法规、规章应受处罚。即适用行政处罚必须有法律、法规、规章的明文依据。这是处罚法定原则的具体体现。法律、法规或规章以外的其他规范性文件擅自设定处罚的，违反该规范性文件的行为不应认定为违法行为，不受行政处罚。

3. 处罚对象是达到责任年龄、具备责任能力的公民、法人或者其他组织。行政处罚的对象分为两类：一类是公民，即自然人；另一类是法人或者其他组织。法人或者其他组织不存在责任年龄或责任能力的问题，只要具备上述两个条件，就可以适用行政处罚。如果处罚对象是公民，则该公民必须已达到责任年龄，同时还应具备责任能力。未达到责任年龄或不具备责任能力的公民，不受行政处罚。根据《行政处罚法》第 25 条、第 26 条的规定，处罚的责任年龄为 14 周岁；精神病人不能辨认或不能控制自己的行为时而作出违法行为的，不具备责任能力。

（二）行政处罚适用的具体情形

行政处罚实施机关在行政处罚适用过程中，应当在事实和证据的基础上，区别不同情形，依法作出不同的处罚决定。

1. 给予处罚。行政处罚实施机关根据事实和法律对违法行为人给予处罚。给予处罚在法律规范上有两种表现，即“应当”处罚和“可以”处罚。“应当”处罚是指必然发生对违法行为人适用行政处罚的结果。“应当”处罚是法律、法规或者规章对行政主体行使处罚权的明确规定，凡行为人有行政违法行为的，除法定事由外，都应当受到行政处罚，否则即是行政主体没有依法履行职责。如《治安管理处罚法》第 41 条规定：“胁迫、诱骗或者利用他人乞讨的，处十日以上十五日以下拘留，可以并处一千元以下罚款。反复纠缠、强行讨要或者以其他滋扰他人的方式乞讨的，处五日以下拘留或者警告。”这里，只要相对人的行为构成“胁迫、诱骗或者利用他人乞讨”或者“反复纠缠、强行讨要或者以其他滋扰他人的方式乞讨”的，行政主体就应当给予其处罚。在“应当”处罚情形中，包含两方面内容：一是应当对违法行为人实施行政处罚；二是具有特定情形的，应当从轻、减轻或加重处罚。

“可以”处罚，是指或然发生对违法行为人适用行政处罚的结果。行政处罚实施机关在“可以”处罚中比在“应当”处罚中具有更大的自由选择余地，结合单行法律、法规、规章的规定情况，“可以”具体表现在两个方面：一是在处罚与不予处罚间的裁量选择；二是在处罚方式和处罚幅度上的裁量选择，即在是否从轻、减轻或加重上予以选择。

2. 不得处罚。不得处罚是指行政处罚实施机关对“违法事实不能成立”的相对人不适用行政处罚。[1] 根据《行政处罚法》的规定,不得处罚与不予处罚从结果上看都是对相对人不适用行政处罚,但两者在性质上根本不同。不得处罚是针对"违法事实不能成立"的处罚案件,一般包括两种情形:一是经过调查有充分的证据证明违法行为不成立或不存在;二是尽管进行了调查取证,但没有掌握充分的证据证明违法行为的成立或存在的,即视为违法行为不成立,不得处罚相对人。这既有利于保护相对人的合法权益,也有利于防止行政机关滥用行政处罚权。

3. 不予处罚。不予处罚是指对某些具有违法行为的相对人,因具有法律、法规、规章规定的特定情形而不实施处罚,以更好地实现行政处罚的目的。根据《行政处罚法》的规定,下列情形不予处罚。第一,不具有责任能力的人违法,不予处罚。不具有责任能力的人包括精神病人在不能辨认或者不能控制自己行为时实施违法行为和不满 14 周岁的人有违法行为两种情况。间歇性精神病人在精神正常时有违法行为的,则应当给予行政处罚。第二,违法行为轻微并及时纠正,没有造成危害后果的。第三,违法行为已超过追溯时效的。[2] 除了上述《行政处罚法》规定的不予处罚的情形外,单行法律、法规规定不予处罚的,从其规定。如《治安管理处罚法》第 14 条规定:"盲人或者又聋又哑的人违反治安管理的,可以从轻、减轻或者不予处罚。"

4. 从轻或减轻处罚。从轻处罚是指行政处罚实施机关在法定的处罚方式、幅度内,对违法行为人选择适用较轻的方式和幅度较低的处罚。应当注意的是,从轻处罚不能低于法定处罚幅度的最低幅度。减轻处罚是指行政处罚实施机关对违法行为人在法定处罚幅度的最低限以下给予处罚。减轻处罚一般是相对于加重处罚的,但我国《行政处罚法》中没有规定加重处罚,这有利于保护公民、法人或者其他组织的合法权益,也有利于对行政处罚权的监督控制。

有下列情形之一的,从轻或减轻处罚:第一,已满 14 周岁不满 18 周岁的人有违法行为的。第二,主动消除或者减轻违法行为后果的。第三,受他人胁迫有违法行为的。第四,配合行政机关查处违法行为有立功表现的。第五,其他依法应从轻或者减轻行政处罚的。例如,《治安管理处罚法》第 19 条第(四)项规定"主动投案,向公安机关如实陈述自己的违法行为的",属于"减轻处罚或不予处罚"的事由。

5. 从重处罚。从重处罚是指行政处罚实施机关在法定处罚方式或幅度内,对违法行为人在法定处罚方式中适用较严厉的处罚方式或在法定的处罚幅度内就高、就重予以处罚。从重处罚是从轻处罚的对称。对于从重处罚的具体情形,《行政处罚法》未作统一规定。但在一些单行法律、法规中有具体规定。例如,根据《治安管理处罚法》第 20 条,行政主体对违反治安管理有下列情形之一的,从重处罚:

---

① 参见《行政处罚法》第 38 条第(三)项。

② 参见《行政处罚法》第 25 条、第 26 条、第 27 条、第 29 条、第 38 条。

(1)有较严重后果的;(2)教唆、胁迫、诱骗他人违反治安管理的;(3)对报案人、控告人、举报人、证人打击报复的;(4)六个月内曾受过治安管理处罚的。

6. 单处与并处。行政处罚的“单处”是指行政处罚实施机关对违法行为人仅适用一种处罚形式。单处可以是对法定的任何一种行政处罚形式的单独适用,在法律、法规、规章没有明确规定可以并处的情况下,行政主体只能对违法行为人单独适用一项处罚。例如,《治安管理处罚法》第75条规定:“饲养动物、干扰他人正常生活的,处警告;警告后不改正的,或者放任动物恐吓他人的,处二百元以上五百元以下罚款。”这里对“饲养动物、干扰他人正常生活”处以的警告,以及对“警告后不改正的,或者放任动物恐吓他人的”处以的罚款,就属于单处。行政处罚的“并处”,是指行政处罚实施机关对违法行为人的某一违法行为同时适用两种或者两种以上的行政处罚形式。并处往往针对情节较严重的违法情形,必须以法律、法规和规章的明文规定为限。如,《治安管理处罚法》第73条规定:“教唆、引诱、欺骗他人吸食、注射毒品的,处十日以上十五日以下拘留,并处五百元以上二千元以下罚款。”可以看出,并处相对于单处而言,是对违法者的从重处罚。

7. 行政处罚与刑事处罚竞合的处理。行政处罚与刑事处罚的竞合,是指行为人实施的某一违法行为同时触犯了行政法律规范和刑事法律规范,而同时应受到行政处罚和刑事处罚。这种竞合,可能会出现在同一个法律法规中。例如,《道路交通安全法》第101条第1款规定,违反道路交通安全法律、法规的规定,发生重大交通事故,构成犯罪的,依法追究刑事责任,并由公安机关交通管理部门吊销机动车驾驶证。根据这一规定,如果交通肇事构成犯罪,行为人就会被追究刑事责任并被施以吊销机动车驾驶执照的行政处罚。行政处罚与刑罚的竞合还可能出现在不同的法律法规之中。当发生行政处罚与刑罚竞合时,为保护当事人的合法权益,有关机关应当遵守《行政处罚法》有关刑罚与行政处罚相互折抵的规定。[①]

(三) 行政处罚追责时效

行政处罚追责时效是指对违法行为人追究行政法律责任、实施行政处罚的时间限制。超过一定的时限,行政主体则不能对行为人实施处罚。《行政处罚法》规定,违法行为在2年内未被发现的,不再给予行政处罚。即行政处罚的追责时效为2年。计算方法是:从违法行为发生之日起计算;如果违法行为有连续或者继续状态的,则从行为终了之日起计算。所谓“违法行为有连续或继续状态的”,指的是连续性行政违法行为或继续性行政违法行为。连续性违法行为就是指违法行为人连续两次或两次以上实施性质相同的违法行为。继续性违法行为是指违法行为人在一定时间内所实施的处于继续状态的违法行为。

---

① 参见《行政处罚法》第28条。

需要注意,2 年是行政处罚的一般追责时效,如果法律另有规定的,从其规定。例如,《治安管理处罚法》规定治安处罚的追责时效是 6 个月[①],《海关法》规定海关处罚的追责时效是 3 年,等等。

第六节 行政处罚的程序

行政处罚的程序,是指行政处罚主体在实施和执行行政处罚过程中要遵循的步骤和方式的总和。行政处罚的程序包括行政处罚的决定程序和执行程序两部分。

一、行政处罚的决定程序

行政处罚的决定程序是行政处罚实施机关作出行政处罚决定必须遵循的方式和步骤。行政处罚的决定程序是行政处罚程序中的核心内容,具体又分为简易程序和一般程序两种。

(一)行政处罚决定程序的基本原则

行政处罚实施机关不管是适用简易程序还是一般程序作出处罚决定,都必须遵守下列基本准则。

1. 事先告知理由。行政处罚实施机关在作出行政处罚决定之前,应当告知当事人作出行政处罚决定的事实、理由及依据,并告知当事人依法享有的权利。告知是行政处罚实施机关应当履行的法定义务,如有违反,即构成程序违法。告知当事人依法享有的权利包括陈述、申辩权及要求举行听证的权利等。

2. 事中听取意见。行政处罚实施机关在作出行政处罚决定过程中,必须充分听取当事人意见,不得拒绝,但当事人放弃陈述或者申辩权利的除外。听取意见的具体方式有二:一是听取陈述和申辩;二是听证。对受处罚的当事人所提出的事实、理由和证据,行政主体应当依法认真进行复核;如果当事人所提出的事实、理由或者证据成立的,应当予以采纳。同时,《行政处罚法》为了真正落实当事人的申辩权,强调不得因当事人的申辩而加重处罚。

3. 事后告知救济权利。行政处罚实施机关在作出行政处罚决定之后,都应当告知当事人如不服行政处罚决定的救济途径及期限。

(二)简易程序

简易程序又叫当场处罚程序,指行政处罚主体对于事实清楚、情节简单、后果

---

① 参见《治安管理处罚法》第 22 条。

轻微的行政违法行为，当场作出行政处罚决定应遵循的程序。设置行政处罚的简易程序，其目的主要是提高行政效率。

1. 简易程序的适用条件。根据《行政处罚法》第 33 条的规定，可以适用简易程序的行政处罚案件，必须同时符合下列三个条件。

第一，违法事实确凿。即有确实充分的证据证明有违法事实存在，且该违法行为确为当事人所为，不需要经过事后调查加以证实的。

第二，对该违法行为进行行政处罚有明确、具体的法定依据。

第三，处罚较为轻微，即适用于警告或者对个人处以 50 元以下、对组织处以 1000 元以下的罚款处罚。

2. 简易程序的具体内容。行政执法人员当场作出行政处罚决定，应当严格遵守以下程序。

第一步，表明身份。即执法人员当场作出行政处罚决定的，应当向当事人出示执法证件，表明执法人员的执法身份。

第二步，告知作出行政处罚决定的事实、理由和依据。执法人员应当主动向违法行为人说明其违法行为的事实，告知其违反的法律规范和给予行政处罚的理由和依据。

第三步，听取当事人的陈述和申辩。当事人可口头申辩，执法人员要予以正确、全面的口头答辩，使当事人心悦诚服，不得因当事人的申辩而加重处罚。

第四步，制作当场处罚决定书。当场处罚决定书应当是由有管辖权的行政机关或组织统一制作的有格式、编有号码的处罚决定书。当场处罚决定书应当载明当事人的违法行为、行政处罚的依据、罚款数额、时间、地点以及行政机关名称，并由执法人员签名或盖章。

第五步，将行政处罚决定书当场交付当事人。

第六步，备案。行政执法人员当场作出行政处罚决定，必须报所属行政机关备案。当事人对当场作出的行政处罚决定不服的，可以依法申请行政复议或者提起行政诉讼。

（三）一般程序

一般程序，或称普通程序，是行政处罚主体进行行政处罚的基本程序。除了可以适用简易程序当场作出行政处罚决定外，行政处罚主体都应当按照一般程序作出处罚决定。行政处罚一般程序的具体内容如下。

1. 立案。立案是行政处罚主体将所发现的、应当追究法律责任的违法活动予以登记并确立为应受到调查处理案件的活动。立案标志着行政处罚一般程序的正式开始。立案的来源有多种渠道，如现场发现违法行为、群众举报、受害人控告揭发、上级机关交办，等等。立案需要遵守有关法律、法规规定的期限，应当填写专门格式的立案报告表，并由本机关负责人批准。立案后应指派承办人员负责案件的调查处理工作。

2. 调查取证。调查取证是行政处罚一般程序的必要步骤，行政主体应当遵循“先取证、后处罚”的基本程序规则，即先调查取证，再决定处罚。调查取证阶段的任务就是全面、客观、公正地调查、搜集证据，确保行政处罚决定建立在事实清楚、证据确凿的基础之上，这是保证行政处罚决定合法的前提。调查取证应注意以下几点。

(1)行政主体应当采取法定的执法手段。在调查程序中行政主体可以采取的执法手段主要包括以下几种。第一，进行调查、了解、询问，以掌握有关事实。第二，依法进行检查。检查是查明事实和获取有关证据所需要的执法手段。《行政处罚法》明确规定，依照法律、法规的规定，行政机关可以进行检查。[①] 也就是说，只有法律、法规授予其行政检查权的行政机关才可以依法采取检查手段。第三，抽样取证。对于与产品质量等有关的行政处罚案件，抽样取证是比较适当的调查执法手段。第四，登记保存。在证据可能灭失或者以后难以取得的情况下，行政机关可以对该证据进行登记，并保存于一定地点，任何人不得销毁或者转移。登记保存证据，须经行政机关负责人批准，并应当在 7 日内及时处理。[②]

(2)调查取证须遵守法定程序。行政机关在调查或者进行检查时，执法人员不得少于两人，并应当向当事人或者有关人员出示证件；询问当事人应当制作笔录；行政机关严重违反法定程序收集的证据不能作为认定被诉具体行政行为合法的根据。[③]

(3)当事人或者有关人员应当履行相应义务。行政机关在调查案件时有关单位和个人都有作证以及协助的义务。询问当事人和证人是执法人员采取的主要调查手段。当事人或者有关人员应当如实回答询问，并协助调查或者检查，不得阻挠。

(4)调查程序中执法人员回避制度。执法人员应当回避的事由有以下几种：执法人员是当事人或者是当事人的近亲属；执法人员或者其近亲属与本案当事人有直接的利害关系；执法人员或者其近亲属与本案当事人有其他关系可能影响案件的公正处理的。具有上述情形之一，执法人员应当请求回避。如果当事人认为执法人员具有上述情形之一的，也可以向行政机关提出要求执法人员回避的请求。要求执法人员回避的请求提出后，由该执法人员所在的行政机关的负责人决定该执法人员是否应当回避。

3. 告知处罚的事实、理由和依据及有要求听证的权利。

4. 听取陈述和申辩或者举行听证会。

---

① 参见《行政处罚法》第 36 条。

② 参见《行政处罚法》第 37 条。

③ 参见《最高人民法院关于执行〈中华人民共和国行政诉讼法〉若干问题的解释》第30条。

5. 审查并作出行政处罚决定，制作行政处罚决定书。根据《行政处罚法》第38条的规定，对于经过立案、调查终结的案件，并听取当事人的陈述、申辩或者举行听证以后，行政机关负责人应当对调查结果进行审查，根据不同情况，分别作出处罚决定。对于一般情节的案件具体由行政机关负责人作出，但对情节复杂或重大违法行为给予较重的行政处罚的，行政机关的负责人应当集体讨论决定。

(1)确有应受处罚的行政违法行为，根据情节轻重及具体情况，作出行政处罚决定。

(2)违法行为轻微，依法可以不予行政处罚的，不予行政处罚。

(3)违法事实不能成立，不得给予行政处罚。

(4)违法行为已经构成犯罪的，移送司法机关。

行政机关给予行政处罚，应当制作行政处罚决定书。行政处罚决定书是行政处罚决定的书面文书，行政处罚决定书应当载明下列事项：当事人的姓名或者名称、住址；违反法律、法规或者规章的事实和证据；行政处罚的种类和依据；行政处罚的履行方式和期限；不服行政处罚决定，申请行政复议或者提起行政诉讼的途径和期限；作出行政处罚决定的行政机关名称和作出决定的日期。

6. 送达行政处罚决定书。行政处罚决定书应当在宣告后当场交付当事人；当事人不在场的，行政机关应当在7日内依据民事诉讼法的有关规定，将处罚决定书送达当事人。

(四) 听证程序

行政处罚的听证程序，是指行政处罚主体在作出重大的行政处罚决定之前，举行由非本案调查人员主持、该案的调查人员和受处罚的当事人及利害关系人参加的公听会，听取双方就处罚的事实、证据、处罚的理由及依据进行陈述、申辩、质证和辩论的法定程序。听证程序不是作出行政处罚决定的一个独立程序，而是行政处罚一般程序中的一个特殊阶段。《行政处罚法》首次确立了听证程序，至少具有两方面意义：首先，在听证过程中，通过处罚案件的调查人员和受处罚的当事人双方展示证据、相互质证和辩论，有利于发现案件的真实情况，使处罚权的运用奠定在事实清楚的基础之上；其次，通过听证，相对人和利害关系人得以参与行政处罚决定的过程，确保他们可以运用法律赋予的程序性权利来保障实体权利，督促行政主体合法、恰当地行使行政处罚权，尤其是处罚的裁量权。总之，听证程序对于保证行政处罚的合法、公正，贯彻处罚公开原则有着重要的意义。

1. 听证程序的特点。听证程序是《行政处罚法》第一次以立法的形式确立的，它具有以下特点。

(1)听证的适用范围有限。听证程序并不适用于所有的行政处罚案件，其适用范围是有限的，主要适用于处罚较重的案件。听证程序的适用范围涉及责令停产停业、吊销许可证或者执照、较大数额的罚款等行政处罚。但如果当事人对限制人身自由的行政处罚有异议的，依照《治安管理处罚条例》的有关规定执行。

(2)属于被动听证。是否举行听证的主动权掌握在受处罚的当事人一方。对于属于听证范围的处罚案件，行政处罚主体在作出行政处罚决定之前，应当告知当事人有要求听证的权利。如果当事人不提出听证要求的，听证程序就不能启动。当事人要求听证的，行政主体应当组织听证。

(3)实行无偿听证。当事人不承担行政机关组织听证的费用。

2. 听证程序的具体内容。行政机关组织听证，应当依照下列程序来进行。

(1)当事人要求听证的，应当在行政机关告知后的3日内提出；

(2)行政机关应当在听证的7日前，通知当事人举行听证的时间、地点；

(3)除涉及国家秘密、商业秘密或者个人隐私外，听证公开举行；

(4)听证由行政机关指定的非本案调查人员主持；当事人认为主持人与本案有直接利害关系的，有权申请回避；

(5)当事人可以亲自参加听证，也可以委托1至2人代理；

(6)举行听证时，调查人员提出当事人违法的事实、证据和行政处罚建议；当事人进行申辩和质证；

(7)听证应当制作笔录，笔录应当交当事人审核无误后签字或者盖章；

(8)听证结束后，行政机关应当依照《行政处罚法》的规定作出行政处罚决定，制作行政处罚决定书。

二、执行程序

行政处罚的执行，是行政处罚决定作出并生效后，通过受处罚当事人的自觉履行和行政主体的强制执行，以实现行政处罚决定内容的活动。行政处罚执行程序就是指当事人自觉履行和行政主体强制执行应当遵循的方式和步骤。

(一) 行政处罚执行程序的原则

1. 当事人自觉履行与行政主体强制执行相结合的原则。行政处罚决定原则上是通过当事人的自觉履行来实现的，只有在当事人无正当理由拒绝履行时，行政主体才能采取强制措施予以执行。

2. 作出处罚决定的机关与收缴罚款的机构相分离的原则。为切断行政处罚主体与行政处罚结果之间的利益关系，消除产生腐败现象的根源，对于已生效的行政罚款决定，作出行政处罚决定的行政主体及其执法人员不得自行收缴罚款，当事人应当自收到行政处罚决定书之日起15日内，到指定的银行缴纳罚款。《行政处罚法》确立这一原则，是为了保证罚款全部上缴国库。

3. 复议或诉讼不停止执行原则。当事人对行政处罚决定不服申请行政复议或者提起行政诉讼的，行政处罚决定不停止执行。但法律另有规定的除外。

（二）行政主体当场收缴罚款的情形及程序要求

根据作出处罚决定的机关与收缴罚款的机构相分离原则，行政执法人员一般不能自行收缴罚款，但当场作出行政处罚决定有下列情形之一的，可以当场收缴罚款。

1．依法给予 20 元以下的罚款的；

2．不当场收缴事后难以执行的。

另外，在边远、水上、交通不便地区，行政主体及其执法人员依照简易程序或一般程序作出罚款决定后，当事人向指定银行缴纳确有困难的，经当事人提出，行政主体及其执法人员可以当场收缴罚款。

行政主体及其执法人员当场收缴罚款的，必须向当事人出具省、自治区、直辖市财政部门统一制发的罚款收据；不出具财政部门统一制发的罚款收据的，当事人有权拒绝缴纳罚款。

行政执法人员当场收缴的罚款，应当自收到罚款之日起 2 日内，交至行政机关；在水上当场收缴的罚款，应当自抵岸之日起 2 日内交至行政机关；行政机关应当在 2 日内将罚款缴付指定的银行，上缴国库。任何机关或者个人不得以任何形式截留、私分或变相私分。财政部门也不得以任何形式向作出行政处罚决定的机关返还这些款项的全部或部分。

（三）行政处罚强制执行措施

对当事人无正当理由逾期不履行行政处罚决定的，作出行政处罚决定的行政机关可以采取下列措施。

1．到期不缴纳罚款的，每日按罚款数额的 3％加处罚款；

2．根据法律规定，将查封、扣押的财物拍卖或者将冻结的存款划拨抵缴罚款；

3．申请人民法院强制执行。

当事人确有经济困难，需要延期或者分期缴纳罚款的，经当事人申请和行政机关批准，可以暂缓或者分期缴纳。

为防止行政主体及其执法人员通过行政处罚的执行牟取私利，除依法应当予以销毁的物品外，依法没收的非法财物必须按照国家规定公开拍卖或者按照国家有关规定处理。① 罚款、没收违法所得或者没收非法财物拍卖的款项，必须全部上缴国库，任何行政机关或者个人不得以任何形式截留、私分或者变相私分；财政部门不得以任何形式向作出处罚决定的行政机关返还罚款、没收的违法所得或者返还没收非法财物的拍卖款项。②

---

① 参见《行政处罚法》第 53 条第 1 款。

② 参见《行政处罚法》第 53 条第 2 款。

【自我测试】

1. 运输公司指派本单位司机运送白灰膏。由于泄漏，造成沿途路面大面积严重污染。司机发现后即向公司汇报。该公司即组织人员清扫被污染路面。下列哪些选项是正确的？（　　）
   A. 路面被污染的沿途三个区的执法机关对本案均享有管辖权，如发生管辖权争议，由三个区的共同上级机关指定管辖。
   B. 对该运输公司应当依法从轻或者减轻行政处罚。
   C. 本案的违法行为人是该运输公司。
   D. 本案的违法行为人是该运输公司和司机。
2. 法院在审理某药品行政处罚案时查明，药品监督管理局在作出处罚决定前拒绝听取被处罚人甲的陈述、申辩。下列关于法院判决的哪种说法是正确的？（　　）
   A. 拒绝听取陈述、申辩属于违反法定程序，应判决撤销行政处罚决定，并判令被告重新作出具体行政行为。
   B. 拒绝听取陈述、申辩属于程序瑕疵，应判决驳回原告的诉讼请求。
   C. 拒绝听取陈述、申辩属于违反法定程序，应判决确认行政处罚决定无效。
   D. 拒绝听取陈述、申辩属于违反法定程序，应判决确认行政处罚决定不能成立。
3. 2006 年 5 月 2 日，吴某到某县郊区旅社住宿，拒不出示身份证件，与旅社工作人员争吵并强行住入该旅社。该郊区派出所以扰乱公共秩序为由，决定对吴某处以 300 元罚款。下列哪些说法是正确的？（　　）
   A. 派出所可以自己的名义作出该处罚决定。
   B. 派出所可以当场作出该处罚决定。
   C. 公安机关应当将此决定书副本抄送郊区旅社。
   D. 吴某对该罚款决定不服，应当先申请复议才能提起行政诉讼。
4. 某县公安局因彭某拒绝交纳罚款，将彭某汽车扣押。一个月后，该局通知彭某将汽车领回，但该车在扣押期间被使用，因发生交通事故遭到部分损坏。下列哪些说法是正确的？（　　）
   A. 某县公安局的扣车行为是一种行政强制措施。
   B. 某县公安局的扣车行为应当有法律、行政法规或者地方性法规的授权，否则构成违法。
   C. 某县公安局退回被扣的汽车即可视为对扣车行为违法性的确认。
   D. 某县公安局应满足彭某提出赔偿其汽车维修费、养路费和汽车停运期间的收入损失的要求。
5. 根据行政处罚法的规定，下列哪些说法是正确的？（　　）
   A. 违法行为轻微，及时纠正没有造成危害后果的，应当依法减轻对当事人的行政处罚。

B. 行政机关使用非法定部门制发的罚款单据实施处罚的，当事人有权拒绝处罚。

C. 对情节复杂的违法行为给予较重的行政处罚，应由行政机关的负责人集体讨论决定。

D. 除当场处罚外，行政处罚决定书应按照民事诉讼法的有关规定在7日内送达当事人。

6. 某市建筑材料厂超标准排放污水违反了《中华人民共和国水污染防治法》，该市环境保护局对其处以2万元的罚款。在规定期间内该厂既不交纳罚款也未向法院提起诉讼，该市环境保护局向法院申请强制执行。下列哪些说法是正确的？（　　）

A. 市环境保护局应当自罚款决定生效之日起90日向法院提起执行申请。

B. 市环境保护局如有理由认为某市建筑材料厂逃避执行的，可以在提出执行申请之前要求法院采取财产保全措施。

C. 市环境保护局应当向法院提供某市建筑材料厂财产状况的材料。

D. 人民法院在强制执行此罚款决定前，应当对罚款决定是否合法进行审查。

7. 1997年5月，万达公司凭借一份虚假验资报告在某省工商局办理了增资的变更登记，此后连续四年通过了工商局的年检。2001年7月，工商局以办理变更登记时提供虚假验资报告为由对万达公司作出罚款1万元，责令提交真实验资报告的行政处罚决定。2002年4月，工商局又作出撤销公司变更登记，恢复到变更前状态的决定。2004年6月，工商局又就同一问题作出吊销营业执照的行政处罚决定。关于工商局的行为，下列哪一种说法是正确的？（　　）

A. 2001年7月工商局的处罚决定违反了行政处罚法关于时效的规定。

B. 2002年4月工商局的处罚决定违反了一事不再罚原则。

C. 2004年6月工商局的处罚决定是对前两次处罚决定的补充和修改，属于合法的行政行为。

D. 对于万达公司拒绝纠正自己违法行为的情形，工商局可以违法行为处于持续状态为由作出处罚。

8. 某市技术监督局根据举报，对力青公司进行突击检查，发现该公司正在生产伪劣产品，立即查封了厂房和设备，事后作出了没收全部伪劣产品并处罚款的决定。力青公司既不申请行政复议，也不提起行政诉讼，且逾期拒绝履行处罚决定。对于力青公司拒绝履行处罚决定的行为，技术监督局可以采取下列哪些措施？（　　）

A. 申请人民法院强制执行。

B. 将查封的财物拍卖抵缴罚款。

C. 通知银行将力青公司的存款划拨抵缴罚款。

D. 每日按罚款数额的3%加处罚款。

9. 张某委托刘某购书，并将一本存有1.3万元人民币的全国通兑活期存折交给刘某用于买书。刘某在途中取出该存折的3000元用于购买毒品，被公安机关当场抓获。审讯中，刘某供述存折中余下的1万元仍打算用于购买毒品。县法院对刘某判处有期徒刑15年。随后，公安机关作出行政处罚决定，关于当场查获的3000元和存折内的余款，正确的处理方法是（　　）

A. 没收用于购买毒品的3000元，将存折内余款返还刘某。

B. 没收用于购买毒品的3000元和准备用于购买毒品的存折内余款。

C. 将刘某用于购买毒品的3000元和存折内余款返还张某。

D. 没收用于购买毒品的3000元，将存折内余款返还张某。

10. 关于行政处罚和刑罚的折抵，下列说法正确的是（　　）

A. 行政拘留可以折抵拘役。

B. 行政拘留可以折抵有期徒刑。

C. 没收违法所得可以折抵没收财产。

D. 罚款可以折抵罚金。

11. 材料分析。

2008年1—2月间，石家庄市康桥药店购得印有“中超”商标标志的养胃丸一批并运往某市销售。该批药丸到达该市后，由康桥药店批销给该市6家商场及医药公司。这些单位随即又进行了调运、批发与零售，导致该市18家药店经销了这批药丸。销售过程中，某医药生产供应总公司获悉该养胃丸药味不浓，于同年6月派质检员检查，证实养胃丸质量欠佳，便通知所属销售部门停止销售并抓紧退货。

“中超”养胃丸商标专用人某中药制药一厂于2008年8月6日，分别向石家庄工商局与市卫生局投诉，请求对该市医药单位销售冒牌养胃丸一事依法查处。市工商局于2008年9月10日根据《药品管理法》对此案作出如下处理决定：(1)对已封存于康桥药店的412盒冒牌药丸予以全部销毁；(2)消费者的退货全部销毁；(3)对康桥药店及其他18家药店的非法利润予以没收，并分别处以2000元罚款。

问题：

(1)处罚决定是否合法，为什么？

(2)如果市卫生局亦根据《药品管理法》对此案进行处罚，是否违背了一事不再罚原则，为什么？

(3)经查，市工商局是以简易程序作出上述处罚决定的，本拟处以罚款1500元，因康桥药店不断提出申辩，后决定罚款2000元。从程序上看，市工商局的以上做法是否合法，为什么？

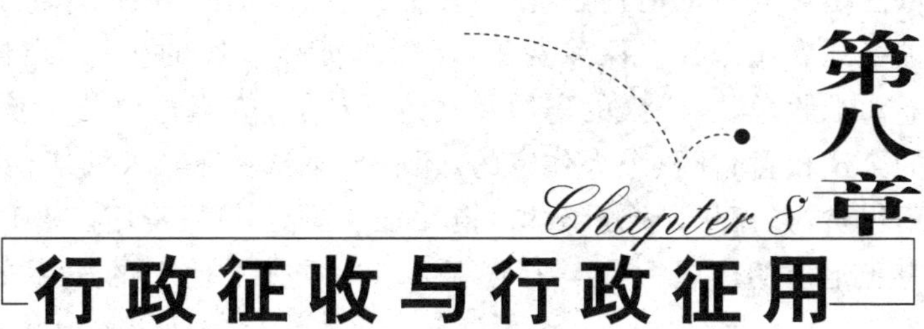

行政征收与行政征用

【要点提示】

本章讲述了行政征收的概念和特点、基本原则、内容和分类以及程序，介绍了外国行政征收的概念、特点，讲述了行政征用的概念、特点、分类，比较了行政征用与行政征收的异同。重点掌握行政征收和行政征用的概念和特点以及两者的异同，行政征收的基本原则，了解行政征收的分类、程序。

第一节　行政征收的概念与特征

一、行政征收的概念

在行政法学界，一般将行政征收界定为：行政主体根据公共利益的需要，依据法律、法规的规定，以强制方式无偿取得行政相对人财产所有权的一种具体行政行为。它主要包括行政征税和行政收费这两种形式。行政征收最主要特点是无偿性，即国家无偿取得相对人财产所有权，从而使其明显地区别于行政征用行为。但是这一定义在2004年我国第四次《宪法》修正案中遇到了挑战。我国第四次《宪法》修正案将《宪法》第10条第3款修改为："国家为了公共利益的需要，可以依照法律规定对土地实行征收或者征用并给予补偿"。在《宪法》第13条中增加规定了"国家为了公共利益的需要，可以依照法律规定对公民的私有财产实行征收或者征用并给予补偿"。可见，宪法上"征收"的概念与行政法上"征收"的概念内涵并不一致，因此有必要对行政征收的内涵、范围与性质进行重新界定。继《宪法》修正案之后，2004年修订的《土地管理法》第2条第4款规定："国家为了公共利益的需要，可以依法对土地实行征收或者征用并给予补偿。"2007年出台的《物权法》第42条对行政征收作了规定："为了公共利益的需要，依照法律规定的权限和程序可以征收集体所有的土地和单位、个人的房屋及其他不动产。征收集体所有的土地，应当依法足额支付土地补偿费、安置补助费、地上附着物和青苗的补偿费等费用，安排被征地农民的社会保障费用，保障被征地农民的生活，维护被征地农民的合法权益。征收单位、个人的房屋及其他不动产，应当依法给予拆迁补偿，维护被征收人的合法权益；征收个人住宅的，还应当保障被征收人的居住条件。任何单位和个人不得贪污、挪用、私分、截留、拖欠征收补偿费等费用。”2011 年，国务院出台了《国有土地上的房屋征收与补偿条例》对国有土地上的房屋征收和补偿作了详细的规定。

我们认为，行政征收是指行政主体依法向行政相对人强制性地收取税费或私有财产行政行为。①

二、行政征收特点

1. 处分性。行政征收是国家行政主体对行政相对人财产所有权的一种处分，而不是仅限于对其财物使用权的限制。行政征收的直接法律效果，是导致行政相对人有关财产权的被剥夺。无论是行政主体向相对人征收税费，还是征收私有财产，如房产等，都意味同一种结果，即相对人一定范围内的财产权被处分，财产权利发生转移，从相对人转向国家。②

2. 强制性。行政征收机关实施行政征收行为，实质上是履行国家赋予的征收权，这种权力具有强制他人服从的效力。因此，实施行政征收行为，不需要征得相对人的同意，甚至可以在违背相对人意志的情况下进行，征收的对象、数额及具体征收的程序，完全由行政机关依法确定，无须与相对人协商一致。行政相对人必须服从命令，否则应承担一定的法律后果。

3. 法定性。行政征收是国家强制取得私人财产权的一种行政行为，根据《立法法》第 8 条，“对非国有财产的征收”的立法属于法律保留事项的规定，因此行政征收必须要由法律明确设定。行政征收项目、行政征收金额、行政征收机关、行政征收相对人、行政征收程序都必须由法律规定。没有法律、法规的明确依据，任何行政机关或授权组织不能行使征收权。

三、外国行政征收的概念和特点

在法国，行政主体常用的强制取得财产的方法是公用征收和公用征调。行政主体为了公共利益目的，按照法定的形式和事先公平补偿原则，以强制方式取得私人不动产的所有权或其他物权的程序叫做公用征收。它具有以下特点。第一，公用征收是行政主体行使公共权力的一种特权，是私人所没有的权力。第二，公用征

---

① 胡建淼：《行政法学》，法律出版社 2010 年版，第 217 页。

② 同①。

收的对象限于不动产。第三,为了保护私人财产起见,公用征收只能为了公共利益目的,按法定的程序和事先补偿的原则进行。同时,对于行政主体为了公共利益,依照法定强制取得财产权或劳务的行政行为,称之为"公用征调"。它不仅适用于不动产,而且适用于动产和劳务。对于不动产,公用征调只能取得使用权,不能转移所有权。对于动产,它可以取得所有权和使用权。它还可以用于取得必要的服务。[①]

在德国,典型征收经历了前后相继的三个发展阶段。第一阶段为"第一次世界大战"结束前的传统征收阶段。所谓传统征收,是指根据依法作成的行政行为将不动产财产转让给服务于公共福祉的企业,但予以全面补偿。传统征收的实质要素包括:第一,作为征收客体的地产;第二,作为法律过程,将财产交付新的法律主体;第三,作为法律形式的行政行为;第四,作为征收目的,服务于公共福祉企业的现实需要。第二阶段为两次世界大战之间的时期,一般称为"扩大的征收概念"。扩大的征收概念是指为公共利益目的,经由行政行为或立法对具有财产价值的私人权利予以限制或剥夺,并给予全面补偿。它具有以下特征。第一,征收客体:根据传统征收概念,只有地产和动产;而根据扩大的征收概念,所有的具有财产价值的个人权利都可以征收,如债权、结社权、著作权。第二,征收的法律形式:根据传统征收,只能依法通过行政行为(行政征收);而根据扩大的征收,还可通过法律(立法征收)。第三,征收的法律过程:根据传统征收,是向国家或其他法律主体交付财产;而根据扩大的征收,尚包括单纯的财产限制,主要是使用限制,例如禁止在文物保护区内对登记的建筑物进行改建。第四,征收目的:根据传统征收,只能出于特定的、具体的事业;而根据扩大的征收,也包括一般的公共利益。第三阶段为"第二次世界大战"后《德国基本法》第 14 条第 3 款规定的征收。根据该规定,征收须具备以下要件:第一,必须是为了公共福祉而征收;第二,必须有充分的法律基础;第三,比例原则必须被尊重;第四,必须予以公正补偿。与扩大的征收相比,基本法规定增加了一个"唇齿"条款,即"无补偿即无征收"条款。依此条款,财产征收,唯有依据法律,而该法律并"同时"规定征收补偿的"额度"及"种类"时,方可准许之。[②]

在美国法上,行政征收即正式征收,是指由联邦政府、州政府或地方政府依法启动正式征收程序而启动的征收。它的特点有:第一,正式征收的启动主体是政府。第二,正式征收是国家征收权正式、公开启动,须严格遵循相关的征收程序。第三,若启动正式征收程序,政府必须给予补偿。它包括不动产征收、动产征收、智

---

① 王名扬:《法国行政法》,北京大学出版社 2007 年版,第 287 页。

② 房绍坤、王洪平:《从美、德法上的征收类型看我国的征收立法选择——以"公益征收"概念的界定为核心》,《清华法学》2010 年第 1 期。

慧财产权征收及其他财产权益征收类型。[①]

在日本,国家强制取得财产的行为为公用收用。它是指为供特定公共事业之用,而强制地取得私人的特定财产权的活动或制度。私人财产被用于公共利益的事业,对于相对人私人因此而蒙受的特别损失,从平衡的理念以及公平负担的原则出发,必须予以正当的补偿。其特点为:第一,进行公用收用,必须基于法令根据,如《土地收用法》;第二,公用收用的主体,必须是在法律上有权收用、使用必要土地的特定的公共利益的事业主体,除了国家、地方公共团体以外,公共组合、公社、公团、事业团等特殊法人、特殊会社、特许企业等,都可以成为公用收用的主体;第三,公用收用的相对人,是指收用目的物如土地及其他财产权的主体;第四,公用收用的对象,是指法律上特别规定的、具有公共利益性的事业;第五,公用收用的目的物,是指土地所有权及其他关于土地的权利、矿业权、温泉利用权,关于林木、建筑物等土地附着物的所有权以外的权利,渔业权,进入他人渔场捕鱼权,海水和流水利用权,土地的附着物,从属于土地的土石、沙子等。[②]

第二节 行政征收的内容与分类

一、行政征收的基本原则

(一) 法定原则

由于行政征收涉及对相对人财产权的剥夺,为了保护相对人的财产权以及对行政主体征收权的限制,《宪法》、《土地管理法》和《物权法》都规定了行政主体必须依照法律规定实行征收。这里的“法律”是指全国人大及其常委会颁布的规范性文件。即行政征收的设定权只能由法律所垄断,法律以下的法规和规章不得直接设定,但它们可以具体化法律设定的行政征收。

行政征收法定原则具体表现在以下几个方面。第一,行政征收的主体是法定的。并不是所有的行政机关都可以实施征收,只有得到了法律赋予其享有行政征收权的行政主体,才可以实施行政征收行为。也就是要具有法定的征收权限。如关税由海关征收,其余的税均由税务机关组织征收。第二,行政主体实施征收行为必须要有法定的依据,即要依据《税收征收管理法》、《海关法》等具体的法律规定。第三,要依照法定的程序和法定的范围进行征收。《个人所得税法》明文规定了个

① 房绍坤、王洪平:《从美、德法上的征收类型看我国的征收立法选择——以“公益征收”概念的界定为核心》,《清华法学》2010 年第 1 期。

② 杨建顺:《日本行政法通论》,中国法制出版社 1998 年版,第 471—472 页。

人所得要纳税的范围，这个法定的范围税务机关必须遵守。税务机关依照《税收征收管理法》规定的程序进行征税。

（二）公益原则

所谓公益原则就是行政主体实施行政征收行为必须是出于公共利益的需要。不是为了公共利益，行政主体不得征收相对人的财产。这是行政征收行为的前提，也是其必须要遵循的基本原则。

坚持公益原则，首先要对公共利益进行界定。公共利益具体指体现国家建设与安全需要，或为社会公众服务的利益。其特点体现为以下两个方面。一是公众性，非个体性。公共利益肯定是公众的利益而非个人的利益，它肯定是为大多数人服务而不是为少数人、个别人服务。二是抽象性，非特定性。公共利益必须是让不特定的公众受益或为社会公众服务，而不是只让特定的人群受益。公共利益还应当是国家利益与社会利益的综合。[①] 公共利益一般可分为绝对公共利益和相对公共利益。绝对公共利益指任何国家都存在的、并经社会广泛承认的、独立于社会和国家现时政策之外的社会利益，如国防设施、国民健康等，具有相对稳定性特点；相对公共利益是根据社会不同的发展阶段，经由政府和公众选择的，符合社会、国家急需原则的阶段性重要利益，如经济危机时，发展经济就是公共利益。[②] 其次要明确公共利益的范围。《国有土地上房屋征收与补偿条例》第 8 条规定，为了保障国家安全、促进国民经济和社会发展等公共利益的需要，确需征收房屋的，由市、县级人民政府作出房屋征收决定，并列举了属于公共利益的情形：一是国防和外交的需要；二是由政府组织实施的能源、交通、水利等基础设施建设的需要；三是由政府组织实施的科技、教育、文化、卫生、体育、环境和资源保护、防灾减灾、文物保护、社会福利、市政公用等公共事业的需要；四是由政府组织实施的保障性安居工程建设的需要；五是由政府依照《城乡规划法》有关规定组织实施的对危房集中、基础设施落后等地段进行旧城区改建的需要；六是法律、行政法规规定的其他公共利益的需要。最后要通过正当法律程序来保障征收过程中公共利益的实现。正当法律程序的设计与运作，有助于在国家与个人发生利益冲突时确定基本的公平权衡机制，使个人权益得到尊重，使公共权力被限制在合理程度内。[③]《国有土地上房屋征收与补偿条例》对以公共利益为目的的征收，确立了先征收、补偿，再搬迁的原则，还规定了征收前的论证程序、公告程序、听证程序，对征收存在重大争议时的处理程序，危旧房改造征收房屋的程序和补偿程序等。这些程序的规定使得我国的政府征收

---

① 胡建淼：《行政法学》，法律出版社 2010 年版，第 224 页。

② 陆亚婵、邱晗凌：《论社会公共利益》，《新疆警官高等专科学校学报》2007 年第 1 期。

③ 陈瑞华：《程序正义的理论基础——评马修的“尊严价值理论”》，《中国法学》2000 年第 3 期。

行为从征收目的上得到了法律的程序性保障，使得公民的合法权益得到了救济。

（三）公开原则

行政征收要遵循公开原则，接受权力机关以及广大民众的监督。包括行政主体事前要公开征收法律依据，事中要公开征收过程，事后要公开征收结果。

（四）补偿原则

国家通过行政征收行为剥夺了相对人的财产权，基于公平原则，国家应当给予其财产补偿。这是宪法所确认的一项补偿原则。《土地管理法》和《物权法》也规定了此项原则。补偿原则包含以下内容：(1)除行政征税和收费，实施其他的行政征收与征用，必须依法对相对人予以补偿；(2)必须对相对人给予充分的补偿，这是说，必须按法定标准对相对人予以足额的补偿，不得人为地打折扣；(3)征收的补偿要公平公正，平等对待被征收人，保障被征收人的合法权益。

（五）合理原则

合理原则是行政法上的合理性原则在行政征收行为中的体现，它要求行政主体在实施行政征收中体现比例原则、平等原则和正当原则。坚持比例原则，指行政主体在实施行政征收中，要以相对人所受财产最小损失来实现行政征收所期望达到的目标。坚持平等原则，指行政主体在实施行政征收时，对相对人权利损失的补偿要坚持同等情况同等标准。坚持正当原则，指行政主体在实施行政征收中，是否实施征收、如何实施征收，都应当有正当的理由，不允许随意性存在。①

二、行政征收的内容和分类

根据行政征收是否给予补偿为标准，我们将行政征收分为无偿征收和有偿征收。

（一）无偿征收

无偿征收，是指行政主体无须向行政相对人给予补偿的征收。目前在我国的行政征收体制中，无偿征收主要包括行政征税和行政收费两大类。

1. 行政征税。行政征税是指行政主体为了公共利益的需要，依法强制地向纳税义务人征收一定税收的行政行为。税收是国家财政收入的主要来源，是国家得以维系的重要保障。税收只能由国家特定的行政机关——税务机关及海关负责征收。按照征税对象的不同，税可分为流转税、资源税、收益(所得)税、财产税和行为税五种。按照税收支配权的不同，税可分为中央税、地方税和中央地方共享税。国家通过对各种税的征管，达到调节资源分配和收入分配、各行各业协调发展的目

① 胡建淼：《行政法学》，法律出版社2010年版，第223页。

的。通过对中央税、地方税和中央地方共享税的合理分配，兼顾中央和地方的利益，有利于市场经济条件下宏观调控的实施。

2. 行政征费。费，即各种社会费用，是一定行政机关凭借国家行政权所确立的地位，为行政相对人提供一定的公益服务，或者授予国家资源和资金的使用权而收取的代价。目前，我国的各种社会费用主要有公路运输管理费、车辆购置附加费、公路养路费、车辆通行费、港口建设费、排污费、河道工程修建维护管理费和教育附加费等。无论征收何种社会费用，都必须严格依法进行，不得自立名目，擅自订立征收标准。各种社会公益费用，由从事该方面服务的行政机关负责征收，遵循专款专用、列收列支、收支平衡的原则，以收取部门提供一定的专门公益服务为前提而用于其自身开支，或者将此项收费专门用于特定的社会公益事业，以直接为被征收人提供更好的公益服务。行政征费需要有法规的依据或经省级以上人民政府的审批，收费的标准须经物价部门审核并发《收费许可证》，否则，行政征费是违法的。目前对行政征费还没有统一的法规依据，迫切需要制定统一的《行政征费法》。

（二）有偿征收

有偿征收，是指行政主体应向行政相对人给予补偿的征收。在2004年的宪法修正案以及有关法律法规（如《土地管理法》和《物权法》）中都明确将补偿作为征收的一个要件。因此，除了行政征税和行政收费活动以外，其他的行政征收都应遵循有偿原则。

1. 土地征收。根据《宪法》第10条的规定，我国的土地所有制只有两种，即国家所有和集体所有。城市的土地属于国家所有；农村和城市郊区的土地，除由法律规定属于国家所有的以外，属于集体所有；宅基地和自留地、自留山，也属于集体所有。国家为了公共利益的需要，可以依照法律规定对土地实行征收或者征用并给予补偿。国家为了公共利益的需要，将集体土地收归国有并给予补偿的制度就是土地征收制度。国家征收集体土地受到严格的法律限制。第一必须经有权机关审批；第二必须补偿。

2. 对国有土地上房屋的征收。主要是源于国务院的行政法规《国有土地上房屋征收与补偿条例》的规定。该条例在规范国有土地上房屋征收与补偿活动，维护公共利益，保障被征收房屋所有权人的合法权益方面作出了很多合理的规定。它明确规定了国有土地上房屋征收的两个前提条件：一是为了公共利益的需要，针对公共利益是个不确定的法律概念，该条例列举了属于公共利益的六种情形。二是应当对被征收房屋所有权人给予公平补偿，并且规定了很多制度来保障，如规定了补偿应当包括被征收房屋价值的补偿、因征收房屋造成的搬迁及临时安置的补偿、因征收房屋造成的停产停业损失的补偿三方面的内容，其中对被征收房屋价值的补偿，不得低于房屋征收决定公告之日被征收房屋类似房地产的市场价格；规定了被征收人可以选择货币补偿，也可以选择房屋产权调换；而且还有一些程序方面的规定来保障，比如前期的规划、征收补偿方案都应当公布，征求公众的意见等。国有土地上房屋征收行政主体是市、县级人民政府，具体组织实施工作是市、县级人民政府确定的房屋征收部门，它们在实施征收行为时，应当遵循决策民主、程序正当、结果公开的原则。

3. 对企业征收。根据《中华人民共和国外资企业法》和《中华人民共和国中外合资经营企业法》的规定，国家保护外资企业和中外合资经营企业，对其不实行国有化和征收，但在特殊情况下，根据社会公共利益的需要，对外资企业和合营企业可以依照法律程序实行征收，并给予相应的补偿。

4. 征收其他财产。除了上述三种征收制度外，根据《宪法》和《物权法》等法律规定，国家为了公共利益的需要，还可依法征收其他公民与法人的其他财产，包括除土地等之外的其他不动产（如土地以外的自然资源）和动产。

第三节 行政征收的方式与程序

程序是防止行政机关恣意的重要途径，也是保护相对人合法权益的重要环节。因此，设定合理、科学、公正的程序，对行政征收制度的完善具有重大意义。目前我国尚未制定统一的行政征收程序法，有关程序性规定散见于一些法律、法规、规章之中。

一、税收征收程序

《税收征收管理法》及其实施细则对税收征收程序作出以下规定。

（一）税务登记

税务登记，是指纳税人依法向税务机关申请履行纳税义务，税务机关接受申请，经审核登记后发给税务登记证的行为。从事生产、经营的纳税人自领取营业执照之日起三十日内，持有关证件，向税务机关申报办理税务登记。税务机关应当自收到申报之日起三十日内审核并发给税务登记证件。从事生产、经营的纳税人，税务登记内容发生变化的，自工商行政管理机关办理变更登记之日起三十日内或者在向工商行政管理机关申请办理注销登记之前，持有关证件向税务机关申报办理变更或者注销税务登记。此外还包括停业、复业登记和外出经营报验登记。

（二）账簿、凭证管理

账簿，是指由具有一定格式而又相互联系的账页所组成的、连续地记录各种经济业务的簿籍。账簿包括总账、明细账、日记账以及其他辅助性账簿等。凭证即会计凭证，是指纳税人用以记录经济业务、明确经济责任，并据以登记账簿的书面证明。会计凭证可分为原始凭证和记账凭证两类。纳税人、扣缴义务人按照有关法律、行政法规和国务院财政、税务主管部门的规定设置账簿，根据合法、有效凭证记账，进行核算。从事生产、经营的纳税人的财务、会计制度或者财务、会计处理办法和会计核算软件，应当报送税务机关备案；账簿、记账凭证、完税凭证及其他有关资料，不得伪造、变造或擅自损毁，其保管期限除了另有规定外，应当保存十年。

（三）纳税申报

纳税申报，是指在纳税义务发生后，纳税人按照税法规定的期限和内容向税务机关提交有关纳税事项的书面报告的一种制度。纳税人、扣缴义务人必须依照法律、行政法规规定或者税务机关依照法律、行政法规的规定确定的申报期限、申报内容如实办理纳税申报，报送纳税申报表、财务会计报表，或报送代扣代缴、代收代缴税款报告表以及税务机关根据实际需要要求他们报送的其他纳税资料。纳税人、扣缴义务人可以直接到税务机关办理纳税申报或者报送代扣代缴、代收代缴税款报告表，也可以采取邮寄、数据电文或者其他方式办理申报、报送事项；不能按期办理纳税申报或者报送代扣代缴、代收代缴税款报告表的，经税务机关核准，可以延期申报。

（四）税款征收

税款征收，是指征税机关依法将纳税人应纳税款征收入库的一系列活动的总称。税务机关依照法律、行政法规的规定征收税款，不得违反法律、行政法规的规定开征、停征、多征、少征、提前征收、延缓征收或者摊派税款。税务机关、税务人员以及经税务机关依照法律、行政法规委托的单位和人员可以采取查账征收、查定征收、查验征收、定期定额征收以及其他方式征收税款。扣缴义务人依照法律、行政法规的规定履行代扣、代收税款的义务。纳税人、扣缴义务人按照法律、行政法规规定或者税务机关依照法律、行政法规的规定确定的期限，缴纳或者解缴税款。纳税人因有特殊困难，不能按期缴纳税款的，经省、自治区、直辖市国家税务局、地方税务局批准，可以延期缴纳税款，但是最长不得超过三个月。纳税人未按照规定期限缴纳税款的，扣缴义务人未按照规定期限解缴税款的，税务机关除责令限期缴纳外，从滞纳税款之日起，按每日加收滞纳税款万分之五的滞纳金。纳税人可以依照法律、行政法规的规定书面申请减税、免税。税务机关征收税款时，必须给纳税人开具完税凭证。对未按照规定办理税务登记的从事生产、经营的纳税人以及临时从事经营的纳税人，由税务机关核定其应纳税额，责令缴纳；不缴纳的，税务机关可以扣押其价值相当于应纳税款的商品、货物。扣押后缴纳应纳税款的，税务机关必须立即解除扣押，并归还所扣押的商品、货物；扣押后仍不缴纳应纳税款的，经县以上税务局（分局）局长批准，依法拍卖或者变卖所扣押的商品、货物，以拍卖或者变卖所得抵缴税款。税务机关还可以采取税收保全措施和强制执行措施使税收征收行为得以实现。

二、土地征收程序

《土地管理法》第44—49条规定了征收集体土地的法定程序,《土地管理法实施条例》作了具体的规定。

(一)征收审批

征收审批权由国务院和省级政府行使。基本农田、基本农田以外的耕地超过35公顷和其他土地超过70公顷的征收,由国务院审批。征收35公顷以下的非基本农田的耕地和70公顷以下的其他土地由省级政府审批。

征收农用地的,应当依法先行办理农用地转用审批。省、自治区、直辖市人民政府批准的道路、管线工程和大型基础设施建设项目,国务院批准的建设项目占用土地,涉及农用地转为建设用地的,由国务院批准。在土地利用总体规划确定的城市和村庄、集镇建设用地规模范围内,为实施该规划而将农用地转为建设用地的,按土地利用年度计划分批次由原批准土地利用总体规划的机关批准。在已批准的农用地转用范围内,具体建设项目用地可以由市、县人民政府批准。除国务院和市、县政府审批的建设项目用地外,其他建设项目用地审批权由省级政府行使。其中,经国务院批准农用地转用的,同时办理征地审批手续,不再另行办理征地审批;经省、自治区、直辖市人民政府在征地批准权限内批准农用地转用的,同时办理征地审批手续,不再另行办理征地审批,超过征地批准权限的,应当依法另行办理征地审批。

(二)公告与登记

公告指县级以上政府向集体土地所有权人告知其所有的土地,经有权机关批准已被国家征收。登记指被征收土地的所有权人、使用权人到法定机关就补偿事项进行申报登录。国家征收土地的,依照法定程序批准后,由县级以上地方人民政府予以公告并组织实施。被征收土地的所有权人、使用权人应当在公告规定期限内,持土地权属证书到当地人民政府土地行政主管部门办理征地补偿登记。

(三)征地补偿与裁决

征收土地的,按照被征收土地的原用途给予补偿。征收耕地的补偿费用包括土地补偿费、安置补助费以及地上附着物和青苗的补偿费。征收耕地的土地补偿费,为该耕地被征收前三年平均年产值的六至十倍。征收耕地的安置补助费,按照需要安置的农业人口数计算。需要安置的农业人口数,按照被征收的耕地数量除以征地前被征收单位平均每人占有耕地的数量计算。每一个需要安置的农业人口的安置补助费标准,为该耕地被征收前三年平均年产值的四至六倍。但是,每公顷被征收耕地的安置补助费,最高不得超过被征收前三年平均年产值的十五倍。征收耕地的土地补偿费和安置补助费，尚不能使需要安置的农民保持原有生活水平的，经省、自治区、直辖市人民政府批准，可以增加安置补助费。但是，土地补偿费和安置补助费的总和不得超过土地被征收前三年平均年产值的 30 倍。征收其他土地的土地补偿费和安置补助费标准，由省、自治区、直辖市参照征收耕地的土地补偿费和安置补助费的标准规定。被征收土地上的附着物和青苗的补偿标准，由省、自治区、直辖市规定。征收城市郊区的菜地，用地单位应当按照国家有关规定缴纳新菜地开发建设基金。国务院根据社会、经济发展水平，在特殊情况下，可以提高征收耕地的土地补偿费和安置补助费的标准。征地补偿安置方案确定后，有关地方人民政府应当公告，并听取被征地的农村集体经济组织和农民的意见。国土行政主管部门应把征地补偿安置方案报市、县人民政府批准。征地补偿安置方案经市、县人民政府批准后，由市、县人民政府土地行政主管部门组织实施。为减轻对被征收土地的所有权人、使用权人的生产、生活的影响，有关征收土地的各项费用应当自征地补偿、安置方案批准之日起三个月内全额支付。

裁决指批准征收土地的人民政府对被征收土地的所有权人、使用权人提起的补偿标准争议所作出的决定。如果被征收土地的所有权人、使用权人对补偿标准有争议的，由县级以上地方政府协商调解，如对补偿标准争议协商调解不成的，则由批准征用土地的政府裁决。[①]

三、国有土地上房屋征收程序

《国有土地上房屋征收与补偿条例》规定了国有土地上房屋征收程序。

（一）行政征收决定

为了保障国家安全、促进国民经济和社会发展等公共利益的需要，确需征收房屋的，由市、县级人民政府作出房屋征收决定。房屋征收部门拟定征收补偿方案，报市、县级人民政府。市、县级人民政府应当组织有关部门对征收补偿方案进行论证并予以公布，征求公众意见。征求意见期限不得少于 30 日。市、县级人民政府应当将征求意见情况和根据公众意见修改的情况及时公布。因旧城区改建需要征收房屋，多数被征收人认为征收补偿方案不符合《国有土地上房屋征收与补偿条例》规定的，市、县级人民政府应当组织由被征收人和公众代表参加的听证会，并根据听证会情况修改方案。市、县级人民政府作出房屋征收决定前，应当按照有关规定进行社会稳定风险评估；房屋征收决定涉及被征收人数量较多的，应当经政府常务会议讨论决定；征收补偿费用应当足额到位、专户存储、专款专用。市、县级人民政府作出房屋征收决定后应当及时公告。公告应当载明征收补偿方案和行政复

---

① 章剑生：《行政征收程序论——以集体土地征收为例》，《东方法学》2009 年第 2 期。

议、行政诉讼权利等事项。市、县级人民政府及房屋征收部门应当做好房屋征收与补偿的宣传、解释工作。房屋被依法征收的，国有土地使用权同时收回。被征收人对市、县级人民政府作出的房屋征收决定不服的，可以依法申请行政复议，也可以依法提起行政诉讼。

（二）征收补偿

补偿的方式有两种：货币补偿和房屋产权调换。被征收人选择货币补偿，作出房屋征收决定的市、县级人民政府对被征收人给予的补偿包括：第一，被征收房屋价值的补偿；第二，因征收房屋造成的搬迁、临时安置的补偿；第三，因征收房屋造成的停产停业损失的补偿。其中对被征收房屋价值的补偿，不得低于房屋征收决定公告之日被征收房屋类似房地产的市场价格。被征收房屋的价值，由具有相应资质的房地产价格评估机构按照房屋征收评估办法评估确定。房地产价格评估机构由被征收人协商选定；协商不成的，通过多数决定、随机选定等方式确定，并应当独立、客观、公正地开展房屋征收评估工作，任何单位和个人不得干预。对评估确定的被征收房屋价值有异议的，可以向房地产价格评估机构申请复核评估。对复核结果有异议的，可以向房地产价格评估专家委员会申请鉴定。因征收房屋造成搬迁的，房屋征收部门应当向被征收人支付搬迁费。对因征收房屋造成停产停业损失的补偿，根据房屋被征收前的效益、停产停业期限等因素确定。被征收人选择房屋产权调换的，市、县级人民政府应当提供用于产权调换的房屋，并与被征收人计算、结清被征收房屋价值与用于产权调换房屋价值的差价。因旧城区改建征收个人住宅，被征收人选择在改建地段进行房屋产权调换的，作出房屋征收决定的市、县级人民政府应当提供改建地段或者就近地段的房屋。产权调换房屋交付前，房屋征收部门应当向被征收人支付临时安置费或者提供周转用房。房屋征收部门与被征收人就补偿方式、补偿金额和支付期限、用于产权调换房屋的地点和面积、搬迁费、临时安置费或者周转用房、停产停业损失、搬迁期限、过渡方式和过渡期限等事项，订立补偿协议。补偿协议订立后，一方当事人不履行补偿协议约定的义务的，另一方当事人可以依法提起诉讼。房屋征收部门与被征收人在征收补偿方案确定的签约期限内达不成补偿协议，或者动产被征收房屋所有权人不明确的，由房屋征收部门报请作出房屋征收决定的市、县级人民政府按照征收补偿方案作出补偿决定，并在房屋征收范围内予以公告。补偿决定应当公平，包括补偿方式、补偿金额和支付期限、用于产权调换房屋的地点和面积、搬迁费、临时安置费或者周转用房、停产停业损失、搬迁期限、过渡方式和过渡期限等事项。被征收人对补偿决定不服的，可以依法申请行政复议，也可以依法提起行政诉讼。

（三）搬迁

作出房屋征收决定的市、县级人民政府对被征收人给予补偿后，被征收人应当在补偿协议约定或者补偿决定确定的搬迁期限内完成搬迁。任何单位和个人不得采取暴力、威胁或者违反规定中断供水、供热、供气、供电和道路通行等非法方式迫使被征收人搬迁。禁止建设单位参与搬迁活动。被征收人在法定期限内不申请行政复议或者不提起行政诉讼，在补偿决定规定的期限内又不搬迁的，由作出房屋征收决定的市、县级人民政府依法申请人民法院强制执行。强制执行申请书应当附具补偿金额和专户存储账号、产权调换房屋和周转用房地点和面积等材料。

第四节　行政征用

一、行政征用的概念和特点

行政征用是指行政主体根据法律规定，出于公共利益的需要，强制性地使用相对人的财产或劳务，并给予补偿的行政行为。

对行政征用，《宪法》、《物权法》等法律都作了规定。如《宪法》第 10 条第 3 款规定："国家为了公共利益的需要，可以依照法律规定对土地实行征收或者征用并给予补偿。"第 13 条第 3 款又规定："国家为了公共利益的需要，可以依照法律规定对公民的私有财产实行征收或者征用并给予补偿。"《物权法》第 44 条规定："因抢险、救灾等紧急需要，依照法律规定的权限和程序可以征用单位、个人的不动产或者动产。被征用的不动产或者动产使用后，应当返还被征用人。单位、个人的不动产或者动产被征用或者征用后毁损、灭失的，应当给予补偿。"第 121 条又规定："因不动产或者动产被征收、征用致使用益物权消灭或者影响用益物权行使的，用益物权人有权依照本法第四十二条、第四十四条的规定获得相应补偿。"

根据上述法律规定，并结合行政法理，行政征用行为具有以下特点。

1. 非处分性和限制性。行政征用并不导致被征用物所有权的转移，而只是强制性地使用被征用物(如交通工具等)。被征用物只是因被征用而使其使用权受到限制。这是说，行政征用只是影响被征用物的使用权而不影响其所有权，所以它不具有处分性。

2. 强制性。行政征用是一种国家的单方强制行为，不以被征用财物所有权人和使用权人是否同意为前提。

3. 有偿性。行政征用具有有偿性，行政主体征用有关财物或者有关财物被征用后毁损、灭失的，应当给予被征用人补偿。

4. 法定性。行政征用同样属于行政限权行为，其效果显然对行政相对人不利。因此，行政征用的主体、条件、对象、方式、范围等都必须有法律的明文依据。无法律依据，不得行政征用。

5. 应急性。行政征用一般是出于因抢险、救灾等紧急需要情形下采用，所以具有应急性。[①]

二、行政征用与行政征收的异同

行政征用和行政征收同属于涉及相对人财产权的不利的行政行为，两者之间存在着共同地方，表现在以下两个方面。

1. 都具有“强制性”与“法定性”的特点，它们都由行政主体依据法律单方作出，无须相对人的同意，均由法律直接设定征收或征用项目。

2. 遵循一些共同的基本原则：法定原则、公益原则、公开原则、补偿原则、合理原则。

尽管如此，它们是两个独立的行政行为，存在着明显的区别，表现在以下四个方面。

1. 对相对人权利的影响程度不同。行政征用和行政征收对相对人来说都属于“不利行为”，但不利的程度是不同的。相比之下，行政征用对相对人不利影响程度要比行政征收不利影响程度低。行政征用仅仅限制了相对人对被征用物的使用权，不涉及财产所有权。而行政征收是处分相对人的财产所有权，导致相对人被征收物所有权的转移。

2. 有偿性与无偿性的不同。行政征用完全是有偿的，即以补偿为条件。而在行政征收中，除了征税与征费完全是无偿的，对其他财产权的征收是以补偿为条件的。即使同样是要给予补偿，但两者补偿的时间不同。行政征用的补偿包括事前补偿和事后补偿，而行政征收仅适用于事前的补偿，原因在于行政征用具有应急性。

3. 是否具有应急性的不同。行政征用一般发生在应急状态下，如在抢险、救灾等紧急情形中征用交通工具或通信工具等。

4. 行为的对象不同。行政征收的对象仅限于财产，不包括劳务。行政征用的征用对象更为广泛，除了财产之外，还包括劳务。

三、行政征用的种类

从现行有关行政征用的法律规定来看，行政征用的种类有：

1. 对土地的征用。《土地管理法》第 2 条规定：“国家为了公共利益的需要，可以依法对土地实行征收或者征用并给予补偿。”第 57 条规定：“建设项目施工和地质勘查需要临时使用国有土地或农民集体所有的土地的，由县级以上人民政府土地行政主管部门批准。……土地使用者应当根据土地权属，与有关土地行政主管

---

① 胡建淼：《行政法学》，法律出版社 2010 年版，第 221—222 页。

部门或者农村集体经济组织、村民委员会签订临时使用土地合同,并按照合同的约定支付临时使用土地补偿费。临时使用土地的使用者应当按照临时使用土地合同约定的用途使用土地,并不得修建永久性建筑物。临时使用土地期限一般不超过二年。"

2. 设备设施、交通工具和其他物资的征用。如《国防法》第 48 条规定:"国家根据动员需要,可以依法征用组织和个人的设备设施、交通工具和其他物资。县级以上人民政府对被征用者因征用所造成的直接经济损失,按照国家有关规定给予适当补偿。"《国家安全法》第 9 条第 2 款规定:"国家安全机关为维护国家安全的需要,必要时,按照国家有关规定,可以优先使用机关、团体、企业事业组织和个人的交通工具、通信工具、场地和建筑物,用后应当及时归还,并支付适当费用;造成损失的,应当赔偿。"

3. 对房屋、场地与设施的征用。如《戒严法》第 17 条规定:"根据执行戒严任务的需要,戒严地区的县级以上人民政府可以临时征用国家机关、企业事业组织、社会团体以及公民个人的房屋、场所、设施、运输工具、工程机械等。在非常紧急的情况下,执行戒严任务的人民警察、人民武装警察、人民解放军的现场指挥员可以直接决定临时征用,地方人民政府应当给予协助。实施征用应当开具征用单据。前款规定的临时征用物,在使用完毕或者戒严解除后应当及时归还;因征用造成损坏的,由县级以上人民政府按照国家有关规定给予相应补偿。"

4. 对劳务征用。有关行政主体在应急状态下,特别在抢险、救灾中,根据法律规定,强制性地征用劳务,并支付一定的报酬。

5. 对其他财产的征用。上述之外的其他财产在有法律明文规定的前提下,如遇应急状态,也可被征用。

【自我测试】

1. 下列不属于行政征收特点的是(　　)。
   A. 处分性　　B. 法定性　　C. 强制性　　D. 非处分性
2. 下列属于行政征收和行政征用共同特点的是(　　)。
   A. 限制性　　B. 应急性　　C. 法定性　　D. 处分性
3. 行政征收要遵循的基本原则有(　　)。
   A. 法定原则　　B. 公益原则　　C. 公开原则　　D. 合理原则
4. 行政征收行为导致相对人被征收物(　　)的转移。
   A. 所有权　　B. 使用权　　C. 用益物权　　D. 担保物权
5. 根据《国有土地上房屋征收与补偿条例》规定,下列属于公共利益情形的有(　　)。
   A. 国防和外交的需要

B. 由政府组织实施的能源、交通、水利等基础设施建设的需要
C. 由政府组织实施的保障性安居工程建设的需要
D. 由政府依照城乡规划法有关规定组织实施的对危房集中、基础设施落后等地段进行旧城区改建的需要

6. 材料分析。

李某购买中巴车从事个体客运，但未办理税务登记，且一直未缴纳税款。某县国税局要求李某限期缴纳税款 1500 元并决定罚款 1000 元。后因李某逾期未缴纳税款和罚款，该国税局将李某的中巴车扣押，李某不服。依据《税收征收管理法》第 88 条规定，请判断下列说法是否正确：(1)对缴纳税款和罚款决定，李某应当先申请复议，再提起诉讼；(2)对扣押行为不服，李某可以直接向法院提起诉讼；(3)该国税局扣押李某中巴车的措施，可以交由县交通局采取。

《税收征收管理法》第 88 条：纳税人、扣缴义务人、纳税担保人同税务机关在纳税上发生争议时，必须先依照税务机关的纳税决定缴纳或者解缴税款及滞纳金或者提供相应的担保，然后可以依法申请行政复议；对行政复议决定不服的，可以依法向人民法院起诉。

当事人对税务机关的处罚决定、强制执行措施或者税收保全措施不服的，可以依法申请行政复议，也可以依法向人民法院起诉。

当事人对税务机关的处罚决定逾期不申请行政复议也不向人民法院起诉、又不履行的，作出处罚决定的税务机关可以采取本法第 40 条规定的强制执行措施，书面通知其开户银行或者其他金融机构从其存款中扣缴税款；扣押、查封、依法拍卖或者变卖其价值相当于应纳税款的商品、货物或者其他财产，以拍卖或者变卖所得抵缴税款，或者申请人民法院强制执行。

行政强制

【要点提示】

1. 了解行政强制的概念、特征和种类；掌握代履行、执行罚等间接强制执行的含义；

2. 行政强制执行、行政强制措施、即时强制等相关概念的区分是本章的难点；

3. 学习本章内容需要结合《中华人民共和国行政强制法》的立法规定。

行政强制是一个相当复杂的法律问题，我国行政法学界对这一领域相关概念的使用非常混乱。为了避免理解上的偏差，把学术讨论集中到同一问题上，本章关于行政强制的概念和种类划分以《中华人民共和国行政强制法》(2011 年 6 月 30 日第十一届全国人民代表大会常务委员会第二十一次会议通过，以下简称《行政强制法》)的规定为基础和依据。

第一节　行政强制概述

一、行政强制的概念与特征

行政强制是指行政机关在行政管理过程中，为制止违法行为、防止证据损毁、避免危害发生、控制危险扩大等情形，依法对公民的人身自由实施暂时性限制，或者对公民、法人或者其他组织的财物实施暂时性控制的行为；或者行政机关对不履行行政决定的公民、法人或者其他组织，依法强制其履行义务的行为。概言之，行政强制具有以下几个主要特征。

1. 行政强制的主体是行政机关或者法律、法规授权组织。鉴于行政强制是典型的不利行政行为，因而可以直接采取行政强制行为的主体，有严格的条件限制，必须是合格的行政主体，并且必须要有法律、法规的明确授权。行政机关或者法律、法规授权组织在自身无权采取行政强制的情况下，应当依法申请人民法院采取强制行为。

2. 行政强制的对象是违反社会管理秩序、对他人人身健康与安全可能构成危害或者其本身正处在某种危险状态下的相对人，或者是拒不履行法定义务的行政相对人。此外，相对人的财物在有些情况下也构成行政强制的对象。

3. 实施行政强制的目的是为了制止违法行为、防止证据损毁灭失、避免危害发生、控制危险扩大等，或者为了保证行政法律规范所规定的或者行政决定所确定的法律义务的实现。

二、行政强制的设定和实施原则

行政强制，是最能体现国家行政权力强制性色彩的一种行政行为，同时也是最有可能给公民合法权益造成严重损害的行政行为。长期以来，我国行政强制领域的“乱”和“软”，特别是“乱”的现象相当突出。为了解决违法行政强制问题，学理上认为行政强制的设定和实施应当贯彻以下几项原则。

（一）强制法定原则

行政强制的设定和实施，应当严格依照法定的权限、范围、条件和程序进行。首先，任何主体设定或者实施行政强制都必须在法律规定的权限内进行，设定或者实施的行政强制不能逾越法律规定的范围；其次，实施行政强制必须符合法律规定的条件，在法定条件不具备时不得实施强制；再次，设定和实施行政强制必须严格依照法律规定的程序进行。

（二）强制适当原则

设定和实施行政强制与所针对的对象和情况要符合比例，不能“用大炮打小鸟”。这是行政法上的比例原则在行政强制领域的具体要求和体现。行政强制的设定和实施，应当适当。采用非强制手段可以达到行政管理目的的，不得设定和实施行政强制。而且，在具体实施行政强制时，应当把对当事人权益的影响控制在最小的范围内，要避免给当事人造成不必要的权益上的扩大损害。这是比例原则所蕴含的“最小侵害原则”的要求。

（三）教育与强制相结合的原则

在实施行政强制时，应当坚持教育与强制相结合的原则。有关主体在采取行政强制之前，必须先行催告当事人，敦促当事人履行义务，通过做说服教育工作，使当事人自觉履行法定义务。当然，依法实施行政强制，既要对当事人做必要的说服教育工作，又不能使行政执法的严肃性和权威性打折扣，在进行了必要的说服教育工作之后，当事人仍拒绝履行法定义务的，应当及时采取强力措施实现行政法上的义务。

(四) 保护当事人合法权益原则

公民、法人或者其他组织对行政机关实施行政强制,享有陈述权、申辩权;有权依法申请行政复议或者提起行政诉讼;因行政机关(包括法院)违法实施行政强制受到损害的,有权依法要求赔偿。

(五) 执行标的有限原则

对当事人权益的处置,应当限定在一定的范围和限度内,不得超出被强制人应当履行的义务范围。比如,在处置当事人的财物时,应当保留被强制人及其所扶养家属的生活必需品和必要的生活费用。采取行政强制,不能侵害当事人的基本人权。

三、行政强制的种类

(一) 行政强制以其针对的对象为标准,可分为对人身自由的强制和对财物的强制

1. 对人身自由的强制。对人身自由的强制,根据目前我国有关法律、法规的规定,主要包括:强制拘留、留置盘问、限期出境、驱逐出境、强制约束、强制遣返、强制隔离、强制治疗、强制戒毒、强制传唤,等等。

2. 对财物的强制。对财物的行政强制主要有:查封、扣押、冻结、划拨、扣缴、强制拆除、强制销毁、强制检定、强制许可、强制收购、强制抵缴、强制退还,等等。

(二) 行政强制以其适用的目的和起因为标准,可分为行政强制措施和行政强制执行

行政强制措施,是指行政机关在行政管理过程中,为制止违法行为、防止证据损毁、避免危害发生、控制危险扩大等情形,依法对公民的人身自由实施暂时性限制,或者对公民、法人或者其他组织的财物实施暂时性控制的行为。行政强制措施的种类有:限制公民人身自由;查封场所、设施或者财物;扣押财物;冻结存款、汇款;其他行政强制措施。[①]

行政强制执行,是指行政机关或者行政机关申请人民法院,对不履行行政决定的公民、法人或者其他组织,依法强制其履行义务的行为。行政强制执行的方式有:加处罚款或者滞纳金;划拨存款、汇款;拍卖或者依法处理查封、扣押的场所、设施或者财物;排除妨碍、恢复原状;代履行;其他强制执行方式。[②]

---

① 参见《行政强制法》第9条。

② 参见《行政强制法》第12条。

第二节 行政强制措施

一、行政强制措施的内涵

在其他国家的行政法学理论中，都没有“行政强制措施”的概念。行政强制措施是我国行政法学上的一个特有概念。在我国早期的行政法学理论中，也没有行政强制措施的说法。[①] 一般认为，这一概念肇始于1989年4月颁布的《行政诉讼法》。该法第11条第(二)项规定：“人民法院受理公民、法人和其他组织对下列具体行政行为不服提起的诉讼：……(二)对限制人身自由或者对财产的查封、扣押、冻结等行政强制措施不服的；……”——是为行政强制措施概念之滥觞。根据《行政诉讼法》颁布后出版的高等政法院校规划教材《行政诉讼法学》的解释，行政强制措施是指行政机关为了查明情况或有效控制违法、危害状态，根据需要依法对有关对象的人身或财物进行暂时性限制的强制措施。[②] 对于这一概念，后来学界又将其进一步分为“行政调查中的强制”和“即时强制”两大类。[③] 前者如查封、扣押、冻结等措施，后者如留置盘问、强制约束人身到酒醒，等等。

有学者认为，“行政强制措施”是一个不尽科学的概念，应当废弃。[④] 的确，“行政强制措施”原并不是一个严格的法律概念，而是一个产生于行政管理实践的生活用语，在《行政诉讼法》立法过程中被采纳而载入正式的法律，成为一个法律用语。当法律用语和生活用语使用相同的字眼，概念的不严谨问题就随之发生。如果把行政强制措施理解为采取强制的“方法”或者“手段”，那么，行政强制措施和行政强制的含义就是一样的，这可以说是广义上的行政强制措施；如果把行政强制措施理解为暂时的、临时性的强制方法，行政强制措施就成了一个与行政强制执行相对的概念，它与行政强制是种属关系(行政强制措施是行政强制的下位概念，是行政强制的一部分)；如果抛开行政调查中的强制，把行政强制措施理解为紧急情况下采

---

① 比较早的几本行政法学教材，如王珉灿主编的《行政法概要》、姜明安教授的《行政法概论》、罗豪才教授主编的《行政法学》、应松年教授主编的《行政法学教程》都没有行政强制措施的概念。参见王珉灿主编：《行政法概要》，法律出版社1983年版；姜明安：《行政法概论》，北京大学出版社1986年版；罗豪才主编：《行政法学》，中国政法大学出版社1989年版；应松年主编：《行政法学教程》，中国政法大学出版社1989年版。

② 应松年主编：《行政诉讼法学》，中国政法大学出版社1994年版，第73页。

③ 姜明安主编：《行政法与行政诉讼法》，北京大学出版社、高等教育出版社1999年版，第238页。

④ 章剑生：《现代行政法基本理论》，法律出版社2008年版，第216页。

取的临时性措施，那么，行政强制措施和行政法学上的“即时强制”的含义就是一样的。因此，行政强制措施的含义有广义、狭义和最狭义之分。在谈到行政强制措施时，必须明确使用的是这三种含义中的哪一种含义。

我们认为，行政强制措施这一概念虽然不尽科学和严谨，但它已经被写入实定法之中，长期以来已经被人们广泛接受。而且，作为一个描述行政强制行为的生活用语，完全抛弃它事实上也难以做到。因此，行政强制措施作为一个已经法律化的生活用语，可以继续使用。关键是在使用这一概念时，如何明确它的具体含义。2011 年 6 月颁布的《行政强制法》第 2 条第 2 款对行政强制措施的含义作了明确、详细的解释（这种立法体例是较为少见的），把行政强制措施理解为与行政强制执行相对的，包括了行政调查中的强制和即时强制两类行政强制行为的总称，即狭义的行政强制措施。本书所使用的行政强制措施概念即以此立法规定为依据。

二、行政强制措施的种类和设定

根据《行政强制法》第 9 条的规定，行政强制措施的种类有：(1)限制公民人身自由；(2)查封场所、设施或者财物；(3)扣押财物；(4)冻结存款、汇款；(5)其他行政强制措施。

由于行政强制措施是严重影响公民、法人和组织人身权与财产权的行为，因而其设定有严格要求。《行政强制法》第 10 条第 1 款规定，行政强制措施由法律设定。这是行政法上的法律保留原则的体现。凡严重影响公民、法人或者其他组织权益的行政行为，都只能由法律（狭义）加以规定。

考虑到行政管理实践的现实需要，《行政强制法》第 10 条第 2 款、第 3 款、第 4 款又规定，尚未制定法律，且属于国务院行政管理职权事项的，行政法规可以设定除本法第 9 条第（一）项、第（四）项和应当由法律规定的行政强制措施以外的其他行政强制措施。尚未制定法律、行政法规，且属于地方性事务的，地方性法规可以设定本法第 9 条第（二）项、第（三）项的行政强制措施。法律、法规以外的其他规范性文件不得设定行政强制措施。

《行政强制法》第 11 条规定，法律对行政强制措施的对象、条件、种类作了规定的，行政法规、地方性法规不得作出扩大规定。法律中未设定行政强制措施的，行政法规、地方性法规不得设定行政强制措施。但是，法律规定特定事项由行政法规规定具体管理措施的，行政法规可以设定除本法第 9 条第（一）项、第（四）项和应当由法律规定的行政强制措施以外的其他行政强制措施。

三、行政强制措施的实施程序

(一) 一般规定[①]

行政机关履行行政管理职责,依照法律、法规的规定,实施行政强制措施。

违法行为情节显著轻微或者没有明显社会危害的,可以不采取行政强制措施。

行政强制措施由法律、法规规定的行政机关在法定职权范围内实施。行政强制措施权不得委托。

依据《行政处罚法》的规定行使相对集中行政处罚权的行政机关,可以实施法律、法规规定的与行政处罚权有关的行政强制措施。

行政强制措施应当由行政机关具备资格的行政执法人员实施,其他人员不得实施。

行政机关实施行政强制措施应当遵守下列规定:(1)实施前须向行政机关负责人报告并经批准;(2)由两名以上行政执法人员实施;(3)出示执法身份证件;(4)通知当事人到场;(5)当场告知当事人采取行政强制措施的理由、依据以及当事人依法享有的权利、救济途径;(6)听取当事人的陈述和申辩;(7)制作现场笔录;(8)现场笔录由当事人和行政执法人员签名或者盖章;当事人拒绝的,在笔录中予以注明;(9)当事人不到场的,邀请见证人到场,由见证人和行政执法人员在现场笔录上签名或者盖章;(10)法律、法规规定的其他程序。

情况紧急,需要当场实施行政强制措施的,行政执法人员应当在24小时内向行政机关负责人报告,并补办批准手续。行政机关负责人认为不应当采取行政强制措施的,应当立即解除。

行政机关依法查询企业的财务账簿、交易记录、业务往来等事项,不得影响企业的正常生产经营活动,并应当保守所知悉的企业商业秘密。

违法行为涉嫌犯罪应当移送司法机关的,行政机关应当将查封、扣押、冻结的财产一并移送。

依照法律规定实施限制公民人身自由的行政强制措施,除应当履行前述行政强制措施实施程序的一般规定外,还应当遵守下列规定:(1)当场告知或者实施行政强制措施后立即通知当事人家属实施行政强制措施的行政机关、地点和期限;(2)在紧急情况下当场实施行政强制措施的,在返回行政机关后,立即向行政机关负责人报告并补办批准手续;(3)法律规定的其他程序。

实施限制人身自由的行政强制措施不得超过法定期限。实施行政强制措施的目的已经达到或者条件已经消失,应当立即解除。

---

① 参见《行政强制法》第16—21条。

(二)查封、扣押[①]

查封、扣押应当由法律、法规规定的行政机关实施,其他任何行政机关或者组织不得实施。

查封、扣押限于涉案的场所、设施或者财物,不得查封、扣押与违法行为无关的场所、设施或者财物;不得查封、扣押公民个人及其所扶养家属的生活必需品。

当事人的场所、设施或者财物已被其他国家机关依法查封的,不得重复查封。

行政机关决定实施查封、扣押的,除应当遵守实施行政强制措施的一般程序规定外,还应当制作并当场交付查封、扣押决定书和清单。

查封、扣押决定书应当载明下列事项:(1)当事人姓名或者名称、地址;(2)查封、扣押的理由、依据和期限;(3)查封、扣押场所、设施或者财物的名称、数量等;(4)申请行政复议或者提起行政诉讼的途径和期限;(5)行政机关的名称、印章和日期。

查封、扣押清单一式两份,由当事人和行政机关分别保存。

查封、扣押的期限不得超过30日;情况复杂的,经行政机关负责人批准,可以延长,但是延长期限不得超过30日。法律、行政法规另有规定的除外。

延长查封、扣押的决定应当告知当事人,并说明理由。

对物品需要进行检测、检验、检疫或者技术鉴定的,查封、扣押的期间不包括检测、检验、检疫或者技术鉴定的期间。检测、检验、检疫或者技术鉴定的期间应当明确,并书面告知当事人。检测、检验、检疫或者技术鉴定的费用由行政机关承担。

对查封、扣押的场所、设施或者财物,行政机关应当妥善保管,不得使用或者损毁;造成损失的,应当承担赔偿责任。

对查封的场所、设施或者财物,行政机关可以委托第三人保管,第三人不得损毁或者擅自转移、处置。因第三人的原因造成的损失,行政机关先行赔付后,有权向第三人追偿。

因查封、扣押发生的保管费用由行政机关承担。

行政机关采取查封、扣押措施后,应当及时查清事实,在《行政强制法》第25条规定的期限内作出处理决定。对违法事实清楚,依法应当没收的非法财物予以没收;法律、行政法规规定应当销毁的,依法销毁;应当解除查封、扣押的,作出解除查封、扣押的决定。

有下列情形之一的,行政机关应当及时作出解除查封、扣押决定:(1)当事人没有违法行为;(2)查封、扣押的场所、设施或者财物与违法行为无关;(3)行政机关对违法行为已经作出处理决定,不再需要查封、扣押;(4)查封、扣押期限已经届满;

---

① 参见《行政强制法》第22—28条。

(5)其他不再需要采取查封、扣押措施的情形。

解除查封、扣押应当立即退还财物;已将鲜活物品或者其他不易保管的财物拍卖或者变卖的,退还拍卖或者变卖所得款项。变卖价格明显低于市场价格,给当事人造成损失的,应当给予补偿。

(三)冻结[①]

冻结存款、汇款应当由法律规定的行政机关实施,不得委托给其他行政机关或者组织;其他任何行政机关或者组织不得冻结存款、汇款。

冻结存款、汇款的数额应当与违法行为涉及的金额相当;已被其他国家机关依法冻结的,不得重复冻结。

行政机关依照法律规定决定实施冻结存款、汇款的,应当履行《行政强制法》第18条第(一)项、第(二)项、第(三)项、第(七)项规定的程序,并向金融机构交付冻结通知书。

金融机构接到行政机关依法作出的冻结通知书后,应当立即予以冻结,不得拖延,不得在冻结前向当事人泄露信息。

法律规定以外的行政机关或者组织要求冻结当事人存款、汇款的,金融机构应当拒绝。

依照法律规定冻结存款、汇款的,作出决定的行政机关应当在3日内向当事人交付冻结决定书。冻结决定书应当载明下列事项:(1)当事人的姓名或者名称、地址;(2)冻结的理由、依据和期限;(3)冻结的账号和数额;(4)申请行政复议或者提起行政诉讼的途径和期限;(5)行政机关的名称、印章和日期。

自冻结存款、汇款之日起30日内,行政机关应当作出处理决定或者解除冻结决定;情况复杂的,经行政机关负责人批准,可以延长,但是延长期限不得超过30日。法律另有规定的除外。

延长冻结的决定应当书面告知当事人,并说明理由。

有下列情形之一的,行政机关应当及时作出解除冻结决定:(1)当事人没有违法行为;(2)冻结的存款、汇款与违法行为无关;(3)行政机关对违法行为已经作出处理决定,不再需要冻结;(4)冻结期限已经届满;(5)其他不再需要采取冻结措施的情形。

行政机关作出解除冻结决定的,应当及时通知金融机构和当事人。金融机构接到通知后,应当立即解除冻结。

行政机关逾期未作出处理决定或者解除冻结决定的,金融机构应当自冻结期满之日起解除冻结。

---

① 参见《行政强制法》第29—33条。

四、即时强制

前文指出，行政强制措施可以分为行政调查中的强制和即时强制两种。对于即时强制的具体形式，我国很多法律都有规定。但是，“即时强制”是对行政机关在紧急情况下采取的各种形式的应急措施或者临时性措施，经抽象概括出来的一个概念，这一概念是一个纯粹的学术概念，我国法律上并没有使用“即时强制”的用语，因此有必要从学理上单独加以介绍。

即时强制，原系大陆法系国家行政法学理论上的术语。20 世纪初，德国学者佛莱纳(F. Fleiner)将紧急情况下的行政强制命名为“即时强制”，以区别于一般的行政强制行为。该理论传入日本后，对我国行政法学产生了一定的影响。[①]

所谓即时强制，是指由于事件本身的特殊性质，行政机关在紧急情况下对相对人的人身或者财产进行处置，以消除某种危险性的行政行为。从其目的来看，即时强制主要有两类：一类是以防止民众受到危险的威胁为目的的即时强制，如对传染病患者的强制隔离、扑杀狂犬、为防止火灾蔓延而将下风头的房屋拆除设置防火隔离带的紧急消防措施等；二是以保护相对人自身不受紧急危险的侵害为目的的即时强制，如对处于危险状态的相对人的保护、救助行为等。

与一般的行政强制相比，行政即时强制的主要特征有以下几点。

1. 紧急性。即时强制是行政机关在紧急情况下采取的必要的强制措施，若非情况紧急，行政机关不需要采取即时强制，通过一般的行政强制行为就可达到目的。

2. 不以相对人有违法行为或者负有法定义务为前提。即时强制要解决的问题是社会或者公民面临某种危险状态，迫切需要消除，无论相对人是否有违法行为或者是否负有法定义务，行政机关都可以依法立即采取必要的强制措施。

3. 即时强制的程序性规范要求相对而言不是很严格。这是由即时强制的情况紧急性和强制措施的即时性所决定的。当然，即时强制也并不是完全不需要程序规范，关于行政强制法律制度的基本原则仍需要遵守。[②]

《行政强制法》第 3 条第 2 款规定，发生或者即将发生自然灾害、事故灾难、公

---

① 应松年教授主编的《行政行为法》、王连昌教授主编的高等政法院校规划教材《行政法学》和罗豪才教授主编的高等教育法学教材《行政法学》都先后使用了“即时强制”的概念。参见应松年主编：《行政行为法》，人民出版社 1993 年版，第 563 页；王连昌主编：《行政法学》，中国政法大学出版社 1994 年版，第 238 页；罗豪才主编：《行政法学》，北京大学出版社 1996 年版，第 233 页。有关行政即时强制的理论逐渐被我国行政法学界广泛接受。越来越多的行政法学教材和著作都开始引入“即时强制”这一概念。

② 姜明安主编：《行政法与行政诉讼法》，北京大学出版社、高等教育出版社 1999 年版，第 237 页。

共卫生事件或者社会安全事件等突发事件，行政机关采取应急措施或者临时措施，依照有关法律、行政法规的规定执行。这意味着行政机关在适用各种即时强制时，具体的程序要求应遵守各单行法律法规的规定。

第三节 行政强制执行

一、行政强制执行的概念与特征

行政强制执行是指行政机关或者行政机关申请人民法院，对不履行行政决定的公民、法人或者其他组织，依法强制其履行义务的行为。行政强制执行具有以下四个特征：

1. 行政相对人负有法定义务而拒不履行，是适用行政强制执行的前提条件。如果相对人自觉履行了法定义务，就不存在强制执行的问题。只有当相对人负有法定义务而拒不履行时，才需要强制执行。

2. 行政强制执行的目的是促使相对人履行法定义务，而不是制裁违法行为。这一点使行政强制执行与行政处罚行为区别开来。

3. 行政强制执行的主体是行政机关或者人民法院。谁可以作为行政强制执行的主体，必须根据法律规定。如果行政机关自身有强制执行的权力，自己可以作为行政强制执行的主体；如果行政机关没有强制执行的权力，则必须申请法院来强制执行，由法院作为行政强制执行的主体。

4. 行政强制执行的对象具有广泛性和法定性。行政强制执行的对象十分广泛，既可以是物，如强制划拨；也可以是行为，如专利强制许可；也可以是人身，如强制拘留。不过，行政强制执行的对象虽然广泛，但其具体的实施对象，必须由法律、法规明确规定，执行机关必须严格按照法定形式实施，不得任意创造或者更改。

二、行政强制执行的基础和模式

(一) 行政强制执行的基础

如前所述，行政相对人负有法定义务而拒不履行，是适用行政强制执行的前提条件。但“法定义务”的来源，即行政强制执行的基础是什么？有些国家理解为行政法律、法规规定的义务和行政行为确定的义务两方面，也有些国家仅理解为行政行为确定的义务。从当代各国行政强制执行的立法趋势来看，多倾向于以行政行为确定的义务为根据，不包括法律、法规的直接规定。这主要是考虑到行政法律规范规定的义务通常是普遍、抽象的，很容易为行政机关滥用，不利于保护相对人的合法权益。[1]

(二) 行政强制执行的模式

各国在行政强制执行的主体、程序等问题上的学理认识和法律规定差别很大，这主要是因为各国对行政强制执行权性质的理解有所不同。

在行政强制执行权问题上，要注意澄清一个常见的观念上的错误，即认为行政强制执行权是行政权的当然组成部分。行政强制执行的"行政"二字，并不意味着强制执行权一定属于行政机关，而只是实现行政行为内容的手段。行政机关有权作出行政行为(大陆法系国家称之为"基础决定")，但无权自行强制执行，除非有法律特别授权。行政强制执行权与行政决定权是分离的，决不能把行政强制执行权看成是行政权的当然组成部分。对行政强制执行权性质的不同认识影响到行政强制执行权在行政机关和法院之间的分配。行政强制执行的主体是行政机关还是司法机关，两大法系有重大区别，其原因就在于对行政强制执行权的性质的认识存在差异。普通法系国家历来把行政强制执行权看成是司法权的一部分，行政机关虽然有权作出行政决定，但无权实施强制执行；大陆法系很多国家(法国除外)则将行政强制执行看成是行政权的一部分，行政机关可以自行强制执行。但是，德、奥等国虽然早期曾将行政强制执行权看成是行政权的组成部分，行政机关自行强制执行无需法律特别规定，近期则有重大变化，认为行政机关是否有强制执行权，尚需要法律特别规定，这是顺应民主化潮流和保护公民合法权益的观念日益增强与发展的必然趋势。[2]

根据在强制执行的主体、程序等方面的法律规定的不同，各国行政强制执行模式基本上可以分为两大类：一类是行政机关根据法律规定自行强制执行的德、奥模式；一类是向法院申请强制执行，行政机关原则上无强制执行权的美、法模式。[3]

根据我国相关法律的规定，我国的行政强制执行制度是以申请人民法院强制执行为原则，行政机关自行强制执行为例外，比较接近美、法模式。

三、行政强制执行的分类

根据实现行政决定的内容的方式、方法和手段、措施的不同，行政强制执行可分为直接强制和间接强制两种。

(一) 直接强制

直接强制是指义务人拒不履行法定义务，在无法采用代履行、执行罚等间接强

---

① 罗豪才主编：《行政法学》，中国政法大学出版社 1996 年版，第 199 页。

② 应松年：《论行政强制执行》，《中国法学》1998 年第 3 期。

③ 王连昌主编：《行政法学》，中国政法大学出版社 1994 年版，第 266 页。

制手段促使其履行义务的情况下，有权机关依法对义务人的人身或者财产直接采取强力措施，以实现特定行政行为内容的行政强制执行方式。

为了实现国家行政管理目标，保障行政行为所确定的义务得到履行，直接强制起着非常重要的作用。但是，由于直接强制采取强力手段，直接影响相对人的人身权或者财产权，如果使用不当，很容易侵犯相对人的合法权益。因此，对适用直接强制的条件和程序都应作严格规定。如非必要，不得采取直接强制执行。一般认为，只有在无法采用代履行、执行罚等间接强制手段促使相对人履行义务的情况下，才能适用直接强制。也就是说，凡是通过间接强制即可以实现行政强制目的的，不得使用直接强制，这是行政法上最小侵害原则的具体体现。

(二) 间接强制

间接强制是指通过间接手段迫使义务人履行义务，或者由他人代为履行以达到与其履行义务相同状态的行政强制执行方式。间接强制又分为代履行和执行罚两种类型。

1. 代履行。相对人负有法定作为义务而拒不履行，在可以由他人代为履行而能达到与义务人履行义务相同状态的情况下，执行机关代为履行或者指派第三人代为履行，并向义务人收取必要的费用，这种执行方式称为代履行。例如，在拆除违章建筑时，可由执行机关请人代为拆除，再由拒不履行拆除义务的相对人承担拆除费用。

代履行的特点是：第一，相对人负有法定义务而拒不履行，如果相对人自觉履行义务，就不存在代履行的问题；第二，代履行的义务一般都是作为义务，并且该作为义务可以由他人代为履行，不以义务人亲身作为为必要；第三，执行结束后，执行机关向法定义务人收取必要的费用。

2. 执行罚。执行罚是指相对人负有义务而拒不履行，执行机关采用科以财产上新的给付义务的办法，敦促其履行义务。例如，对到期不缴纳税款者，罚以滞纳金，促使其缴纳税款。

执行罚与行政处罚中的罚款颇为相似，如二者都以存在某种行政违法行为为前提，都是科以相对人一定的金钱给付义务。但是，执行罚与罚款在性质和功能上有原则性区别：首先，执行罚的目的并不是对义务人进行处罚，而是通过科以一定数额的金钱给付义务，敦促其履行应当履行但尚未履行的义务；而罚款则是对已经发生的某种行政违法行为进行处罚和制裁。其次，执行罚可以针对同一事项反复使用，直到相对人履行义务为止；而罚款必须遵循“一事不再罚”的原则。

执行罚的特征是：第一，相对人负有法定义务而拒不履行。第二，法定义务人拒不履行的义务无法由他人代为履行。该种义务一般是作为义务，执行机关科以金钱负担，促使其履行义务；但某些不作为义务，执行机关也可以科以金钱负担促使其停止违法行为。第三，科以的金钱负担，必须按法定数额实施，执行机关不得随意确定。

四、行政机关强制执行程序

1989 年 4 月颁布的《行政诉讼法》第 66 条规定："公民、法人或者其他组织对具体行政行为在法定期间不提起诉讼又不履行的，行政机关可以申请人民法院强制执行，或者依法强制执行。"这一条款是我国行政强制执行制度的基本法律依据。根据这一条款的规定，行政强制执行程序分为行政机关依法强制执行和申请人民法院强制执行两种形式。

2011 年 6 月颁布的《行政强制法》第 4 章、第 5 章对这两种强制执行程序分别作了专章规定。我们先介绍行政机关强制执行程序。

(一) 行政机关强制执行程序的一般规定

行政机关在实施强制执行时，应当遵守以下规定。[①]

1. 催告。行政机关作出强制执行决定前，应当事先催告当事人履行义务。催告应当以书面形式作出，并载明下列事项：(1)履行义务的期限；(2)履行义务的方式；(3)涉及金钱给付的，应当有明确的金额和给付方式；(4)当事人依法享有的陈述权和申辩权。

经催告，当事人履行了行政决定确定的义务的，不再实施强制执行。

2. 陈述和申辩。当事人收到催告书后有权进行陈述和申辩。行政机关应当充分听取当事人的意见，对当事人提出的事实、理由和证据，应当进行记录、复核。当事人提出的事实、理由或者证据成立的，行政机关应当采纳。

3. 强制执行决定。经催告，当事人逾期仍不履行行政决定，且无正当理由的，行政机关可以作出强制执行决定。强制执行决定应当以书面形式作出，并载明下列事项：(1)当事人的姓名或者名称、地址；(2)强制执行的理由和依据；(3)强制执行的方式和时间；(4)申请行政复议或者提起行政诉讼的途径和期限；(5)行政机关的名称、印章和日期。

在催告期间，对有证据证明有转移或者隐匿财物迹象的，行政机关可以作出立即强制执行决定。

催告书、行政强制执行决定书应当直接送达当事人。当事人拒绝接收或者无法直接送达当事人的，应当依照《中华人民共和国民事诉讼法》的有关规定送达。

4. 中止执行。在强制执行过程中，有下列情形之一的，中止执行：(1)当事人履行行政决定确有困难或者暂无履行能力的；(2)第三人对执行标的主张权利，确有理由的；(3)执行可能造成难以弥补的损失，且中止执行不损害公共利益的；(4)

---

① 参见《行政强制法》第 34—44 条。

行政机关认为需要中止执行的其他情形。

中止执行的情形消失后，行政机关应当恢复执行。对没有明显社会危害，当事人确无能力履行，中止执行满三年未恢复执行的，行政机关不再执行。

5. 终结执行。在强制执行过程中，有下列情形之一的，终结执行：(1)公民死亡，无遗产可供执行，又无义务承受人的；(2)法人或者其他组织终止，无财产可供执行，又无权利义务承受人的；(3)执行标的物灭失的；(4)据以执行的行政决定被撤销的；(5)行政机关认为需要终结执行的其他情形。

6. 执行回转。在执行中或者执行完毕后，据以执行的行政决定被撤销、变更或者执行错误的，应当恢复原状或者退还财物；不能恢复原状或者退还财物的，依法给予赔偿。

7. 执行协议。实施行政强制执行，行政机关可以在不损害公共利益和他人合法权益的情况下，与当事人达成执行协议。执行协议可以约定分阶段履行；当事人采取补救措施的，可以减免加处的罚款或者滞纳金。

执行协议应当履行，当事人不履行执行协议的，行政机关应当恢复强制执行。

8. 执行的限制。行政机关不得在夜间或者节假日实施行政强制执行。但是，情况紧急的除外。

行政机关不得对居民生活采取停止供水、供电、供热、供燃气等方式迫使当事人履行行政决定。

对违法的建筑物、构筑物、设施等需要强制拆除的，应当由行政机关予以公告，限期当事人自行拆除。当事人在法定期限内不申请行政复议或者提起行政诉讼，又不拆除的，行政机关可以依法强制拆除。

(二) 金钱给付义务的执行①

行政机关依法作出金钱给付义务的行政决定，当事人逾期不履行的，行政机关可以依法加处罚款或者滞纳金。加处罚款或者滞纳金的标准应当告知当事人。

加处罚款或者滞纳金的数额不得超出金钱给付义务的数额。

行政机关依照《行政强制法》第 45 条规定实施加处罚款或者滞纳金超过 30 日，经催告当事人仍不履行的，具有行政强制执行权的行政机关可以强制执行。

行政机关实施强制执行前，需要采取查封、扣押、冻结措施的，依照《行政强制法》第 3 章规定办理。

没有行政强制执行权的行政机关应当申请人民法院强制执行。但是，当事人在法定期限内不申请行政复议或者提起行政诉讼，经催告仍不履行的，在实施行政管理过程中已经采取查封、扣押措施的行政机关，可以将查封、扣押的财物依法拍

---

① 参见《行政强制法》第 45—49 条。

卖抵缴罚款。

划拨存款、汇款应当由法律规定的行政机关决定，并书面通知金融机构。金融机构接到行政机关依法作出划拨存款、汇款的决定后，应当立即划拨。

法律规定以外的行政机关或者组织要求划拨当事人存款、汇款的，金融机构应当拒绝。

依法拍卖财物，由行政机关委托拍卖机构依照《中华人民共和国拍卖法》的规定办理。

划拨的存款、汇款以及拍卖和依法处理所得的款项应当上缴国库或者划入财政专户。任何行政机关或者个人不得以任何形式截留、私分或者变相私分。

（三）代履行①

行政机关依法作出要求当事人履行排除妨碍、恢复原状等义务的行政决定，当事人逾期不履行，经催告仍不履行，其后果已经或者将危害交通安全、造成环境污染或者破坏自然资源的，行政机关可以代履行，或者委托没有利害关系的第三人代履行。

代履行应当遵守下列规定：(1)代履行前送达决定书，代履行决定书应当载明当事人的姓名或者名称、地址，代履行的理由和依据、方式和时间、标的、费用预算以及代履行人；(2)代履行 3 日前，催告当事人履行，当事人履行的，停止代履行；(3)代履行时，作出决定的行政机关应当派工作人员到场监督；(4)代履行完毕，行政机关到场监督的工作人员、代履行人和当事人或者见证人应当在执行文书上签名或者盖章。

代履行的费用按照成本合理确定，由当事人承担。但是，法律另有规定的除外。

代履行不得采用暴力、胁迫以及其他非法方式。

需要立即清除道路、河道、航道或者公共场所的遗洒物、障碍物或者污染物，当事人不能清除的，行政机关可以决定立即实施代履行；当事人不在场的，行政机关应当在事后立即通知当事人，并依法作出处理。

五、申请人民法院强制执行②

当事人在法定期限内不申请行政复议或者提起行政诉讼，又不履行行政决定的，没有行政强制执行权的行政机关可以自期限届满之日起 3 个月内，依法申请人民法院强制执行。

---

① 参见《行政强制法》第 50—52 条。

② 参见《行政强制法》第 53—60 条、第 67—68 条。

(一) 申请执行前的催告

行政机关申请人民法院强制执行前,应当催告当事人履行义务。催告书送达10日后当事人仍未履行义务的,行政机关可以向所在地有管辖权的人民法院申请强制执行;执行对象是不动产的,向不动产所在地有管辖权的人民法院申请强制执行。

(二) 申请执行

行政机关向人民法院申请强制执行,应当提供下列材料:(1)强制执行申请书;(2)行政决定书及作出决定的事实、理由和依据;(3)当事人的意见及行政机关催告情况;(4)申请强制执行标的的情况;(5)法律、行政法规规定的其他材料。

强制执行申请书应当由行政机关负责人签名,加盖行政机关的印章,并注明日期。

(三) 受理

人民法院接到行政机关强制执行的申请,应当在5日内受理。

行政机关对人民法院不予受理的裁定有异议的,可以在15日内向上一级人民法院申请复议,上一级人民法院应当自收到复议申请之日起15日内作出是否受理的裁定。

(四) 审查

人民法院对行政机关强制执行的申请进行书面审查,对符合《行政强制法》第55条规定,且行政决定具备法定执行效力的,除《行政强制法》第58条规定的情形外,人民法院应当自受理之日起7日内作出执行裁定。

人民法院发现有下列情形之一的,在作出裁定前可以听取被执行人和行政机关的意见:(1)明显缺乏事实根据的;(2)明显缺乏法律、法规依据的;(3)其他明显违法并损害被执行人合法权益的。

(五) 裁定

人民法院应当自受理之日起30日内作出是否执行的裁定。裁定不予执行的,应当说明理由,并在5日内将不予执行的裁定送达行政机关。

行政机关对人民法院不予执行的裁定有异议的,可以自收到裁定之日起15日内向上一级人民法院申请复议,上一级人民法院应当自收到复议申请之日起30日内作出是否执行的裁定。

(六) 执行

因情况紧急,为保障公共安全,行政机关可以申请人民法院立即执行。经人民法院院长批准,人民法院应当自作出执行裁定之日起5日内执行。

(七) 费用及其他事项

行政机关申请人民法院强制执行,不缴纳申请费。强制执行的费用由被执行人承担。

人民法院以划拨、拍卖方式强制执行的,可以在划拨、拍卖后将强制执行的费用扣除。

依法拍卖财物,由人民法院委托拍卖机构依照《中华人民共和国拍卖法》的规定办理。

划拨存款、汇款以及拍卖和依法处理所得的款项应当上缴国库或者划入财政账户,不得以任何形式截留、私分或者变相私分。

人民法院及其工作人员在强制执行中有违法行为或者扩大强制执行范围的,对直接负责的主管人员和其他直接责任人员依法给予处分。

违反《行政强制法》规定,给公民、法人或者其他组织造成损失的,依法给予赔偿。违反《行政强制法》规定,构成犯罪的,依法追究刑事责任。

【自我测试】

1. 某市建设委员会以某公司的房屋占压输油、输气管道线为由,作出限期拆除决定,要求某公司自收到决定之日起10日内自行拆除。但某公司逾期未拆除,亦未在法定期限内提起诉讼,某市建设委员会申请法院强制执行。下列哪一选项是正确的?( )(2008年司法考试试卷一单选题第47题)
   A. 若法律、法规赋予某市建设委员会有自行强制执行权,法院即应不受理其申请。
   B. 某市建设委员会应当向其所在地的法院申请强制执行。
   C. 接受申请的法院应当在受理申请之日起30日内作出是否准予强制执行的裁定。
   D. 若在某市建设委员会申请强制执行前,某公司已对限期拆除决定提起诉讼,法院无权在诉讼期间执行拆除决定。
2. 张某因打伤李某被公安局处以行政拘留15天的处罚,张某不服,申请行政复议。不久,受害人李某向法院提起刑事自诉,法院经审理认为张某的行为已经构成犯罪,判决拘役2个月。下列哪一选项是正确的?( )(2007年司法考试试卷一单选题第47题)
   A. 本案调查中,警察经出示工作证件,可以检查张某的住所。
   B. 如果在法院判决时张某的行政拘留已经执行完毕,则对其拘役的期限为一个半月。
   C. 如果张某之父为其提供担保,则公安机关可暂缓执行行政拘留。
   D. 由公安局将张某送到看守所执行行政拘留。
3. 某公司向区教委申请《办学许可证》,遭拒后向法院提起诉讼,法院判决区教委在判决生效后三十日内对该公司申请进行重新处理。判决生效后,区教委逾期拒不履行,某公司申请强制执行。关于法院可采取的执行措施,下列哪些选项是正确的?( )(2010 年司法考试试卷二多选题第 87 题)

A. 对区教委按日处一百元的罚款。

B. 对区教委的主要负责人处以罚款。

C. 经法院院长批准,对区教委直接责任人予以司法拘留。

D. 责令由市教委对该公司的申请予以处理。

4. 下列哪些情形属于间接强制执行措施?( )(2008 年四川司法考试试卷二第 89 题)

A. 张某患传染病,拒绝住院治疗,卫生机关将其强制送入传染病医院治疗。

B. 某单位拒绝拆除违章建筑,城建行政主管部门委托某工程队拆除该违章建筑。

C. 某交通管理局将没收的黑车委托某停车场管理。

D. 某公司拖欠罚款,行政机关决定每日按罚款数额的 3%加处罚款。

5. 甲驾车在某路段行驶时,与乙驾驶的车辆发生刮擦,致使甲的车受损。甲下车对乙进行殴打成轻微伤后离去。公安机关为查处此案,对甲进行传唤,甲却避而不见。公安机关为使甲来接受调查,将甲的车扣押。公安机关的扣车行为属于( )。

A. 行政强制执行　　B. 行政征收

C. 行政处罚　　D. 行政强制措施

6. 某甲在未取得建设许可证的情况下建房两间,对此,区城建局作出责令其在一定期限内拆除违章建筑的决定。甲在指定的期限内未拆除违章建筑。因而区城建局应当( )

A. 采取代履行的方式强制执行。

B. 对甲进行罚款。

C. 申请其上级行政机关强制执行。

D. 申请人民法院执行。

7. 代履行作为一种重要的行政强制执行手段,其行使的条件有( )

A. 代履行的对象一般为可为他人代履行的作为义务。

B. 义务人在法定的期限内故意不履行义务。

C. 履行的主体是强制执行机关或者其委托的第三人。

D. 必须先以书面的形式进行告诫,给予一定的宽限期。

8. 某市政府进行道路扩建,认为居民王某的一间房屋不合规划,应予拆除,并以书面形式作出了王某应在 15 日内拆除房屋的处理决定。王某一直未拆房,也未申请行政复议。一个月后,市政府申请人民法院将王某的房屋强行拆除。对市政府的这一行为,下列表述正确的是( )

A. 行政处理决定已经生效,申请人民法院强行拆除房屋的行为是正确的。

B. 行政处理决定已经生效,但申请人民法院强行拆除房屋的行为是错误的。

C. 人民法院不应该接受市政府的强制执行申请。

D. 在这种情况下,王某仍然可以对行政处理决定提起行政诉讼。

9. 某造纸厂长期向邻近的南庄村的池塘排放废水,致使该村的井水无法饮用。村委会向延山县环保局提出申请,要求造纸厂停止排放废水,并赔偿损失。延山县环保局不予理睬,村委会又向市环保局申请复议。在2006年3月16日,市环保局作出立即停止排放废水,罚款3万元,赔偿南庄村1万元的决定。造纸厂未依法提起行政诉讼,也不履行市环保局的决定。在2006年10月1日之前,有关行政机关一直未采取进一步的措施使造纸厂履行市环保局的决定。在此情况下,南庄村村委会可以采取什么措施?(　　)

A. 直接要求市环保局履行法定职责。

B. 申请人民法院强制执行市环保局的决定。

C. 申请人民法院强制执行市环保局关于化工厂赔偿1万元的决定。

D. 向人民法院提起行政诉讼,要求市环保局履行法定职责。

10. 材料分析。

李某是个体工商户,未经批准擅自将临时营业棚改造成两层楼房。施工时,该县城建局曾多次劝阻无效,李某最终将楼房建成,并进行营业。不久,县城建局依法对李某的违章建房行为作出了处理,责令其在10日之内拆除违章建房。李某在期限内未执行。县城建局遂派人将李某的违章建筑强行拆除顶层。在拆房时,县城建局未通知李某或其成年家属到场,对室内的物品也没有清点保管,致使李某经营的部分商品受损。李某对县城建局强行拆除行为不服,向人民法院提起诉讼,并要求被告方赔偿其经济损失。

问题:

(1)县城建局强行拆除李某的房屋是否合法?

(2)县城建局是否应承担给李某造成的经济损失?

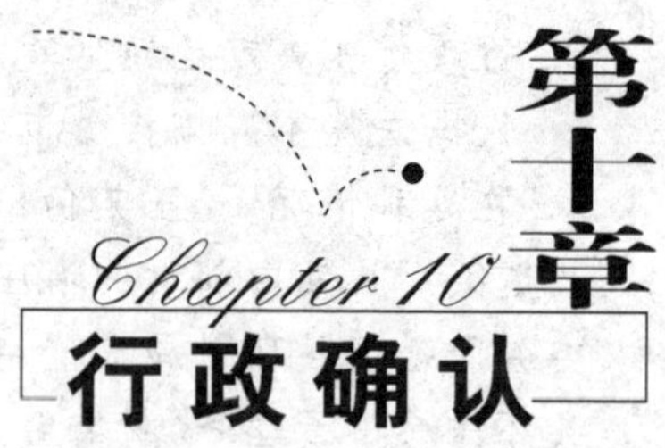

行政确认

【要点提示】

本章通过对行政确认的概念与特征、行政确认的内容、行政确认与相关法律概念的辨析、行政确认的形式与分类、几种行政确认行为的分析，以及行政确认的法律意义等的学习，要求掌握行政确认的概念与特征、行政确认的内容以及行政确认的形式与分类，学会运用行政确认基本概念，区分行政确认与其他行为，并运用该原理处理实际中的行政确认问题。

第一节　行政确认的概念与特征

一、行政确认的概念与特征

行政确认，是指行政主体证明和确定特定既存事实和法律关系的具体行政行为。[①] 行政确认具有如下特征。

(一) 行政确认是具体行政行为

行政确认是由行政主体依职权作出的、针对特定对象的并有法律约束力的行为，因而是行政行为而非事实行为等非行政行为，是具体行政行为而非抽象行政行为。

(二) 行政确认是非处分性行政行为

行政确认虽会导致人身关系或财产关系的产生、变更和消灭，但它与行政处罚、行政给付不同的是不具有直接的处分性，即不会直接产生相对人既有权利与义

---

① 胡建淼:《行政法学》，法律出版社 2003 年版，第 270 页。

务的增加或减少。[①]

(三)行政确认是羁束性行政行为

行政确认是针对特定事实或法律关系存在与否的判定,行政主体对此没有裁量的余地,只能根据实际情况作出要么肯定要么否定的判断。因此,就此而言,行政确认是一种羁束性行政行为。

(四)行政确认是可诉性行政行为

行政确认虽然既确认行政关系,又确认大量的民事关系,但行政确认本身是个行政行为。如果利害关系人对行政确认不服,可以诉诸行政复议与行政诉讼救济,法律另有特别规定的除外。

二、行政确认的内容

行政确认的内容,也即行政确认的对象,包括事实和法律关系两个方面。

(一)事实

作为行政确认对象的事实,并不是纯粹的客观事实,而是法律事实。之所以这样说,其一,作为行政确认对象的事实是需要借助证据来证明的事实,而证据本身就蕴含着法律评价;其二,作为行政确认对象的事实,往往是以法律规范作为前提的,离开了法律规范也就无所谓事实,例如,法律上的因果关系事实就不能等同于自然界的因果关系,其认定很大程度上受到规范目的的影响;其三,这些事实的确认与否,与行政相对人的法律地位或权利义务密切相关,因而是一种特定的法律事实。

公民出生年龄和学历等的证明、婚姻状况和死亡等的登记以及医疗事故和产品质量等的鉴定,均涉及这类事实内容。

(二)法律关系

这里的法律关系,是与行政相对人法律地位或利益密切相关的权利义务关系。需要注意的是,这些法律关系并非行政确认行为所创设的,而是在行政确认之前就本已存在的法律关系,行政确认不过是对这一法律关系存在状态的确认而已。因此,不同于产生、改变和消灭一定法律关系的形成性行政行为。

就我国的情况看,根据有关法律、法规和规章的规定,涉及这类法律关系确认

---

① 德国学者根据行政行为的内容不同,将行政行为分为形成性行政行为和确认性行政行为。其形成性行政行为就是一种能够导致法律关系建立、改变和消灭的行政行为,因而是一种对相对人权利义务关系带来变化的处分性行为,与此相对的确认性行政行为则相当于我们所说的非处分性行政行为。参见[德]汉斯·J.沃尔夫等:《行政法》(第二卷),高家伟译,法律出版社2002年版,第42页。

的行政确认主要有以下几个方面。

1. 个人资格与资质的确认。例如，选民登记，身份、学历和收养关系等的证明，驾驶证、职业资格证等的颁发等。

2. 不动产所有权的确认。例如，土地所有权、林地所有权、房屋所有权等的确认。

3. 不动产使用权的确认。例如，土地使用权、自然资源使用权等的确认。

4. 责任确认。如交通警察对交通责任事故的认定。

三、行政确认与相关概念辨析

（一）行政确认与行政确权

行政确权，一般是指行政机关针对行政相对人之间发生的土地、矿藏、水流、森林、山岭、草原、荒地、滩涂、海域等自然资源以及非自然资源之财物的所有权或使用权纠纷，居中作出裁决的行为。显然，这是一种针对民事权属争议由行政机关依职权以中立的立场来加以解决的行政裁决行为。与行政确认相比，尽管两者都是具体行政行为，尽管行政确权通常也是以对权属的确认为前提的，但是，两者有明显的区别，主要体现为以下几个方面。

1. 行政确权的直接目的在于解决权属纠纷，属于行政裁决行为，而行政确认是一种行政裁决以外的独立的行政行为；

2. 行政确权针对的主体是存在利益冲突的两方以上的行政相对人，而行政确认常常是单一的行政相对人；

3. 行政确权必然是纠纷的一方或双方行政相对人提起，而行政确认既可能是由行政相对人申请引起，也可能是行政主体依职权主动进行；

4. 行政确权的对象是民事纠纷，而行政确认的对象是既存的事实与法律关系，而且这些事实或法律关系可以是民事上的，也可以是行政上的，甚至是宪政上的。

需要指出的是，政府向行政相对人颁发自然资源等的权属证书的行为属于典型的行政确认行为。

（二）行政确认与行政许可

从理论上看，行政确认与行政许可本是两种有明显区别的具体行政行为类型：

1. 行政许可是一种行政赋权行为，而行政确认是对一定事实或法律关系的行政证明和确定；

2. 行政许可以普遍禁止为前提，而行政确认则没有这一前提要求；

3. 行政许可的内容是直接赋予行政相对人从事某种活动的权利或资格，行政确认并没有直接赋权的法律效果。

但是,在某些领域或问题上,两者极易混淆。例如,《行政许可法》第12条第(三)项就将"提供公众服务并且直接关系公共利益的职业、行业,需要确定具备特殊信誉、特殊条件或者特殊技能等资格、资质的事项"纳入了可以设立行政许可事项的范围,从而误将确认行政相对人资格和资质的这类行政确认行为置入了行政许可的范围。

为什么出现这样的情况呢?以上述立法为例,根本原因在于这类行政确认行为一旦被作出,往往就伴随着允许行政相对人从事某种活动的法律效果,从而给人一种这些法律效果就是该具体行政行为所直接产生的,或者说是该具体行政行为赋予了行政相对人从事一定活动的权利的错觉。例如,某人一旦获得公安机关交通管理部门颁发的驾驶执照,似乎就意味着他(她)被获准驾驶一定类型的机动车辆。其实,这类行政确认行为所带来的赋权效果并非确认行为本身所直接产生的,而是以确认行为为前提,根据有关法律规定产生的。例如,前述驾驶证的颁发,是发证机关对行政相对人具备驾驶机动车辆的身体条件与驾驶能力等的确认,并没有为行政相对人创设新的权利。许可其驾驶机动车辆并非行政行为直接产生的法律效果,而是来自《道路交通安全法》"驾驶机动车,应当依法取得机动车驾驶证。申请机动车驾驶证,应当符合国务院公安部门规定的驾驶许可条件;经考试合格后,由公安机关交通管理部门发给相应类别的机动车驾驶证"(第19条)的规定。

(三)行政确认与行政事实行为

行政确认与行政事实行为是两种容易重叠的行为类型,不仅两者都是由行政主体依职权作出的,而且,两者都涉及对一些事实问题的鉴别。例如,有学者就认为医疗事故鉴定、交通事故认定、抚恤性质和等级的鉴定、计量鉴定等行政鉴定是纯粹的技术鉴定,可纳入行政事实行为;[①]也有学者将这类行政鉴定明确归入行政确认范围。[②]

就以上问题,如何在两者之间作出区分呢?这里关键在于如何界定行政事实行为。行政事实行为本是一个没有取得共识的行为类型,[③]与行政行为的混同多半出于学者们对事实行为界定的不同。

一般说来,行政事实行为与作为行政行为之一种的行政确认的主要区别在于:行政事实行为产生事实效果而不产生法律效果,而行政确认是具有法律效果的行政行为。

这里需要将"法律效果"的含义作一个交代。我国法学界对法律效果作了比较

---

① 姜明安主编:《行政法与行政诉讼法》,北京大学出版社、高等教育出版社2005年版,第284页脚注。

② 胡建淼:《行政法学》,法律出版社2003年版,第272页。

③ 翁岳生编:《行政法》,中国法制出版社2002年版,第894页脚注。

狭隘的界定，仅将能够引起主体间法律上权利义务关系产生、变更或消灭的现象称为有法律效果，以至于留下了行政确认是否是行政行为的争议。在大陆法系国家对此则有更为广泛的界定，德国著名行政法学者毛雷尔教授就非常明确地指出“法律效果表现为法律权利或者义务的设定、变更、解除或者具有法律约束力的确认”[①]，从而将有法律约束力的确认行为也囊括进来。显然，将具有法律约束力的确认纳入法律效果的范围更为可取。因为，具有法律约束力的确认，对当事人之间的法律关系或法律事实作了具有法律权威性的证明与确定，当事人的行为因此受其约束，权利义务关系因此被其限定，就对当事人权益的影响而言，与产生、变更和消灭一定的权利义务关系的法律效果并没有什么根本的不同。

因此，行政确认作为对行政相对人有法律上约束力的确认行为，就是具有法律效果的行政行为，而非行政事实行为。一些行政事实行为可能会对行政相对人产生事实上的约束，如行政执行行为就是这样，但该事实行为本身并没有法律上的约束力，其法律上的约束力只能是来自作为执行根据的行政行为。

第二节　行政确认的主要形式与种类

一、行政确认的主要形式

行政确认常常以多种形式表现出来，一般认为有确定、认定（认证）、证明、登记、鉴证和鉴定等主要形式。[②] 下面分述之。

（一）确定

确定，是指行政主体对行政相对人的特定财产权利依法加以确认。例如，颁发房屋所有权证、土地使用权证、宅基地使用权证等均属之。

（二）认定

认定（认证），是指行政主体依法对行政相对人的权利义务、特定行为或特定事项等审查后，根据事实与法律对其效力、责任、性质和质量等所给予的确认。例如，对交通事故的认定[③]、对解除合同行为的确认、对企业性质的判定、对产品质量的认证以及医疗事故技术鉴定等均属之。

---

① ［德］毛雷尔：《行政法总论》，高家伟译，法律出版社2000年版，第183页。

② 罗豪才主编：《行政法学》，北京大学出版社1996年版，第188页。

③ 《道路交通安全法》中去掉了“责任”二字，称之为“交通事故认定”，大概是为了淡化其“责任”认定的性质，但其内容并未因此而改变。

(三) 证明

证明,是指行政主体向行政相对人所提供的能够表明行政相对人身份情况或财产来源等的有法律约束力的证明文书。例如,学历或学位证明、居民身份证明、收养关系证明、货物原产地证明等。中国的公证原是一种专门的行政证明,现在公证机关体制改革后就不属行政证明了。

(四) 登记

登记,是指行政主体应行政相对人的申请,依法将行政相对人的特定情况或特定事项等记录于专门的登记簿册,从而具有正式确认效力的行为。例如,选民资格登记、户籍登记、房屋产权登记、工商登记、税务登记等均属之。

(五) 鉴证

鉴证,是指行政主体对某种法律关系、进入流通的某种物品等审查后,确认其效力和合法性的行政行为。例如,工商行政管理机关对合同效力的鉴证、选举委员会对选举结果是否有效的确定、文化行政主管部门对音像书籍等文化产品是否存在违法内容的确认等均属之。

(六) 鉴定

鉴定,是指由法律特别指定的行政主体,运用专门知识和技能对案件的专门性问题进行鉴别和判断的具体行政行为。[①] 其特点在于:(1)鉴定主体是法律特别设定的行政主体,而非一般主体;(2)鉴定的内容是一些客观存在的物质现象与本质,而不是相对人的法律行为和法律地位;(3)鉴定手段具有很强的专业性。例如,伤残等级鉴定、职业病鉴定、产品质量鉴定以及火灾原因鉴定等均属之。

二、行政确认的基本分类

行政确认可以根据不同标准作出不同的分类。常见的分类有以下几种。[②]

(一) 依申请确认和依职权确认

这是根据行政确认是应行政相对人申请还是行政主体依职权主动进行为标准所作的分类。依申请进行的行政确认多半是与行政相对人自身权益密切相关的事项,如房屋产权证书的办理、土地权属的确认、医疗事故鉴定等;依职权进行的行政确认涉及的主要是与公共利益密切相关的事项,如饮食行业卫生合格证明、企业或工程等排污鉴定等。总的说来,绝大多数行政确认是依申请的行政确认。

---

① 胡建淼:《行政法学》,法律出版社2003年版,第272页。

② 姜明安主编:《行政法与行政诉讼法》,北京大学出版社、高等教育出版社2005年版,第285页。

(二) 身份确认、能力确认、权利确认、法律关系确认和法律事实确认

这是根据行政确认的内容不同所作的分类。对行政相对人身份的确认，如居民身份证明、结婚证明、企业性质判定等；对能力的行政确认，如学历证明、学位证明、资格证明、资质证明等；对权利的行政确认，如对选举权、不动产的登记等；对法律关系的行政确认，包括亲子关系证明、收养关系证明、产权确认等；对法律事实的行政确认，常见的有出生、生存、死亡的证明，产品质量鉴定，计量器具检定等。

(三) 各专业领域的确认

众多行政专业领域都存在行政确认，下面对行政确认现象比较集中的几个行政专业领域作列举性描述。

1. 公安行政确认。主要有交通事故认定，居民身份证明，出生、死亡和迁移的登记与证明，暂住和户口变更登记，以及机动车辆的转移和注销登记等。

2. 司法行政确认。包括对身份、经历、出生、婚姻状况、生存、死亡等证明行为。

3. 劳动行政确认。主要有企业员工伤亡事故责任认定，工伤认定，劳动能力伤残等级鉴定，锅炉压力容器事故责任认定，特别重大事故认定，劳动合同无效确认等。

4. 卫生行政确认。主要包括医疗事故技术鉴定，职业病鉴定，医师资格确认，护士执业资格确认，食品卫生确认，新药及进口药品认定等。

5. 民政行政确认。主要包括军人、民兵、民工、国家机关工作人员以及人民警察等的伤残性质与伤残等级的认定与评定，见义勇为伤残评定，见义勇为行为确认，内地居民婚姻登记，中国公民(不含华侨、港澳台居民)收养登记，烈士纪念建筑等级确认等。

6. 经济行政确认。主要包括产品标准化认证，计量器具检定，产品质量认证，商标与专利权的审定，著作权的确认，动植物检疫，自然资源所有权与使用权的确认，合同效力解除的确认等。

7. 教育行政确认。主要包括办学权的确认，学历与学位证明，学籍与学生社团登记，留学合同鉴证，科研成果鉴定等。

三、几种确认行为分析

(一) 交通事故认定

交通事故认定，是指由公安交通管理部门针对交通事故的基本事实、成因和当事人的责任依法所作的具有法律约束力的行政确认。

交通事故认定的性质问题，是一个至今没有达成共识的问题。就此，主要存在两种不同的观点。

一是认为交通事故认定属于行政行为中的行政确认行为。理由是:(1)交通事故认定的主体是作为行政机关的公安机关;(2)交通事故认定的内容是确认交通事故责任人、有无违章行为、违章行为与违章结果之间的因果关系、有无责任和责任大小;(3)公安机关交通事故认定的权力来源于国务院的行政法规的授权,而且交通事故认定本身虽不直接确定事故各方当事人的权利义务,但其是交通事故损害赔偿和刑事责任的直接依据;[①](4)交通事故具备具体行政行为同样的效力,即具有具体行政行为同样的公定力、确定力、约束力和执行力。

二是认为交通事故认定是对事实的鉴定,属于行政事实行为。理由是:交通事故认定是一种鉴定行为,而鉴定属于事实行为,不直接产生法律效果。交通事故认定中的所谓"责任",只是一种因果责任,并非法律责任之义。"交通事故责任的本质就是交通事故中行为人的违章行为与事故发生之间是否存在事实因果关系以及因果关系的大小的一种表达形式,其本身并不是法律责任,而是追究法律责任的事实根据之一,只是侵权行为责任成立的其中一个条件。"[②]

两种观点争议的焦点在于:对交通事故认定之"认定"与"责任"作何理解。第一种观点将"认定"等同于行政"确认",将"责任"等同于"法律责任";第二种观点将"认定"等同于"鉴定",将"责任"等同于"事实因果关系"。

两种观点都有一定的理由,也存在明显的不足。第一种观点看到了交通事故认定与行政确认行为之间的相同之处,但对"责任"本身的"法律责任"定性缺乏有说服力的论证;第二种观点提出了富有新意的将交通事故认定之"责任"等同于"事实因果关系"的观点,但明显忽视了该"责任"认定时的法律依据性和所蕴含的法律上的负面评价性。

我们认为,交通事故认定本身,既是一个鉴别事实的过程,又是一个适用法律的过程。准确地说,是在事实鉴别基础上适用法律作出结论的过程。这一过程可以从《道路交通安全法》的第 73 条看出。[③] 同时,交通事故认定的"责任"并不是"事实因果关系",而是一种过错法律责任。交通事故认定,就是对这一过错法律责任在事故当事人之间进行的归结或确认。这一点在《道路交通安全法》第 76 条中有着明确反映。因此,从行政法理分析,交通事故认定应该定性为行政确认。

那么,现行立法和司法解释对交通事故认定是如何看待的呢?

---

① 李欣:《也论道路交通事故认定的可诉性》,《法律适用》2003 年第 11 期。该文观点具有一定的代表性。

② 刘东根:《论道路交通事故认定的性质》,《中国司法鉴定》2003 年第 1 期。

③ 《道路交通安全法》第 73 条:"公安机关交通管理部门应当根据交通事故现场勘验、检查、调查情况和有关的检验、鉴定结论,及时制作交通事故认定书,作为处理交通事故的证据。交通事故认定书应当载明交通事故的基本事实、成因和当事人的责任,并送达当事人。"

首先,《道路交通安全法》及国务院制定的《道路交通安全法实施条例》,并没有对交通事故认定行为性质给出明确的界定。值得一提的是,《道路交通安全法》第73条第一句话极易引起误解。该句原文为:"……及时制作交通事故认定书,作为处理交通事故的证据",似乎该法将"交通事故认定"定性为类似于鉴定结论的证据。其实不然,因为该句指的是"交通事故认定书",而非交通事故认定行为,也就是说是以其内容来证明待证事实的"书证"。书证自然包括有权国家机关作出的法律文书了,而且按照最高法院《关于行政诉讼证据若干问题的规定》第63条规定,其证明效力优于其他书证。

其次,《最高人民法院、公安部关于处理道路交通事故案件有关问题的通知》(法发〔1992〕39号)第4条规定:"当事人仅就公安机关作出的道路交通事故责任认定和伤残等级评定不服,向人民法院提起行政诉讼或民事诉讼的,人民法院不予受理。当事人对作出的行政处罚不服提起行政诉讼或就损害赔偿问题提起民事诉讼的,以及人民法院审理交通肇事刑事案件时,人民法院经审查认为公安机关所作出的责任认定、伤残评定确属不妥,则不予采信,以人民法院审理认定的案件事实作为定案的依据。"这一司法解释显然存在两个问题:一是将交通事故认定行为混同于交通事故认定书,前者作为一种行为不属于证据形式,只有后者才可以成为书证;二是交通事故认定书能在民事赔偿案件中作为民事侵权证据使用,并不能否定其之前是公安交通管理部门行使行政职权行为结果的性质。在法律没有明示或默示排除行政相对人诉权的情况下,司法解释直接否定行政相对人的诉权是不妥的。当然,我们也注意到由于交通事故现场存续的短暂性和审查时的专业性要求,法院的事后审查存在一定困难,但这些并不能成为否定相对人诉权的充足理由。

最后,公安部制定发布的《道路交通事故处理程序规定》第51条规定:"当事人对道路交通事故认定有异议的,可以自道路交通事故认定书送达之日起三日内,向上一级公安机关交通管理部门提出书面复核申请。"这一规定赋予行政相对人行政复核申请权,虽然不是根据行政复议制定的,但却与行政复议有异曲同工之效,是可取的。当然,如果直接承认交通事故认定是行政确认行为,就可以直接根据《行政复议法》申请行政复议了,既可以使行政相对人复议权得到更充分的保护,又可以省却规章对此的规定,岂不是更好?

(二) 医疗事故技术鉴定

医疗事故技术鉴定,是指由法律法规授权的医学会负责组织进行的,针对医疗事故中涉及的医疗过失行为、医疗过失行为与人身损害后果之间因果关系、医疗事故等级以及医疗过失行为在医疗事故损害后果中的责任程度等所作的技术权威性确认。

这一界定包含三层含义。

其一,医疗事故技术鉴定不属于行政确认行为;

其二，医疗事故技术鉴定不是纯粹的技术鉴定行为；

其三，所谓技术权威性确认，是指该行为是由医疗技术权威组织对与医疗事故有关的事实问题和法律关系问题从技术角度所作的权威性确认，基本上可以等同于证据法上的技术鉴定行为。

之所以将医疗事故技术鉴定定性为“技术权威性确认”行为，主要理由有以下三点。

一是进行医疗事故技术鉴定的组织并非行政主体，而是凭借其技术权威开展工作。

二是医疗事故技术鉴定中涉及事实问题鉴别和法律问题认定，因而不是纯粹的技术鉴定工作，因而将其定位为“确认”可能更为准确。

三是虽然该行为既涉及事实问题也涉及法律问题，但它主要还是一项借助鉴定组织的医疗技术知识与经验对事实问题作出技术权威性鉴别的工作，因此将其纳入关于事实鉴别的技术鉴定行为而非法律行为更妥。

为了保障鉴定的可靠性，对于初次鉴定不服的，《医疗事故处理条例》第 22 条规定：“当事人对首次医疗事故技术鉴定结论不服的，可以自收到首次鉴定结论之日起 15 日内向医疗机构所在地卫生行政部门提出再次鉴定的申请。”

（三）公证

《中华人民共和国公证法》第 2 条对公证的含义作了如下界定：“公证是公证机构根据自然人、法人或者其他组织的申请，依照法定程序对民事法律行为、有法律意义的事实和文书的真实性、合法性予以证明的活动。”

在公证法颁布实施之前对公证行为的性质就存在争议，根据上述规定，我们仍然难以得出公证行为是否是行政行为、司法行为或民事行为的结论。由此可见，公证法在界定公证行为时回避了对其定性。

如何确定我国公证行为的性质呢？我国公证制度本是个舶来品，不妨先与其他国家或地区做法作一比较。从世界范围看，公证行为主要分为大陆法系模式（又称拉丁公证模式）、英美法系模式以及混合模式。就大陆法系模式而言，这些国家将公证制度视为一种“准司法制度”，以预防民事纠纷和避免社会矛盾为目的。在法国，公证人是由共和国总统任命的国家官吏，其报酬以国家规定的薪金标准给付。司法部在全国设立了最高公证委员会，省一级设立公证会。全国公证工作由最高公证委员会统一领导。公证人由司法部长任命，并实行终身制，由公证人建立的公证事务所统一受理公证事务。在德国，公证机关与审判机关紧密相连，公证人从属于审判机关，依附于法院，公证人与法官都可以办理公证事务。原则上法律规定由公证人统一行使公证权，但在某些地方公证事务则由法官办理，公证人无权参与公证。就英美法系模式而言，这些国家由于奉行私权自治，寄望于对各种纠纷的“事后司法救济”，对以预防为目的的公证制度并不是十分重视。基本上没有专职的公证人员，许多国家是由律师兼做公证工作，而且公证本身只限于“形式证明”，并不关心内容的真实性。在英国，公证人属于国家公职人员，但公证事务的职权并不专属于公证人。根据契约与文书性质的不同，审判机关和行政机关也行使一定的公证职权。公证人常常把自己的活动和律师的活动结合在一起。在美国，公证人要经过严格考试，及格后，由州长负责任命；但是，这些公证人都是个体私人营业者，不属于国家公职人员，而且公证人还可以由律师或其他职业者担任。[①] 就混合模式而言，就是承认公私两种公证主体的同时存在。最典型的莫过于俄罗斯，2001年修正的《俄罗斯联邦公证立法纲要》第1条明确规定：“在俄罗斯联邦公证制度旨在依照俄罗斯联邦宪法、作为俄罗斯联邦的组成部分的共和国的宪法、本纲要通过公证人以俄罗斯联邦名义实施立法规定的公证行为以保护公民、法人的权利和合法利益。在俄罗斯联邦公证行为由在国家公证事务所工作的或从事私人执业的公证人依照本纲要实施。俄罗斯联邦司法部对国家公证事务所和从事私人执业的公证人事务所进行登记。在没有公证人的居民点公证行为由被授权实施该行为的国家执行权力机关的负责人实施。被授权实施该行为的俄罗斯联邦领事机构的负责人在其他国家以俄罗斯联邦名义实施公证行为。公证活动不是经营活动也不得追求营利目的。”[②]

比较我国《公证法》所规定的公证制度，与大陆法系模式的法国最为接近。从组织制度看，我国公证机构由司法行政机构设立，公证员通过司法考试后由司法部统一任命，设立接受司法行政部门监督指导的全国与地方公证协会作为公证行业的自律性组织，这与法国的做法基本一致。从公证行为的内容看，我国公证是一种侧重内容真实性的实质公证，而非英美法系模式的形式证明。从公证行为法律地位看，其一，我国《公证法》第36条规定：“经公证的民事法律行为、有法律意义的事实和文书，应当作为认定事实的根据，但有相反证据足以推翻该项公证的除外。”这就意味着此时的公证行为相当于认定证据的司法行为。其二，我国《公证法》第37条第1款规定：“对经公证的以给付为内容并载明债务人愿意接受强制执行承诺的债权文书，债务人不履行或者履行不适当的，债权人可以依法向有管辖权的人民法院申请执行。”显然，此时的公证行为就相当于已经生效的具有执行内容的民事司法裁判行为。其三，我国《公证法》第40条规定：“当事人、公证事项的利害关系人对公证书的内容有争议的，可以就该争议向人民法院提起民事诉讼。”这就排除了我国公证行为的行政救济途径。

从以上比较可以看出，我国的公证制度与大陆法系模式的法国基本一致。因

---

① 叶青等主编：《中国公证制度研究》，上海社会科学院出版社2004年版，第19—23页。

② 张建文译：《俄罗斯联邦公证立法纲要》，北大法律信息网，http://vip.chinalawinfo.com/newlaw2002/slc/slc.asp? db=art&gid=335567570.

此,我国的公证行为既非司法行为也非行政行为,将其定性为与大陆法系模式相同的“准司法行为”或许是较为妥当的。

第三节　行政确认的法律意义

一、行政确认的法律意义概述

在德国行政法学中,行政确认行为是与命令性行政行为和权利形成性行政行为并列的三大行政行为之一,①足见行政确认行为在行政法上的重要地位。

在我国行政领域中,行政确认已是一种几乎覆盖所有行政领域的行政行为类型,我国行政已从过去的命令性行政越来越多地走向形成性行政与确认性行政。为什么会出现这样的状况呢?恐怕既有行政观念的深刻转变的根源,也有确认性行政自身有其重要法律意义的原因。

20 世纪 80 年代以后,我国开始从计划经济逐步转向有计划的商品经济,进而转向市场经济,与计划经济相伴随的命令性行政的绝对地位开始动摇,以给付行政为核心的权利形成性行政与以确认特定法律关系和法律事实为主要内容的确认性行政开始走上历史舞台。除了经济转轨推动行政的转型外,行政民主与行政法治观念也是推动行政转型的重要力量。行政民主,就意味着行政应该更多地尊重行政相对人的主体地位;行政法治,就意味着行政主体与行政相对人在行政上的法律地位平等,从而预示着简单的命令支配性行政模式难以适应新形势的需要,必须大力发展其他类型的行政。这就给确认性行政走上当代行政的舞台提供了契机。

当然,确认性行政之所以能够得到较大的发展和受到越来越多的关注,除了前述历史机缘巧合外,还与确认性行政自身所具有的重要意义或作用密切相关。

二、行政确认的法律意义

一般来说,行政确认具有以下重要的法律意义。②

第一,为行政机关和司法机关进行有关处理活动提供法律事实与法律关系上的前提。行政行为与司法行为都必须建立在事实清楚和法律关系明确的基础上,行政确认行为为此提供了重要的前提。一方面借助行政确认机关的专业知识与技能,通过行政确认行为为行政机关和司法机关后续处理行为提供权威性前提;另一方面也省却了后续处理机关对此的认定活动,提高了后续处理行为的效率。例如,

---

① ［德］哈特穆特·毛雷尔:《行政法学总论》,高家伟译,法律出版社 2000 年版,第 207 页。

② 罗豪才主编:《行政法学》,中国政法大学出版社 1996 年版,第 232 页。

道路交通事故认定，就为交通事故损害赔偿、交通事故行政责任和司法责任的追究提供了前提，该交通事故认定书也被法定为这些处理行为的证据。

第二，通过确认相对人的权益，有利于行政相对人充分利用自己的合法权益和其他人尊重行政相对人的合法权益。通过行政确认，行政相对人进一步明确了自己权益之所在，从而可以充满信心和积极主动地去行使自己的权利；同时，其他人也知悉了自己的义务之所在，就有可能主动履行自己的义务和尊重他人的权益。

第三，有利于预防和解决各种纠纷，维护社会秩序的稳定，降低社会运行的成本。在法律关系或法律事实不明的情况下，最容易引起和发生各种矛盾与纠纷。一旦通过行政确认机关作出具有法律约束力的权威性确认，很多可能会发生的矛盾与纠纷就会因为纠纷之源的清除而消弭于无形；很多已经发生的矛盾和纠纷，就会因为冲突之焦点已经廓清而偃旗息鼓，从而有利于维护社会秩序的稳定，降低因社会矛盾和纠纷所增加的社会运行成本。

【自我测试】

1. 行政确认有如下特征：（　　）。
   A. 不能引起法律效果的行为　　B. 没有法律约束力的行为
   C. 非处分性行为　　D. 具体行政行为
2. 可以成为行政确认内容的是：（　　）。
   A. 法律事实　　B. 法律行为　　C. 法律关系　　D. 法律事件
3. 行政确认与行政确权的主要区别在于：（　　）。
   A. 两者目的不同
   B. 行政确权的对象是民事纠纷，行政确认的对象更为广泛
   C. 行政确权是依申请的行政行为，而行政确认则不一定
   D. 行政确权面对的是利益冲突的两方以上的行政相对人，而行政确认面对的经常是单一的行政相对人
4. 行政确认与行政许可的关系：（　　）。
   A. 行政确认并不必然意味着许可
   B. 虽然有些情况下行政确认意味着许可，但此时的许可不是行政确认的直接法律后果，而是基于法律的规定
   C. 行政许可往往是以确认作为前提的
   D. 行政确认有时和行政许可是等同的
5. 行政确认与行政事实行为的异同是：（　　）。
   A. 行政确认行为有法律约束力，而行政事实行为没有
   B. 行政确认行为是行政行为，而行政事实行为不是
   C. 行政事实行为对相对人有事实上的效果，行政确认行为则没有

D. 两者均是非处分性行为

6. 属于行政确认的主要形式有:(　　)。

A. 认定　　B. 证明　　C. 鉴定　　D. 鉴证

7. 依行政确认的内容不同,行政确认可以分为:(　　)。

A. 身份行政确认　　B. 能力行政确认

C. 法律事实行政确认　　D. 法律关系行政确认

8. 属于能力行政确认的是:(　　)。

A. 学历证明　　B. 出生证明　　C. 资格证明　　D. 资质证明

9. 下列关于交通事故认定说法正确的是:(　　)。

A. 交通事故认定仅仅是一种实事鉴定

B. 交通事故认定是行政事实行为

C. 交通事故认定涉及事实的认定,更涉及事故当事人法律责任的认定

D. 交通事故认定属于行政确认

10. 行政确认的法律意义在于:(　　)。

A. 为行政机关和司法机关进行有关处理活动提供法律事实与法律关系上的前提

B. 通过确认相对人的权益,有利于行政相对人充分利用自己的合法权益和其他人尊重行政相对人的合法权益

C. 有利于预防和解决各种纠纷,维护社会秩序的稳定,降低社会运行的成本

D. 没有法律上的意义,只有事实上的作用

行政许可

【要点提示】

行政许可是行政机关对行政事务实施管理的重要手段，其前提是法律对相对人任意行使权利从事特定活动和行为予以控制和限制，其实质是通过法定程序解除该种"限制"，从而使相对人获得从事某种活动的资格或实施某种行为的能力。本章通过对行政许可的概念与特征、信赖利益保护原则、行政许可的种类与形式、行政许可的设定、行政许可的实施机关以及行政许可实施程序的学习，要求掌握行政许可的基本概念、行政许可信赖利益保护以及设定和实施许可的程序等内容。

第一节　行政许可的概念与特征

行政许可是行政机关对行政事务实施管理的重要手段。2003 年 8 月 27 日第十届全国人民代表大会第四次会议通过并于 2004 年 7 月 1 日起施行的《中华人民共和国行政许可法》（以下简称《行政许可法》），对规范行政主体的行政许可行为，促进政府行政管理体制改革，建设法治政府具有积极的推动作用。

一、行政许可的概念

对行政许可概念的理解，学界一般认为有广义说和狭义说两类。广义的行政许可既包括行政机关的一般许可、特许、认可、核准、登记、批准、证明、检验、审核、备案等在内的实施许可的行为，也包括行政许可的设定、监督等方面的内容。而狭义的行政许可只包含了行政许可的实施和监督，排除了作为立法层面上的行政许可设定方面的内容。

我国现行的《行政许可法》基本上采纳了学界对行政许可的研究成果，并且对行政许可的概念进行了界定。该法第 2 条规定："本法所称行政许可，是指行政机关根据公民、法人或者其他组织的申请，经依法审查，准予其从事特定活动的行为。"从该定义来看,法律对行政许可的概念采用了狭义说。

依据《行政许可法》的上述规定,行政许可是指行政许可主体针对行政相对人的申请,依法审查、判定并确认行政相对人是否已具备从事某种特定活动或实施某种特定行为的条件或资格,并对经审查、确认并准许的活动或行为进行全过程依法监督、管理的过程性行政行为。该行政行为包括确认已具备条件或资格的准予许可、确认不具备条件或资格的不予许可并对准予许可事项进行全过程监管等行为方式(如行政许可的撤回、撤销等)。

二、行政许可的特征

(一)行政许可是行政主体实施的一种具体行政行为

行政许可是行政机关对国家安全、公共安全、生产经营、市场营销、资源开发、环境保护、城市建设、文化教育、交通运输、对外贸易等诸多关系到社会秩序稳定、正常的社会、经济事务实施有效管理的重要手段之一;是行政机关以颁发许可证或其他许可文件的方式允许公民、法人和其他组织从事某种特定活动或实施某种特定行为的具体行政行为;是行政机关具体运用国家行政权力的表现。

(二)行政许可是以法律控制和限制行政相对人任意行使权利为前提的一种行政行为

对社会、经济事务行使管理权是任何一个国家政府的基本职能。政府必须对有关国计民生、人身健康、公共安全、产品质量、进出口贸易等社会事务实行宏观控制,限制和制止公民、法人和其他组织未经允许而任意进行这类生产、经营及其他各种可能导致社会失衡、失序,损害社会公共利益的活动。同时,为了促进经济、文化等事业的发展,激发社会的活力,维持社会的进步与发展,保障相对人合法的权利要求得到有效的实现,国家不可对这些特定活动和行为限制过死,必须根据社会具体发展的程度和需要,以法律的形式制定出行政相对人行使这些特定权利的标准和条件,凡符合法定标准和条件的行政相对人,政府应当允许他们在这些领域内依法进行生产、经营活动及其他各种特定的活动,政府必须确认他们从事这些特定活动的资格,并为他们从事这些特定的活动提供必要的条件和适当的帮助。这是实施行政许可制度对政府提出的具体要求。由此可见,法律对相对人任意行使权利从事特定活动和特定行为的控制与限制是行政许可存在的前提,如果法律对相对人行使权利没有加以限制,政府的许可行为也没有存在的必要。在这个意义上,行政许可是一种有限设禁和解禁的行政行为。

(三)行政许可是依行政相对人的申请而成立的一种行政行为

正因为行政许可是对行政相对人所从事的必须由法律加以控制和限制的特定活动和行为,由行政机关对其从事该活动和实施该行为的条件和资格依法予以判定和确认的行为过程，所以，行政相对人向行政机关提出申请便理所当然地是其能够成立的要件之一。行政许可依行政相对人的申请而成立，一方面意味着没有相对人的申请，行政机关不能主动破坏法律规定的控制和限制的原则，任意作出行政许可行为，变相强制行政相对人接受其决定；另一方面，行政相对人要从事某一为法律所限制和控制的活动和行为，也必须向有关行政机关递交许可申请，以取得资格的确认和批准，不得未经申请而擅自从事，提出申请是行政相对人从事该事项之前必须履行的义务。需要指出的是，行政相对人的申请虽然是行政许可得以成立的要件，但并不意味着行政许可具有双方行政行为的性质，因为行政许可的申请并不必定得到行政机关的同意，行政许可仍是行政机关基于其行政职权而为的一种单方行政行为。

（四）行政许可是行政机关对行政相对人从事某种特定活动或实施某种特定行为的条件和资格依法予以判定并确认的行政行为

行政许可是行政相对人任意从事某种活动和实施某种行为受到限制的情况下，允许符合条件并具备资格的相对人从事该活动和实施该行为的。因此，对于获得许可的相对人来说，他们的资格无疑已得到了法律的确认，正是由于具备了这种法律所确认的资格，他们从事为法律所控制和限制的活动时才会不违反法律，反而受到法律的有效保护。

行政机关确认行政相对人行使权利的资格，必须依法进行，既不能将不符合法定条件的相对人的资格予以确认，也不能将符合法定条件的相对人的资格不予确认。否则，行政许可制度就会丧失其应有的效用。已被确认资格并获得许可的相对人应当依法行使其权利，若有违反，行政机关有权变更或撤销其许可，以维护行政许可的严肃性和有效性。

行政许可作为一种确认相对人权利能力和权利资格的行政行为，并不意味着行政机关在行政许可决定中不能对相对人规定一定的义务或责任，为了使行政许可发挥更大的效能，避免发生已获得许可的相对人利用许可的特定性、独立性而消极把持许可事项，使之得不到应有实现的情况，行政机关有权在作出许可决定时依法规定某种义务或责任。

（五）行政许可是过程性、连续性的行政行为

作为行政控制和行政管理的一种重要手段，行政许可行为并不会在颁发许可证后就自行终止，行政许可行为的外延边际内容应该贯穿于被许可事项的全过程。行政许可行为不应该只是简单的许可证核准与颁发行为，行政机关在依法需实施控制和管理的许可事项上的义务和责任应该而且必须贯穿于被许可事项的始终，不仅应包括准予（或不予）颁发许可证，而且还必然包括对被许可事项的监督、检查和管理，包括对被许可事项在实施过程中可能出现的中止、变更、撤销等事务的处理。因此,行政许可行为是一项过程性、连续性的动态行政行为,这也正是行政许可行为与对某一静态的法律事务或法律关系进行确认的行政确认行为的区别之所在。

三、行政许可与信赖利益保护

信赖利益保护,通常认为是行政相对人对公权力的运作产生了某种信任和依赖,相对人基于该种信赖所实施的活动,应当受到法律的保护。一般认为,行政法上的信赖利益保护原则源于德国,确立于德国行政法院对授益行政行为的撤销判决之中。信赖利益保护原则是法律安定性原则与依法行政原则、公共利益与个人利益相权衡的结果。该原则在我国实定法上的确立,主要归功于《行政许可法》的颁行;在该部立法中,信赖利益保护原则通过行政许可的撤回和撤销制度得到了充分的体现。

行政许可信赖利益保护原则,是指非因法定事由并经法定程序,行政机关不得撤回、变更和撤销已生效的行政许可行为;因公共利益或者其他法定事由需要撤回、变更或撤销行政许可决定的,应当依照法定权限和程序进行,并对行政相对人因此而受到的财产损失依法予以补偿和赔偿。根据《行政许可法》第 8 条和第 69 条的规定,对行政许可信赖利益保护原则的理解和运用应着重以下两个方面。

(一) 行政许可信赖利益保护的构成要件

1. 信赖保护存在的基础。信赖保护原则的基础是已经生效的行政行为,行政相对人基于对行政机关行政行为合法性与有效性的信赖而与行政机关合作,这种对行政机关的信赖应当受到保护。《行政许可法》第 8 条第 1 款规定“行政机关不得擅自改变已经生效的行政许可”,这说明信赖的对象须为有效的行政许可决定。

2. 存在信赖的表现。即相对人已经出于对有效行政许可的信赖而对生产生活作出了相应安排,正是基于这些信赖行为,才凝结出了需受法律保护的信赖利益。

3. 该信赖利益值得保护。信赖值得保护的标准是行政相对人无过错原则,倘若是由于行政相对人自己以欺骗、贿赂等手段,造成违法行政行为的作出,则不能成立信赖保护。《行政许可法》第 69 条第 2 款、第 4 款规定,“被许可人以欺骗、贿赂等不正当手段取得行政许可的,应当予以撤销”、“依照本条第二款的规定撤销行政许可的,被许可人基于行政许可取得的利益不受保护”。这些规定强调的是相对人在违法行政许可的成立中善意无过错。

(二) 信赖利益的保护方式

信赖利益的保护方式,是指当行政相对人符合信赖保护原则的构成要件,而行政机关又决定变更、撤回或者撤销行政相对人所信赖的行政行为时,对行政相对人的信赖利益予以保护所采取的方法。根据《行政许可法》第 8 条和第 69 条的规定，我国对行政相对人的信赖利益保护主要有两种方式，即存续保护和财产保护。而且，从法律规定的内容和精神看，在选择信赖利益保护方法时，应该实行存续保护为先、财产保护为后的原则。

1. 存续性保护。存续保护，是指不论行政行为是否合法，都以稳定行政相对人所信赖的法律状态为主要目的，以保护行政相对人的信赖利益。《行政许可法》第 8 条第 1 款规定了合法许可受存续性保护，但对违法许可是否也存在存续性保护的问题则存有争议。根据依法行政原则，违法的行政行为应予撤销，所以，《行政许可法》第 69 条第 1 款列举了行政机关及其工作人员违法实施行政许可的具体情形，并规定有这些规定情形之一的，"可以撤销行政许可"。但同时该条第 3 款规定，"依照前两款的规定撤销行政许可，可能对公共利益造成重大损失的，不予撤销"。有学者认为这正是存续保护的具体体现。但也有人认为这里的"不予撤销"是出于对公共利益而不是信赖利益的保护，并不属于存续性保护的范畴。

2. 财产性保护。财产保护，是指行政机关作出的行政许可决定如果存在必须撤回、变更或撤销的情形，相对人的信赖利益因此遭受损失的，必须给予相对人以财产补偿或赔偿。

(1)合法的行政许可决定变更、撤回的补偿。根据《行政许可法》第 8 条第 2 款的规定，合法的行政许可决定需要变更或撤回必须具备相应的条件：一是行政许可所依据的法律、法规、规章修改或者废止；二是准予行政许可所依据的客观情况发生重大变化的，为了公共利益的需要，行政机关可以依法变更或者撤回已经生效的行政许可。相对人因合法的行政许可决定的变更、撤回而招致财产损失的，行政机关应当补偿相应的损失。但是，关于信赖利益补偿的程序，《行政许可法》本身没有规定。2009 年 11 月 9 日，最高人民法院公布了《关于审理行政许可案件若干问题的规定》(以下简称《行政许可规定》)。其中，规定了信赖利益补偿的一些程序要求。主要包括：①确立了行政先行处理原则，即如果相对人仅就行政许可的变更、撤回行为造成的损失主张赔偿，对变更和撤回行为未提出异议的，应当先向行政机关提出申请。②补偿标准的确定。如果法律、法规、规章和其他规范性文件对补偿标准有规定的，从其规定；未作规定的，一般在实际损失范围内确定补偿数额。而且，《行政许可规定》还明确，对《行政许可法》第 12 条第(二)项的许可事项的补偿，一般按实际投入的损失确定补偿数额。

(2)违法的行政许可决定撤销后对善意相对人的赔偿。因行政许可决定具备违法情形而被撤销的，行政机关应予赔偿。但是，相对人以贿赂、欺骗等不正当手段取得行政许可的，行政机关不予赔偿。行政许可赔偿程序与标准应适用《中华人民共和国国家赔偿法》和《最高人民法院关于审理行政赔偿案件若干问题的规定》等法律规范。

第二节　行政许可的种类与形式

一、行政许可在学理上的分类

根据不同的划分标准，理论上可以将行政许可分为不同的种类，常见的分类有下列七种。

（一）以许可的范围为标准

以许可的范围为标准，分为一般许可和特殊许可。一般许可是指行政主体对凡符合法定条件的许可申请都予准许，属无特殊限制的许可，如申请驾驶执照的许可、申请营业执照等大多数的许可都属于一般许可。特殊许可是指除符合一般许可的条件外，对申请人还规定有特别限定的许可，又称“特许”，[①]如持枪许可，只有符合《中华人民共和国枪支管理法》规定的人才可以获得持枪许可，其他人员均不能获得此种权利。特殊许可还可发生在自然资源的开发利用许可、有限社会公共资源的配置等领域。一般许可与特殊许可反映了国家根据需要对不同事项的控制程度不同，通常而言，一般许可是对相对人任意行使权利的一种限制，这种限制主要通过设定一定的条件来进行，凡符合条件的相对人一般都可获得许可。而特殊许可则涉及特定有限的对象特别的权利和资格。

（二）以许可享有的程度为标准

以许可享有的程度为标准，分为排他性许可和非排他性许可。排他性许可又称独占许可，是指某个人或组织获得该项许可后，其他任何人或组织均不能再获得该项许可，其最具代表性的是专利许可、商标许可。非排他性许可又称共存许可，是指可以由具备法定条件的任何自然人或组织所申请并获得的许可，大部分行政许可都是非排他性许可。不过，当某一领域中的许可存在数量方面的限制时，一定条件下的非排他性许可也会转化为排他性许可。[②]

（三）以许可能否单独使用为标准

以许可能否单独使用为标准，分为独立的许可和附文件的许可。独立的许可

---

① 如在日本行政法中，“许可”是行政行为的一个种类，是指行政机关在具备特定的法定要件时作出的具有解除由法律、法规设定的一般性禁止（不作为义务）的法律效果的行为；而“特许”则是对国民设定其本来不拥有的权利或权利能力的行为。

② 姜明安主编：《行政法与行政诉讼法》，北京大学出版社、高等教育出版社1999年版，第184页。

是指许可证已规定了所有许可内容，不需其他文件作补充说明的许可，如林木采伐许可证、特种刀具购买证等。明确的许可范围、事项、时间等是独立许可的显著特点。附文件的许可是指由于特殊条件的限制，需要附加文件予以说明的许可。这种许可在申请、审批或使用时，均应将附加文件附在许可证后作补充说明，如商标许可证书中还需附有商标的设计图样，否则，许可证将无法使用。

(四) 以许可是否附加必须履行的义务为标准

以许可是否附加必须履行的义务为标准，分为权利性许可和附义务的许可。权利性许可也称无条件放弃的许可，指申请人取得行政许可后，并不承担一定要作为的义务，他可自由放弃被许可的权利并且不因此承担任何法律责任，如驾驶证、排污许可证等。附义务的许可也称有条件放弃的许可，指被许可人获得许可的同时，亦承担一定期限内从事该活动的义务，否则要承担一定的法律责任。承担法律责任的方式一般表现为丧失被许可的证件，如我国《企业登记管理条例》规定，企业在获准登记，取得执照后1年内应开展经营活动，否则将视为自动放弃，工商行政管理部门有权吊销其营业执照。这种许可就是附义务的许可。

(五) 以许可的存续时间为标准

以许可的存续时间为标准，分为永久许可和附期限许可。永久许可是指被许可人取得许可证后，只要其本人不放弃或不被许可主管机关因法定事由撤销，将持续并永久有效的许可，如生产某种产品的许可。附期限的许可指只在一定的时间内具有效力，逾期将失效的许可。这种在使用时间上有限制的许可数量较多，大体分为两种情况：一种情况是，用明确的使用期限加以规定，如商标许可、建设用地审批等；另一种情况是许可本身未作明确期限规定，但许可的内容进行完毕后，即自行失去许可效力，如出境许可等。

(六) 以许可的目的形式为标准

以许可的目的形式为标准，分为行为许可和资格许可。行为许可是指允许符合条件的申请人从事某项活动的许可，如生产经营许可、集会游行示威许可。这类许可在内容上仅限于许可被许可人进行某种行动，不包含资格权能的特别证明内容，也无需对被许可人进行能力方面的考核。资格许可是指行政主体应申请人的申请，经过一定的考核颁发一定的证明文书，允许其享有某种资格或具有某种能力的许可，如律师资格证、会计师执照、驾驶执照等的核发。一般来说，资格许可也包含了对被许可人的行为许可。

(七) 以许可的目的和行政管理具体内容的范围为标准

以许可的目的和行政管理具体内容的范围为标准，可分为保障公共安全的许可、保障人民健康的许可、维护社会风尚的许可、维护交通安全的许可、保护重要资源和生态环境的许可、进出口贸易许可、加强城市规划与管理的许可、保护当事人合法权益的许可和发展国民经济的许可等。

二、行政许可在法律上的分类

《行政许可法》虽然没有对行政许可作明确的法律分类，但是，根据性质、功能、适用事项的不同，将行政许可分为普通许可、特许、认可、核准、登记五大类。实际上，《行政许可法》对相关许可特别程序的规定也体现出了这一分类。

（一）普通许可

普通许可是由行政许可主体确认公民、法人或者其他组织是否具备从事特定活动的条件。它是行政管理中运用最为广泛的一种行政许可，适用于直接关系国家安全、经济安全、公共利益、人民健康、生命财产安全的事项。普通许可的功能主要是防止危险、保障安全，一般没有数量限制。《行政许可法》第 12 条第（一）项规定："直接涉及国家安全、公共安全、经济宏观调控、生态环境保护以及直接关系人身健康、生命财产安全等特定活动，需要按照法定条件予以批准的事项。"这实际上就属于普通许可。

（二）特许

特许是由行政许可主体代表国家向被许可人授予某种权利，主要适用于有限自然资源的开发利用、有限公共资源的配置、直接关系公共利益的垄断性企业的市场准入等，如《行政许可法》第 12 条第（二）项规定："有限自然资源开发利用、公共资源配置以及直接关系公共利益的特定行业的市场准入等，需要赋予特定权利的事项。"矿藏开发许可、无线电频率许可、出租车经营许可等是典型的特许。特许的功能主要是分配稀缺资源，一般有数量限制，而且相对人取得特许权应当依法支付一定的费用。法律上对特许还作了特殊的程序要求，如《行政许可法》第 53 条规定："实施本法第十二条第二项所列事项的行政许可的，行政机关应当通过招标、拍卖等公平竞争的方式作出决定。但是，法律、行政法规另有规定的，依照其规定。"

（三）认可

认可是由行政许可主体对申请人是否具备特定技能的认定，主要适用于为公众提供服务、直接关系公共利益并且要求具备特殊信誉、特殊条件或者特殊技能的资格、资质。认可的主要功能是提高从业者的水平或者某种技能、信誉，没有数量限制。

考试是认可的主要方式，如《行政许可法》第 54 条规定："实施本法第十二条第三项所列事项的行政许可，赋予公民特定资格，依法应当举行国家考试的，行政机关根据考试成绩和其他法定条件作出行政许可决定；赋予法人或者其他组织特定的资格、资质的，行政机关根据申请人的专业人员构成、技术条件、经营业绩和管理水平等的考核结果作出行政许可决定。但是，法律、行政法规另有规定的，依照其规定。”

(四) 核准

核准是由行政许可主体对某些事项是否达到特定技术标准、经济技术规范的判断、确定，主要适用于直接关系公共安全、人身健康、生命安全的重要设备设施的设计、建造、安装和使用，直接关系人身健康、生命财产安全的特定产品、物品的检验、检疫。如对高压锅的生产和使用、从疫区进口的动物等进行检测、检疫。核准的功能也是为了防止危险、保障安全，没有数量限制。

核准主要关注于许可事项在技术上是否达到法定要求，如《行政许可法》第 55 条规定："实施本法第十二条第四项所列事项的行政许可的，应当按照技术标准、技术规范依法进行检验、检测、检疫，行政机关根据检验、检测、检疫的结果作出行政许可决定。"

(五) 登记

登记是由行政许可主体确立个人、企业或者其他组织的特定主体资格。登记的功能主要是确立申请人的市场主体资格。登记事项没有数量限制，行政机关一般只对申请登记的材料进行形式审查，申请人对申请材料的真实性负责。[①] 关于登记到底属于行政许可还是行政确认在理论上存在争议，但是《行政许可法》第 12 条第(五)项规定："企业或者其他组织的设立等，需要确定主体资格的事项。"这显然是把企业等组织的设立登记归属于行政许可的范畴。

三、行政许可的形式

行政许可的形式也可以认为是行政许可的外在表现，即行政许可是以什么样的形态对外表现出来。一般最典型的行政许可表现形式是"许可证"，比如机动车驾驶证、企业营业执照、服务资格证，等等。当然，并不是所有的行政许可都要求行政机关颁发许可证，比如行政机关实施检验、检测、检疫的，在检验、检测、检疫合格的设备、设施、产品、物品上加贴标签或者加盖检验、检测、检疫印章即可表示行政许可。[②]

《行政许可法》规定的行政许可形式主要有以下几类。

1. 许可证、执照或者其他许可证书。如《道路交通安全法》第 19 条第 2 款规定：申请机动车驾驶证，应当符合国务院公安部门规定的驾驶许可条件；经考试合格后，由公安机关交通管理部门发给相应类别的机动车驾驶证。

2. 资格证、资质证或者其他合格证书。如《中华人民共和国律师法》第 6 条第

---

① 参见《行政许可法》第 31 条。

② 参见《行政许可法》第 39 条第 2 款。

1 款规定:取得律师资格应当经过国家统一的司法考试。具有高等院校法律专业本科以上学历,或者高等院校其他专业本科以上学历具有法律专业知识的人员,经国家司法考试合格的,取得资格。

3. 行政机关的批准文件或者证明文件。如《中华人民共和国外资企业法实施细则》第 7 条规定:设立外资企业的申请,由中华人民共和国对外贸易经济合作部[①](以下简称对外贸易经济合作部)审查批准后,发给批准证书。

4. 法律、法规规定的其他行政许可证件。如《中华人民共和国野生动物保护法》第 16 条规定,禁止猎捕、杀害国家重点保护野生动物。因科学研究、驯养繁殖、展览或者其他特殊情况,需要捕捉、捕捞国家一级保护野生动物的,必须向国务院野生动物行政主管部门申请特许猎捕证;猎捕国家二级保护野生动物的,必须向省、自治区、直辖市政府野生动物行政主管部门申请特许猎捕证。

第三节 行政许可的设定

设定,从其本义上说具有"创设"、"第一次规定"的含义。行政许可的设定是拥有设定行政许可权的机关创设行政许可,使行政许可权从无到有,即特定机关通过制定法律规范创设行政许可权的法律活动过程。就其本质层面而言,行政许可的设定是特定机关创设行政许可权的权限划分。拥有行政许可设定权的国家机关通过制定法律规范,将某一事项纳入行政许可范围,赋予特定行政主体行使行政许可权的权力,同时也对相关行政主体实施行政许可的条件、程序等作出规定。因而,行政许可的设定权,本质上属于一种立法权,是国家机关根据法定权限和程序创设行政许可规范的权力。

一、行政许可设定的特征

(一) 立法性

所谓"立法性",指行政许可设定权是一种立法权,而且是立法权的核心内容。立法权是指"国家制定、修改和废除法律的权力"[②],它可以根据国家和社会发展的需要为社会成员设定权利和义务,从而确保社会秩序的正常运行。行政许可的设定,是有权机关根据行政管理的需要,对需要纳入许可的事项设置许可并规定许可的主体、条件和程序,一方面它界定了相对人不得自由行使权利的界限,必须经行

---

① 现称为商务部。

② 《法学词典》(增订本),上海辞书出版社 1984 年版,第 218 页。

政许可主体审核、许可方能实施;另一方面也明确了行政许可主体的许可权限,这种行政许可的设定所包涵的权利和义务具有原始性和初创性,具有立法的本质特征。鉴于此,行政许可的设定不宜由广泛的国家机关来行使。

(二) 自主性

凡具有行政许可设定权的国家机关,在行使行政许可设定权时,对何种事项应当设置许可以及许可的条件、程序等,均有权自主决定。但是,这种"自主性"并非无制约的任性,必须受到限制。这种限制,主要来源于宪法和法律中有关职能分工和权限划分的规定,包括以下几点。

1. 宪法和组织法中有关国家职能分工的规定。如我国现行宪法中有关全国人大及其常委会和国务院之间的职能分工,国务院在行使行政许可设定权时应当遵守。

2.《立法法》中的立法权限划分。如只能通过制定法律规定的事项,国务院及其部门、地方国家机关在设定行政许可时不得涉及。

3. 规定行政许可设定权的法律。如我国现行《行政许可法》第二章的有关规定是设定行政许可的基本依据。另一方面,必须考虑行政许可的性质和行政管理的需要。由公民、组织自主决定,不致损害国家的、社会的、集体的利益和他人的合法的自由和权利的事项,不得设定行政许可。而随着社会的发展,形势的变化,应当对已设定的行政许可及时地进行修改,直至废止。

(三) 法定性

行政许可制度涉及公民、组织和社会的重大利益,设置不当,既有可能侵犯公民、组织的合法权益,也有可能破坏国家法制统一,降低行政效率,导致社会失控。因此,行政许可设定权必须基于法治的精神依法配置。行政许可设定权法定性主要体现在以下几个方面。

1. 设定权法定。哪些国家机关有权设定行政许可必须有法律明文规定,凡法律未明确规定有设定权的国家机关不得创设行政许可,否则不得作为行政许可的依据。

2. 设定权限法定。享有行政许可设定权的国家机关拥有哪些行政许可设定权,采用何种方式设定,应当设定哪些内容等,法律都应当有明文规定,任何法定机关超出法定权限范围设定的行政许可,属于无效设定,不具有法律效力。根据我国的法制体系,除全国人大及其常委会外,其他享有设定权的国家机关必须依法定权限范围进行设定,尤其是法律、法规制定主体以外的国家机关设定行政许可时要有法定的限制范围。

3. 设定程序法定。国家机关通过制定法律、法规和行政规章设定行政许可,必须遵守《立法法》、《行政法规制定程序条例》等法律规范中有关立法程序的规定。

二、行政许可设定的内容

行政许可设定的内容是指，行政许可的设定主体对依法可以设定许可的事项设定行政许可时所应当规定的具体内容。行政许可设定的内容是行政许可设定权的重要所在，也是行政许可权得以实施和落实的必然要求。从整体而言，法律、法规和行政规章设定行政许可的过程，实质上就是处理公共利益和相对人合法权益关系的过程，是合理界定公权力介入干预私权利界限的结果。一方面，赋予行政机关以行政许可权是必须的，但另一方面，对相对人权利的保护和保障也应尽可能地无微不至，在行政许可权的设定问题上不应出现权力与权利的失衡。法律、法规和规章设定行政许可，应当明确规定行政许可的事项、实施机关、条件、程序和期限；设定内容力求完整、明确，便于行政许可主体操作、执行。这样有助于对行政许可权的实施进行法律上的控制。

具体而言，行政许可设定权的内容主要应包括以下几个方面。

（一）行政许可的事项

行政许可的事项实际是指行政许可的范围，即行政主体对行政相对人的哪些权利可以设定许可。一般来说，许可事项的设定与一个国家经济和社会的发展水平密切相关。设定行政许可，应当遵循经济和社会发展规律，有利于发挥公民、法人或者其他组织的积极性、主动性，维护公共利益和社会秩序，促进经济、社会和生态环境协调发展。[①] 我国《行政许可法》关于行政许可的范围采用列举式的立法模式，该法将可以设定行政许可的事项概括为六项，[②]同时也明确列举了可以不设立许可的四种情况。[③]

（二）行政许可实施主体

行政许可实施主体解决的是行政许可权的归属主体问题，即针对法定的许可事项的行政许可权究竟应设定给哪个主体。根据行政组织的设置目的，行政许可权主要应设定给具有相应行政管理职能的国家行政机关；而行政职能的社会化又决定了某些行政许可权可设定给具有公共管理职能的社会组织。行政许可实施主体的设定涉及行政许可主体的资格问题，关系到行政许可行为的合法有效性，也确定了行政许可主体应当依法通过行使行政许可权以保障相对人权利有效实现的法定职责。这是行政许可设定必须予以明确的主要内容。

---

① 参见《行政许可法》第 11 条。

② 参见《行政许可法》第 12 条。

③ 参见《行政许可法》第 13 条。

(三) 行政许可的适用条件

行政许可的适用条件是行政许可实施主体实施行政许可的条件或标准。由于行政许可是基于公共利益和公共秩序的需要对相对人行使权利所进行的限制,现代法治原则要求在何种情形下、对什么样的相对人可以实施行政许可以及在何种情形下不应该实施许可等必须要有明确的法律依据。这是立法要实现对行政许可权控制的重要举措。法律、法规和规章在设定行政许可权的适用条件时,应尽可能明确、具体,减少行政许可权实施主体在适用上的自由裁量余地,防止行政许可权的滥用。

(四) 行政许可程序

行政许可程序是行政许可主体实施行政许可必须遵循的方式和步骤。行政许可制度的实现,是从申请、审查、批准或不批准及对许可的监督管理的一个完整过程,每一个环节的主要方面都应当有相应的程序予以规范和约束。否则,既不利于许可制度的实现,也不利于对行政许可权的控制,相对人的权利和社会公共利益都会遭受不同程度的损害。因此,设定行政许可时,必须对许可程序作出规定。

(五) 行政许可期限

行政许可的期限是法律对行政许可主体在实施行政许可过程中有关时间上的要求,包括行政许可主体作出准许或不准许决定的整个许可过程的时间长短,以及许可过程中某一个环节的时间要求,如举行听证的时间要求、送达许可证件的时间要求,等等。明确行政许可期限,可以有效防止许可主体拖延办理许可,规范许可的实施,从而提高行政效率,保护相对人的利益。

三、我国行政许可设定的依据

依据我国现行《行政许可法》之规定,我国行政许可设定的依据主要包括:法律、行政法规、国务院决定、地方性法规、省级政府规章等五类。除此之外,部门规章以及较大的市地方政府规章等其他行政立法或者规范性文件均无权设定行政许可。

(一) 法律、行政法规

法律和行政法规是我国行政许可设定的主要依据。法律作为宪法之下效力层次最高的规范性文件,可以设定各种形式的许可。当然,法律设定行政许可,首先也要尊重宪法的原则和精神,要充分保护宪法赋予的公民的基本权利和自由,尽量减少许可事项的设定;其次,法律设定行政许可要受《行政许可法》第 12 条、第 13 条的限制。

《行政许可法》第 14 条第 1 款规定:“尚未制定法律的,行政法规可以设定行政许可。”根据《立法法》第 9 条的规定,除了法律绝对保留的“犯罪和刑罚、对公民政治权利的剥夺和限制人身自由的强制措施和处罚、司法制度”等事项之外，其他事项尚未制定法律的，全国人大及其常委会可授权国务院根据实际需要先制定行政法规。因此，对《行政许可法》第12条规定的许可事项，在法律未设定许可之前，国务院认为有必要时，可以通过制定行政法规设定许可，但是，一旦全国人大及其常委会就此事项制定了法律，行政法规必须服从于法律。

（二）国务院的决定

国务院可以采用发布具有普遍约束力的决定的方式设定行政许可。但是，必须注意采取该种方式设定许可应满足两项条件。第一，国务院发布决定设定许可只有在“必要时”，即在确有需要的情况下，才可采用此方式。在正常情况下，国务院应当通过制定行政法规的方式设定行政许可。第二，在该项行政许可实施后，除临时性行政许可事项外，国务院应当及时提请全国人民代表大会及其常务委员会制定法律，或者自行制定行政法规。[①]

（三）地方性法规、省级政府规章

对于尚未制定法律、行政法规的许可事项，地方性法规也可以设定行政许可；尚未制定法律、行政法规和地方性法规的，因行政管理的需要，确需立即实施行政许可的，省、自治区、直辖市人民政府规章可以设定临时性的行政许可。临时性的行政许可实施满一年需要继续实施的，应当提请本级人民代表大会及其常务委员会制定地方性法规。[②]

同时，地方性法规和省、自治区、直辖市人民政府规章，不得设定应当由国家统一确定的公民、法人或者其他组织的资格、资质的行政许可；不得设定企业或者其他组织的设立登记及其前置性行政许可。[③]

---

① 参见《行政许可法》第14条第2款。《行政许可法》未赋予国务院部门以行政许可的设定权。对此，《全国人大法律委员会关于〈中华人民共和国行政许可法(草案)〉审议结果的报告》中指出，国务院在进行行政审批制度改革中，决定取消国务院部门规章的行政许可设定权，是经过认真研究的，主要的考虑是各部门不宜自我授权，为本部门或者本系统设定和扩大权力。至于各部门已经发布的确需继续实施的行政许可，在本法施行后，可以由国务院制定行政法规予以确认。

② 参见《行政许可法》第15条第1款。

③ 参见《行政许可法》第15条第2款。

第四节 行政许可的实施机关

一、行政许可主体概说

(一) 区分行政许可主体与行政许可实施机关

行政许可主体是依法拥有行政许可权,能以自己的名义对外行使行政许可权,并能独立承担由此引起的法律责任的组织。作为行政许可主体,它不仅仅是行政许可权的行使者,关键还在于它必须是行政许可权的拥有者。只有当实施行政许可的组织同时也是行政许可权的拥有者时,该组织才能成为行政许可主体,具有以自己的名义行使许可权的资格。否则,至多能成为行政许可的实施机关。受委托组织依行政机关委托,可以实施行政许可,却不能成为行政许可主体。

(二) 行政许可主体的法律特征

行政许可主体具有如下法律特征。

1. 行政许可主体是享有行政许可权的组织,个人不能成为行政许可主体。从理论上分析,行政许可权乃是国家行政职权的重要组成,与公民、组织的权益密切相关,应当由代表国家权力的各级组织拥有与行使。拥有行政许可权的组织主要或原则上是国家行政机关,被授权组织是一种例外,也就是说,中央和地方国家行政机关是行政许可主体的主要形式,被授权组织是行政许可主体的特殊形式。

2. 行政许可主体必须是依法拥有行政许可权的组织。在讨论人民政府职能部门作为行政许可主体时,有一个问题需要指出,即在有些情况下,职能部门仅仅具有审核权,没有最终的批准权,职能机关审核之后必须报本级人民政府或上一级主管部门批准,这时,职能机关能不能成为行政许可主体?一般认为审核属于行政系统的内部程序,对于许可申请人而言,对其权利义务产生影响的是上级主管部门或本级人民政府所作的批准或不批准的行为,因而法律上的行政许可主体是本级人民政府或上一级主管部门。

3. 行政许可主体能够独立地承担行政许可行为所引起的法律后果。这里的法律后果包括以自己的名义参加行政复议和行政诉讼,并作为赔偿义务机关代表国家向受害人履行赔偿责任。

二、我国行政许可的实施机关

我国实施行政许可的机关,根据《行政许可法》的规定,包括了三种类型:行政机关、法律法规授权的组织和行政机关委托的组织。

(一) 行政机关

由行政机关来实施行政许可是我国行政许可实施的基本方式。作为行政许可实施机关的行政机关,主要包括人民政府、政府职能部门、派出机关三种形式。

随着现代社会的发展,对行政机关的效能提出了更高的要求,《行政许可法》借鉴了先前颁布的《行政处罚法》关于行政处罚权集中统一行使的规定,对行政许可也允许设定一个部门来集中行使,并且规定了集中行使的相关条件与方式,具体内容如下。

第一,有权决定集中行政许可权的,只能是国务院或者国务院授权的省级人民政府。[①] 我们知道,各级行政机关的行政许可权是根据宪法和法律的规定依法配置的。这种配置一旦经过法定程序,即具有法律效力,不得任意变更。合并行政许可权实质上是重新调配行政许可权,必须严格加以控制。为此,改变行政许可的分工必须有严格的程序上的限制,由国务院或者经国务院授权的省级人民政府决定,未经国务院授权的省级人民政府以及其他地方人民政府无权决定。

第二,推行"一个窗口"的行政许可模式。行政许可如果需要在同一个行政机关内设的多个机构办理的,该行政机关应当确定一个机构统一受理行政许可申请,统一送达行政许可决定。[②]

第三,采用"一站式"的行政许可模式。行政许可如果依法由地方人民政府两个以上部门分别实施的,该地方人民政府可以确定一个部门受理行政许可申请并转告有关部门分别提出意见后统一办理,或者组织有关部门联合办理、集中办理。[③]

(二) 法律法规授权的组织

经过法律、法规授权的具有管理公共事务职能的组织,在法律地位上即为一个行政许可主体,有权实施行政许可。[④]

作为一个独立的行政许可主体,其所行使的行政许可都可以自己的名义作出,独立承担相应的法律后果。对于行政许可所引起的法律后果,如行政复议、行政诉讼和行政赔偿,均由该组织自己承受。

(三) 行政机关委托的组织

行政委托是行政机关依据法律、法规和规章的规定,将自己拥有的行政职权委托给有关行政机关、符合法定条件的组织或个人行使的一种法律行为。

---

① 参见《行政许可法》第 25 条。

② 参见《行政许可法》第 26 条第 1 款。

③ 参见《行政许可法》第 26 条第 2 款。

④ 参见《行政许可法》第 23 条。

根据许可法定原则,行政许可权应由法定的行政机关行使。这是确保行政许可合法性的一个重要条件。但是,由于行政管理事务日趋专业化、复杂化,为了提高行政效率,法律、法规、规章允许行政机关依法将部分行政许可权通过委托,由其他行政机关实施。受委托的行政机关不得再委托其他组织或者个人实施该行政许可。[①]

第五节 行政许可的实施程序

行政许可程序是行政主体实施一般行政许可的步骤、顺序、方式和时限等,是行政许可制度中不可缺少的重要组成部分。行政许可制度的建立必须有法律依据,其运行过程不得违背法律,应当按照法律规定的权限和程序进行。

一、行政许可的一般程序

(一) 申请

公民、法人或者其他组织从事特定活动,依法需要取得行政许可的,应当向行政机关提出申请。相对人向行政机关提出许可申请,必须履行法定的申请程序。具体而言,申请程序应当包括以下要素。

1. 申请人必须有明确的申请许可的意思表示。行政许可是一种依申请的行政行为,其特点是:行政行为的作出须以行政相对人的申请为前提,行政许可一般须经相对人申请。许可申请人就某一事项提出申请可以采用多种方式(信函、电报、电传、传真、电子数据交换和电子邮件等),但最常用的是提交许可申请书的书面申请形式。[②] 申请人向许可机关主动递交申请书,以表明他有明确的申请许可的意思表示,行政许可机关应当接受申请,予以审查。

2. 部分申请需在法定期限内提出。我国法律规定,部分行政许可,必须在一定期限内提出。这是基于行政效率的要求,督促申请人及时行使申请权利的重要措施。例如,对于附条件的行政许可,一般均规定在取得第一个许可后一定时间内必须向行政机关提出。[③] 但提出许可申请有法定时限要求的并不多见,仅限于个别条件许可和特别许可之类的许可申请。

---

① 参见《行政许可法》第 24 条。

② 参见《行政许可法》第 29 条。

③ 例如《中外合作经营企业法》规定,设立合作企业的申请批准后,应当自接到批准证书之日起 30 天内向工商行政管理机关申请登记,领取营业执照。合作企业的营业执照签发日期,为该企业的成立日期。合作企业应当自成立之日起 30 天内向税务机关办理登记。

（二）受理

行政许可的受理，是指许可机关对相对人的申请行为进行审查后，认为申请符合法律规定的要件，在法定期限内进入审查程序或者认为申请不符合法律规定，决定不予受理的行为。受理实际上是审查申请事项是否符合法定程序和法定形式，申请手续是否完备等。

行政机关对申请人提出的行政许可申请，应当根据下列情况分别作出处理。

1. 申请事项依法不需要取得行政许可的，应当即时告知申请人不受理；

2. 申请事项依法不属于本行政机关职权范围的，应当即时作出不予受理的决定，并告知申请人向有关行政机关申请；

3. 申请材料存在可以当场更正的错误的，应当允许申请人当场更正；

4. 申请材料不齐全或者不符合法定形式的，应当当场或者在五日内一次告知申请人需要补正的全部内容，逾期不告知的，自收到申请材料之日起即为受理；

5. 申请事项属于本行政机关职权范围，申请材料齐全、符合法定形式，或者申请人按照本行政机关的要求提交全部补正申请材料的，应当受理行政许可申请。

行政机关受理或者不予受理行政许可申请，应当出具加盖本行政机关专用印章和注明日期的书面凭证。①

申请人的申请行为和许可机关的受理行为两者结合使行政许可法律关系得以形成，从而产生行政法律上的下述意义。

第一，行政许可法律关系成立。申请和受理意味着行政许可机关具有了对这一具体行政许可是否允许的审查权，同时也意味着许可机关承担了必须作出决定的义务。

第二，与申请人提出的申请具有重大关系的利害关系人也据此拥有了法定权利，例如要求听证的权利等。

（三）审查

许可机关收到申请后，依照法定标准对申请人及申请事项进行全面实质性审查，主要包括以下方面。

1. 对申请人资格的审查。申请人必须是有行为能力，能够独立承担责任的公民和法人，且必须符合具体法律规定的要求。某些资格的许可还必须审查申请人是否通过规定考核和确认，然后才决定是否同意行政许可。

2. 申请事项的实质要件审查。许可机关应当根据法定条件和程序对申请材料进行实质审查，确定其是否符合法律规定，是否有明确的法律依据，是否具备法定条件等。

---

① 参见《行政许可法》第32条。

主管许可机关在书面审查申请合格的基础上，根据法律的规定，还应当对申请书所列的从事该项活动的能力、场所、设备、卫生环境等作一定的调查和核实工作。行政机关对需要实地核查的情况，应当指派两名以上工作人员实地核查。

3. 许可审查的形式。对需要进行实质性审查的一般行政许可，应当根据法定条件和程序对申请材料的实质内容进行审查。审查机关应当是有审批权限的许可机关。一般采用包括考核、检测、鉴定、评审、调查、核实等手段来审查行政许可申请。对于情况复杂的或者重大的行政许可，行政机关的负责人应当集体讨论决定。对法律规定的情形，如果申请人或利害关系人申请要求听证的，行政机关还应当组织听证。①

4. 许可审查的期间。审批阶段是许可程序的重要环节，因此有关审查的期间是至关重要的。行政许可的审查期间是指许可机关进行审查行为的期限。期间是许可机关单方面完成对行政许可申请的审查行为的期限，也就是法律对审查行为在时间上提出的要求。行政许可审查的期间一般由法律规定，为法定期间。

法定期间是指法律规定的期间，如除可以当场决定的外，行政机关应当自受理行政许可审查之日起 20 日内作出是否准予行政许可的决定；20 日内不能作出决定的，经本行政机关负责人批准，可以延长 10 日，但是应当将延长审查期限的情况告知申请人。② 也就是说，法定审查期间一般是 20 日，特殊情况经批准延长为 30 日。

根据《行政许可法》的规定，由一个部门受理行政许可申请并转告有关部门分别提出意见后统一办理，或者组织有关部门联合办理、集中办理的，统一办理或者联合办理、集中办理的时间不得超过 45 日；45 日内不能办结的，经本级人民政府批准，可以延长 15 日，但是应当将延长审查期限的情况告知申请人。在这种情况下，审查期间一般是 45 日，特殊情况经批准延长为 60 日。③

依法应当先经下级行政机关审查后报上级行政机关决定的行政许可，下级行政机关应当自其受理行政许可申请之日起 20 日内审查完毕。④

法律、行政法规对行政机关作出行政许可决定的期限另有规定的，遵从特别法的规定。这种特别规定应当只有法律、法规可以作出。

应当注意的是，行政许可的审查期间也会出现中断计算的情况。法律规定，作出是否准予行政许可的决定，依法需要听证、招标投标、拍卖、鉴定和专家评审的，

---

① 关于听证程序详见本节第二部分。

② 参见《行政许可法》第 42 条第 1 款。

③ 参见《行政许可法》第 42 条第 2 款。

④ 参见《行政许可法》第 43 条。

听证、招标投标、拍卖、鉴定和专家评审的时间不计算在法定期限内。[①]

(四) 决定

行政许可决定的程序，简言之，它是由许可决定作出的方式、步骤、时限等构成的一个连续过程。行政许可机关对申请人提出的申请审查之后，一般可能是作出两种决定：一是不予批准，拒绝核发许可证及其他证照；二是准予批准，决定发放许可证或其他证照。

1. 不予批准行政许可决定的程序。

(1)告知与复核。行政机关作出不予行政许可的决定前，应当告知申请人不予行政许可的理由和依据；申请人有权进行陈述和申辩。行政机关应当充分听取申请人的意见，并对其提出的理由和依据进行复核。

(2)签发决定。行政许可申请不符合法定条件的，行政机关应当依法作出不予行政许可的决定，并说明不予行政许可的理由、依据和申请人申请行政复议或者提起行政诉讼的权利。同时，根据《行政复议法》和《行政诉讼法》的规定：申请人对于行政主体不予许可或不予答复的行为可依法申请复议或提起诉讼，对于前者，请求行政复议机关或人民法院审查不予许可是否合法；对于后者，请求复议机关或人民法院责令许可机关依法履行法定职责，作出明确的答复。对于申请人来说，前者的保护是比较恰当的，而后者仅仅是程序的重作。因此，对申请人的申请，行政机关认为不符合法定条件，作出不予行政许可的决定，应当以书面形式作出，以便保障申请人的诉权。

2. 准予行政许可的程序。

(1)告知与复核。行政许可事项直接关系公共利益或者第三人重大利益的，行政机关作出准予行政许可的决定前，应当告知第三人准予行政许可的理由和依据。利害关系人有权进行陈述和申辩。行政机关应当充分听取申请人、利害关系人的意见，并对其提出的理由和依据进行复核。[②]

(2)决定。行政许可机关对申请人提出的申请审查之后，认为符合法定条件的，应当批准当事人的申请。行政机关作出准予行政许可的决定，依照有关法律、法规、规章的规定应当颁发行政许可证件的，应当发给书面形式的许可证书。

(3)颁发和送达许可证件。行政机关自作出决定之日起 10 日内应当将加盖印章的行政许可证件送达申请人。[③]

---

① 参见《行政许可法》第 45 条。

② 参见《行政许可法》第 36 条。应当注意《行政许可法》并没有规定直接关系公共利益的事项及具体何人有权进行陈述和申辩。

③ 参见《行政许可法》第 44 条。

二、行政许可听证程序

任何权力必须公正行使，对当事人不利的决定必须听取其意见，这是英美普通法的一个重要原则，称为自然公正原则。自然公正原则是在不同时代广泛流传的自然法思想的一种表现。在行政法上，这个原则表现为行政机关的决定对当事人有不利的影响时，必须听取当事人的意见，不能片面认定事实，剥夺对方辩护权利。听取利害关系人意见的程序，法律术语称为听证，是公正行使权力的基本内容。[①]

行政许可听证是行政机关在作出是否准予行政许可的决定之前，由行政许可机关告知申请人或者利害关系人听证权利，行政相对人陈述意见、提供证据以及行政机关听取意见、接纳证据，双方对事实和证据等进行质证、辩论，最后由行政许可机关根据听证情况作出相应决定等所构成的一种法律制度。其基本内容有：

（一）行政许可听证的范围

依据《行政许可法》第 46 条规定，下列情况属于行政许可听证的范围：

1. 法律、法规、规章规定实施行政许可应当听证的事项；

2. 行政机关认为需要听证的其他涉及公共利益的重大行政许可事项。

可见，并不是所有的行政许可都能纳入听证范围，只有可能对申请人或者利害关系人的重大利益或者公共利益产生不利影响的行政许可申请，才有给予听证权之必要，这也是符合正当法律程序的基本要求。但是，可以肯定，随着社会的发展，纳入听证范围的行政许可还将不断扩大。

（二）行政许可听证的程序与形式

行政许可听证的程序，简言之，它是由许可听证的方式、步骤、时限等构成的一个连续过程。行政许可听证的程序是行政许可程序的核心之一，行政许可听证的程序是否合理、正当决定了行政许可程序的质量。行政听证的主要程序是：

1. 告知与申请。告知是指行政许可机关将申请人或者利害关系人有要求听证的权利告知申请人或者利害关系人。申请是指申请人或者利害关系人在被告知有权要求听证之日起 5 日内，向行政机关提出要求听证的申请。据此，行政许可机关应当在 20 日内组织听证。[②]

2. 通知。通知的基本内涵是指许可机关在举行听证之前，将有关听证的事项依法定程序通知到有关当事人的一种行政行为。这里的通知应当是一种要式行为，除非法律另有规定。通知的目的在于让申请人了解与听证有关的事项，为其及时、有效地行使听证权提供保障。行政机关应当在举行听证的 7 日前将举行听证

---

① 王名扬：《美国行政法》，中国法制出版社 1995 年版，第 382 页。

② 参见《行政许可法》第 47 条。

的时间、地点通知申请人、利害关系人,必要时予以公告。[①]

3. 质辩。质辩是在听证主持人的主持下,由行政机关的调查人员与当事人就行政许可的事实和法律问题展开质证和辩论的过程。它是许可听证的核心。就功能而言,质辩乃是行政许可审查、核实的一种延续,是将调查的事实和法律的适用问题交给当事人质疑,从而提高行政许可机关认定事实真实性和适用法律准确性。质辩涉及的主要问题有以下三个。

(1)听证主持人。主持人能否公正地主持听证,是听证能否达到预期目的的重要保证。《行政许可法》规定行政机关应当指定审查该行政许可申请的工作人员以外的人员为听证主持人,申请人、利害关系人认为主持人与该行政许可事项有直接利害关系的,有权申请回避,从而保证了听证主持人的独立性和公正性。从听证主持人的法律地位看,其必要的独立性必须给予保证,但不能将这种独立性提升到法官的要求,即保持一种相对的独立性就已满足了行政许可程序正当性的要求。过分追求行政许可听证的司法化并不是设置行政许可听证制度的宗旨。

(2)陈述与抗辩。举行听证时,申请人、利害关系人可以提出证据,并进行申辩和质证;听证当事人有权陈述对自己有利的事实,并提交相关的证据,发表自己对法律适用问题的看法,对行政机关提出的对申请人获得该许可的不利指控进行抗辩。

(3)举证。在听证开始时,行政许可审查人员实际上已经有了一个拟定的行政决定,听证的主要目的是将该拟定的行政决定交给当事人并听取他的意见。因此,行政许可审查人员首先应当向当事人举出该拟定的行政决定所依据的事实和法律规定,否则,听证就不可能进行下去。《行政许可法》规定,举行听证时,审查该行政许可申请的工作人员应当提供审查意见的证据、理由。[②] 可见,行政许可机关审查人员承担主要的举证责任。

4. 决定。经过质辩后,听证主持人应作出一个行政决定,对听证涉及的事实和法律问题表明一个认识。这里要特别强调听证笔录的问题。

笔录是对整个质辩过程的一种书面记录。在质辩结束之后交听证参加人员阅读、补正,确认无误后签名,便是具有法律意义的文书。美国行政程序中的正式听证记录是行政机关对当事人所陈述的意见和提供的证据所作的一种记录。听证记录在内容上应当全面、真实、客观地反映听证的全过程,是行政机关作出裁决的依据;而且行政机关必须依据听证记录作出裁决。这就是所谓的"案卷排他性原则"。我国《行政许可法》第 48 条第 2 款规定:"行政机关应当根据听证笔录,作出行政许可决定。"这可以说是借鉴了该原则。

---

① 参见《行政许可法》第 48 条第 1 款第(一)项。

② 参见《行政许可法》第 48 条第 1 款第(四)项。

三、行政许可的特别程序

行政许可的特别程序，是指行政许可实施机关在就特定种类的许可事项作出许可或不许可决定时所必须遵循的不同于一般程序的步骤、方式和时限等要求的总和。行政许可特别程序是基于特定种类行政许可事项的特殊性而设的，其目的在于确保许可的公平公正，维护公民、组织的合法权益以及社会的公共利益。

（一）行政许可特别程序与一般程序的关系

行政许可的特别程序与一般程序的关系可作如下理解。

1. 适用范围不同。行政许可的一般程序是所有许可事项都适用的基础性程序，其适用范围广泛，既包括关系国家安全、公共安全的活动，也包括了基于高度社会信用的行业的市场准入和法定经营活动，还包括关系人身健康、生命财产安全的产品、物品的生产、销售等活动。而特别程序的适用事项相对而言要小得多，只适用于明确规定的事项，不得扩展适用，如通过招标、拍卖等公平竞争的方式作出决定的许可程序只适用于《行政许可法》第 12 条第（二）项所列的事项。即使是这些事项，对许可特别程序中没有规定的程序性要求，仍需适用一般程序中的规定。

2. 程序的内容不同。行政许可一般程序的内容较特别程序全面、完整，全面体现着行政法治原则的要求。如一般程序中规定了信息公开制度、听证制度、说明理由制度、调查制度等，而特别程序中则没有这些规定。特别程序只针对特定种类的行政许可事项在程序上的特殊要求作出规定。一般程序和特别程序相互之间互为基础、互为补充。对许可特别程序中没有规定的程序性要求，仍需适用一般程序中的规定。

（二）特别程序的主要内容

《行政许可法》第六章“行政许可程序的特别规定”所规定的特别程序主要有以下几方面的内容。

1. 国务院实施行政许可的程序。国务院实施行政许可的程序，适用有关法律、行政法规的规定。

2. 特许事项的许可程序。实施《行政许可法》第 12 条第（二）项所列事项的行政许可的，行政机关应当通过招标、拍卖等公平竞争的方式作出决定，但是，法律、行政法规另有规定的，依照其规定。

3. 认可事项的许可程序。实施《行政许可法》第 12 条第（三）项所列事项的行政许可，赋予公民特定资格的，依法应当举行国家考试，行政机关根据考试成绩和其他法定条件作出许可决定。赋予法人或者其他组织特定资格、资质的，行政机关根据申请人的专业人员构成、技术条件、经营业绩和管理水平等的考核结果作出许可决定。

4. 核准事项的许可程序。实施《行政许可法》第12条第(四)项所列事项的行政许可的,应当按照技术标准、技术规范依法进行检验、检测、检疫,行政机关应当根据检验、检测、检疫的结果作出许可决定。

5. 登记事项的许可程序。实施《行政许可法》第12条第(五)项所列事项的行政许可的,申请人提交的申请材料齐全、符合法定形式的,行政机关应当当场予以登记。需要对申请材料进行核实的,应当指派两名以上工作人员进行核查并作出决定。

【自我测试】

1. 刘某参加考试并取得《医师资格证书》。后市卫生局查明刘某在报名时提供的系虚假材料,于是向刘某送达《行政许可证件撤销告知书》。刘某提出听证申请,被拒绝。市卫生局随后撤销了刘某的《医师资格证书》。下列哪些选项是正确的?( )
   A. 市卫生局有权撤销《医师资格证书》。
   B. 撤销《医师资格证书》的行为应当履行听证程序。
   C. 市政府有权撤销《医师资格证书》。
   D. 市卫生局撤销《医师资格证书》后,应依照法定程序将其注销。
2. 关于行政许可程序,下列哪一选项是正确的?( )
   A. 对依法不属于某行政机关职权范围内的行政许可申请,行政机关作出不予受理决定,应向当事人出具加盖该机关专用印章和注明日期的书面凭证。
   B. 行政许可听证均为依当事人申请的听证,行政机关不能主动进行听证。
   C. 行政机关作出的准予行政许可决定,除涉及国家秘密的,均应一律公开。
   D. 所有的行政许可适用范围均没有地域限制,在全国范围内有效。
3. 根据行政许可法的规定,下列有关行政许可的审查和决定的哪一种说法是正确的?( )
   A. 对行政许可申请人提交的申请材料的审查,均应由行政机关两名以上工作人员进行。
   B. 行政机关作出准予行政许可决定和不予行政许可决定,均应采用书面形式。
   C. 行政机关作出准予行政许可决定后,均应向申请人颁发加盖本行政机关印章的行政许可证件。
   D. 所有的行政许可均在全国范围内有效。
4. 按照《律师法》规定,申请领取律师执业证书,司法行政机关应当自收到申请之日起30日内作出是否颁发的决定。按照《行政许可法》的规定,应当自受理行政许可申请之日起20日内作出行政许可决定。2004年7月初,张某向省司法厅申请领取律师执业证书,司法厅的做法哪种是正确的?( )

A. 应当适用《律师法》,在30日内作出是否颁发的决定。
B. 应当适用《行政许可法》,在20日内作出是否颁发的决定。
C. 可以选择适用《律师法》或者《行政许可法》关于期限的规定作出决定。
D. 因法律关于期限的规定不一致,报请全国人大常委会裁决后再作决定。

5. 关于行政处罚和行政许可行为,下列哪些说法是不正确的?( )
A. 行政处罚和行政许可的设定机关均应定期对其设定的行政处罚和行政许可进行评价。
B. 法律、法规授权的具有管理公共事务职能的组织,可依授权行使行政处罚权和行政许可权。
C. 行政机关委托实施行政处罚和行政许可的组织应当是依法成立的管理公共事务的事业组织。
D. 行政机关依法举行听证的,应当根据听证笔录作出行政处罚决定和行政许可决定。

6. 一小区已建有A幼儿园,为满足需要,某区人民政府拟在该小区内再建一所幼儿园。张某和李某先后向某区人民政府提出申请,张某获批准。下列哪一种说法是正确的?( )
A. 某区人民政府必须在受理李某和张某的申请之日起20日内作出批准与否的决定。
B. 某区人民政府按照张某和李某申请的先后顺序作出批准决定是不合法的。
C. 李某有权对某区人民政府批准张某申请的行为提起行政诉讼。
D. A幼儿园有权对某区人民政府批准再建幼儿园的决定提起行政诉讼。

7. 根据行政许可法的规定,下列哪些说法是正确的?( )
A. 某区动植物检验局未按照法定标准收取许可费用,应当对其直接责任人给以行政处分。
B. 医生李某死亡,卫生行政主管部门应当依法注销其医师资格。
C. 某省公安厅对某高校教师出国护照的审批不适用行政许可法。
D. 某企业通过贿赂手段取得的烟花爆竹生产许可证被撤销后,在一年之内不得再申请该项许可。

8. 甲厂经某市采砂许可证的法定发放机关地质矿产局批准取得了为期5年的采砂许可证,并经某区水电局等部门批准,在区江河管理站划定的区域内采砂。后因缴纳管理费问题与水电局发生纠纷。随后,该水电局越权向乙厂颁发了采砂许可证,准予乙厂在甲厂已被划定的区域内采砂。下列说法哪种是正确的?( )
A. 根据甲厂的申请,某市地质矿产局可以撤销水电局发给乙厂的采砂许可证。
B. 水电局应当撤销给乙厂发放的采砂许可证。

C. 若乙厂的采砂许可证被撤销,发放许可证的水电局应承担乙厂相应的经济损失。

D. 甲厂可以要求水电局赔偿因向乙厂颁发许可证给自己造成的经济损失。

9. 某工商局在办理完毕某企业变更法定代表人登记1年之后,发现办理登记的工作人员由于工作疏忽未认真核实有关材料,导致作出了错误的变更登记。在这种情况下,工商局应当如何处理?( )

A. 撤销变更登记,恢复到原来的登记状态。

B. 吊销企业法人营业执照。

C. 撤销企业法人营业执照,对于由此给企业造成的损失予以适当赔偿。

D. 注销企业法人营业执照,给予企业适当补偿。

10. 材料分析。

灯塔屠场于1997年取得某市工商局江河区分局颁发的营业执照,经营期限至2006年5月30日。1998年至2003年间该屠场取得了由江河区政府、区卫生局等颁发的各类证书,手续齐全、合法。1998年1月1日国务院《生猪屠宰管理条例》(以下简称《条例》)开始实施,《条例》确定实行生猪屠宰许可制度,规定生猪屠宰定点屠宰厂(场)必须符合国家规定的要求。2001年3月国家实施《生猪屠宰与分割车间设计规范》,对《条例》所指的"国家规定要求"作了具体的规定。2004年5月该市制定了《关于进一步规范生猪定点屠宰管理工作的补充通知》,要求:2004年6月30日为最后期限将主城规划区达不到国家规定要求的生猪屠宰厂(场)关闭。江河区政府于同年6月15日发布了《关于规范生猪屠宰和猪肉流通秩序的通告》,即:本区城市规划范围内不符合国家现行生猪屠宰资质条件、未依法取得定点屠宰资格的生猪屠宰厂(场)自2004年6月30日起停业关闭。同日,区政府向灯塔屠场送达《拟关闭屠宰场告知书》,告知灯塔屠场近期关闭及听证权利。6月20日,区政府以灯塔屠场已经不符合有关条件为由,作出《关闭屠宰场决定书》,决定自2004年6月30日起关闭灯塔屠场。

问题:

(1)区政府作出的决定属于什么行政行为,并说明理由。

(2)区政府就灯塔屠场关闭遭受的损失应否给予补偿,并说明理由。

行政给付与行政奖励

【要点提示】

本章主要讲述行政给付的概念与特征、内容和形式，国外行政给付制度，行政给付的原则和程序，行政奖励的概念与特点、分类、原则与救济。重点掌握行政给付和行政奖励的概念与特征，了解行政给付的内容和形式、原则和程序以及行政奖励分类、原则与救济。

第一节 行政给付的概念与特征

一、行政给付的概念

(一) 给付行政的概念

由于行政给付是给付行政的产物或体现，因此在给行政给付下定义的时候，我们必然要涉及给付行政这个概念。

“给付行政”一语是德国行政法学者创造的。1938 年德国行政法学者福斯特霍夫在其开创性论文《作为给付主体的行政》中，首次提出“生存照顾”的行政理念，并在此基础上形成了给付行政的概念，其所体现的新的行政观念此后逐渐为德国学者所认同，由此成为建构德国“新行政法学”的一个概念工具，并为以后的日本所引介和接受，成为德日行政法学理论的一个重要研究对象。[①]

福斯特霍夫在其论文中明确提出：“生存照顾乃现代行政之任务。”由于人口增长，造成都市化的生活形态，使得人们赖以生存的空间以及生活资料已非个人所能

---

① 闫尔宝：《关于给付行政的若干思考——以德日行政法为中心》，《行政法学研究》2010 年第 3 期。

完全掌握,因此"政治权力的拥有者负有满足人民生存照顾之义务",亦即所谓"政治的生存负责"。福斯特霍夫虽然提出了生存照顾的理念,并以给付行政作为体现生存照顾理念的表征,但其对给付行政没有给出一个完整清晰的界定。我们可从他对生存照顾范围的说明看出其所认为的给付行政外延。福斯特霍夫认为,生存照顾可从以下两个标准来确定:第一,服务关系的双方性;第二,个人对此服务关系的依赖性。按此标准,作为生存照顾的给付行政活动包括:(1)水、电、煤气等公用事业;(2)国内交通运输;(3)可以提供满足个人生活所必需的设施。按照前述标准,行政主体提供津贴和救济的活动在福斯特霍夫那里是被排除在给付行政范围之外的。① 不过,在福斯特霍夫 1938 年论文发表之后不久,另一位德国学者即将在福斯特霍夫看来不属于给付行政范围的上述行政活动归入了给付行政的范围,②此后给付行政的范围不断扩充。德国现代行政法学者沃尔夫等人认为,给付行政(和担保给付行政)的范围涉及基础设施行政、担保给付行政、社会行政、促进行政、信息行政等,其范围已随着行政的发展而不断扩大。③

在日本,给付行政是指"通过公共设施、公共企业等进行的社会、经济、文化性服务的提供,通过社会保障、公共扶助等进行的生活保障,以及资金的交付等,即通过授益性活动,积极地提高、增进国民福利的公行政活动"。给付行政的种类包括供给行政、社会保障行政和资助行政。或者也将给付行政的内容描述为以下几方面。第一,国民生活不可缺少的水电、煤气等的供给事业,公共汽车、铁路等的运输事业,邮电通信事业的行政经营;第二,社会保险或公共扶助等的社会保障行政;第三,补助金交付、融资、债务保证等的资金补助行政等。④

给付行政是在自由法治国向社会法治国转变的背景下,伴随着福利国家的兴起而发展起来的一种行政活动方式。它具有和规制行政不同的特点,是采用给予社会成员利益的方式实现国家行政职能的活动。给付行政活动的实施,既可以采用公法的方式,也可以采用私法的方式;既可以采用具体行政行为的形式,即由行政主体作出行政给付行为,也可以采用其他的行为形式,如签订行政契约或者民事合同等。⑤

---

① 《"服务行政"及"生存照顾"概念的原始面貌》,参见陈新民:《公法学札记》,中国政法大学出版社 2001 年版,第 71—72 页。

② 同①,第 89 页注释 13。

③ 汉斯·沃尔夫:《行政法》(第 1 卷),高家伟译,商务印书馆 2002 年版,第 31—34 页。

④ 李国兴:《超越"生存照顾"的给付行政——论给付行政的发展及对传统行政法理论的挑战》,《中外法学》2009 年第 6 期。

⑤ 闫尔宝:《关于给付行政的若干思考——以德日行政法为中心》,《行政法学研究》2010 年第 3 期。

（二）行政给付的概念

如前所述，行政给付行为是给付行政活动实施的一种具体行政行为。

我国行政法学界对行政给付的研究仅限于行政物质帮助。获得物质帮助是一项我国公民所享有的宪法上的权利，我国《宪法》第 45 条规定："中华人民共和国公民在年老、疾病或者丧失劳动能力的情况下，有从国家和社会获得物质帮助的权利。国家发展为公民享受这些权利所需要的社会保险、社会救济和医疗卫生事业。国家和社会保障残疾军人的生活，抚恤烈士家属，优待军人家属。"国家和社会帮助安排盲、聋、哑和其他有残疾的公民的劳动、生活和教育。根据宪法这一规定，近年来我国相继制定了有关行政给付方面的法律、法规和规章，主要有：《中华人民共和国妇女权益保障法》、《中华人民共和国残疾人保障法》、《中华人民共和国老年人权益保障法》、《中华人民共和国未成年人保护法》、《城市居民最低生活保障条例》、《失业保险条例》、《城市生活无着的流浪乞讨人员救助管理办法》、《农村五保供养工作条例》等。

行政给付又称为行政物质帮助，是指行政主体在公民年老、疾病或者丧失劳动能力等情况下，以及在公民下岗、失业、低经济收入或者遭受天灾、人祸等特殊情况下，根据申请人的申请，依照有关法律、法规、规章或者政策的规定，赋予其一定的物质权益或者与物质有关的权益的具体行政行为。[①]

二、行政给付的特征

（一）行政给付是一种授益性行政行为

行政给付是行政主体依法向行政相对人给付金钱、实物或特定权益的行为，是一种授益性的行政行为。在行政给付法律关系中，行政主体承担给付的责任，而受领人享有权利，受领给付所带来的利益。与同是授益性行政行为的行政许可相比，行政给付是行政主体直接授予行政相对人某种利益，而行政许可是赋予行政相对人某种资格或权利，相对人间接地通过实施获得许可的事项获得利益。

（二）行政给付是依申请的行政行为

虽然国家有义务对公民承担"生存照顾"的职责，但也应当尊重公民个人经济生活自由权，因此，从各国行政给付实践来看，行政给付大多表现为依申请的行政行为，只有在行政相对人提出申请的情况下，行政主体经审查批准而实施行政给付。除了自然灾害的救济等紧急状态下，行政主体可以根据实际情况，主动简化手续或者直接实施行政给付行为。

---

① 姜明安主编：《行政法与行政诉讼法》，北京大学出版社、高等教育出版社 2007 年版，第 273 页。

(三) 行政给付对象的特定性

行政给付与行政许可同是依申请的行政行为,行政许可的申请人具有较强的广泛性和平等性,但是行政给付的对象却具有较强的限制性,表现为只有符合法定条件的行政相对人才能申请行政给付。如因战、因公伤残的人员才能申请抚恤金。

(四) 行政给付是依法作出的行政行为

根据行政法治的理念,行政主体必须依法作出行政给付行为。但在目前我国相应法制尚不健全的情况下,有关政策的运用,有利于行政给付的实施。所以这里的“法”应从广义上来理解,它包括法律、法规、规章和政策。

第二节　行政给付的内容和形式

一、行政给付的内容和形式

行政给付的内容是行政机关通过行政给付行为赋予给付对象一定的物质上的权益或与物质相关的权益。其中,物质上的权益表现为给付行政相对人一定数量的金钱或实物。与物质相关的权益的表现形式很多,如让相对人免费入学受教育、给予相对人享受公费医疗待遇等。

根据我国现行行政给付制度的规定,行政给付的形式主要有以下几种。

(一) 抚恤金

抚恤金是最为常见的行政给付形式。它包括:(1)牺牲、病故人员抚恤金,此类抚恤金的发放对象为烈士和病故的军人、人民警察、参战民兵民工以及党政机关、民主党派、人民团体工作人员的家属;(2)残疾抚恤金,此类抚恤金包括发给革命残疾人员的抚恤金,在乡革命残疾人员的副食品价格补贴,回乡安置的特等、一等残疾军人的护理费,革命残疾人员的伤口复发治疗费、装修假肢和辅助器械等按规定报销的费用,在乡三等革命残疾人员疾病医疗减免的费用;(3)烈军属、复员退伍军人生活补助费,包括发给在乡退伍红军老战士的生活补助费、副食品价格补贴和护理费,符合规定条件的烈属、在乡复退军人定期定量补助费和烈军属、在乡复退军人临时补助费;(4)退伍军人安置费,它是发给无住房或者严重缺房且自立确有困难又无法克服的当年回乡义务兵的一次性建房补助费。[①]

---

① 姜明安主编:《行政法与行政诉讼法》,北京大学出版社、高等教育出版社 2007 年版,第 275—276 页。

（二）社会救济

社会救济主要是指以保护公民的生存权为目标，为公民提供满足最低生活保障要求的资金和实物。包括：(1)农村社会救济。对农村五保户、贫困户等的救济。(2)城市居民最低生活保障待遇。其发放的对象为无生活收入来源、无劳动能力又无法定赡养人、扶养人或者抚养人的城市居民，或者尚有一定收入但其家庭人均收入低于当地城市居民最低生活保障标准的城市居民。(3)社会福利金。主要用于两方面：一是对社会福利院、敬老院、儿童福利院等社会福利机构和社会残疾人团体及福利生产单位、科研机构的经费资助。二是对城市生活无着的流浪乞讨人员的救助、安置和服务，包括设立流浪乞讨人员救助站，救助站应满足受助人员的需要：提供卫生的食物；提供符合基本条件的住处；对在站内突发急病的，及时送医院救治；帮助与其亲属或者所在单位联系；对没有交通费返回其住所或者所在单位的，提供乘车凭证。

（三）社会保险金

社会保险金是公民根据法律、法规规定，在其符合法定的年老、疾病、失业、工伤和其他法定事由的时候，由国家发给本人用以承担养老、医疗、维持家庭生活所必要的费用，包括退休金、养老保险金、失业保险金、工伤保险金、医疗保险金。退休金由国家发放，其他保险金可以由国家、企业或者个人共同承担。

（四）自然灾害救济

自然灾害救济是指对于发生自然灾害的灾民提供生活保障以及医疗服务。同时，还应提供生产自救的资助经费和物资。对于发生特大自然灾害和紧急情况时，应该临时安置、抢救、转移灾民，并提供相应安置、抢救、转移灾民的费用和物资。

对行政给付的形式，还可依据给付目的的不同，将行政给付分为收入替代型给付、保证足够生活支出型给付和缓解贫困型给付三类。其中收入替代型给付包括抚恤金、退伍军人生活补助费、安置费和特定人员离退休金；保证足够生活支出型给付包括儿童补贴、住房补贴和特殊工资补贴、配偶补贴及交通补贴；缓解贫困型给付包括最低生活保障、社会福利金和助学贷款。①

二、国外行政给付制度简介 ②

（一）英国行政给付制度

英国在1948年颁布了《公共救助法》（又称《国民救助法》），主要内容包括：公共救助的重点是收入低于一定水平的贫困居民，贫困线每年由国会确定；公共救助

① 郑传坤主编：《行政法学》，法律出版社2007年版，第190—193页。

② 王芳：《国外行政给付制度及其对中国的启示》，《中共济南市委党校学报》2010年第3期。

的形式多样,但主要考虑被救助对象的不同年龄层次的需要;公共救助的对象主要有四类人员:老年人、失业者、单亲家庭和残疾人。除此之外,还有为家庭抚养子女提供的收入支持,国家通过税收的形式承担儿童抚养的部分责任。英国已经建立了全国性的庞大的贫困救助体系,其受益人约占全国人口的9%,其覆盖面和救助水平也是世界上少有的。

1966年英国通过立法将国民救助改为"补充给付制"。其规定补充给付制度由补充年金和补充津贴组成。凡已届退休年龄及超过退休年龄的社会成员,只要其所得没有达到国家规定的"每周保障标准"的,即可获得补充年金。凡年满16周岁未到退休年龄的社会成员,如果其收入未达到政府规定的需要金额标准,可申请领取此项补充津贴。如果遇到物价波动,国家随时调整补充金额。

1998年4月英国政府公布了题为《我们国家的新动力:新的社会契约》的绿皮书,大体勾画了2020年英国福利国家制度的发展蓝图,其中提出了包括扶助残疾人、减少儿童贫困、帮助极度贫困者等在内的新福利制度的8项原则。

(二)美国行政给付制度

1935年,美国通过了《社会保障法》,其内容包括社会保险、公共救助和儿童福利三大部分。这时,美国将行政给付称作"公共救助",是对社会保险的补充,即公共救助保障的是那些依社会保险方案不能获得保障的人。根据该法规定,凡是符合条件的救助对象,都可以从州政府获得公共救助。社会救助的内容包括儿童家庭救助、一般救助、医疗救助等。1964年约翰逊总统宣布"美国无条件地向贫穷宣战",政府采取的帮助计划分为四个部分:人力资源开发、社会保险、现金收入补助、以货代款的收入制度。这四项帮助计划的目的在于给穷人以自立自助的机会。1964年国会通过了《食品补助法案》,符合低收入标准的家庭均可享受这条政策。1964年8月,国会通过了《经济机会法案》,明确规定穷人通过根据该法案成立的经济机会局可以得到"教育和训练机会"及"工作机会",以获得自立和发展的机会。1965年美国出版的《社会工作百科全书》阐述:"社会救助是社会保险制度的补充,当个人或家庭生计断绝急需救助时,乃给予生活上的扶助,是在整个社会保障制度体系中最富有弹性而不受拘束的一种计划。"在1974年将分类补充的公共救助,包括老人、盲人和残障者的补助整合为补充保障所得,并将之纳入联邦政府主管,丰富了行政给付的内容和项目。

1996年美国克林顿总统签署了《个人责任与工作机会协商法案》,使其行政给付制度经历了一个根本和彻底的改革,这项注重"工作"价值,标榜"自立"精神的法案,除了新增"需要家庭的暂时救助"以外,还修订了"补充性安全所得"、"儿童资助"、"医疗救助"、"儿童保护"、"儿童营养计划"、"食物券"、"社会服务综合补助款"等在内的多项福利措施。

经过多年的发展,美国行政给付的类型主要有两种。一是失业救济。救济的形式主要有失业津贴和解雇补贴。二是医疗援助。接受医疗援助的人不仅有老年人,还包括所有由政府赡养和需要给予护理的人。除以上两种方式外,美国有其他社会救济形式。一是补充保障收入。由政府举办的对65岁以上没有得到社会保障险保障的穷苦老人、盲人、残疾者发给救济金。二是抚养儿童家庭的补助。对那些绝大多数没有父亲的单身母亲家庭进行救济。三是食品券补贴。对低收入和贫困家庭发放食品券,按照政府补贴价格购买食品。四是供应贫苦中小学生早、午餐。但规定凡领取救助的,必须进行经济调查,包括资产调查和劳动收入调查。

(三)瑞典行政给付制度

瑞典实行的是"从摇篮到坟墓"的社会保障制度,其行政给付制度及其立法也比较完备。1947年对家庭津贴进行了立法,规定对所有家庭,不管其收入如何,无需家庭经济状况调查,凡16周岁以下的孩子,均可获得小孩补助。1957年颁布《社会救济法》,规定救济工作是市政当局的义务,地方政府对无法满足或者不足以满足最低生活水平的所有居民都予以救济,救济尽可能提供现金。此外,政府还建立了广泛的公共补贴制度,举办大量的公共救济工程,以此作为对失业救济和贫困救济的主要途径。瑞典对残疾人实行专门的救济制度,国家规定,对雇用残疾人的,每个残疾人的就业工资,由政府支付四分之三,雇主只需支付四分之一,政府还兴办了许多残疾人工厂。对完全丧失工作能力的残疾人,国家提前给予退休金。瑞典于1969年实行家庭房租补贴制,领取养老金的退休人员及享受残疾抚恤金、遗孀抚恤金的低收入家庭,经过经济调查后,由政府给予不同标准的住房津贴。20世纪80年代以来,在福利国家财政危机和世界经济自由化浪潮的压力下,瑞典完成从强调基本社会权利向促进就业方向的转化。瑞典政府采取了一系列的改革措施:失业者必须参加就业培训或在职业中心登记才能领取失业津贴,就连领取社会救济和残疾人福利的人也必须证明自己已经尽力工作了。

现行瑞典完善的行政给付制度的主要内容包括:(1)老年补贴是其主要内容,主要针对不具备领取国家基本养老金和与收入相联系的养老金者,及养老金不能满足其基本需要的老人;(2)残疾人补贴,指不具备领取工伤事故保险制度下的残疾津贴资格条件者;(3)伤残人员家属补贴;(4)孕妇现金补贴(只付给不能调到轻便职位即将生育的女雇员);(5)儿童健康补贴,同时还给照顾12岁以下生病子女者临时健康补助。

第三节　行政给付的程序

一、行政给付的原则[①]

（一）公平、公正、平等原则

公平、公正、平等原则是指行政机关应一视同仁、无差别地平等对待相对人。由于行政给付以人权保障为基本出发点，不把贫困当成罪恶，不歧视贫困群体，也不把贫困的主要原因归咎于个人和特定的家庭，原则上对那些需要救助的对象都给予经济援助。也就是说，行政主体不得为选择性（同等条件下的选择）的给付，凡符合法定条件的公民均享有给付请求权，行政主体应依法给付，不得差别对待或不当拒绝。只要没有特别正当的理由，就不得对特定人实施有利的给付，或者不适当地拒绝提供服务。

（二）基本生活保障原则

基本生活保障原则是指国家和政府为贫困者提供的救助只能维持他们的最基本生活。行政给付提供的只是满足最低生活要求的资金或实物，目的是在公平与效率之间寻求适度。它既体现了人道主义精神，使每一个公民不至于在生活断绝时处于无助的困境；同时也体现了"最低"生活保障的目的，对申请人只能提供满足其最低生活需求的资金和实物，避免产生依赖心理乃至不劳而获的思想。对困难群体的救助，可以从人类的基本需求着眼，即衣、食、住、学、医、教等几个方面。一般认为，在我国目前经济发展水平下，最低生活保障线除了包含维持人口再生产的生存费用外，还应包括部分发展费用，不包括享受费用。我国《城市居民最低生活保障条例》第 6 条第 1 款规定："城市居民最低生活保障标准按照当地维持城市居民基本生活所必需的衣、食、住费用，并适当考虑水电燃煤（燃气）费用以及未成年人的义务教育费用确定。"

（三）国家责任原则

国家责任原则是指救助贫困群体、保障社会弱者的基本生活是国家和政府的法定义务。行政给付的目的在于保障人民的"最低生活水准"，因为个人的尊严、自由发展等权利都必须以人的继续生存为前提，保障人民的最低生活要求是国家无可回避的义务，给付请求权是公民生存权的必然延伸。只要人民有生活上的困难，政府就有责任给予救助，并且不能附加任何条件。政府承担首要的救助义务是由

---

① 孔繁华：《论我国行政给付的原则》，《贵州警官职业学院学报》2006 年第 3 期。

国家的职责所决定的，国家作为社会的管理者，其职能要求国家以缓和社会矛盾、谋求社会安定、保障社会成员生存权利、增进社会福利为己任，其中保障公民生存权是政府的重要职责之一。因此，现代社会救助制度是以国家责任为主体的制度性救助，它强调救助是国家义不容辞的职责，公民获得救助是一项不可剥夺的权利，任何公民依法应当获得救助而不能得到满足时均可诉诸法律。在社会救助的多元化主体中，政府承担首要的责任，其他社会主体则是政府救助的必要补充，他们在政府的倡导、组织和资助下，自愿参与社会捐赠、社会帮扶等活动，使政府救助和其他社会主体救助相互协调、相互补充，形成多层次、多元化、多渠道的救助网络。

（四）补充性原则和补足性原则

补充性原则是指国家或政府对社会弱者承担次位的救助义务。行政给付虽然是行政主体应承担的责任，但这种救助是第二位的给付义务，对于自身生存权的继续，个人负有第一位的责任。行政主体以一般纳税人的负担所进行的给付活动，原则上是对私人或家庭等共同体无法充分实现其生活上的重要利益时实施的补充性活动。生存权作为一项人权，要求公民个人承担救助自己的义务。对于有劳动能力而且有就业机会的公民应首先鼓励其自己救助自己，避免将行政给付变为一种“养懒汉”的制度。即使是符合法定的救助条件，公民也不能养成“不劳而获”的思想，我们在强调行政给付的公民权利和政府义务的同时，不能忽略“权利义务一致”的观念，享受权利者在享受权利的同时应在其能力范围内履行一定的义务，例如对领取最低生活保障金的居民要求其参加公益性社区服务劳动。

补足性原则又称差额救助的原则，凡未达到最低生活水平的公民，不论其困难大小，均由政府补足其差额，保障他们的基本生活。补充性原则与补足性原则虽只是一字之差，但两者却不同。补充性原则确定了国家救助责任的性质。补足性原则说明行政主体具体实施给付行为时，给付数额的多少。行政给付制度是将贫困者的家庭生活补足至最低的水平，因此根据贫困家庭的困难程度不同，其获得的救助也不同。无经济来源、无劳动能力、无法定赡养人或抚养人的居民按最低生活保障标准全额发放保障金，其他保障对象按其家庭人均收入低于最低生活保障线的差额领取保障金。

二、行政给付的程序

行政给付程序由相应的法律、法规加以规定，给付类型的不同，其程序也有所不同。但有些程序是共同的，表现在以下三个方面。

（一）申请程序

由于行政给付是依申请的行政行为，因此行政给付程序由符合法定条件的相对人本人或者所在单位、组织提起申请而启动。申请一般采用书面的方式，并提交相应的材料。但在自然灾害救助等特殊情况下，也存在行政主体主动实施救助。

（二）审查和批准程序

有权的行政主体在法定的期限内或在合理的期限内对相对人的申请进行审查，对符合条件的给予批准，然后直接发给申请人或经基层组织分发。对不符合条件的不予批准，应书面通知申请人，并说明理由。

（三）实施程序

行政给付分为定期发放的行政给付、一次性发放的行政给付和临时性发放的行政给付。对定期性发放的行政给付，如抚恤金和最低生活保障费等，行政主体应按月或按年发给特定的行政相对人，并应进行经常性的监督和检查，对于情况发生变动而不符合法定条件的，应相应减少或停止给付。对一次性发放的行政给付，如因公牺牲或病故人员的丧葬费，行政主体应按法定的标准一次性发放。对临时性发放的行政给付，如自然灾害救济金，行政主体在特定情况下发放。

行政给付程序中还应实行信息公开制度、听证制度。信息公开是指给付主体在实施给付行为的过程中，除法律规定的情形外，必须将行政给付的依据、程序、结果等情况公开，让行政相对人知悉。信息公开中可能涉及申请人个人收入、经济窘况等不愿让他人知晓的内容。公开不意味着申请人以牺牲个人隐私和名誉为代价来换取救助。在该领域的公开应当致力于规范、标准和程序的透明，对某些实体性内容，不宜广泛公开。对重要的行政给付事项，减少给付或停止给付等行政给付决定作出之前应当举行听证会。①

第四节　行政奖励

行政奖励不仅在形式上具有实现行政目标的有用性和功利性，而且在本质上具有民主、合作等良好品质，蕴含着深厚的人文主义精神，作为政府实现行政目标的法律手段之一，广泛应用于行政法的实践。

一、行政奖励的概念

行政奖励充分挖掘行政相对人的潜力，最大限度地调动行政相对人实现行政目标的主动性、积极性和创造性。同时通过实施行政奖励，可以表明政策调控的意图，通过可期待利益，引导市场主体按行政主体的意图配置资源。因而行政奖励在

---

① 乐俊刚：《行政给付程序初探》，《企业导报》2009 年第 10 期。

现实中获得越来越多的青睐。

行政奖励是指行政主体为了实现一定的行政目标,依法赋予行政相对人物质、精神或者其他特别权益,激励、引导行政相对人实施符合政府施政意图行为的非强制性行政行为。[①] 行政奖励具有以下特点。

首先,行政奖励的主体是行政主体。行政奖励是国家行政管理的重要方式,我国共有 70 多部法律,300 余件国务院行政法规、规定和 100 多件国务院部门的规章规定了行政奖励,[②]其范围几乎涵盖了我国行政管理的每个领域。从现行的法律、法规规定来看,实施行政奖励的主体主要是行政机关,包括各级人民政府、各级行政主管部门,也包括法律、法规授权的组织。如 2001 年 8 月 2 日国务院发布的《石油天然气管道保护条例》第 9 条规定:"国家有关部门以及管道企业对维护管道设施安全作出突出贡献的单位和个人,给予奖励。"这里的管道企业便取得了行政奖励权的主体资格。

其次,行政奖励是赋权性行政行为。对行政相对人实施的符合政府施政意图的行为,行政主体既要倡导和鼓励,又要从法律上予以支持和关怀,即通过赋予行政相对人法定的额外权益,回应行政相对人的努力和贡献。其结果是行政相对人因实施政府倡导的受奖行为而享有了获得奖励的法定权利,行政主体相应负有必须给付的法定义务。奖励的权益既有物质权益,也有精神权益,还有其他方面的权益。

最后,行政奖励是非强制性的行政行为。行政奖励主要通过利益引导机制,向行政相对人施以作用和影响,并谋求其主动实施某种行为,从而实现一定的行政目标。至于行政相对人是否愿意按照行政主体的意愿行事,听凭其自由选择,行政主体没有任何强力作用的空间。行政相对人实施受奖行为后,是否申请并接受行政奖励,取决于其个体意志,行政主体不能强制。[③]

二、行政奖励的分类

行政奖励领域广泛、形式多样。按照不同的标准,可以对行政奖励进行不同的分类。[④]

(一) 赋予权利的奖励和减免义务的奖励

这是按受奖权利的表现方式对行政奖励所作的分类。

---

① 应松年主编:《当代中国行政法》(上卷),中国方正出版社 2005 年版,第 765 页。

② 应松年、袁曙宏主编:《走向法治政府——依法行政理论研究与实证调查》,法律出版社 2001 年版,第 266 页。

③ 同①。

④ 同①,第 766—769 页。

赋予权利的奖励是指行政主体依法赋予行政相对人某些物质、精神或其他权利。因行政奖励而获得的权利是行政相对人因实施受奖行为、满足受奖条件而获得的额外权利。如国家最高科学技术奖的获奖者，由国家主席亲自颁发获奖证书和奖金。《中华人民共和国人口与计划生育法》第25条规定："公民晚婚晚育，可以获得延长婚假、生育假的奖励或者其他福利待遇。"

减免义务的奖励是指行政主体依法减轻或免除行政相对人某种法定义务。最为典型的是我国的税收优惠，如减税、免税、出口退税等。

（二）对非义务性行为的奖励和对义务性行为的奖励

这是按受奖行为是否为行政相对人的法定义务对行政奖励所作的分类。

对非义务性行为的奖励是指行政主体对行政相对人实施非义务性行为所给予的奖励，如举报奖励、见义勇为奖、科技奖励等，它是我国行政奖励的主要方面。

对义务性行为的奖励是指行政主体对行政相对人实施义务性行为所给予的奖励。如为保障公民履行计划生育的法定义务，《人口与计划生育法》规定了多种奖励办法。又如税务机关对认真遵守税法，及时、足额缴纳税款的纳税人授予"纳税光荣"牌匾，以表彰纳税人自觉履行纳税义务。

（三）物质奖励、精神奖励和权能奖励

这是按行政奖励的内容对行政奖励所作的分类。

物质奖励是指授予行政相对人奖金、奖品或其他实物。

精神奖励是指对行政相对人予以认可、赞赏或授予某种荣誉称号。

权能奖励是指赋予行政相对人享有从事某种活动或者一定权利的资格。如《中华人民共和国海关对企业实施分类管理办法》规定，海关根据企业的经营管理状况、报关情况、遵守海关法律法规情况等，设置A、B、C、D四个管理类别，对企业实施动态的分类管理。符合法定条件的企业经向主管海关申请并经海关审核确定的，海关实施A类管理，适用A类管理的企业，海关在实行常规管理制度的基础上，提供以下便利：在海关业务现场设专门窗口，优先办理货物申报、查验和放行手续；并应企业要求，优先实行"门对门"验货；对从事加工贸易的企业，经海关总署批准，可实行海关派员驻厂监管或计算机联网管理；除国家另有规定者外，不实行银行保证金台账制度；对按规定允许担保的货物，海关凭企业提交的保函验放，免收保证金；对企业进口海关必检商品目录中的商品可免予取样化验；为企业优先提供EDI联网报关的便利；自营进出口生产企业和科研院所可向外经贸部申报成立进出口公司，海关优先为其办理报关注册登记手续。可见，"A类管理的企业"因其实施法定行为、符合法定条件而从行政奖励中获得了一种其他企业无权享有的法定资格。

(四) 行为性奖励和结果性奖励

行政奖励按照是否需要受奖行为产生某种结果分为行为性奖励和结果性奖励。

行为性奖励指只要行政相对人实施了某种法定受奖行为,不论其结果如何,行政主体都必须奖励,如见义勇为奖励。

结果性奖励指行政相对人不仅要实施某种法定受奖行为,而且还必须取得法定的经济或社会效果,如科技奖励和举报奖励。

(五) 普遍性奖励和限额奖励

行政奖励按照行政相对人能否普遍获得奖励分为普遍性奖励和限额奖励。

普遍性奖励是指行政主体对符合条件的行政相对人均予以奖励,如计划生育奖励。

限额奖励指行政主体只对具备受奖条件的部分行政相对人给予奖励,如国家科技奖励包括国家自然科学奖、国家技术发明奖和国家科学技术进步奖,每年奖励项目总数不超过 400 项。

三、行政奖励的原则

(一) 依法奖励原则

行政奖励是一种法定的行政行为。行政奖励的内容、方式、程序及条件等都由行政法律规范加以明确规定,行政主体要依法实施行政奖励。首先,要符合法定的奖励条件和标准。行政主体在实施行政奖励行为时,必须依据各相关法律规范所规定的具体标准和条件进行,不得擅自确立法定外的条件和标准。其次,要符合法定的奖励形式。没有一定的奖励形式,行政奖励行为便不存在了。对于不同的奖励对象和条件,行政主体必须依据具体的法律规范规定,采取适当的形式实施行政奖励。第三,符合法定的奖励权限。行政主体必须按照法定的奖励权限来实施行政奖励行为,如超越法定权限实施行政奖励会导致行政奖励行为无效。第四,符合法定的奖励程序。我国虽然不存在有关行政奖励程序的统一规定,但根据现行法律法规的规定,行政主体实施行政奖励行为,一般应遵循以下程序:奖励的提出、审批、公布、授奖和存档。程序上的瑕疵有时也会影响行政奖励行为的效力。

(二) 公正原则

公正是行政奖励的正义和理性所在,在行政奖励中实行公正原则,可以提高其权威性和可信赖度,充分调动行政相对人的积极性和创造性。公正原则首先要求机会平等,凡符合法定奖励条件的,人人都有平等受到奖励的权利。其次要求奖励与受奖行为相当。在实施奖励时,奖励的内容和形式必须与被奖励的行为相适宜,奖励的等级与贡献的大小相适应,做到论功行赏,有功有奖、无功不奖,功大大奖、功小小奖,合理适度。最后要求行政奖励的程序要民主、公开。行政奖励权力运行的依据、过程和结果,除了涉及国家秘密或国家安全等法律规定不得公开的内容之外,一律公开,确保公众知悉、了解行政奖励的过程,以确保对行政奖励的有效监督。

(三) 物质奖励与精神奖励相结合原则

物质奖励和精神奖励可以分别独立实施,也可以合并实施。两者在激励、调动积极性方面各有特色,如果实行两者相结合,更能发挥行政奖励的积极作用。

(四) 及时性、时效性和稳定性原则

行政管理活动的特点决定了行政行为必须对应行政需要及时地作出反映,在行政奖励中,行政主体必须及时对符合法定条件者给予奖励,以表明国家对其表彰和鼓励;时效性原则指对受奖者给予的奖励,只能表明其在那个时期的功绩和贡献,而不能表明其后的功绩和贡献,贯彻时效性原则,更能激发受奖者不断进取的热情,更好地鞭策后进;行政主体对于法定的行政奖励,要连续不断地给予符合条件者以奖励。通过贯彻行政奖励的及时性、时效性和稳定性原则,更能调动行政相对人的积极性和创造性。①

四、行政奖励的救济

在我国的行政法体系中,行政主体实施的具体行为,大多有相应的救济手段和方式。对于行政奖励行为,本应与行政处罚设定同等明确的救济权,即在《行政复议法》、《行政诉讼法》和《国家赔偿法》中规定对行政奖励的行政救济。但实际上在《行政复议法》第6条列举的10种具体行政行为中并没有行政奖励。《行政诉讼法》第(十一)条的规定受案范围中,也未将行政奖励明确纳入到其中,《国家赔偿法》也未明确将侵犯受奖权列入赔偿范围,并且有关行政奖励的单行法律法规对行政奖励的救济也未作出规定。

尽管《行政复议法》第6条前10项没有明确规定行政奖励属于复议范围,但该条第(十一)项却规定"认为行政机关的其他具体行政行为侵犯其合法权益的",行政奖励是具体行政行为,因而完全可以依据第(十一)项提起行政复议。《行政诉讼法》也是如此,《行政诉讼法》第11条第1款第(八)项规定,对于侵犯人身权和财产权的其他具体行政行为可以提起行政诉讼。而行政奖励中行政主体不履行授奖职责侵犯了相对人的人身权或财产权,因而该规定为行政奖励诉讼提供了法律依据。并且《行政诉讼法》第12条和《最高人民法院关于执行〈中华人民共和国行政诉讼

---

① 姜明安主编:《行政法与行政诉讼法》,北京大学出版社、高等教育出版社2007年版,第283页。

法〉若干问题的解释》第1条第2款并未将行政奖励排除在受案范围之外，因此行政奖励也属于可诉性的行政行为。《国家赔偿法》规定，违法行政行为侵犯行政相对人的财产权和人身权的，受害人可以获得国家赔偿，国家赔偿中的人身权仅限于人身自由和生命健康，因此如果行政奖励侵犯了财产权，受害人可以申请赔偿。但行政奖励不可能侵犯人身自由和生命健康，只会侵犯荣誉权，对于侵犯荣誉权的，受害人则不得申请赔偿。

在行政奖励救济问题上，以下两个问题应当注意。第一，关于内部行政奖励。内部行政奖励是行政主体对其工作人员而作的一种奖励，是一种内部行政行为。《行政复议法》、《行政诉讼法》和《国家赔偿法》都明确将内部行政行为排除于受案范围，也就是说内部行政奖励不具有可复议和可诉性，也不能申请国家赔偿。但这并不意味着内部行政奖励就不存在救济途径，异议人可以依据《公务员法》的有关规定，向该行政机关或者其上一级机关或者行政监察机关、人事机关提出申诉。第二，关于自由裁量的行政奖励。依据《行政诉讼法》，人民法院只对行政行为的合法性进行审查，而不对其合理性进行审查，因此，自由裁量的行政奖励不具有可诉性。自由裁量的行政奖励会出现不合理问题，但不会产生违法性，不导致国家赔偿。当事人可以选择行政复议等救济途径，因为行政复议可以对行政行为的合法性和合理性进行审查。[①]

【自我测试】

1. 行政给付的形式有（　　）。

A. 抚恤金　　B. 社会救济　　C. 社会保险金　　D. 自然灾害救济

2. 行政奖励应遵循的原则有（　　）。

A. 依法奖励原则　　B. 公正原则

C. 物质奖励与精神奖励相结合原则　　D. 及时性、时效性和稳定性原则

3. 行政奖励的特点有（　　）。

A. 赋权性行政行为　　B. 非强制性行政行为

C. 强制性行政行为　　D. 抽象行政行为

4. 行政奖励的形式有（　　）。

A. 举报奖励　　B. 见义勇为奖　　C. 科技奖励　　D. 发放抚恤金

5. 材料分析。

原告吴某甲在1953年其父死亡时年届20岁，以做零工承担赡养母亲、扶养弟妹的义务，维持一家人生活。其父死时遗留草屋两间，别无遗产。其母刘

① 姬亚平：《对行政奖励中有关法律问题的思考》，《商业时代》2007年第7期。

某于1960年病故。吴某乙是吴某甲的二弟，1959年中学毕业后，在家闲居半年后外出打零工，月收入约11元，日常生活及衣服等由吴某甲夫妇提供。1963年3月吴某乙应征入伍，同年9月，地方政府给吴某甲革命军人家属待遇。1965年6月吴某乙在部队因公牺牲被追认为烈士，地方政府和部队承认吴某甲为烈属，并由原某县人民革命委员会于1965年6月发给吴某甲抚恤金180元。至此，民政部门已将吴某甲作为抚养吴某乙烈士长大的其他亲属待遇达17年之久，直到1982年。在1983年重新换发《革命烈士证明书》时，某市民政局认为吴某甲（为当地国家机关干部，收入较高）不应享受烈属待遇，遂决定不再换发《革命烈士证明书》，停止颁发抚恤金。吴某甲多次上访无果，遂向人民法院起诉。

相关条文：

《革命烈士褒扬条例》第2条、第6条：我国人民解放军指战员，在革命斗争、保卫祖国和社会主义现代化建设事业中壮烈牺牲的，称为革命烈士，其家属称为革命烈士家属。经批准为革命烈士的，由民政部门向革命烈士家属颁发《革命烈士证明书》。

《军人优抚优待条例》第10条：革命烈士、因公牺牲军人、病故军人的家属，按照规定的条件享受定期抚恤金。(1)父、母、抚养人、夫、妻无劳动能力和生活收入的，或虽有一定的生活收入，但不足以维持当地一般群众生活的；(2)子女未满18周岁或虽满18周岁因读书或伤残而无生活来源的；(3)弟妹未满18周岁，且必须依靠军人生前供养的。

《民政部关于贯彻执行〈军人抚恤优待条例〉若干具体问题的解释》第2条、第3条所称"军人自幼曾依靠其抚养长大现在又必须依靠军人生活的其他亲属"是指军人出生至18周岁期间，因丧父母或父母无抚养能力，其他亲属自愿或受托连续抚养军人逾7年以上，经乡镇人民政府或法律公证，由县、市、市辖区人民政府批准者。其他亲属以外的人员符合规定的抚养人条件的，也按抚养人对待。

问题：

(1)什么是行政给付？具有哪些特征？

(2)某市民政局不给吴某甲换发《革命烈士证明书》的行为是否正确？

(3)某市民政局向吴某甲停发抚恤金是否正确？

6. 材料分析。

1999年5月，咸阳市秦都区沣东镇绍家村发生翻船事故，沣东镇八家村村民马随意等人赶到现场，将落水者全部搭救上岸，事后沣东镇人民政府召开表彰大会，5位村民领到了荣誉证书和200元到500元不等的奖金，对马随意等9人给予口头表扬。马随意认为自己见义勇为的行为没有得到应有的奖励，一纸诉状将镇政府告到秦都区人民法院，要求镇政府赔偿精神损失费并承担诉讼费3800元，并书面赔礼道歉。

问题：

(1)什么是行政奖励？

(2)行政奖励的救济方式有哪些？你认为维护马随意合法权益的最好的救济方式是什么？

行政裁决

【要点提示】

本章讲述了行政裁决的概念、特点及其与相关概念的联系与区别，行政裁决的种类、作用、遵循的基本原则和程序，行政裁决的法律救济。重点掌握行政裁决的概念、特点及其与相关概念的联系与区别，了解行政裁决的种类、遵循的基本原则和程序及我国行政裁决的法律救济。

第一节　行政裁决的概念与特征

一、行政裁决的概念

行政裁决是行政机关广泛应用的一种裁决方式，也是法律文件中经常涉及的一个概念。对于这些行政裁决，我们可以从形式和实质两个角度来理解。从形式上理解只要行政机关的行政行为带有“裁决”的字样，便属于行政裁决制度。如《立法法》第 85 条规定国务院在行政法规与行政法规之间不一致时对行政法规的裁决。还有《行政诉讼法》、《行政复议法》、《中华人民共和国公民出境入境管理法》、《中华人民共和国审计法》等法律也规定了有关行政机关的裁决。但从实质角度出发，上述的裁决都不属于行政裁决。实质意义上的行政裁决不是依据是否有“裁决”名称而定，而是依据它是否符合行政裁决的特征而定。符合行政裁决的特征的，即使不用“裁决”名称，也按行政裁决对待。相反，不符合行政裁决特征的行政行为，即使冠有“裁决”名称，也不按行政裁决对待。[1] 我们所说的行政裁决制度是指从实质角度来理解的行政裁决。

---

① 胡建淼：《行政法学》，法律出版社 2010 年版，第 225—227 页。

对于何谓行政裁决,《湖南省行政程序规定》对行政裁决下了一个定义:行政裁决是指行政机关根据法律、法规的授权,处理公民、法人或者其他组织相互之间发生的与其行政职权密切相关的民事纠纷的活动。

本书所说的行政裁决是指行政主体依照法律授权,以中间人的身份,对特定的民事纠纷进行审理和公断的行政行为。[①]

二、行政裁决的特征

行政裁决具有以下特点。[②]

(一)性质上的行政性与具体性

行政裁决虽然是行政机关对民事纠纷的裁决,但它在性质上属于行政行为,而不是司法行为。因为它是法律授权给行政机关行使的一种职能。并且行政裁决是针对特定的当事人的特定关系所作的一种裁决,因而具有具体性。

(二)对象上的民事性

行政裁决是行政主体对民事纠纷而不是行政纠纷的裁决。行政主体对行政纠纷的裁决不是本书意义上的行政裁决。作为行政裁决对象的民事纠纷具有特定性,主要是与行政主体行政职权密切相关的民事纠纷,包括权属纠纷、侵权纠纷、损害赔偿纠纷等。

(三)身份上的中间性

行政裁决与一般行政行为的不同在于行政主体以中间人的身份对平等主体间的民事关系的裁决。一般行政行为具有双方关系即行政主体和行政相对人,而行政裁决具有三方关系即行政主体、平等的双方当事人,行政主体是作为平等的双方当事人的第三方即中间人的身份出现。

(四)范围上的法律授权性

《中华人民共和国民事诉讼法》第 3 条规定:"人民法院受理公民之间、法人之间、其他组织之间以及他们相互之间因财产关系和人身关系提起的民事诉讼,适用本法的规定。"该法第 111 条第(三)项又规定:"依照法律规定,应当由其他机关处理的争议,告知原告向有关机关申请解决。"这是我国法律关于人民法院和行政机关主管民事纠纷权限划分原则。它表明,一切民事纠纷原则上由人民法院主管,法律明文规定由行政机关主管的,才由行政机关主管。这说明了行政机关实施行政裁决权必须由法律明文规定,行政裁决的民事纠纷的范围也要由法律明文规定。

---

① 胡建淼:《行政法学》,法律出版社 2010 年版,第 225—227 页。

② 同①。

从我国现行的法律规范来看，主要是全国人民代表大会及其常委会制定的法律和国务院制定的行政法规创设了行政裁决制度。

(五) 程序上的准司法性

行政裁决身份上的中间性决定了行政裁决程序上的准司法性。表现在行政裁决是一个依申请的行政行为，必须由一方或双方当事人申请；行政裁决机关在裁决过程中必须充分听取平等的双方当事人的意见，允许双方当事人辩论；行政裁决机关必须作出正式的书面裁定，写明事实与理由、法律依据、裁定内容、救济途径等。

三、行政裁决与相关概念

(一) 行政裁决与行政确认

尽管行政裁决与行政确认都是行政主体对特定的相对人作出的具有法律效果的行为，但它们属于不同性质的行政行为。它们的区别表现在以下四个方面。

1. 行政裁决属于纠纷解决制度，是行政主体对于已经发生的纠纷的一种公断；而行政确认是一种认定制度，是行政主体对行政相对人的主体资格及有关法律事实和法律关系的一种认定。

2. 行政裁决是对民事关系的处理，行政确认则是对行政关系的处理。

3. 行政裁决中行政主体是作为第三方中间人的身份出现的，它发生在三方关系之中；而行政确认是发生在行政主体与行政相对人的双方关系之中，行政主体是以管理方身份出现。

4. 行政裁决是一种准司法制度，所以需要经过严格的准司法程序，行政确认不属于准司法制度，因而其程序没有像司法程序那么严格。

从某种意义上讲，行政裁决，至少部分的行政裁决是以行政确认为前提的，此时的划分方法是：如果行政确认进入行政裁决程序作为行政裁决的前置行为而存在，则行政确认被行政裁决所吸收，总体按行政裁决行为对待；如果行政确认发生在行政裁决程序以外，则行政确认与行政裁决就分别作为独立的行政行为而存在。[①]

(二) 行政裁决与行政调解

行政调解，是指行政机关为化解社会矛盾、维护社会稳定，依照法律、法规、规章和有关规定，居间协调处理公民、法人或者其他组织相互之间民事纠纷的活动。[②] 尽管行政裁决与行政调解都是行政机关解决民事纠纷的方法或手段，并且在行政裁决程序中，调解是行政裁决的先行程序，[③]但是两者还是存在着区别，表

---

① 胡建淼：《行政法学》，法律出版社 2010 年版，第 228—229 页。

② 《湖南省行政程序规定》第 115 条。该规定第 115—121 条规定了行政调解制度。

③ 《湖南省行政程序规定》第 112 条。

现在以下四个方面。

1. 行政裁决是依申请的行政行为，必须由公民、法人或其他组织提出申请，行政主体才能进行裁决；而行政调解，行政机关既可以根据公民、法人或者其他组织的申请进行，也可以主动进行。①

2. 行政裁决的对象主要是与行政主体行政职权密切相关的民事纠纷，包括权属纠纷、侵权纠纷、损害赔偿纠纷等。行政调解适用的民事纠纷必须同时符合下列条件：(1)与行政机关职责相关的；(2)民事纠纷双方同意调解的；(3)法律、法规、规章没有禁止性规定的。②

3. 行政裁决是行政行为，具有国家强制执行的效力。行政调解是行政机关的非职权行为，不具有法律上的强制力。行政调解即使成功，调解协议也不具有强制执行力，完全依靠当事人自觉履行。

4. 当事人对行政裁决不服的，根据《行政诉讼法》及最高人民法院《关于执行〈中华人民共和国行政诉讼法〉若干问题的解释》的规定可以提起行政诉讼。不服行政机关对民事纠纷作出的调解的，依法向法院提起诉讼。③ 根据《中华人民共和国专利法》第 57 条规定，侵犯专利权引起纠纷，由当事人协商解决；不愿协商或者协商不成的，专利权人或利害关系人可以请求管理专利工作的部门处理(指行政裁决)。当事人不服的，可以自收到处理通知之日起 15 日内依照《行政诉讼法》向法院起诉。进行处理的管理专利工作的部门应当事人的请求，可以就侵犯专利权的赔偿数额进行调解；调解不成的，当事人可以依照《中华人民共和国民事诉讼法》向人民法院起诉。因此对行政调解不服的，当事人可向法院提起民事诉讼。

(三) 行政裁决与行政复议

行政裁决与行政复议都是行政机关裁决纠纷的法律制度，两者有许多相似之处，但是也存在一定的区别。

1. 行政裁决仅仅是行政机关裁决纠纷的法律制度，是一种行政司法行为。而行政复议除此外，还具有行政机关内部上下级之间的层级监督的性质。

2. 行政裁决的对象是与行政主体行政职权密切相关的民事纠纷，双方当事人的法律地位是平等的；行政复议的对象是法定范围内的行政争议，双方当事人的法律地位是不平等的。

3. 在行政裁决中，行政主体应当先行调解，调解不成的，依法作出裁决。④ 在行政复议中，复议机关也可以进行调解，但是适用的情形是法定的，主要指以下两

---

① 《湖南省行政程序规定》第 112 条。

② 《湖南省行政程序规定》第 112 条。

③ 《中华人民共和国行政复议法》第 8 条。

④ 《湖南省行政程序规定》第 112 条。

种情形之一：(1)公民、法人或者其他组织对行政机关行使法律、法规规定的自由裁量权作出的具体行政行为不服申请行政复议的；(2)当事人之间的行政赔偿或者行政补偿纠纷。[①]

第二节　行政裁决的主要制度

一、行政裁决的种类

(一) 权属纠纷的裁决

权属纠纷是指双方当事人因某一财产的所有权或使用权的归属发生争议，包括草原、土地、水、滩涂及矿产等自然资源的权属争议，双方当事人可依法向有关行政机关请求确认，并作出裁决。如《中华人民共和国森林法》第 17 条规定，单位之间发生的林木、林地所有权和使用权争议，由县级以上人民政府依法处理。个人之间、个人与单位之间发生的林木所有权和林地使用权争议，由当地县级或者乡级人民政府依法处理。

(二) 侵权纠纷的裁决

侵权纠纷是由于一方当事人的合法权益受到另一方当事人的侵犯而产生的纠纷。发生纠纷时，当事人可以请求行政机关予以裁决。如《中华人民共和国商标法》第 53 条规定侵犯注册商标专用权行为之一，引起纠纷的，由当事人协商解决；不愿协商或者协商不成的，商标注册人或者利害关系人可以请求工商行政管理部门处理。

(三) 损害赔偿纠纷的裁决

损害赔偿纠纷是一方当事人的权益受到侵害后，要求侵害者给予损害赔偿所引起的纠纷。如《中华人民共和国环境保护法》第 41 条规定，造成环境污染危害的，有责任排除危害，并对直接受到损害的单位或者个人赔偿损失。赔偿责任和赔偿金额的纠纷，可以根据当事人的请求，由环境保护行政主管部门或者其他依照法律规定行使环境监督管理权的部门处理。

二、行政裁决的作用

民事争议在传统上一概由司法机关管辖。但由于经济和社会事务的迅速发

① 《中华人民共和国行政复议法实施条例》第 50 条。该条例 2007 年 5 月 23 日国务院第 177 次常务会议通过，2007 年 5 月 29 日国务院令第 499 号公布，自 2007 年 8 月 1 日起施行。

展，大量涌现的民事纠纷对传统解决纠纷的途径——法院审判工作造成压力，比如知识产权纠纷、环境污染纠纷等，这些纠纷具有一定的专业性与技术性，与行政管理事务相关，同时又涉及公共利益。相对法院来说，由专业领域积累较多经验的行政机关进行干预和处理，在行政过程中一并解决民事纠纷，可以避免重复处理行为，并且行政裁决以便捷的程序、低廉的费用，降低社会成本。因此现代国家突破了传统的行政权与司法权的划分，行政机关承担特定领域内的平等主体的民事纠纷的裁判，像英国行政裁判制度和美国以行政独立管制机构为主体的行政裁决制度，它们都在本国行政法律制度中具有举足轻重的地位。我国法律也规定了行政机关对民事纠纷进行裁决的制度。由于行政裁决制度具有法院民事审判权所不具有的专业性和技术性的优势，行政裁决制度在快速地解决民事争议，制止违法侵权行为，建立和维护良好的社会秩序方面都起着非常重要的作用。

三、行政裁决的原则

（一）合法、公正、平等原则

合法原则主要指行政裁决必须是由具有法定裁决的主体依照法定的职权和法定的程序进行。行政机关在行使行政裁决权时，必须坚持贯彻公正、平等原则。第一，裁决的行政机关在法律上处于中立的地位，独立于双方当事人。第二，裁决者应当实行严格的回避制度。第三，裁决的程序要公开。双方当事人对主要事实有争议的，行政机关应当公开审理，依法不予公开的除外。[①] 第四，行政机关应当平等对待当事人，不得偏袒任何一方。在程序上为双方当事人提供平等的机会，以确保纠纷的双方当事人在法律面前人人平等。

（二）简便、迅捷原则

行政机关行使行政裁决权，必须在程序上考虑行政效率和有效实现行政职能，在确保纠纷得以公正解决的前提下，尽可能地采取简单、迅速、灵活的裁决程序。[②] 如《湖南省行政程序规定》规定双方当事人对主要事实没有争议的，行政机关可以采取书面审查的办法进行审理。

（三）调解原则

行政裁决的对象是特定的民事纠纷，主要涉及权属纠纷、侵权纠纷和损害赔偿纠纷，这些纠纷都属于平等主体可以自由处分的财产权，因此在行政裁决的过程中，行政主体应当争取促成双方当事人互谅互让，调解解决纠纷，最终解决民事争

---

① 《湖南省行政程序规定》第 112 条。

② 姜明安主编：《行政法与行政诉讼法》，北京大学出版社、高等教育出版社 2007 年版，第 291 页。

议。行政主体在进行调解时应当遵循自愿和合法原则。因此,《湖南省行政程序规定》规定了调解为行政裁决的必经程序,行政机关应当先组织争议双方当事人进行调解,只有在调解不成的情况下,行政机关才可以作出裁决。

(四) 听取双方当事人意见原则

听取双方当事人意见原则指行政主体在解决纠纷之前,要允许双方当事人陈述自己意见,提出各自的要求和理由,并在听取意见和采纳证据的基础上,作出裁决,必要时采取听证的方式。[①]《湖南省行政程序规定》规定双方当事人对主要事实有争议的,行政机关应当公开审理,充分听取双方当事人的意见,依法不予公开的除外。对重大、复杂的案件,申请人提出要求或者行政机关认为必要时,可以采取听证的方式审理。

四、行政裁决的程序

行政裁决的程序是指行政主体对特定民事纠纷作出行政裁决的步骤、顺序、方法和时限的总和。我国没有统一的行政程序法,并且行政裁决制度由各种法律、法规规定,但是这些法律、法规在设定行政裁决时并未统一规定行政裁决的程序。作为实施法律、法规规定的规章,《湖南省行政程序规定》对行政裁决的程序作了系统的规定。根据《湖南省行政程序规定》,行政裁决的程序主要包括以下步骤。

(一) 申请

行政裁决是依申请的行政行为,申请人提出裁决的申请是行政裁决的前提条件。申请是行政裁决启动程序,行政裁决的启动权掌握在公民、法人和其他组织的手里。公民、法人或者其他组织申请行政裁决,可以书面申请,向裁决机关提交申请书;也可以口头申请。口头申请的,行政主体应当当场记录申请人的基本情况,行政裁决请求,申请行政裁决的主要事实、理由和时间。

(二) 受理

行政裁决的受理是指裁决机关对申请人的申请行为进行审查后,认为申请符合法律规定的条件,在法定的期限内进入审查程序,或认为申请不符合法律规定,决定不予受理的行为。行政主体收到公民、法人或者其他组织申请后,应当在5日内审查完毕,并根据下列情况分别作出处理:(1)申请事项属于本机关管辖范围内的,应当受理,受理后5日内,应当将申请书副本或者申请笔录复印件发送给被申请人;(2)申请事项不属于本机关管辖范围内的,应当告知申请人向有关行政机关提出;(3)申请事项依法不能适用行政裁决程序解决的,不予受理,并告知申请人。

---

① 曹衍明:《行政裁决终局探析》,《湖北警官学院学报》2006年第9期。

(三) 审查

行政主体受理后,应当及时将申请人的裁决申请告知被申请人。对于书面申请的,行政主体应当将申请副本发送给被申请人。对于口头申请的,行政主体应当将申请笔录复印件发送给被申请人。被申请人收到申请的副本或者复印件后,应当在 10 日内向行政主体提交书面答复及相关证据材料;行政主体应当在收到被申请人提交的书面答复之日起 5 日内,将书面答复副本发送申请人。申请人、被申请人可以到行政机关查阅、复制、摘抄案卷材料。

行政机关审理行政裁决案件,应当由 2 名以上工作人员参加。双方当事人对主要事实没有争议的,行政机关可以采取书面审查的办法进行审理。双方当事人对主要事实有争议的,行政机关应当公开审理,充分听取双方当事人的意见,依法不予公开的除外。行政机关认为必要时,可以实地调查核实证据;对重大、复杂的案件,申请人提出要求或者行政机关认为必要时,可以采取听证的方式审理。行政机关应当先行调解,调解不成的,依法作出裁决。

(四) 裁决

行政裁决机关在审理后,根据事实依法作出裁决。首先必须在法定的期限内作出。即应当自受理申请之日起 60 日内作出裁决,情况复杂的,经本行政机关主要负责人批准,可以延长 30 日作出裁决,并应当将延长期限告知申请人。其次要制作裁决书。裁决书应当包括以下内容:(1)双方当事人的基本情况;(2)争议的事实;(3)认定的事实;(4)适用的法律规范;(5)裁决内容及理由;(6)救济的途径和期限;(7)行政机关的印章和日期;(8)其他应当载明的事项。

第三节 行政裁决的法律救济

一、外国行政裁决制度的法律救济

与我国行政裁决制度相近的外国制度主要有英国的行政裁判所制度、美国的独立管制机构制度和日本的当事人争讼制度。

(一) 英国行政裁判所制度的法律救济

英国的行政裁判所是指根据议会的法案设立,用以解决行政上的争端,以及公民相互之间某些和社会政策有密切联系的争端的特别裁判机构。由于自身专业性、公正性以及经济合理性等优势,英国的行政裁判所在解决民事行政纠纷方面起到了不可替代的作用。当事人对行政裁判所的裁决有异议的,根据《裁判所与调查法》的规定,通常可以提起上诉,也可以提起司法审查。上诉是对下级机构的决定不服向上级机构或其他机构申诉,请求改变原决定的行为。在英国,上诉不是当然的权利,只有法律有规定时按法律规定的条件才存在。英国法律对不服行政裁判所的裁决没有规定统一的上诉格式。有的规定对法律问题可以上诉,有的规定对事实问题可以上诉,有的规定对法律问题和事实问题都可以上诉,有的没有规定上诉的权利。受理上诉的机构也多种多样,主要有向另一裁判所上诉、向部长上诉和向法院上诉。向法院上诉,主要是就法律问题向高等法院上诉,此外,大法官可以根据法定条规扩大法律问题上诉权的范围,有些裁判所的裁决是直接向上诉法院上诉。对上诉,法院不仅有权撤销行政裁判所的裁判,也有权作出变更判决,对当事人之间的争议直接进行实体裁判并予以执行,也可以将案件发回给裁判所,让裁判所以高等法院的意见为基础,予以重审或者重新作出决定。①

行政裁判所的裁决,法院可以进行司法审查。法院对行政裁判所的裁决进行司法审查不需要成文法律的规定,它是根据普通法的越权原则进行的。构成越权的理由有:违反自然公正原则,程序上的越权,实质的越权。如果行政裁判所的活动超出法定的范围或违反自然公正原则,或无理作出裁决,法院可以宣告其无效或予以撤销。②

(二)美国行政裁决制度的法律救济

在美国,根据《联邦行政程序法》的规定,所谓裁决,是指行政机关作出能够影响当事人的权利和义务的一切具体决定的行为。它既包括行政机关对行政争议和民事争议的裁决,也包括行政机关对相对人作出的具体处理决定,适用范围很广。在联邦,根据法律规定行使争端裁决权的行政机关主要是指五十多个独立管制机构,其中最主要的有:联邦商业委员会、证券交易管理委员会、国家劳工关系局、民航委员会、原子能委员会等。除了独立管制机构,享有争端裁决权的行政机关现在已扩大到一般行政部门,联邦政府各部根据国会法律的规定也行使准司法权力,能够裁决不服本机关决定的个人和本机关之间的纠纷,或者裁决公民之间的争端。如卫生部控制着食品和药品管理,司法部控制着移民管理,邮政部控制着违章邮政业务的处理,因而有权处理这方面不由法院审理的纠纷。

对独立管制机构和行政部门的裁决不服,同样可以提起司法审查。这与对行政长官的复议决定或裁决结果不服也可以向联邦上诉法院要求司法审查相同。③如对独立管制机构的裁决不服的,在接到代诉人或者受害人的告诉后,立刻开始调

---

① 史华松:《我国行政裁决诉讼中司法变更权的可行性——基于对英国、美国和日本的比较研究》,《中共杭州市委党校学报》2009 年第 4 期。

② 王名扬:《英国行政法》,北京大学出版社 2007 年版,第 115—137 页。

③ 张树义:《纠纷的行政解决机制研究:以行政裁决为中心》,中国政法大学出版社 2006 年版,第 112 页。

查；如果发现告诉人指控的事件（关于某公司的不法竞争或不当手段）属实，就应当命令被诉的商号或公司停止此类行为。如有不服，可以在60日内向联邦上诉法院起诉。委员会停止不当行为的命令具有类似法院判决的效力，被告除上诉外，必须服从。[①]

关于行政裁决的司法审查范围。在美国，法院一般要尊重行政机关的事实裁定权，审查行政机关的裁定是否合理，自己不能进行判断。但另一方面，法院对行政机关的事实裁定必须进行审查，如果法院不审查行政机关的事实裁定，就是法院放弃了保障法律正确执行的职责。但这不表示法院对每个事实问题都重新决定，只有在某些重大问题上和对公民权益有重大影响的事实认定上法院才能（会）进行重新审理，以自己的判断代替行政机关的判断。美国法院对事实问题的审查具有两大特点，即法院只以行政记录为基础进行司法审查，法院在司法审查中不进行直接的调查取证活动；法院只对行政机关的事实认定作合理性审查，不以自己的合理性代替行政机关的合理性。[②] 对于无案卷的审判式听证裁决，法院可直接予以撤销，而无须再有其他撤销根据。对于行政机关在非正式程序下作出的裁决，法院在重新认定事实的基础上作出判决，确定民事纠纷当事人双方的权利义务。

（三）日本行政裁决制度的法律救济

行政机关依申请，通过特定的程序裁决对等当事人之间发生的争议的过程，在日本通常称为当事人争讼。当事人争讼是一项颇具有日本特色的争议裁决制度。它是在对等当事人之间发生争议时，由法律关系的其中一方以另一方作为相对人向有关行政机关提出申请，由行政机关依照准司法程序，审理和判断当事人的主张是否妥当，并据此解决有关争议。这一制度有时也被称为“裁决的申请”。属于当事人争讼的情况主要有：(1)对行政上的法律关系是否存在或者是否成立进行的确认；(2)在一些情况下，法律规定当事人之间的法律关系应当根据当事人的协议而形成，在当事人不能达成该协议时，基于当事人一方的申请，由有权限的行政机关来形成该法律关系；(3)行政机关根据法律规定，对私人之间产生纠纷进行的裁决。例如，根据《公害纷争处理法》第42条的规定，因有关公害的受害问题而产生关于损害赔偿的纠纷时，公害等调整委员会对损害的原因和责任进行裁定。[③]

行政争讼当事人对行政机关的裁决有异议时，可向法院请求救济。当事人向法院提起的诉讼，属于《行政案件诉讼法》规定的当事人诉讼。当事人诉讼是日本行政诉讼制度中确立的一种诉讼类型。根据日本1962年《行政案件诉讼法》第4条，当事人诉讼是指有关确认或形成当事人之间法律关系的处分和裁决的诉讼，是

---

① 王名扬主编：《外国行政诉讼制度》，人民法院出版社1991年版，第317页。

② 朱新力：《论行政诉讼中的事实问题及其审查》，《中国法学》1999年第4期。

③ [日]盐野宏：《行政法》，杨建顺译，法律出版社1999年版，第290—291页。

依法令的规定以该法律关系的一方当事人作为被告的诉讼以及有关公法上的法律关系的诉讼。前者为形式当事人诉讼,后者为实质当事人诉讼。实质当事人诉讼是为确认或形成以行政厅(即行政主体)为一方当事人的公法上的法律关系的诉讼,这种诉讼的内容为公法关系,因而在程序上适用抗告诉讼。形式当事人诉讼是指行政厅(即行政主体)为确认或形成一种私法上的法律关系而作出决定,当法律关系中的一方当事人不服,提起以另一方当事人(非行政主体)为被告的诉讼。[①]日本形式上的当事人诉讼制度是解决行政裁决争议的一般诉讼制度。在形式当事人诉讼中,被告是民事纠纷的对方当事人而不是作出行政裁决的行政主体,作出行政裁决的行政主体作为第三人参加诉讼。法院审理案件以解决当事人的民事纠纷为主,主要适用民事诉讼程序同时也对行政行为的效力予以确定。[②]

二、我国行政裁决制度的法律救济

由于行政裁决是具体行政行为,对行政裁决的法律救济主要是通过行政救济的途径进行。《行政复议法》第 8 条第 2 款规定,不服行政机关对民事纠纷作出的调解或者其他处理的,依法申请仲裁或向人民法院提起诉讼。该条将行政机关对民事纠纷所作的其他处理排除在行政复议的范围外,这里的“其他处理”从条文的字面解释当然应当包括行政裁决。因此,对行政裁决不服,不能通过申请复议的方式获得救济。

尽管不能申请行政复议,但是可以提起行政诉讼。2000 年 3 月 10 日起施行的《最高人民法院关于执行〈中华人民共和国行政诉讼法〉若干问题的解释》第 1 条,采取了一般规定受理具体列举排除的方法规定行政诉讼的受案范围,即:原则上凡是第 1 条第 1 款规定的公民、法人或者其他组织,对具有国家行政管理职权的机关和组织及其工作人员的行政行为不服的,均属于行政诉讼的受案范围。但是,如果有第 2 款(六)项规定情形之一的(这 6 种情形主要指:《行政诉讼法》第 12 条规定的行为;公安、国家安全等机关依照刑事诉讼法的明确授权实施的行为;调解行为以及法律规定的仲裁行为;不具有强制力的行政指导行为;驳回当事人对行政行为提起申诉的重复处理行为;对公民、法人或者其他组织权利义务不产生实际影响的行为)则不属于行政诉讼的受案范围。可见,根据该条第 2 款规定,行政裁决行为未被排除出行政诉讼的受案范围。当事人对行政裁决不服可以提起行政诉讼。《专利法》和《商标法》也作了类似的规定。同时该司法解释第 61 条规定:“被

---

① [日]室井力主编:《日本现代行政法》,吴微译,中国政法大学出版社 1995 年版,第 232—236 页。

② 史华松:《我国行政裁决诉讼中司法变更权的可行性——基于对英国、美国和日本的比较研究》,《中共杭州市委党校学报》2009 年第 4 期。

告对平等主体之间民事争议所作的裁决违法,民事争议当事人要求一并解决相关的民事争议的,人民法院可以一并审理。"该条规定了行政附带民事诉讼制度。[①]它是指人民法院在审理行政案件的同时附带审理与行政案件相关联的民事案件,并作出裁判的诉讼活动。行政诉讼附带的民事诉讼是由行政诉讼派生的,且是在行政诉讼中附带审理和裁判,故称行政附带民事诉讼。[②]

【自我测试】

1. 行政裁决的种类有(　　)。

A. 损害赔偿纠纷的裁决　　B. 权属纠纷裁决

C. 行政纠纷裁决　　D. 侵权纠纷的裁决

2. 行政裁决的对象是(　　)。

A. 民事纠纷　　B. 特定的民事纠纷

C. 行政纠纷　　D. 刑事纠纷

3. 行政裁决应当遵循的基本原则有(　　)。

A. 合法、公正、平等原则　　B. 调解原则

C. 听取双方当事人意见原则　　D. 简便、迅捷原则

4. 行政裁决是(　　)。

A. 依申请的行政行为　　B. 依职权的行政行为

C. 双方行政行为　　D. 单方行政行为

5. 下列属于行政裁决的特征的有(　　)。

A. 性质上的行政性与具体性　　B. 身份上的中间性

C. 范围上的法律授权性　　D. 程序上的准司法性

6. 材料分析。

岳某与张某发生林权争议,申请某市平谷某镇人民政府(以下简称镇政府)解决双方的林权争议。镇政府受理后,根据《林木林地权属争议处理办法》第17条"当事人对自己的主张应当出具证据。当事人不能出具证据的,不影响林权争议处理机构依据有关证据认定争议事实"之规定,要求争议双方提供证据,争议双方提供了证人证言,镇政府对这些证人证言一一加以核实,发现岳某提供的证人证言不能相互印证,而且与镇政府对这些证人的调查笔录记载的内容

① 江必新认为,《解释》第61条的规定虽然回避了附带诉讼的概念,而只是说一并解决,但二者本质上没有区别。参见江必新:《中国行政诉讼制度之发展——行政诉讼司法解释解读》,金城出版社2001年版,第106页。

② 姜明安主编:《行政法与行政诉讼法》,北京大学出版社、高等教育出版社2007年版,第621页。

不一致，镇政府要求岳某提供树龄鉴定，但岳某书面拒绝。镇政府根据张某提供的证人证言，及其向村委会调取的有关证明作出处理决定，将争议的树木裁决归张某所有。

问题：

(1)镇政府对林权争议的处理决定属于行政裁决行为吗？

(2)若岳某对镇政府处理林权争议行为不服可以采取哪些救济途径？

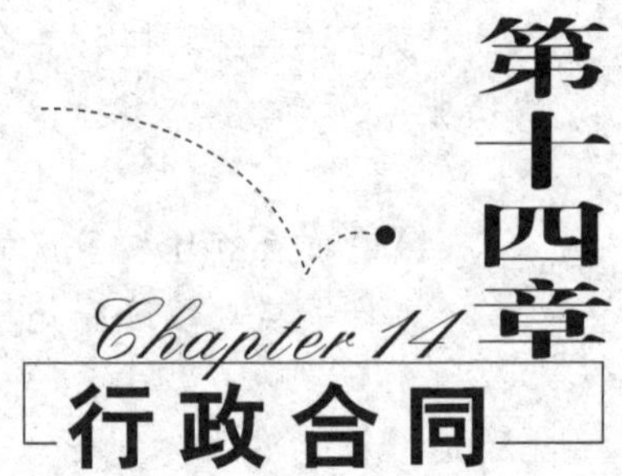

第十四章 Chapter 14 行政合同

【要点提示】

本章讲述了行政合同的概念和特点,行政合同与民事合同的区别,行政合同的种类和作用,行政合同的缔结、履行、变更、解除和终止,行政合同的法律救济途径。重点掌握行政合同的概念、特点、行政合同与民事合同的区别,了解行政合同的种类,行政合同的缔结方式和原则,行政合同双方当事人的权利和义务及行政合同的法律救济途径。

第一节 行政合同概述

行政合同是现代行政法中合意、协商等行政民主精神的具体体现,尽管行政合同在行政法中的地位仍有争议,但是现代行政管理需要行政合同,且行政实践中已有大量行政合同存在确是无可否认的事实。法国行政合同的理论和实践最具有代表性。在法国,行政机关签订行政法上的合同为行政合同,如公共工程承包合同、公共工程捐助合同、公务特许合同、独占使用共用公产合同、出卖国有不动产合同等。它被广泛用于经济发展、资源开发、科研、教育等方面,并在行政法上得到了越来越广泛的应用。[1] 德国、葡萄牙等国家和我国澳门地区在《行政程序法》中设专章规定行政合同制度。我国《湖南省行政程序规定》在第五章第一节中也对行政合同作了规定。可见行政合同已成为现代社会行政主体为了实现行政管理目的不可不运用的一项行政手段。

一、行政合同的概念

对于行政合同的概念,法律上对之作了规定。如德国《联邦行政程序法》第 54

① 王名扬:《法国行政法》,北京大学出版社 2007 年版,第 145 页。

条第 1 款规定，行政合同是指“设立、变更和终止公法上的法律关系的合同”[①]。《湖南省行政程序规定》第 93 条第 1 款对行政合同下了一个定义：“行政合同，是指行政机关为了实现行政管理目的，与公民、法人或者其他组织之间，经双方意思表示一致所达成的协议。”对这个定义我们基本赞同，但在理论上可能需更全面。[②]

所谓行政合同，也称行政契约，是指行政主体以实施行政管理为目的，与行政相对人就有关事项经协商一致而达成的协议。[③]

二、行政合同的特征

行政合同既有国家行政的特点，又有合同的一般特点，行政特点和合同特点的结合构成了行政合同的特点。行政合同具有下述特点。[④]

(一) 行政性

行政合同的行政性是指行政机关借助于合同形式实现其行使行政职权的目的，它不同于行政机关以民事法人的身份与他人就民事权益订立的私法上的合同。

行政合同的行政性表现在三个方面。第一，行政合同必有一方是行政主体。这里的行政主体是以行使行政职权的目的与行政相对人订立合同的主体，行政主体为其他目的而与他人订立的合同就不是行政合同。当然行政主体与行政主体之间可以订立行政合同来实现行政协助。第二，行政合同的内容是行政管理的公共事务，具有公益性。在市场经济体制下，根据意思自治原则，市场主体为了谋求利益从事着他认为最为经济的活动。但是，这种个别化的活动也给社会正常发展带来了许多问题，如环境污染、违法犯罪、道路拥挤等。个人从事解决上述问题的活动不可能给其带来直接的效益，这样公共事务只能由行政机关来完成。这些公共事务构成了行政机关的行政管理内容。凡是合同涉及公共事务的，该合同内容就具有公益性。第三，行政主体在行政合同的变更和解除上有行政优益权。行政优益权显示出行政主体与行政相对人在行政合同中的不平等的法律地位。行政主体在行政合同中拥有这种权力的基础是公共利益的优越性。在行政合同的履行过程中，因社会政治、经济和文化发生了变化，导致行政合同继续履行可能会损害公共利益时，行政主体有权变更或解除合同。行政主体变更或解除合同给行政相对人造成合法权益损失的，行政主体依法应当承担相应的补偿责任。

---

① [德]哈特穆特·毛雷尔：《行政法学总论》，高家伟译，法律出版社 2000 年版，第 348—349 页。

② 胡建淼：《行政法学》，法律出版社 2010 年版，第 361 页。

③ 姜明安主编：《行政法与行政诉讼法》，北京大学出版社、高等教育出版社 2007 年版，第 350 页。

④ 同②，第 350—353 页。

（二）合意性

行政合同的合意性区别于一般行政行为的单方性，是指行政合同的签订必须以行政主体与行政相对人共同协商一致为前提。

行政合同的合意性表现在两个方面。第一，行政相对人对行政合同是否订立、行政合同内容等有一定的选择权。这种选择权是契约自由原理在行政合同中的具体体现。行政相对人不可能，政府也不需要要求行政相对人无偿地配合行政主体实现行政管理的目的，虽然行政相对人有时会响应政府号召做一些公益事业，但如果要求行政相对人无偿地配合行政主体实现行政管理目的，是违反契约精神的。行政相对人与行政主体订立行政合同的主要目的是有利可图，因此，应当给予行政相对人在订立行政合同时以一定的选择权，使他认为以最经济的方式介入行政管理事务。但是行政相对人无论有多大的选择权，对行政主体却不能选择。这是由行政事务管辖权法定所决定的。第二，行政合同内容具有可妥协性。这种妥协性表现在行政相对人有权提出修正行政合同内容的建议，行政主体可以根据具体情况对行政相对人的要求作出适当的让步，以便就行政合同的订立达成一致。订立合同的第一步是协商。协商意味着行政合同的双方可以就合同内容讨价还价，直至双方都认为现有的条件可以接受为止。但是妥协性不是一味迁就对方，更不能以牺牲公共利益或第三者利益作为达成订立合同的条件。

（三）法定性

行政合同的法定性是指行政合同订立、履行、变更和解除必须遵守预设的法律规范，行政主体不得法外实施行政合同行为。

行政合同的法定性表现为以下四个方面。第一，行政主体必须在法定的范围内订立行政合同。依法行政原则要求行政主体必须在其法定的行政管辖事务范围内订立行政合同，不得超越行政管辖权限实施行政活动。第二，行政主体必须遵守法定的行政合同的适用范围。行政主体运用行政合同来处理不适于以行政行为方式处理的行政事务。何种行政事务可以通过行政合同来处理，一般取决于法律事先是否已作出规定。对行政合同的适用范围，现有的法律有两种规定。一是规定除非法律有相反的规定，否则行政机关可以通过行政合同来实施行政管理。例如，德国《联邦行政程序法》第 54 条规定："公法范畴的法律关系可以通过合同设立、变更或者撤销（公法合同），但以法规无相反规定为限。行政机关尤其可以与拟作出行政行为的相对人，以签订公法合同代替行政行为的作出。"根据这一规定，在德国只要法律没有相反的规定，行政机关就可以运用合同实现行政管理的目的。二是采用列举的方式明文列举行政合同的适用范围。如《湖南省行政程序规定》第 93 条规定行政合同主要适用于下列事项：(1)政府特许经营；(2)国有土地使用权出让；(3)国有资产承包经营、出售或者出租；(4)政府采购；(5)政策信贷；(6)行政机关委托的科研、咨询;(7)法律、法规、规章规定可以订立行政合同的其他事项。第三,行政主体必须依法行使行政合同中的行政优益权。第四,当法律规定不明确时,行政主体基于行政自由裁量权订立行政合同,其目的必须是为了实现行政管理目的,符合公共利益的要求,不违背法律目的。如果行政主体为了私益或者为了转移行政责任而与行政相对人订立行政合同,该行政合同无效。

三、行政合同与民事合同的区别

行政主体既可以签订行政合同又可以签订民事合同,随之而来就产生了一个问题,行政主体参与的合同究竟是行政合同还是民事合同,明确这个问题具有重要的意义,它决定着应当适用何种法律,采取何种责任规则,存在何种执行方式,以及发生争议时可以诉诸何种法律途径。关于行政合同还是民事合同的界定德国采用以客体为标准来划分。合同的客体应根据合同的内容确定,这取决于是否针对根据公法判断的事件,特别是合同约定的义务或者履行合同的处置是否具有公法性质。如具备下列情形之一的,行政合同成立:(1)目的是执行公法规范;(2)包含有作出行政行为或者其他主权性职务行为的义务;(3)针对公民的公法上的权利义务。[①] 法国识别行政合同的标准由行政法院的判例提出。法国行政法院认为行政合同必须符合下列标准:(1)合同的当事人中必须有一方是行政主体;(2)直接执行公务的合同;(3)超越私法规则的合同。[②] 我国学界关于行政合同与民事合同界分的标准大致分为三种:第一,以法律依据是民法还是行政法为分类标准;第二,以合同标的是行政法律关系还是民事法律关系为分类标准;第三,以合同目的是实现公共利益还是私人利益为分类标准。[③]

行政合同与民事合同有显著的区别,表现在以下四个方面。

第一,合同的主体方面。行政合同的当事人必须有一方是行政主体,双方当事人的法律地位不平等,行政主体享有一定的行政优益权。民事合同双方当事人法律地位平等,一方不得将自己的意志强加给对方。

第二,合同的客体方面。行政合同的内容与行政管理目标的实现有直接的联系,具有公益性。民事合同的当事人一般是为了各自的利益而缔结合同。

第三,合同的缔结原则方面。行政合同的双方合意是行政要求前提下的自愿和对等。在缔结行政合同过程中,由行政主体发出要约,相对人如自愿同行政主体缔结合同意味着自己接受行政主体的监督和管理。民事合同的缔结充分遵循契约

---

① [德]哈特穆特·毛雷尔:《行政法学总论》,高家伟译,法律出版社 2000 年版,第 350—351 页。

② 王名扬:《法国行政法》,北京大学出版社 2007 年版,第 146—148 页。

③ 陈新民:《中国行政法学原理》,中国政法大学出版社 2002 年版,第 176 页。

自由和意思自治原则，合同的成立必须以双方当事人的意思表示一致为基础。

第四，合同的履行、变更和解除方面，基于公共利益的需要，行政主体享有行政优益权，可以根据行政管理需要依法变更或解除合同。民事合同当事人应当按约定履行合同，不得擅自变更或解除合同。

第二节 行政合同的种类与作用

一、行政合同的种类

我国将行政合同基于行政关系的范围不同，分为内部合同和外部合同。前者是指行政主体与行政主体或内部相对人之间签订的合同，后者则指行政主体与外部相对人之间签订的合同。还可根据合同的内容，把行政合同分为承包合同、转让合同和委托合同。承包合同是指行政主体或相对人承揽某些行政事务的合同，如河南省政府和省交通厅于 1987 年 12 月签订的公路建设养护大包干的合同。转让合同是指合同当事人转让财产所有权或使用权的合同，如个体户向政府捐款，并要求把款项用于某种公共事业的协议。委托合同是指行政主体把自己的某些事务交另一行政主体或相对人办理的合同，如公安机关之间的委托调查。[1]

根据《湖南省行政程序规定》第 93 条规定，行政合同有六种。

(一) 政府特许经营合同

政府特许经营合同是指政府与民间或国外投资者之间签订的由政府提供政策优惠等方面的保证，由投资者承建、拥有、经营、维护大型基础设施或工业建设项目，并在协议期满后，将该项目无偿移交政府的合同。

(二) 国有土地使用权出让合同

国有土地使用权出让合同，是指作为土地所有者的国家将其所有的土地使用权在一定时期内让与土地使用者，由土地使用者向国家支付土地使用权出让金并按协议规定开发利用国有土地的合同。

(三) 国有资产承包经营、出售或者出租合同

行政机关或者其委托的组织，为推行行政政策，提高行政效率和经济效益，与公民、法人或者其他组织就国有资产的承包经营、出售或者出租事宜签订合同，如国有企业承包经营合同、小型国有企业租赁合同等。

---

① 胡建淼：《行政法学》，法律出版社 2010 年版，第 361 页。

(四) 政府采购合同

政府采购合同又称公共采购合同,是指政府为了实现其职能和公共利益,以法定方式、方法和程序,使用公共资金,从市场上为政府部门或其所管辖公共部门购买货物、工程或服务的合同。

(五) 政策信贷合同

政策信贷指政策性金融机构按照国家的产业政策或政府的相关决策进行的投、融资活动,不以利润最大化为经营目标。一般来说,政策性贷款利率较低、期限较长,有特定的服务对象,其放贷支持的主要是商业性金融机构在初始阶段不愿意进入或涉及不到的领域。如国家开发银行服务于国民经济发展的能源、交通等“瓶颈”行业和国家需要优先扶持的领域,包括西部大开发、振兴东北老工业基地等。因政策信贷而签订的合同为政策信贷合同。

(六) 行政机关委托的科研、咨询合同

行政机关与大专院校、科研机构以及其他拥有专业知识的组织和个人之间签订的科研、咨询委托合同,是一种特种事务协作合同。委托科研合同是受委托的组织或者个人根据行政机关的委托,利用自己的知识、技术完成科研任务,行政机关用财政性资金支付报酬的协议。委托咨询合同是受委托的咨询机构或者个人,根据行政机关的委托,以转让、出售信息和提供智力服务为主要内容向其提供服务,行政机关用财政性资金支付报酬的协议。

二、行政合同的作用

行政合同作为行政主体实施行政管理的一种方式,极富弹性。它既不像行政命令行为那样僵硬,易窒息个人、组织的积极性,又不像民事行为那样自由随便,而是兼具民事合同的协商性和行政合同的主体优先性特点。因此,行政合同的实施有利于行政管理目标的实现,有利于激发行政相对人的积极性、主动性和创造性,有利于规范行政权的行使,保护相对人的合法权益,有利于提高行政管理的效率。

第三节　行政合同的缔结、变更和解除

一、行政合同的缔结

(一) 行政合同缔结遵循的原则

行政合同的缔结与民事合同的缔结一样,要经过要约和承诺过程,但行政合同的要约大多由行政主体提出,行政主体在缔结行政合同时要遵循以下原则。

1. 出于行政需要原则。行政主体缔结行政合同必须基于行政管理的需要，符合行政目标，不能随意缔结，这是缔结行政合同的根据。因此，在行政合同的缔结过程中，应从国家和社会的公共利益出发，兼顾行政相对人的合法权益。

2. 不超越行政权限原则。行政主体必须在自己管辖的事务范围内与相对人缔结行政合同。行政主体超越权限缔结的合同是无效的。

3. 内容和范围为法律所允许原则。行政主体与相对人订立行政合同的内容和范围必须符合法律、法规、规章的规定。凡是法律、法规、规章明文禁止的事项，行政主体均不得与相对人缔结行政合同。

4. 符合法定程序原则。法律、法规、规章对订立行政合同的程序有规定的，在缔结行政合同时应遵守法定的程序，如《湖南省行政程序规定》规定行政合同应当以书面形式签订；依照法律法规规定须经其他行政机关批准或者会同办理的，经过其他行政机关批准或者会同办理后，行政合同才能生效。

5. 公开竞争原则。公开竞争原则是指行政合同应当在公开竞争的基础上订立。公开要求行政主体将整个行政合同的订立过程向相对人和社会公开，公开的内容涉及国家秘密、商业秘密和个人隐私的除外。它首先要求行政主体事先公开可以通过行政合同来完成的行政事务，其次要求行政主体事中公开行政合同的订立过程，最后要求行政主体事后公开行政合同订立的结果即行政合同的主体、内容等。竞争要求行政主体提供"优胜劣汰"的竞争条件。它要求行政主体不得差别对待行政相对人，只要没有相反的法律规定，国内国外、外地本地、国有集体私有都应当适用同一条件参与行政合同的订立过程；并且对违规的相对人，行政主体应当依法追究其法律责任，以确保行政合同订立过程的公正性。①

（二）行政合同缔结的方式

1. 招标。招标是指由行政主体确定标的和合同主要条款，相对人依据要求承诺并竞标，行政主体经法定评标、议标程序，选择、确定最优者为中标方并与之签订合同。②《中华人民共和国招标投标法》和《中华人民共和国政府采购法》对招标作了详细的规定。

2. 拍卖。拍卖是指行政主体通过预设的拍卖程序，由竞拍人参与竞拍，最后与出价最高者订立行政合同的一种方式。它主要适用《中华人民共和国拍卖法》等法律规定。

3. 协议。协议是指行政主体根据行政合同的内容，与事先选择好的行政相对人就行政合同的内容进行协商一致后订立行政合同的一种方式。《中华人民共和

---

① 姜明安主编：《行政法与行政诉讼法》，北京大学出版社、高等教育出版社 2007 年版，第 355—356 页。

② 应松年主编：《当代中国行政法》（下卷），中国方正出版社 2005 年版，第 1021 页。

国城市房地产管理法》第 12 条规定了土地使用权出让可以采用双方协议的方式。

4. 邀请发价。邀请发价是指行政主体为实现一定的目的,在签订合同前,发出要约,提出一定的条件,邀请个人或组织发价,然后由行政机关综合经济的、技术的和政治的因素,选择认为最恰当的个人或组织签订合同。这种方式也采取公开或限制的招标方式,与招标方式不同的是没有中标人,行政机关不一定和要价最低或最高的一方缔结合同,行政机关可以在参加投标的个人或组织中保留自由选择当事人的权利。

二、行政合同双方的权利与义务

(一) 行政主体的权利和义务

1. 行政主体的权利。

(1)选择合同相对方的权利。行政主体采用行政合同行为是为了更好地实现行政管理的目标,因此,在决定缔结行政合同时,可以根据实际情况和要求,选择出更有利于公共利益的对象缔结合同,而被选择的相对方在有能力履行时通常也没有拒绝的权利。

(2)对合同履行的指导监督权。《湖南省行政程序规定》第 97 条规定了行政机关有权对行政合同的履行进行指导和监督,但是不得对当事人履行合同造成妨碍。这种监督权可能由缔结机关来行使,也可能由专门的合同监督行政机关来行使,如我国的《政府采购法》第 59 条规定由政府采购监督管理部门对政府采购活动及集中采购机构进行监督检查。

(3)单方面变更和解除合同权。行政合同缔结后,行政主体有权依法或根据当前社会形势、公共利益的需要,随时不必取得行政合同相对方的同意而单方面变更或解除行政合同。但是这种变更或解除行政合同权不得滥用,必须要遵循公益优先原则,并且要对给对方造成的损失给予补偿。

(4)制裁权。行政主体在行政相对方违反合同时,有权直接依法给予法律制裁。这种制裁的目的不仅是处罚违反合同的当事人,主要是保证公务的实施。制裁的手段有:一是金钱制裁,主要为违约金和损害赔偿;二是强制手段,主要是代执行,由行政机关或第三人代替对方当事人履行合同义务,费用由对方当事人负担;三是解除合同,但只在对方当事人有严重过错时采取。相对人对制裁不服的,可申请行政复议或提起行政诉讼。[①]

2. 行政主体的义务。

(1)依法履行合同的义务。尽管行政主体在行政合同中享有行政优益权,但作

---

① 王名扬:《法国行政法》,北京大学出版社 2007 年版,第 154—155 页。

为合同的一方当事人，行政主体也要依法履行合同义务，按照合同的约定支付价金或报酬，否则要承担相应的法律责任。

(2)给相对方提供优惠或照顾。在行政合同中约定的优惠或照顾条件，不仅对相对方履行合同义务具有极其重要的意义，而且也是行政主体吸引相对方的有利条件，是双方主体地位平等的要求。[①] 行政主体只有确保合同约定的优惠或照顾条件，才能使缔结行政合同所要达到的实现行政管理目标得以充分实现。

(3)给予相对人赔偿或补偿。行政合同缔结后，行政主体因公共利益的需要或其他事由变更或解除合同，致使行政相对方的合法利益受损的，行政主体有义务对相对方的损失予以赔偿或补偿。

(二) 行政相对方的权利和义务

1. 行政相对方的权利。

(1)取得报酬权。报酬是指行政主体对相对人所提供的服务和财产的酬金。相对人按照合同的约定，提供了一定的物资或劳务后，有权从行政主体那里得到一定的价款和酬金。相对人的报酬通常在行政合同中约定，也可以依照法律、法规的直接规定。

(2)损害赔偿的请求权。因行政主体的过错导致相对方的合法权益受损的，相对方有权请求赔偿。

(3)补偿请求权。补偿请求权存在两种情况：一是在行政合同履行过程中，有时可能遇到巨大的不能预见的特殊困难。这时，相对方可以请求行政主体给予不可预见的困难情况的补偿，以减轻因不可预见的原因给自己造成的经济上的困难。二是行政主体为了公共利益的需要单方面变更或解除合同给相对人造成损失的，相对人有权请求行政主体给予补偿。

2. 行政相对方的义务。

(1)履行合同的义务。相对方应当按照合同的约定要求和期限，全面、正确及时履行合同义务。

(2)接受行政主体管理和监督的义务。在行政订立、履行、变更和解除的过程中，相对方都应当服从行政主体的指导、管理和监督。

三、行政合同的履行

(一) 实际履行原则

实际履行原则是指当事人必须按照合同的规定履行，不能任意变更标的或用

---

① 沈开举主编：《行政实体法与行政程序法学》(下册)，郑州大学出版社 2004 年版，第 282—283 页。

违约金和赔偿损失的方法代替合同的履行。只有在履行中出现了法定的特殊情况的，才可免除实际履行的义务，这种法定的特殊情况有：无实际意义的履行，如合同的标的物已经灭失；无必要的履行，如因合同相对方的迟延履行，致使原标的对行政机关而言已经失去了作用或合同的继续履行会给国家、社会公共利益造成重大损失；已经代履行，即行政机关已经采取了代履行的相关措施。

（二）自己履行原则

行政合同不仅要求实际履行而且要求合同当事人自己履行。当事人签订合同，是因为其具有履行合同的能力和条件，因此，行政合同一经签订，非经行政主体同意，合同相对方不能任意转由他人代替履行，也不能委托他人代为履行。

四、行政合同的变更、解除、终止

（一）行政合同的变更

行政合同的变更是指在行政合同订立后，基于特定的法律事实或公共利益的需要，在不改变现有合同性质的基础上，对涉及合同主体、客体、内容的条款作出相应改变的活动。行政合同的变更基于以下理由：一是行政机关为满足公共利益的需要行使裁量权，单方面变更合同；二是因一定的法律事实的出现，如不可抗力，导致行政合同的变更。合同一旦变更，原合同即不再履行。合同当事人依据变更后的合同履行相应的权利义务。行政合同的变更包括双方当事人的协商变更和行政主体的单方面变更，如果是行政主体单方面变更给相对方造成损失，应予以补偿。

（二）行政合同的解除

行政合同的解除是指合同尚未履行或尚未全面履行时，双方当事人提前结束约定的权利义务关系。行政合同解除的方式有：一是单方解除，这是行政主体基于自身的裁量权解除行政合同；二是协议解除，行政合同双方当事人经协商一致解除合同。一般由相对方提出解除合同的意思表示，在征得行政主体同意后，提前终止行政合同的效力。

（三）行政合同的终止

行政合同的终止是指因具备法定的条件而使行政合同的效力归于消灭、失去约束力。导致行政合同终止的原因有：(1)合同履行完毕；(2)合同期限届满；(3)双方当事人同意终止；(4)因不可抗力导致合同履行已不可能；(5)行政主体基于公共利益需要，单方终止合同；(6)因合同一方或双方当事人有严重过错，由有权机关决定终止合同。

第四节　行政合同的救济途径

一、行政合同争议的性质

行政相对人在行政合同的缔结、履行、变更、解除等方面都可能会与行政主体发生争议，这种争议与民事争议有着本质的区别，它属于行政争议。因为行政合同行为是一种非常特殊的行政行为。其特殊性在于：它是一种行政行为，因它由行政主体基于实现行政目标而作出，是国家行政权运行的体现；这种行政行为与其他行政行为不同的是，它借助的是民事手段而非行政手段。①

二、行政合同的救济途径

行政合同的救济是指行政合同的相对人认为行政主体的行为违约并侵犯其合法权益，依法向有权机关申诉或起诉，由有权机关审查并裁判，使相对人受损的合法权益得到补救的制度。②

对行政合同的救济，大陆法系国家和英美法系国家采取了不同的救济途径。在法国，行政合同法律关系适用行政法规则，其诉讼关系由行政法院管辖。在德国，行政机关没有权力通过行政权确认或强制实现其合同请求权。如果合同的当事人不履行合同设定的义务，只能向行政法院提起行政诉讼。根据《行政法院法》第 40 条的规定，行政诉讼法律途径不仅适用于合同履行请求权，而且适用于违约的赔偿请求权。但是联邦最高法院对《行政法院法》第 40 条第 2 款有关公法合同的规定作了严格的解释，并且肯定了公法合同的争议也可通过民事法律途径获得解决，如因违反合同而产生的职务责任请求权由普通法院管辖。③ 英美法系国家，由于不存在公法与私法的划分，与行政合同的有关的一切纠纷都由普通法院受理。

由于行政合同争议属于行政争议，应通过行政救济途径来解决。我国行政合同争议的救济途径有以下三种。

第一，行政复议。这是行政机关系统内部解决行政争议的一种机制，是解决行政合同争议的主要方式。由于行政管理具有专业性强的特点，通过行政复议来解决行政合同争议具有高效便捷的优点。

第二，行政诉讼。这是通过司法程序来解决行政合同争议的一种方式。《行政

---

① 胡建淼：《行政法学》，法律出版社 2010 年版，第 364 页。

② 应松年主编：《当代中国行政法》（下卷），中国方正出版社 2005 年版，第 1028 页。

③ ［德］哈特穆特·毛雷尔：《行政法学总论》，高家伟译，法律出版社 2000 年版，第 382 页。

诉讼法》与《最高人民法院关于执行〈中华人民共和国行政诉讼法〉若干问题的解释》并没有将行政合同行为排除在行政诉讼受案范围外，因此相对人对行政合同行为可以提起行政诉讼。

第三，行政赔偿。相对人认为行政主体实施的行政合同行为侵犯了其合法权益并造成损害的，有权依法要求国家承担赔偿责任。

有权机关在处理行政合同纠纷时可以适用调解，因为行政合同具有合意性的特点成为了对行政合同纠纷进行调解的基础，在调解时应当遵循自愿合法原则。

【自我测试】

1. 行政合同缔结的方式主要有(　　)。
   A. 邀请发价　B. 招标　C. 拍卖　D. 协议
2. 下列属于行政合同的有(　　)。
   A. 政策信贷合同　B. 政府采购合同
   C. 政府特许经营合同　D. 行政机关委托的科研合同
3. 行政合同的终止主要的情形有(　　)。
   A. 合同履行完毕
   B. 双方同意解除
   C. 因不可抗力导致合同履行已不可能
   D. 行政机关单方终止合同
4. 在行政合同中相对人的权利有(　　)。
   A. 取得报酬权　B. 损害赔偿请求权
   C. 补偿请求权　D. 制裁权
5. 行政主体对行政合同的履行享有行政优益权，包括(　　)。
   A. 监督权　B. 指导权　C. 单方变更权　D. 解除权
6. 行政合同的一方当事人必须是(　　)。
   A. 公民　B. 法人　C. 其他组织　D. 行政主体
7. 行政合同争议的解决途径有(　　)。
   A. 行政复议　B. 民事诉讼　C. 行政诉讼　D. 行政赔偿
8. 材料分析。

   1998 年 6 月 5 日，某县储运公司与该县土地局签订了土合字(1998)第 159 号《国有土地使用权出让合同书》，该县土地局将位于该县某镇某村西通海路南 9875 平方米的国有土地出让给储运公司使用 48 年，并报经某县政府批准同意。2000 年 4 月 19 日，储运公司依合同约定交纳各种费用，取得土地使用权。同年，该县建设委员会制定了县外向型工业加工区的总体规划，并呈报县政府批准同意实施。因县外向型工业加工区修建道路需占用储运公司受让的国有土地，2000 年 7 月，县土地局根据县政府的批复与储运公司签订了土合字(2000)第 42 号《关于收回储运公司国有土地使用权的合同》，有偿收回储运公司受让的国有土地 9853 平方米。后储运公司对签订的收回土地使用权的合同反悔，以土地局收回土地不是为了公共利益和县政府无土地收回批准权为由，向市土地局提出复议申请。请求复议机关撤销土地局与储运公司签订的《收回储运公司国有土地使用权的合同》，并赔偿其所受的损失。①

问题：

(1)储运公司与县土地局签订的国有土地使用权出让合同是行政合同行为吗？

(2)县土地局收回土地行为是否合法？

① 房绍坤、郭明瑞、毕可志、杨曙光编：《行政法案例教程》，北京大学出版社 2005 年版，第 176 页。

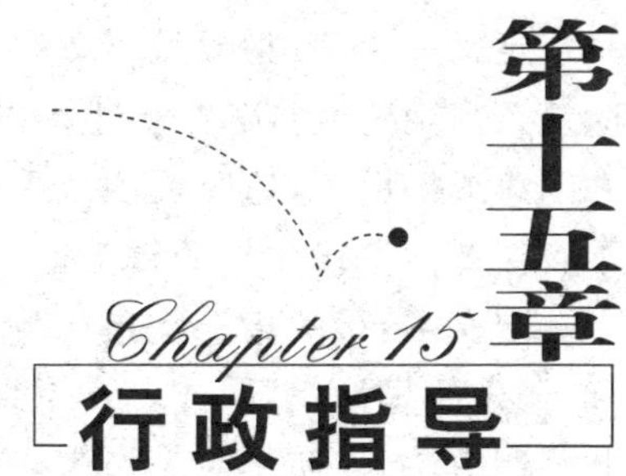

第十五章 行政指导

【要点提示】

行政指导是指国家行政机关在其所管辖事务的范围内，对于特定的行政相对人运用非强制性手段，获得相对人的同意或协助，指导行政相对人采取或不采取某种行为，以实现一定行政目的的行为。按照不同的分类标准，可以将其划分为助成性行政指导、规制性行政指导与调整性行政指导，宏观行政指导与个别行政指导，有法律依据的行政指导与无法律依据的行政指导等不同类型。行政指导通常采用建议、说服、劝告、鼓励、示范、协商等方式，具有行政性、非强制性和多样性等特征。

第一节 行政指导的概念与特征

一、行政指导的概念

行政指导作为一个行政法上的概念，最早出现在第二次世界大战以后的日本。根据日本《行政程序法》第 2 条的规定，行政指导是指行政机关在其职权或所掌事务范围内，为实现一定之行政目的，对特定人要求一定作为或不作为之指导、劝告、建议以及其他不属于处分之行为。韩国《行政程序法》则将行政指导界定为“行政机关为了实现一定的行政目的，在所管事务范围内为使特定人做或不做一定行为而进行的指导、劝告及指教等行政作用”①。

随着我国社会主义市场经济体制的建立和政府职能的转变，行政指导也逐步在经济领域和一些社会管理领域得到运用。从 20 世纪 80 年代中期开始，行政指导这一新型的行政活动方式逐渐进入我国行政法学者的研究视野。目前，国内行

① 杨海坤、章志远：《中国行政法基本理论研究》，北京大学出版社 2004 年版，第383 页。

政法学界关于行政指导的界定，主要有以下几种有代表性的观点。

定义一：行政指导是行政主体在其职责、任务或其所管辖的事务范围内，为适应复杂多变的经济和社会生活的需要，基于国家的法律原则和政策，在行政相对方的同意或协助下，适时灵活地采取非强制性手段，以有效地实现一定的行政目的，不直接产生法律效果的行为。[①]

定义二：行政指导是指行政主体在其法定职责范围内，为了实现特定的行政目标，制定诱导性规则，或者针对特定对象采用示范、建议、劝告、警告、鼓励、指示等非强制方法，促使相对人作为或者不作为的行政行为。[②]

定义三：行政指导是行政机关在其职能、职责或管辖事务范围内，为适应复杂多样的经济和社会管理需要，适时灵活地采取符合法律精神、原则、规则或政策的指导、劝告、建议等不具有国家强制力的方法，谋求相对人同意或协力，以有效地实现一定行政目的的行为。[③]

定义四：行政指导是行政机关在其职权范围内，针对行政相对人采取诱导或引导措施，谋求相对人自愿以行政主体期待之方式配合(作为或者不作为)，以实现行政管理目标的非强制性行政行为。[④]

定义五：行政指导是行政机关(包括其他合法主体)为实现一定的行政目的，依法在其职权范围内，以建议、劝告、引导、指示、鼓励等非强制性手段，使行政相对人接受其意思表示并付诸实施(包括作为和不作为)的新型行政行为。[⑤]

从上述定义可以看出，国内学者对行政指导的界定已经形成了一定程度的共识，主要表现在以下三个方面：(1)行政指导的主体是行政主体(包括行政机关和法律、法规授权组织)，必须在其职权范围内作出；(2)行政指导的目的是实现特定的行政目的；(3)行政指导的方式具有非强制性，引导行政相对人自愿为一定行为或不为一定行为。同时，在下列两个问题上仍然存在着明显的分歧：其一，行政指导究竟是行政行为还是事实行为；其二，行政指导的对象是否为“特定的相对人”。

笔者认为，法律概念的界定必须能够充分反映出这一概念的基本特质。与传统意义上的行政行为相比，采用非强制性的手段是行政指导这类新型行政活动的根本特征，也是其在现代行政法上得以不断扩展的主要原因。因此，我们可以将行政指导界定如下：“所谓行政指导，是指国家行政机关在其所管辖事务的范围内，对

---

① 罗豪才主编：《行政法学》，北京大学出版社2001年版，第192页。

② 应松年主编：《依法行政教程》，国家行政学院出版社2004年版，第154页。

③ 莫于川：《法治视野中的行政指导》，中国人民大学出版社2005年版，第10页。

④ 姜明安主编：《行政程序研究》，北京大学出版社2006年版，第322页。

⑤ 黄学贤主编：《中国行政法学专题研究述评(2000—2010)》，苏州大学出版社2010年版，第290页。

于特定的行政相对人运用非强制性手段，获得相对人的同意或协助，指导行政相对人采取或不采取某种行为，以实现一定行政目的的行为。"①

二、行政指导的特征

任何一个客体都具有众多特性，人们根据一群客体所共有的特性形成某一概念，这些共同特性即该概念的特征。概括起来，行政指导的本质特征主要表现在以下三个方面。

(一) 行政性

行政指导行为之所以作为一种行政现象，成为行政法学的研究对象，是由其行政性决定的。概括起来，其行政性主要体现在三个方面。首先，行政指导是行政主体基于行政职能作出的行为，其承受者亦是行政相对人。其次，行政指导旨在通过非强制性手段，实现行政管理的目的。再次，行政指导行为是以调整行政关系为内容的行为。

(二) 非强制性

行政指导的非强制性，即行政相对人对行政指导服从的任意性。行政指导被认为是"从主张完全排斥政府干涉到主张政府强硬干预再到主张政府进行柔软干涉的产物"。不具有法律上的强制力，这是行政指导区别于传统行政行为的重要特征。在行政管理实践中，行政相对人对于行政指导没有必须服从的义务。也就是说，行政相对人认为行政指导合情合理，便服从之；反之，若认为行政指导有悖于情理或出于其他考虑，则可以选择不服从。需要指出的是，对于行政指导服从的任意性，仅限于原则而言，实践中的行政指导并不都具有服从的任意性，尤其是规制性行政指导和调整性行政指导。

(三) 多样性

行政指导的多样性，是指法律对行政指导行为的具体方法并没有作出明确的羁束性规定，而是由行政主体根据实际情况决定采取具体的指导方法。在日本，"行政指导，通常采用说服、教育、示范、劝告、建议、协商、政策指导、提供经费帮助、提供知识、技术帮助等非强制性手段和方法"②。行政指导的多样性与行政指导的非强制性之间有着密切的联系。这一特征，一方面反映了行政管理活动的复杂性和行政指导行为自由裁量的必要性，另一方面，也说明了防止行政主体滥用行政指导行为的重要性。只有这样，才能使行政主体正确使用行政指导权，以顺利实现行政管理的目的。

---

① 胡建淼：《行政法学》，法律出版社2003年版，第359页。

② 杨建顺：《日本行政法通论》，中国法制出版社1998年版，第536—537页。

第二节 行政指导的种类与方式

一、行政指导的种类

依据不同的分类标准,可以将行政指导划分为若干种不同的类型。目前,国内外学者主要是从行政指导的作用、依据以及是否针对特定的对象等角度来划分的。

(一) 助成性行政指导、规制性行政指导与调整性行政指导

根据行政指导的作用,可以将其分为助成性行政指导、规制性行政指导和调整性行政指导三大类。

1. 助成性行政指导。助成性行政指导,是指行政主体为作为行政相对人的公民、法人或其他组织出主意的行政指导。相对于行政相对人来讲,行政机关或有关组织在信息等方面具有天然的优势,对于行政相对人要求给予助成性行政指导的请求,应当公平对待,无正当理由不得拒绝。

2. 规制性行政指导。规制性行政指导,是指行政主体为了维护社会秩序,对违反公共利益的行为加以规范和制约的行政指导。规制性行政指导包括独立行政指导和附带行政指导两种。前者是与权力性规制无关而独立进行的行政指导;后者则是在权力性规制的同时附带进行的行政指导。

3. 调整性行政指导。调整性行政指导,是指行政主体基于一定的行政权限,以调整相互对立的当事人之间的利害关系为目的的行政指导。

(二) 有法律依据的行政指导与无法律依据的行政指导

根据行政指导有无法律依据,可以将其划分为有法律依据的行政指导与无法律依据的行政指导。

1. 有法律依据的行政指导。有法律依据的行政指导,是指相关法律法规已有明确规定的行政指导。例如,《宪法》第 19 条第 4 款就明确规定:"国家鼓励集体经济组织、国家企业事业组织和其他社会力量依照法律规定举办各种教育事业。"对于此类行政指导,行政主体可直接采取劝告、鼓励、说服、告诫等行政指导行为。

2. 无法律依据的行政指导。无法律依据的行政指导,是指缺乏具体的法律依据,但属于行政主体的职责或管辖事务范围内的行政指导。对于这一类行政指导,行政主体则可基于行政组织法的一般授权,采取辅导、引导、建议等较为温和的行政指导方式。

(三) 宏观指导与个别行政指导

根据行政指导的层次或适用范围,可以将其划分为宏观行政指导和个别行政

指导。

1. 宏观行政指导。宏观行政指导又称“普遍的行政指导”，是指行政主体基于行政管理的需要，对不特定的行业和行政相对人进行的行政指导。例如，政府为促进经济与社会发展，向社会各界发布指导性计划和产业政策纲要等，通过利益诱导机制来达到调整产业结构的目的。

2. 个别行政指导。个别行政指导，是指行政主体以建议、辅导、推荐、提醒、告诫等方式，对特定的行政相对人进行的行政指导。例如，行政主体针对某企业的经营行为提出建议和劝告，提醒其注意可能出现的风险，以避免不必要的损失等。

此外，根据行政指导是否针对特定的对象，可以将其划分为抽象行政指导与具体行政指导；还可以根据行政指导的具体形式，将其分为口头行政指导和书面行政指导等。

二、行政指导的方式

行政指导的方式是多种多样的。莫于川教授在其《行政指导论纲》一书中，曾将行政指导的方式归纳为 13 类，即指导、引导、辅导、帮助，通知、提示、提醒、提议，劝告、规劝、说服，劝诫、告诫、劝阻，建议、意见、主张，商讨、协商、沟通，赞同、表彰、提倡，宣传、推荐、示范、推广，激励、鼓励、奖励，斡旋、调解、调和、协调，指导性计划(规划)，导向性行政政策、纲要行政和发布官方信息、公布实情。[①] 上述具体方式相互配合、相互补充，共同发挥着行政指导的作用。因篇幅所限，这里仅选择几种具有代表性的行政指导方式加以介绍。

(一) 建议

建议是指行政主体根据行政管理目的的需要，利用其在知识、资讯、资源、信用等方面的优势，将自己对某件事情的看法或见解告诉行政相对人，供其选择和参考。在现代社会，行政主体因其所处的优越地位，掌握着许多政治、经济和文化方面的信息，而这一点是行政相对人所不具备的。行政主体的建议一般应当比较具体，具有可操作性。行政相对人接受后，如果需要行政主体提供进一步的帮助，行政主体应尽可能予以满足。这样做，可以更好地体现政府的服务职能，进一步加强政府与人民群众之间的联系。

(二) 说服

说服是指行政主体通过讲道理，启发开导行政相对人，使其接受意见或改正错误，包括宣传、解释、说明根据、感化、示范等具体形式。在实施行政管理的过程中，说服是行政主体经常采用的方式。说服与强制相结合并以说服为首要方式，是保

---

① 莫于川：《行政指导论纲》，重庆大学出版社 1999 年版，第 140—147 页。

证国家行政管理效率、加强与人民群众联系的重要手段，在行政管理活动中发挥着重要的作用。实践证明，要使行政相对人自觉接受行政指导，行政主体必须平等地对待行政相对人，在此基础上晓之利害，做到以理服人。

（三）鼓励

鼓励是指行政主体根据人们从事社会活动所具有的谋利本性，通过物质或者精神的刺激来满足人的需要，以促使行政相对人自愿从事某种有助于达成行政管理目标的活动。鼓励分为物质鼓励和精神鼓励。物质鼓励是行政主体给予行政相对人一定数量的奖金或奖品；精神鼓励则是行政主体给予行政相对人一定的名誉。例如，为了招商引资、发展经济，一些地方政府制定了相关的政策，对于介绍引进外资的人给予数量不等的奖励。再如，国家鼓励公民向税务机关举报偷税漏税行为，一经查实，即按一定的比例奖励举报人。为了充分发挥行政指导的鼓励作用，不仅要合理规定奖励的标准，还要注意奖励的及时性。

（四）示范

示范是指行政主体根据行政管理的需要，通过描画美好前景和树立行为典范，号召行政相对人学习和效仿，以前景的引诱和榜样的力量来扩大作用的范围及其效果。在现实生活中，榜样的力量是无穷的。这是因为，与空洞的理论和美丽的言辞相比较，发生在身边的人和事可信度往往更高。这就要求行政主体在建议和说服的同时，注意发现和培育典型，并及时总结经验，加以推广和宣传。只有这样，才能使行政相对人相信并自愿跟着去做，从而实现行政管理的目标。

（五）协商

协商是指行政主体为了实现行政管理目标，就某一行政管理事项与行政相对人进行商讨，双方在相互沟通的基础上达成共识。在行政管理过程中，行政主体进行活动，不可避免地会影响到部分行政相对人的利益，如拓宽城市道路、建造城市污水处理设施和垃圾转运站等。在这种情况下，如果能够事先与有利害关系的个人、组织进行协商，充分听取其意见，考虑其利益损失，并商谈补偿方案，就能够使行政相对人在理解的基础上支持行政管理工作，减少或避免摩擦，提高行政管理效率。

三、行政指导的意义与作用

第二次世界大战以后，尤其是 20 世纪 60 年代以来，行政指导作为一种灵活有效的行政管理方式，为越来越多的国家所广泛采用，并在经济管理、科技管理和社会管理等领域发挥了重要的作用。

（一）引导和促进作用

在日本历史上，推行以诱导性经济计划和产业政策为基础的行政指导，曾对日本经济的快速发展产生了巨大的影响。在市场经济条件下，行政主体与行政相对人之间是一种平等的关系。与强制性法律手段相比较，行政指导因为其非强制性更容易被行政相对人所接受。行政主体根据行政管理的需要，通过制定政策或计划，有意识地引导行政相对人向一定方向努力，有利于帮助行政相对人实现其利益，从而促进经济、科技、社会的健康发展。

（二）补充和替代作用

行政指导的补充和替代作用主要表现在三个方面：其一，由于经济、社会的快速发展，难免会出现一些法律上的"真空"地带，需要采取行政指导方式予以调整；其二，虽然有相关的法律规定，但动用法律强制手段或者成本太高，或者效果较差，在这种情况下，也可以先行采取行政指导措施；其三，为了减少摩擦，及时有效地实现行政目标，法律明确规定可单独采取行政指导或作为前置程序采取行政指导行为。

（三）协调和沟通作用

当行政相对人之间发生争执、自行协商不成时，行政主体可以采用行政指导的方式进行协调和疏通，以及时化解矛盾。例如，我国在建设系统推行的协调劳动关系的"三方会议制度"就充分体现了行政指导的协调作用。在"三方会议制度"中，分别由建设行政部门代表政府、建设工会代表职工、建筑业协会等行业协会代表企业，三方代表就相关问题进行相互沟通、平等协商、共谋对策。

（四）抑制和预防作用

在行政管理实践中，如果行政主体不希望行政相对人为某种行为，但又因缺乏明确的禁止性法律依据而不便强令禁止，就可以通过劝告、告诫等行政指导措施，温和地抑制行政相对人作出相关行为选择，以实现特定的行政目的。正如学者在论述日本行政指导方法的实质时所指出的，一个负责任的政府机构或官员在不具有明确的合法权力的情况下，能够而且确实可以指导或诱导私营企业或个人采取或不采取某些行动，以达成行政目标。

第三节　建立、健全我国的行政指导制度

一、行政指导的实施

（一）行政指导的实施依据

行政指导是否需要依据以及需要什么样的依据，在行政法学界有着不同的认识。一种观点认为，所有行政指导都需要有法律上的依据；另一种观点则认为，行政指导不需要有法律上的依据。笔者认为，行政指导行为应当有一定的依据，但不

一定是法律依据。也就是说，行政指导行为的依据既可以是规范性依据，也可以是非规范性依据。

1. 规范性依据。所谓规范性依据，是指具有行政指导行为内容的明确的法律规范和政策规定。例如，《宪法》第 8 条第 3 款规定："国家保护城乡集体经济组织的合法权利和利益，鼓励、指导和帮助集体经济发展。"《中华人民共和国农业法》第 37 条第 2 款规定："国家鼓励和引导农民从事多种形式的农产品流通活动。"《中华人民共和国教师法》第 18 条规定："各级人民政府和有关部门应当办好师范教育，并采取措施，鼓励优秀青年进入各级师范学校学习。"规范性依据明确、直接，可以使行政主体有效地实施行政指导。因此，在今后的立法中，应当尽可能地为行政主体的行政指导提供明确的规范性依据。

2. 非规范性依据。所谓非规范性依据，是指不具有行政指导行为内容的法律原则、客观情况和社会发展需求的状态等。行政指导不仅存在于错综复杂的经济管理领域，而且存在于科技、文化、教育等其他管理领域。由于行政管理活动千变万化，再加上行政指导本身不具有强制性，强求所有的行政指导都要有明确的规范性依据是不现实的。换句话说，对于规制性行政指导，应当有明确的规范性依据，而对于助成性行政指导，则不一定必须要有规范性依据。只有这样，才能充分发挥行政指导机动灵活的优势，更好地完成行政任务。

（二）行政指导的实施条件

行政指导虽然不具有强制性，但它也会对行政相对人的权益产生一定的影响。因此，行政主体实施行政指导，必须具备下列两个基本条件。

其一，行政指导必须由行政主体在其职权或管辖范围内作出。实施行政指导也是行政主体行使行政职权、履行行政职责的具体表现。行政指导之所以能发生实际作用，除了利益诱导机制的因素之外，往往还需要借助于行政主体通过法律、法规授权和其特殊地位及权威带来的实际影响力。正因为这样，行政指导行为虽然不具有强制性，但它也是行政主体在行政管理活动中作出的行为，因此必须限定在行政主体的管辖权限和管辖范围之内。根据行政职权法定原则，超越法定管辖权实施的行政指导应当承担相应的行政法律责任。

其二，行政指导应当遵循法律优先原则。既然行政指导行为是与行政职权有关的行为，行政主体实施行政指导时也应当遵循法律优先原则，不能与法律的明文规定或一般原则相抵触。在实施行政指导的过程中，如果法律对行政指导的要件有具体的规定，行政主体就必须遵循法律的规定，不允许实施违反法律规定的行政指导；对于没有法律、政策依据的行政指导，行政主体应当具有职权法上的依据，并且符合法律的精神。总之，行政指导的正当性应当以合法性为前提，如果没有合法性，行政指导行为的正当性就失去了存在的基础。

二、行政指导的原则

行政指导的原则，就是行政主体实施行政指导必须遵循的基本准则和内在精神。根据行政法理论以及世界各国行政程序法的规定，行政指导应当遵循下列原则。

（一）合法性原则

合法性原则是行政法的首要原则，行政指导当然要受其支配和约束。根据合法性原则的要求，行政主体实施行政指导，应当遵循法律法规的明确授权，不得超越其法定权限和管辖范围，并符合行政指导的法定程序。就目前我国的行政指导来看，主要有下列三种情况：一是在行政行为法有明确规定的情形下，应遵从行政行为法的规定；二是在没有行政行为法的情形下，可按组织法的规定在其职权或管辖范围内实施；三是在没有行政行为法和组织法的情形下，可根据法的一般原则或精神进行指导。

（二）自愿性原则

自愿性原则是指行政主体的行政指导行为应被行政相对人在认同的基础上自愿接受。具体包括三个方面：其一，行政相对人具有自主选择的权利，可以接受行政指导，也可以不接受行政指导；其二，行政相对人接受行政指导完全是出于自己的真实意思表示，而不是在他人意志支配下"违心"接受的；其三，行政主体必须尊重行政相对人的自主权利，不得因行政相对人拒绝接受行政指导而对其区别对待，更不能对其采取任何强制措施和不利处分。

（三）必要性原则

"必要性原则是指行政主体采取行政指导行为比实施行政行为可能会产生更好的客观效果的一种主观认识。"①在现代社会中，行政管理的资源是有限的，有的甚至是稀缺的。为了减轻社会负担，行政主体应当根据实际情况，选择最佳的行政方式，并通过自己的主观努力，使有限的行政管理资源效益最大化。

（四）行政公开原则

"行政公开即行政的公开化，是指行政权力运行的每一阶段和步骤都应当以相对人看得见的方式进行。具体而言，行政公开是指行政主体在行使行政权力的过程中，应当依法将行政权力运行的依据、过程和结果向行政相对人和社会公众公开，以使其知悉并有效参与和监督行政权力的运行。"②长期以来，公开原则一直被

---

① 姜明安主编：《行政法与行政诉讼法》，北京大学出版社、高等教育出版社2007年版，第342页。

② 周佑勇：《行政法基本原则研究》，武汉大学出版社2005年版，第262—263页。

视为是程序公正的基本标准和根本要求,行政指导活动也不例外。只有坚持公开透明,才能减少行政指导的隐秘性所带来的弊端,使行政相对人自愿接受,从而达到行政指导的目的。

(五)信赖保护原则

"所谓信赖保护原则,是指当行政相对人对授益性行政行为形成值得保护的信赖时,行政主体不得随意撤销或者废止该行为,否则必须合理补偿行政相对人信赖该行为有效存续而获得的利益。"[①]尽管行政相对人接受行政指导是出于自己的意愿,但其选择则是基于对合法行政主体的信任而作出的。这就要求行政主体在实施行政指导时应当保持政策的连续性和稳定性,不能朝令夕改。否则,应当对行政相对人因接受行政指导而遭受的损失予以合理补偿。

三、行政指导的法治化

行政指导的法治化应当贯穿于行政指导的全过程,通过建立和完善信息公开、公众参与、科学决策以及有效的救济机制,充分发挥行政指导的积极效用,同时尽量抑制或避免其消极效用。具体来讲,有以下两个方面。

(一)提高行政指导的科学性和可信度

就行政主体而言,实施行政指导的目的是希望能够得到行政相对人的积极响应,通过双方的合力,实现既定的行政目标。否则,就会造成人力、物力等社会资源的浪费。因此,行政指导法治化的基点之一就是要在法律上确立各种行之有效的机制,提高行政指导的科学性和可信度,促使行政相对人认真地对待并积极地接受行政指导。

1. 行政指导决策的科学化。行政指导本身必须是科学的。以基层政府指导农民调整种植结构为例,如果乡镇政府事先不经过深入的调查和周密的论证,不认真听取相关部门和专家的意见,那么,其制定的指导政策就不能保证其科学性,就会"诱人上当",因决策失误而给行政相对人造成巨大的经济损失。因此,行政主体在其职责范围内实施行政指导,应当采取听证、审议等多种形式,充分听取各种不同的意见,在民主的基础上形成科学的行政指导。实践证明,只有集思广益,确保行政指导的民主性和科学性,才能有效地避免信息阻隔或信息失真,发挥行政指导的积极作用。

2. 行政指导过程的公开化。相对于行政指导结果的公开,行政指导过程的公开更加重要。这是因为,仅有结果的公开,行政相对人无法获知行政指导本身的科学性和可信度。只有将行政指导的整个过程都向社会公开,行政相对人才能从中

---

① 周佑勇:《行政法基本原则研究》,武汉大学出版社2005年版,第233页。

获取到更多有用的信息，在此基础上对行政指导作出理性的选择。

（二）构建有效的行政指导救济机制

就行政相对人而言，接受行政指导的目的则是希望通过响应行政主体的指导行为，从而获得某种可预期的利益。因此，行政指导法治化的另一个基点就是在法律上为行政指导的接受者提供行之有效的救济机制。反之，如果违法或不当的行政指导给行政相对人造成的损失得不到合理的补偿，行政相对人就会对行政指导不予配合或响应，行政指导的效能就难以发挥。

行政相对人基于对行政主体的信赖而接受行政指导，由此造成的损失是否应当由行政主体承担法律责任呢？对于这个问题，目前行政法学界有两种截然不同的观点：一种观点认为，行政指导是行政相对人自愿接受的，它本身并无法律上的强制力，因而行政主体不应承担责任；另一种观点则认为，为了防止滥用行政指导，保护行政相对人的合法权益，行政主体应当对违法或不当行政指导行为造成的后果承担一定的责任。笔者认为，行政机关因实施行政指导造成行政相对人合法权益受损的，应当承担相应的法律责任，但不宜将行政指导的责任范围界定得过于宽泛。

“从世界各国的行政法律制度上看，大多国家没有把行政指导纳入行政复议和行政诉讼轨道之内，也没有把它纳入行政赔偿范围内。这是一种合理的通则。在中国，行政指导同样不适用行政复议、行政诉讼和国家赔偿救济。”① 在这种情况下，如何有效地保护接受行政指导的行政相对人的合法权益呢？一般来讲，行政相对人如果认为行政指导有瑕疵，可以提出异议；因接受行政指导而遭受损失的，则可以按照一定的补偿程序提出补偿要求。当然，完善行政指导的救济还有许多细节问题或技术问题，如能否依据比例原则进行审查、如何判定行政指导的合理性以及举证责任的分配等，这都需要在今后的行政管理实践中逐步加以解决。

【自我测试】

1. 下列哪些说法是正确的？（　　）

   A. 行政指导是现代积极行政的表现。

   B. 行政指导是一种柔性的不具有法律强制力的行为。

   C. 行政指导是不直接产生法律效果的行为。

   D. 行政指导目前在我国尚不属于人民法院行政诉讼的受案范围。

2. 下列哪些说法是错误的？（　　）

   A. 行政指导必须在行政主体的管辖权限内。

---

① 胡建森：《行政法学》，法律出版社2003年版，第364—365页。

B. 行政指导的目的与一般行政行为的目的一样。

C. 行政相对人对行政指导不可以置之不理。

D. 说服、劝告、建议都可以作为行政指导的方式。

3. 根据不同的划分标准,可以将行政指导分为哪些种类?( )

A. 根据行政指导的作用,将其划分为助成性行政指导、规制性行政指导与调整性行政指导。

B. 根据行政指导的层次或适用范围,将其划分为宏观行政指导与个别行政指导。

C. 根据行政指导是否有法律依据,将其划分为有法律依据的行政指导与无法律依据的行政指导。

D. 根据行政指导是否具有强制性,将其划分为强制性的行政指导与柔性的行政指导。

4. 下列做法不属于行政指导的方式是( )。

A. 建议　　B. 劝告　　C. 命令　　D. 鼓励

5. 材料分析。

2003 年春耕时节,东北某县的一位副乡长张某觉得本地的土质适宜种植 A 大豆,遂与乡里几位领导交换意见后,以乡政府的名义作出了一个决定,要求在本乡范围内只允许种植 A 大豆,不允许农民自己选择豆种。之后,张某从外地购买 2000 年剩下的 A 豆种卖与农户。几个月后,农户们发现种植 A 豆种的田地虽然秧苗茁壮,但是豆荚中并无豆粒,造成了巨大的经济损失。在此情况下,农户们要求乡政府予以赔偿。但是,乡政府却说,这是张某个人与农户之间的种子买卖行为,与乡政府无关。在多次协商不成的情况下,农户们希望诉诸司法渠道来维护自己的合法权益。但是,该县人民法院则认为,这是个典型的行政指导行为,不属于法院的受案范围。

问题:

(1)副乡长张某的行为是否属于个人行为,为什么?

(2)乡政府的行为是否属于行政指导,法院是否应当受理?

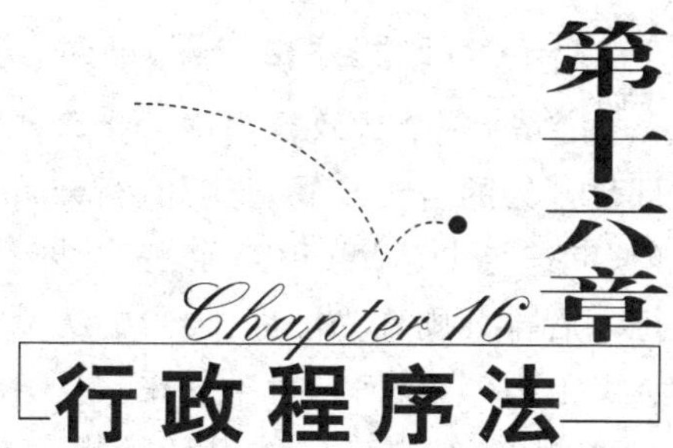

行政程序法

【要点提示】

本章将探讨行政程序的基本问题，包括：

1. 行政程序的内涵是什么？现代行政程序是如何形成并发展起来的？行政程序在民主法治国家发挥怎样的功能？

2. 行政程序的种类有哪些？行政程序法典化的意义是什么？

3. 行政程序法的基本原则有哪些，以及支持这些基本原则的法律制度的具体内容为何？

第一节　行政程序与行政程序法

一、行政程序的含义

行政程序(administrative procedures)一词，在各国行政法上，在不同的学者文本中有着不同的定义。[①] 所谓"程序"，是与"实体"(substance)相对而言的，从法学角度看，是指为达成特定目的所采取的系列行动、步骤或方法。[②] 我国行政法学界通说认为，行政程序就是行政主体经历若干步骤，采取一定形式和方法，在法定期限内，按一定顺序完成行政行为的过程。[③] 从这一概念出发，可以认为：第一，步骤、顺序、方式、时限是构成行政程序的四个要素；第二，上述行政程序的界定采用了狭义概念，即行政程序主要是指事前程序，即行政决定作出之前的程序，而非事

① 我国学界有关行政程序定义的不同观点，参见杨海坤、黄学贤：《中国行政程序法典化》，法律出版社1999年版，第4—5页。

② H. Black, *Black's Law Dictionary*, 6th ed., West Publishing Co. 1990, pp. 1203—1205.

③ 应松年：《关于行政程序立法的几个问题》，《行政法学研究》1992年第4期。

后程序；第三，行政程序是作为过程的行政行为，是行政行为的形式。

（一）行政程序由步骤、顺序、方式、时限四要素组成

首先，一个行政行为由若干个小的行为过程组成，这些小的行为过程就是组成行政行为的若干步骤。例如，行政许可法规定，行政许可的实施程序包括申请与受理、审查与决定、变更与延续三个步骤。其次，这三个步骤按照一定的逻辑规律进行先后排列则称为顺序。再次，方式则是进行每一个步骤的方法和形式。从通常意义上理解，任何行为不外乎口头、书面和动作三种形式。例如，《行政许可法》第29条规定，行政许可的申请除提交格式文本以外，也可通过信函、电报、电传、传真、电子数据交换和电子邮件等方式提出。《治安管理处罚法》第82条规定，需要传唤违反治安管理行为人接受调查的，经批准，使用传唤证传唤。对现场发现的违反治安管理行为人，人民警察经出示工作证件，可以口头传唤，但应当在询问笔录中注明。最后，行政行为的每一个步骤及其整个过程所占时间的长短称为时限。例如，《行政许可法》第42条规定，行政机关应当自受理行政许可申请之日起二十日内作出行政许可决定。再如，《治安管理处罚法》第83条规定，对违反治安管理行为人，公安机关传唤后进行询问查证的时间不得超过八小时；情况复杂，可能适用行政拘留处罚的，询问查证的时间不得超过二十四小时。

总之，以上步骤、顺序、方式、时限四个要素是组成某一行政行为程序不可缺少的内容，其中步骤和方式构成程序的空间表现形式，而时限和顺序则构成程序的时间表现形式，离开这些程序的空间表现形式和时间表现形式，任何行政行为都无法成立。

（二）行政程序通常仅指事前程序，不包括事后程序

从行政程序所涉及的行政活动范围来区分，有广义和狭义两种界定。行政程序从行政机关作出对外发生法律效力的行政决定之时为界，可以区分为事前程序和事后程序。事前程序包括不直接发生法律效果的“事实行为”程序，如调查取证、信息公开等程序，还包括直接发生法律效果的程序，如作出处罚决定，制定行政法规、规章等程序。而相对人对生效的行政决定，提起行政复议或行政诉讼，则属于事后程序。[①] 广义的行政程序囊括了事前程序和事后程序，而狭义的行政程序则仅指前者。由于事后程序主要属于行政权的救济模块，属于事后控权模式，本章采用了行政程序的狭义界定，是指作为行政行为过程的行政程序。

现代行政程序的历史是从“后”向“前”发展的。事前程序后于事后的救济程序发展起来，这看似一小步进步，对于行政法治化的进程来说却是一大步。随着行政

---

① 汤德宗：《行政程序法》，参见翁岳生编：《行政法》（下），（台湾）元照出版公司2006年版，第26—27页。

权的发展和行政任务的变迁，仅靠事后程序解决各种纠纷远不能满足社会需要，社会需要更多的事前程序维持合理的社会秩序，保障相对人的合法权益，预防并及时制止社会矛盾。实践证明，事前程序科学化、法定化对提高行政效率、增强政府与公民相互间的了解和信任、推动行政管理目标的实现、推进行政民主化的进程意义十分重大。

（三）行政程序是行政行为的形式

任何行政行为都是实体内容和程序形式两方面的统一。程序与实体，就如同形式与内容的逻辑辩证关系，世界上不存在没有形式的内容，也不存在没有内容的形式。程序是行为的方式、步骤、时限和顺序，实体则是行为的目的和成果，两者无法分离。行政程序除有自身独立价值外，[①]多数时候都以工具形态服务于实体，离开了实体，行政程序就会无法实现或失去其存在价值。正如任何事物的内容都离不开形式一样，任何行政行为也离不开行政程序，行政程序决定着行政实体问题能否得到解决以及解决到怎样的程度。

二、行政程序的分类

行政程序可以从不同的标准和角度进行分类，常见的分类主要有以下几种。

（一）内部程序与外部程序

行政程序按照其适用的对象，可以划分为内部程序与外部程序。内部程序适用于行政体系内部，指行政主体进行行政行为时所采取或依照的与外部相对人无直接关系的程序。例如，行政机关在作出行政决定的过程中向上一级行政机关汇报的程序，行政机关在作出某一行政行为过程中的内部讨论、合议程序，平行行政机关之间的协商程序等。[②] 外部程序是行政主体作出行政行为时与外部相对人发生直接关系的程序。例如，行政处罚告知程序、听取相对人陈述和申辩程序、处罚

① 现代行政法同时也越来越关注和重视程序的独立价值。相对于“程序工具论”，“程序本位论”主张程序不仅仅是一个为实体服务的工具，程序本身也具有“独立价值”和“内在品质”。例如，通过“回避”、“公开透明”等程序制度，人们将目睹行政机关如何公正地作出决定，而通过“听取意见”程序制度，人们将感受到行政机关对人的尊重，所谓“正义不仅要被实现，而且要以看得见的形式实现”，一个实体上获得胜诉的参与人如果没有在程序上获得公平和被尊重，他同样不会感觉自己获得了“正义”，反之亦然。美国学者杰瑞·马肖在《行政国的正当程序》一书中，针对美国法律界长期盛行的实证主义、工具主义观点，提出了程序的“尊严价值理论”，他认为评价法律程序正当性的主要标准是它使人的尊严获得维护的程度，在他看来，独立于结果的程序价值主要体现在“平等”、“可理解性”、“私人自主”等方面。参见[美]杰瑞·L. 马肖：《行政国的正当程序》，沈岿译，高等教育出版社2005年版。

② 例如，《行政法规制定程序条例》第13条规定：起草行政法规，起草部门应当就涉及其他部门的职责或者与其他部门关系紧密的规定，与有关部门协商一致。

决定书送达程序等。

内部程序与外部程序密切相连，有时很难严格区分。这是因为任何外部行政程序都伴随着内部行政程序的存在而存在；另外，两种程序可以在一定条件下相互转化。

划分内部程序、外部程序的意义体现为两点。第一，在现代社会对行政民主化要求日益增强的情况下，立法者应重视对直接影响相对人合法权益的外部程序的法治化，应把相对人对行政过程的参与权作为外部程序立法的核心；内部程序与外部相对人无直接关系，在符合法律及其精神的情况下，可由行政主体进行裁量。第二，内部程序注重效率，外部程序注重相对人合法权益的保护。因此，在设置法定行政程序时，不能仅考虑行政主体的效率，让外部程序为内部程序服务；更不能贪图省事把本应由行政主体内部完成的程序，让相对人一方疲于奔命。[①]

（二）行政立法程序与行政执法程序

行政程序依照待决事项之性质，可以划分为“行政立法程序”与“行政执法程序”。行政立法程序本质上为行政机关的立法行为，美国联邦行政程序法称为“法规制定程序”(rulemaking procedures)，我国则主要包括法规、规章制定程序和行政规定制定程序。行政执法程序则是指作出具体的行政处理决定时所需遵循的程序。显然，行政立法程序主要针对立法性事实(legislative facts)，而行政执法程序则主要针对裁决性事实(adjudicative facts)。[②]

在我国，狭义的行政立法程序仅指行政法规、行政规章制定程序，而广义的行政立法程序则还兼指制定规章以下的规范性文件的程序，即行政规定的程序。在保障法规、规章制定程序的科学、合理的同时，由于行政规定往往涉及面广、适用频率高，它们的进行应更注重保证内容的科学；行政立法和非立法性规范的制定都应有可行性论证程序，尤其是成本与效益核算的技术性程序；都应设立征求利害关系人意见的民主程序，以实现行政立法的民主性、非立法性行政规范的公正性；都必须有公布程序，以告示天下并为相对人公开遵守。

行政执法程序则不仅适用于行政处罚、行政许可等具体行政权执行行为，而且也包括正式听证、行政裁决等类司法行为，前者具有日常性、个案性和直接性特点，其程序设置既应考虑到效率又应注意保障相对人合法权益；后者则类似于法院的

---

① 朱新力、金伟峰、唐明良：《行政法学》，清华大学出版社2005年版，第166页。

② 美国联邦行政程序法的基本设计是将行政程序划分为法规制定程序和行政裁决程序，按照K.C.戴维斯教授的观点，前者通常不是针对特定的当事人，而是有助于法庭认定法律及政策问题以及有关裁量的一般性事实，而后者则主要回答谁在何处、何时、如何、基于何种动机或意图做了什么的问题。参见，K. C. Davis, *Administrative Law Treatise*, 2 ed., 1979, §10.5, §12.6.

司法行为,所以其更应强调相对人对抗(即辩论)、证据、回避等程序规则。

区分行政立法程序与行政执法程序的意义在于,两者分别对应不同的行政权运作状态,因此,不同性质的行政行为,应当采取不同功用的、与之相"匹配"的具体程序。

(三) 正式程序与非正式程序

行政程序按照其履行程序的繁简(或要式)程度,可以区分为正式程序(formal procedures)和非正式程序(informal procedures)。各国行政程序法及单行行政行为法对正式程序的要式化程度要求不一。以美国《联邦行政程序法(APA)》为例,其正式程序必须进行两造对抗式的听证(adversary hearing);而非正式程序则无需给予行政利害关系人口头陈述的机会,往往适用于大量的、流水式作业的行政决定程序。德国《联邦行政程序法》对于正式程序的严格要求则表现在:原则上须经言辞辩论,以书面形式作成决定,送达当事人等。[①]

正式程序一般时限较长,规定更为严格,需要经过类似司法程序的听证和辩论,因此产生的听证笔录,对于行政决定的内容就有着至关重要的意义。美国《联邦行政程序法》上所谓"听证笔录排他规则",就是指行政机关依照正式程序作出的行政决定,需以程序中所形成的案卷和笔录为依据。[②] 我国《行政许可法》也吸收了该条的精神,规定行政机关应当根据听证笔录,作出行政许可决定。[③]

正式程序与非正式程序的区分,直接影响程序要件之宽严程度。正式程序更注重公正,但同时也意味着耗时和高成本,而非正式程序则更体现效率,行政机关更有裁量的自由。在为行政行为设计具体的程序时,应当结合具体目标和情境选择匹配、合理的程序性机制,既不能为了追求效率而过度简化程序,也不能过分强调公正,而忽视了行政的成本和负担能力。

(四) 法定程序与意定程序

行政程序依照是否为法所定可以分为"法定程序"和"意定程序"。法定程序是指法律明确规定的行政主体行使行政权时应遵循的程序规则。这些规则是行政程序法作为一个法律部门的主要内容,也是行政程序法学研究的重点之一。意定程序是行政主体行使行政权时裁量决定的程序规则。

在行政活动中,并不是所有的行政程序都由法律设定。实际上,许多行政程序都由公务员凭其个人的经验、智慧、主观能动性及其习惯创造,这在法律不健全的

---

① 汤德宗:《行政程序法》,参见翁岳生编:《行政法》(下),(台湾)元照出版公司 2006 年版,第 30 页。

② 5 U.S.C. §556(d).

③ 参见《行政许可法》第 48 条。

时代和国度尤其如此。行政法律规范之所以对程序进行规定,一方面是出于行政权高效率行使的需要;另一方面也是为了控制行政权的滥用,并保障行政主体的理性选择。

这一分类提醒立法者和执法者:当某一行政行为涉及相对人重大权益或关系重大行政效率时,该行为的程序应由法律进行原则的、甚至详细的规定;执法者必须严格依照法定程序进行行政行为。

当然,这两种程序的划分也不是绝对的,根据行政民主和行政效率的要求,两种程序可以互相转化。

(五) 按实体行政行为区分的行政程序

对行政行为作类型化设定的大陆法系国家,多按照各单个类型的"实体行为",将行政程序予以对应分类,例如,与行政许可相对应的行政许可程序、与行政处罚相对应的行政处罚程序、与行政规划相对应的行政规划程序、与行政合同相对应的行政合同订定程序,等等。德国《联邦行政程序法》就有行政处分程序、公法契约程序及计划确定程序等分类;而日本 1993 年行政手续法则分设行政处分程序、行政合同缔结程序、法规命令及行政规则程序、行政计划程序、行政指导程序及处理陈情程序。

按照实体行为区分行政程序,最能体现行政程序匹配不同的行政行为的需要,但是,对于那些尚未被"类型化"的、行政实践中出现的新型行政作用方式,则可能无法找到对应的行政程序予以规范。

三、行政程序的法典化

将行政程序的具体内容予以法定化,主要有两种进路。一是通过分散的、单行的行政立法,规定不同的行政行为或实体行政领域的程序。比如,通过《行政许可法》的制定,规范行政许可程序;通过《行政强制法》的颁布,规范行政强制程序,等等。二是制定一部专门的、统一的行政程序法,规范行政法及行政程序的一般原则和基本制度,即行政程序的法典化。进入 20 世纪以来,行政权的不断膨胀引发了程序控权功能的诉求,世界各国都掀起了一股制定行政程序法典的热潮。

(一) 行政程序法典化的意义

行政程序的法典化,反映了政府权力运行过程的正当性、透明性及公民权利保护的程度和标准。因此,制定一部统一的行政程序法,是现代民主法治国家的普遍诉求。

第一,行政程序统一立法,是程序控权功能实现的有效载体。从传统的民主和分权理论出发,行政权是一种执行权,因此非民选政府所享有的权力的正当性来源于国会的“传送”,[①]因为国会是民选产生的民意机构,国会制定的法律代表了人民的意志,行政权的运行只要严格遵守实体规则,便能达到符合民意和控权的目的。但是随着行政权的扩张,特别是20世纪以后,福利国家、给付行政的兴起,行政机关被赋予了大量的裁量权,行政专业性的增强及行政事务的庞杂同时造成了司法审查的有限性,此时,透过行政程序法所建构的透明政府与民众参与,使得行政机关一方面透过执行议会立法取得民主正当性,另一方面,更直接从人民的参与中获得行政决定的民主正当性,形成二元民主正当性,并进而通过对行政权行使过程的控制形成程序控权的有效模式。

第二,行政程序立法,也是实现行政法法典化的重要路径。相较于民法典和刑法典的制定,由于行政事务纷繁复杂,涉及不同的实体行政领域,且有关行政组织、行政行为和行政救济的法律都属于行政法的范围,因此,行政法很难形成一部统一实体性规则的法典。[②] 相较而言,在程序这一技术性层面,制定一部适用于所有行政行为的规则体系,则更容易取得共识。而且,从各国行政程序立法的内容来看,也包含了大量反映行政法总则之一般理论的规定,比如,行政行为的效力理论和规则等。因此,行政程序法在各国行政法体系中都具有至关重要的地位,例如,美国1946年制定的《行政程序法》,几乎就是美国行政法的代名词。行政程序的统一立法,除了具有程序法治和程序控权的独立功能之外,对于行政法一般理论的发展和普适规则的形成,也具有非常重要的意义。

(二)各国行政程序法的立法概况

程序控权的功能被世界各国兴起的行政程序法制化的浪潮所证明。[③] 由于不同国家法治文化传统以及国家结构的不同,行政程序立法模式和内容也是大异其趣,这其中,有相当多的国家和地区都建立了一部一体适用的行政程序法典,对行政程序的基本原则和基本制度进行了规定。[④]

世界上第一部国家层面的行政程序法典诞生于奥地利。1925年,奥地利国会通过了《普通行政程序法》(Allgemeines Verwaltungsstrafgesetz, AVG),并于

---

① 在实行民主代议制为原则的宪政国家,国家的主权属于人民,由非民选的行政官员享有广泛的决策权,并可影响人民的权益,在理论上有违反民主原则的危机。这就是行政权正当性理论的衍生背景。美国学者理查德·斯图尔特提出了不同时期的行政权架构的三个模型:传送带模式、专家模式和利益代表模式,参见Richard Stewart, *Reformation of American Administrative Law*, 88 Harv. L. Rev. 1667 (1975).

② 应松年:《中国行政程序法立法展望》,《中国法学》2010年第2期。

③ 关于行政程序立法的相关资料,参见应松年主编:《行政程序法立法研究》,中国法制出版社2001年版;应松年主编:《外国行政程序法汇编》,中国法制出版社1999年版。

④ 应松年主编:《外国行政程序法汇编》,中国法制出版社1999年版。

1926年1月1日起生效。该法以保护人民权利及简化行政程序为目的,内容以行政机关作成行政决定为核心,规范相关程序,包括:作成决定的行政机关、行政程序当事人与利害关系人、作成决定前的调查程序、决定程序及不服决定的行政救济途径等,总计6篇80条。因此,这部行政程序法不仅包含了行政决定作成前的程序,也包含了行政救济程序即事后程序的一定内容,采用了广义的行政程序定义。[①]

大陆法系最具代表性的行政程序法典,莫过于1976年的德国《联邦行政程序法》(*Verwaltungsverfahrensgesetz*, VwVfG)。该法总计8章103条。第一章规定了适用范围,涉及土地管辖及职务上协助;第二章为行政程序的一般规定,例如回避原则、职权调查主义、听证制度等;第三章是有关行政处分的规定,涉及行政处分的效力、时效等;第四章为公法契约,规定了行政合同的订立、解除等要件;第五章规定了特别程序,包括听证程序、计划确定程序等;第六章为救济程序,规定了公民有申请救济的程序性权利、诉愿程序等,具体则以适用行政法院法为原则,以适用本法为辅助;第七章为名誉职务的工作、委员会;第八章为附则。

行政程序的法典化,并不仅仅是奉行成文法国家的专利,美国1946年的《联邦行政程序法》(*Administrative Procedure Act*)为美国行政法冠上了正当程序法的美誉。相反,在大陆法系之法国,行政法实行判例法体例,行政法包括行政程序法的原则和制度通过行政法院的判例形成并发展。作为行政程序法的又一代表,美国1946年的行政程序法诞生于新政后行政权急速膨胀的背景之下。制定一部统一的程序法以约束新政期间如雨后春笋般涌现的独立管制机构,成为各方的共同诉求。最终通过的立法共计12条,编于《美国联邦法典》(*United States Code*)第五编第551—559条及第七编第701—706条。与上述德奥行政程序法相比,美国的行政程序法更是一部纯粹的程序法,旨在谋求行政程序的整齐划一,并未包含反映行政法总则之法典化的内容。该法的设计围绕行政机关的职能及相应的程序要求展开,包括为行政调查而设的"信息获得与公开程序"、为行政立法而设的"规则制定程序"和为行政司法而设的"行政裁决程序"。同时,又以作成行政决定是否必须以行政案卷(Administrative records)为准,在规则制定程序与行政裁决程序项下,进一步划分为正式程序和非正式程序。两者的区别,主要在于程序的繁简程度,以及司法审查的标准严格程度不同。

尽管不同国家基于不同的历史沿革、法律体制和社会文化,行政程序立法的目标定位和模式选择也各不相同,但无可否认,20世纪中叶以后,世界上越来越多的国家采取制定统一的行政程序法的方式对行政程序予以规范。行政程序法典化这一风潮必然将继续在这个世纪盛行。

---

① 汤德宗:《行政程序法》,参见翁岳生编:《行政法2000》(下),中国法制出版社2002年版,第978页。

（三）我国行政程序法的立法路径

虽然我国大陆地区迄今尚未制定统一的行政程序法，有关行政程序的法制化，主要体现在单个行政行为的立法中，例如《行政许可法》、《行政处罚法》、《行政强制法》等，但是随着建设法治国家的战略推进和依法行政水平的不断提高，以及行政程序理论研究的日益成熟，学界对统一的行政程序立法的呼声日益迫切。[①] 从立法路径上看，从单行法立法、地方立法和行政法判例中提炼程序立法的经验并巩固程序法治的观念，是推动我国统一行政程序立法的必由之路。

1. 从单行法到统一法。作为一部统一适用于所有行政行为类型的行政程序法，它必然需要同时处理好与单行行政行为立法及与具体行政领域法律制度之间的关系。目前，我国已经在单行行政行为类型立法方面，取得了丰硕的成果。例如，1996 年的《行政处罚法》，该法规定了处罚决定的简易程序、一般程序和听证程序，还涉及管辖、时效、决定与执行分离等程序性制度，在单行行为的程序立法上，具有里程碑的意义。2004 年的《行政许可法》，更是有 29 个条文涉及程序性规范，被誉为是一部"小程序法"。2011 年的《行政强制法》，进一步完善了行政强制措施和强制执行的程序要求。不仅如此，在警察行政、福利行政等领域，都存在规范具体行政领域的程序性规范，比如根据《治安管理处罚法》制定的《公安机关办理行政案件程序规定》等。

从具体到抽象，单行行政行为与具体行政领域的程序性规范，为提炼统一的行政程序法规则，提供了实践来源和制度支持。

2. 从地方立法到中央立法。正如德国行政程序立法首先开始于早期各城邦的立法，后在地方程序立法的推动下，以奥地利程序法为蓝本，发展出联邦行政程序法一样，[②]从地方立法的施行中检验普适规则并总结经验，也是推动统一行政程序立法的路径之一。

目前，我国地方程序立法活动也颇为活跃。首先是在行政执法程序方面，湖北、广西、福建、黑龙江、吉林、河北、河南、四川等多数省份都已经制定了规范行政执法程序的地方性法规，以《湖北省行政执法条例》为例，它分为"总则"、"行政执法机关及其行政执法人员"、"行政执法行为"、"行政执法监督"、"法律责任"、"附则"六章，该条例对执法依据、持证上岗制度、表明身份、回避、不得放弃行使职责、公开许可的条件、程序和期限、说明理由、答复执法询问、跨管辖区域执法的协助等制度作了规定。

一些地方也已经开始了制定单行行政程序条例的立法。例如，2008 年的《湖

① 应松年：《中国行政程序法立法展望》，《中国法学》2010 年第 2 期。

② 胡建淼：《行政法学》（第二版），法律出版社 2003 年版，第 398—399 页。

南省行政程序规定》，就是我国地方程序立法例的典型代表。该法规设有“总则”、“行政程序中的主体”、“行政决策程序”、“行政执法程序”、“特别行为程序和应急程序”、“行政听证”、“行政公开”、“行政监督”、“责任追究”、“附则”十章，较为完整地对行政程序包括行政法总则的一般理论进行了规定。

这些地方性法规为我国统一行政程序立法积累了实践经验和立法例。

最后，值得一提的是，随着我国司法审查制度的发展和成熟，法院判例在行政法渊源中发挥的作用也越来越大。根据我国《行政诉讼法》第 54 条，具体行政行为“符合法定程序”的，判决维持；“违反法定程序”的，法院可判决撤销或部分撤销，并可判决被告重新作出具体行政行为。近年来，在以是否“符合法定程序”为审查标准作出的法院判决中，也出现了许多标志性案例。例如，田永案[①]、刘燕文案[②]等，都对当事人的程序性权利予以认可并保护，法院判决通过对正当程序原则的阐述，使得“正当程序原则在司法审查中获得了比较广泛的认可，开始成为中国法律的一部分”[③]。通过指导案例的拘束和参考作用，进一步巩固了程序法治的理念，也为我国统一行政程序立法提供了智识支持。

第二节　行政程序法的基本原则

“原则”一词来自拉丁语“principium”，其语义是“开始、起源、基础”。在法学中，法的一般原则是指可以作为规则的基础或本源的综合性、稳定性原理和准则。[④] 随着行政法成文化的趋势，许多原本不成文但频频被法官引用的一般法律原则，逐渐被明文规定于法律之中，这与法律原则具有克服成文法局限、为法律解释提供指引的功能是密不可分的。从各国行政程序的立法实践来看，基本原则均构成了一项不可或缺的内容。例如，德国《行政程序法》规定了公正、效率两大原则，日本《行政程序法》则确立了公正、公开两大原则，美国《联邦行政程序法》虽然没有明文规定行政程序的原则，但总的来说也主要体现了公正、公开、效率三项内容。

---

① “田永诉北京科技大学拒绝颁发毕业证、学位证行政诉讼案”，《最高人民法院公报》1999 年第 4 期。

② “刘燕文不服不批准授予博士学位的决定诉北京大学学位评定委员会案”，北京海淀区人民法院行政判决书，(1999)海行初字第 103 号。

③ 何海波：《司法判决中的正当程序原则》，《法学研究》2009 年第 1 期。

④ 《布莱克法律词典》对法律原则的解释是：法律的基础性真理或原理，为其他规则提供基础性或本源性的规则或原理，是法律行为、法律程序、法律决定的决定性规则。参见 H. Black, *Black's Law Dictionary*, 6th ed., West Publishing Co. 1990, pp. 1074.

我国学者对行政程序法的基本原则作过不少理论分析，如江必新等学者认为，行政程序法的基本原则是依法行政原则、民主原则、公正原则、基本人权原则和效率原则，并以这些基本原则为基线，串联起一系列行政程序法制度。①

应松年教授认为，行政程序法的基本原则应当是公开原则、公正原则、参与原则、复审原则、顺序原则和效率原则。在这六个原则中，前四个原则是空间方面的原则，后两个原则是时间方面的原则。② 这种基于行政程序的空间和时间两方面来设定行政程序法的基本原则具有一定的科学性。这几个原则基本上可以反映出行政程序法基本原则的核心内容。

本书从法律原则的高度抽象性与行政程序的具体实践出发，将行政程序的基本原则归纳为行政公开原则、行政公正原则和行政效率原则，并对支持每一项原则的基本制度加以阐述。

一、行政公开原则

（一）行政公开原则的内涵

行政公开原则，是指用以规范行政权的行政程序，除涉及国家机密、商业秘密和个人隐私以外，应当一律向行政相对人和社会公开。公开的事由包括依职权公开和依申请公开，如《政府信息公开条例》第 9 条规定，行政机关对符合下列基本要求之一的政府信息应当主动公开：(1)涉及公民、法人或者其他组织切身利益的；(2)需要社会公众广泛知晓或者参与的；(3)反映本行政机关机构设置、职能、办事程序等情况的；(4)其他依照法律、法规和国家有关规定应当主动公开的。第 13 条同时规定，公民、法人或者其他组织还可以根据自身生产、生活、科研等特殊需要，向国务院部门、地方各级人民政府及县级以上地方人民政府部门申请获取相关政府信息。

行政公开原则是行政程序法的重要原则，我国正式确立行政公开原则的法律是 1996 年的《行政处罚法》，此后 1999 年的《行政复议法》也将公开作为该法的基本原则予以纳入。2007 年 1 月，国务院《政府信息公开条例》获得通过，并于 2008 年 5 月 1 日起施行，这是我国第一部全国性的信息公开行政法规，它的颁布，必然对于推动我国的行政公开化、提高行政透明度、减少行政腐败，具有重要的促进作用。

（二）行政公开原则确立的意义

行政公开原则作为一项法律原则，即作为一种行政法治精神贯穿整个行政程

① 江必新、周卫平：《行政程序法概论》，北京师范大学出版社 1991 年版，第 25 页。

② 应松年主编：《行政行为法》，人民出版社 1993 年版，第 24 页。

序的全过程，同时它又透过具体的法律条文渗透于每一个法律规范之中，具有高屋建瓴的功能。

1. 深化行政民主。公开是现代民主政治的要求。约翰·斯图亚特·密尔在他的名著《自由论》中指出，在任何条件下，公众的审查作为甄别是非善恶的最好途径，都是有益的。密尔在《代议制政府》一书中，进一步陈述了"公共性和讨论的自由"的观点，并强调了公众普遍参与的价值。英国19世纪公法学者白芝浩更是发展了"讨论的政府"(government by discussion)的观念，强调了信息在自由选择中的重要作用。[①] 美国学者森斯坦教授在1986年的论文中，论述了公开对于公共讨论及审议民主的重要意义，指出通过公开可以促使不同利益团体有效地表达自己的意愿，尽量阻止听任政府按照自己的偏好恣意行事。[②]

政府通过信息公开，与民众在相互交流、解释和对话的基础上形成决策，有助于消除和缓和政府与民众之间的冲突，增强民众对政府的信任与合作心理，减轻政府行动的外在阻力，提高政府的工作效率。

2. 控制权力滥用。公开可以保障公众享有"知"的权利，从而能够监督整个行政权的运作过程，正所谓"阳光是最好的防腐剂"。美国制宪者詹姆斯·麦迪逊指出："公众要想成为自己的主人，就必须用习得的知识中隐含的权力来武装自己；政府如果不能为公众提供充分的信息，或者公众缺乏畅通的信息渠道，那么所谓的面向公众的政府，也就沦为一场滑稽剧或悲剧或悲喜剧的序幕。"美国诺贝尔经济学奖得主斯蒂格利茨指出，民主过程中的实质性参与，要求参与人必须获知充分的相关信息，而保密减少了公众可获得信息的质与量，使公众参与陷入步履蹒跚的困境。政府应该对公众负责。而如果要实现公众有效的民主监督，公众应该获知必要的信息，了解政府行为的替代进路，以及可能导致的相应后果。[③]

信息公开要求政府行为公开和透明，其程序诸要素为公众知晓，它的对立面直接指向国家的保密行为。这种保密使得政府通过对特定领域知识和信息的排他性的占有来扩张自己的权力，不仅与民主价值背道而驰，而且容易滋生缺乏效率、低能失职、贪污腐化的现象。在信息公开的体制下，公众通过对政府决策过程的了解，可以使公民改变过去的消极角色，积极参与民主程序和政府决策，成为政府权力的重要制衡力量。同时，知情权制度设置的政府必须向公众提供有关资料和信息的义务，使得政府活动置于阳光之下，必然约束政府滥用权力，谨慎行使职权，以

---

① [美]斯蒂格利茨：《自由、知情权和公共话语——透明化在公共生活中的作用》，宋华琳译，《环球法律评论》2002年第3期。

② See Cass R. Sunstein, *Government Control of Information*, 74 California Law Review, 1986, pp. 891－894.

③ 同①。

免承担不利的政治和法律后果，从而增强政府的自律性，防止政治上的“暗箱操作”，拓展白色空间，减少和杜绝腐败现象发生。

(三) 行政公开原则的基本内容[①]

在行政程序法上，行政公开原则所支持的主要法律制度有：一般性职权依据公布制度、个别行政决定送达制度、行政告知制度、听证制度、政府信息公开制度等等。[②] 结合这些具体的程序法制度，我们认为，行政公开原则的主要内容体现为以下三项。

1. 公开决定依据。事先公开职权依据，是指行政主体应当将作为行使行政权的依据在没有实施行政权或者作出最终行政决定之前，向社会或行政相对人公布，使之知晓。

这里的职权依据主要包括两类：一类是一般性的职权依据，主要是指国家机关制定、发布的具有普遍约束力的规范性文件。例如，《行政处罚法》第 4 条第 1 款规定“行政处罚遵循公正、公开的原则”，第 3 款规定“对违法行为给予行政处罚的规定必须公布，未经公布的，不得作为行政处罚的依据”。职权依据的公开有助于相对人预测行政权的运作，合理安排自己的行为，监督行政职权来源的正当性。

第二类是个别性的决定依据，是指在具体个案中，向相对人公开作出这一最终行政决定的依据。个别性的决定依据应当包括事实依据、法律依据和裁量性的依据，也就是说，行政机关应当向相对人公开其在作出决定的过程中所衡量的全部相关因素。例如，《行政处罚法》第 31 条规定，行政机关在作出行政处罚决定之前，应当告知当事人作出行政处罚决定的事实、理由及依据，并告知当事人依法享有的权利。行政决定作出的衡量因素让相对人知晓，是相对人行使抗辩权的前提条件。

2. 公开决定过程。公开决定过程，是指行政主体应当将行政决定形成过程中的有关事项向相对人和社会公开。决定过程的公开乃至相对人的参与，有利于相对人维护自身的合法权益、充分行使抗辩权并监督权利运作的公正性。

听证制度是体现行政公开、公正的一个重要内容。在行政主体作出影响相对人合法权益的决定之前，由相对人表达意见，提供证据，与行政机关形成抗辩，将可能的行政争议提前到了行政决定作出之前，从而提高了行政行为的可接受程度。

3. 公开决定结果。行政主体作出影响相对人权益的行政决定之后，应当及时将行政决定的内容送达行政相对人，以使行政相对人了解行政决定的内容，从而自觉地履行行政决定设定的义务，或者行使其确认的权利，或者在不服行政决定时有

---

① 关于公开原则和公正原则的主要内容，我国学者章剑生在《行政程序的基本原理》一书中已经作了一个较为详细的整理，参见章剑生：《行政程序法基本理论》，法律出版社 2003 年版，第 53 页。

② 章剑生：《行政程序法基本理论》，法律出版社 2003 年版，第 56—61 页。

针对性地提起行政复议或者行政诉讼。例如,德国《联邦行政程序法》规定,在集团程序中,如果参加人超过 50 人,行政机关可以在官方公报和地方报纸上刊登公告,以取代必要的个别传唤和通知。这对最终决定的送达也适用。我国的《行政处罚法》第 40 条也规定了送达制度,行政处罚决定书应当在宣告后当场交付当事人;当事人不在场的,行政机关应当在 7 日内依照民事诉讼法的规定,将行政处罚决定书送达当事人。

行政决定的内容将直接影响所涉行政相对人的合法权益,对行政相对人具有强制效力,以法定方式向相对人公开决定的结果,在法律制度上典型表现为行政决定的送达制度,既关系到行政决定能否生效,又涉及行政相对人能否及时履行义务、行使权利、诉诸救济。

二、行政公正原则

(一) 行政公正原则的内涵

公正是一种主观的价值判断,因此,行政公正原则的内涵和外延可能具有模糊性和不确定性的特点,不同的学者在不同的语境下会有不同的理解。尽管如此,公正这一概念大体上包含了正当、平等、客观、无偏私等意涵,这是社会一般伦理能够基本上达成共识的。因此,我们认为,行政公正是确保行政主体行使行政权的过程和结果可以为社会一般理性人所认同、接受所要遵循的基本原则。[①] 正如有学者所担忧的,我国在相当多的行政执法领域里都没有确保公正的程序性规则,而一个好的程序法制可以使执法人员作出的决定大体上接近正确和公正,使他们无法滥用手中的权力。[②] 因此,将行政公正原则确立为行政程序法的基本原则,并建立起一系列制度加以保障,有助于"那些即使受到不利裁判结果的主体也会因在程序中被公平、合理地对待而认同和接受这一不利结果,也使得公众因程序本身的正当性、合理性而切实感受到'看得见的正义',从而形成对法律制度的普遍和尊重"[③]。同时公正原则也指行政机关应当"尽其所善"来作出影响公民权利或义务的具体决定,实质在于保障行政机关对所有行政相对人一视同仁、不偏不倚。[④] 例如,回避制度就是体现行政公正原则的典型,西方法谚曰"自己不能做自己的法官",就是为了确保行政决定的作出客观无偏私,符合社会一般人伦理意义上的"正义"。

---

① 章剑生:《行政程序法基本理论》,法律出版社 2003 年版,第 62 页。

② 杨悦新、周芬棉:《树立正当程序观念——访行政法学者江必新》,《法制日报》1999-9-30。

③ 孙莉:《程序·程序研究与法治》,《法学》1998 年第 9 期。

④ 吴德星:《行政程序法论》,载罗豪才主编:《行政法论丛(第 2 卷)》,法律出版社 1999 年版,第 118 页。

（二）行政公正原则确立的意义

一个公正合理的行政行为才能让社会和行政相对人从内心接受并自愿服从，从而使行政行为的实效最大化。现代行政程序“通过以一种公众认为公平的方式作出决定，当政者可以获得对这些决定的更大认可，就使得决定设计的各方更容易服从”[①]。20 世纪以后行政权的扩张，最主要地体现在裁量权的扩张上。行政任务的复杂、专业和所辖事项的庞杂，往往需要行政机关及其工作人员在具体执法中结合个案进行利益衡量、灵活适用法律，因此，裁量权构成了现代行政权的核心。在这一背景下，权力滥用的风险就大为增加，而公正原则在行政程序法上的确立，有助于通过“正当程序”防止恣意，提升行政行为的正当性。

例如，我国《行政处罚法》第 32 条规定，当事人在行政程序中有权进行陈述和申辩，行政机关必须充分听取当事人的意见，对当事人提出的事实、理由和证据，应当进行复核；当事人提出的事实、理由或者证据成立的，行政机关应当采纳。听取陈述和申辩制度是行政相对人所享有的“防卫权”的一种体现，来源于自然法上朴素的自然公正理念。显然，听取陈述和申辩程序的设计，使得行政相对人对于可能对自己不利的行政决定能够充分发表意见，陈述主张，从而制约行政决定的恣意和偏私，并且更进一步，将可能的争议提前到行政决定作出之前便加以考量，能够提高行政决定的可接受度，避免繁琐的争讼。

（三）行政公正原则的基本内容

如前所述，行政公正原则的具体内容存在着一定的不确定性，在不同国家的行政程序法上表现为不同的行政程序具体制度。这些制度典型地包括回避制度、说明理由制度、听取陈述和申辩制度、审裁分离制度、禁止单方面接触制度等。在考察世界上多数国家的行政程序法之后，我们认为，大体上而言，行政公正原则的基本内容体现在以下两个方面。

1. 行政行为的正当性。正当程序，要求任何权力的行使过程必须符合正义，是在不同时代广泛流行的自然法思想的表现。英国大法官 Lord Hodson 在 Ridge v. Baldwin 案中，分析了自然正义原则的三要素。[②]

（1）在公正的行政法庭前听审之权（the right to be heard by an unbiased tribunal）；

---

① ［日］谷口平安：《程序的正义与诉讼》，王亚新、刘荣军译，中国政法大学出版社 1996 年版，第 376 页。

② 2 ALL E. R. 66, at 114, 1963. 英国下议院委员会认为，自然公正包括：当事人应受告知；当事人应有表达意见之机会；裁决者应当公正、决定应附理由、决定应告知救济途径。参见 *Committee on Administrative Tribunals and Enquires*, Report of the Committee on Administrative Tribunals and Emquiries H. M. S. O. , 1957, P. 23.

(2)获悉指控之权(the right to have notice of charges of miscondauct);

(3)就指控进行答辩之权(the right to be heard in answer to those charges)。

上诉三要素归纳为两句法谚便是:"任何人不得自断其案"(no man shall be a judge in his own case),"两造兼听"(both sides shall be heard)。这就是行政行为正当性的要求。

首先,行政程序要以"看得见的正义"的形式来设计。回避作为一项古老的法律制度,体现了正当程序的最基本的要求。当公务员在行使职权的过程中,因其与所处理的法律事务有利害关系时,为保证实体处理结果和程序进展的公平,应当依法终止其职务的行使而由他人代替。

其次,行政程序的设计应当注重"两造"行政主体与行政相对人之间的对抗性,从而诉诸程序抗辩来达到权力与权利之间的平衡。如前所述,行政程序法上听取陈述和申辩制度的设计,目的就在于此。再例如,禁止单方解除制度的设计,要求一方当事人在另一方当事人不在场时与听证主持人或行政官员讨论案件、陈述观点,以避免造成"先入为主"、"偏听则暗"。

2. 行政行为的一贯性。行政行为的一贯性,是指行政机关行使行政权,应当平等对待情况相同的行政相对人,遵守惯例,前后一贯。类似情况类似处理,是宪法上法律面前人人平等原则在行政程序法上的具体体现。接受平等的、前后一贯的对待,是基本人权的应有内容,符合人与生俱来的对公平、平等的要求,同时,它也是衡量一个国家行政权行使的理性化程度、可预期程度的一个重要标准。

行政行为的一贯性,还要求行政机关应当以诚信原则为行使行政权的基本准则。现代公共治理方式从命令控制型管制朝着协商合作型管制转变,在公行政目标的达成,越来越需私主体的参与、协作的背景下,政府更应当建立起自己的信用和权威。如果反复无常、出尔反尔甚至朝令夕改,则将会严重损害行政行为的可信度和可预期度,从而削弱行政权的实效和权威。

三、行政效率原则

(一) 行政效率原则的内涵

行政效率原则意指在保障相对人基本人权的前提下,行政程序中的各种行为方式、步骤、顺序、时限的设置应当尽可能实现行政效率,提高行政资源的利用率,优化行政资源的配置。所谓"效率就是行政的生命",没有基本的效率,就不可能实现行政权维护社会所需要的基本秩序的功能。效率原则以提高行政效率为目的,因而其制度设计往往表现为:行政官员的裁量权大,过程步骤紧凑、简化易行,注意明确行政官员的职权和职责,注意程序的科学性、合理性。

综观世界各国行政程序法,不仅注重程序对行政权的控制和对相对人权利的保障,而且注重保障行政活动的顺利进行,促进行政效率的提高。行政效率原则已经成为各国行政程序法的基本原则，例如葡萄牙1996年《行政程序法》第十条规定了“非官僚化原则及效率原则”，即“公共行政当局应以使部门亲民为目的，且以非官僚化的方式，建立其组织及运作，借此确保其能快捷、经济及有效作出决定”。[①]

（二）行政效率原则确立的意义

行政效率原则是行政程序发展中最早被确立的原则。[②] 从世界行政程序发展的进程来看，在第一个高潮期即20世纪二三十年代，程序制度的设计就更为注重效率原则的应用，奉行效率至上，理由主要是19世纪以后，随着产业的高度社会化，垄断资本的发展，大规模的经济危机和世界大战迫使国家对社会生活进行强有力、高效的行政干预。例如，奥地利1925年《行政程序法》以及《行政处罚法》、《行政执行法》等法律，均以行政效率作为主要的立法原则。德国1936年《行政程序法》草案中，对行政效率问题也多有着墨。[③]

第二次世界大战后，随着公民人权保障理论的发展，控制行政权扩张的呼声甚高，各国在制定行政程序法典时，则普遍采取公正与效率并重模式。尽管没有哪一个国家会单纯偏重某一模式的立法体制，但是现实中，提高效率与保障公正始终是一对矛盾，因为效率的意义就在于从一个法定的投入量中获得最大的有效收益，意味着自然资源、社会资源和人文资源的最优化、价值最大化。效率原则要求行政过程应是一个经济、灵便的过程，反映在程序法上则是要求简易、及时、灵活及一定的裁量权，而这就可能影响到行政行为的民主与公正；反之，行政程序的公正原则要求行政过程应当遵循严密的程序、谨小慎微的方式，这就可能使行政行为的效率受到一定的牺牲，所以效率原则与公正原则有相辅相成的一面，也有其必然矛盾的一面。但从本质上讲，两者是一致的，无论是提倡公正还是追求效率都是为了促成行政目的的实现，其关键是在行政程序立法建制中就公正与效率之间确定一个合理的平衡。

（三）行政效率原则的基本内容

行政效率原则在行政程序法上的基本内容体现为以下三个方面。

第一，既要求行政机关充分听取公民的意见并为公民提供参与的机会，又应强调程序的协调、紧凑、便利，重视行政程序的可操作性，并根据不同情况实施简易程序和紧急程序。例如，《药品注册管理办法》第4条规定：“国家鼓励研究创制新药，对创制的新药、治疗疑难危重疾病的新药和突发事件应急所需的药品实行快速审批。”此类加速程序的设计旨在避免紧急状况下正式程序的某些拖延。

---

① 应松年主编：《比较行政程序法》，中国法制出版社1999年版，第60—61页。

② 张树义：《行政法学新论》，时事出版社1991年版，第214页。

③ 罗豪才、应松年主编：《行政法学》，中国政法大学出版社1996年版，第290—292页。

第二，设计合理的时效制度。时效是指一定的法律事实经过一定的法律期间将产生一定的法律后果，时效制度是对行政法律关系主体双方的行为给予时间上的限制，以保证行政效率和有效保障当事人合法权益的程序性制度。[①]“迟到的正义等于非正义”，合理的时效制度不仅能够提高行政效率，也具有保障公民权利的公正价值。

同时，对行政程序增减、繁简的成本与收益进行考量。行政管理的成本有许多都是投入在管理过程之中，即行政程序之中。一个杂乱无章、环节繁多、管理职能交叉、时限不明的行政程序，势必会耗费行政组织大量的资源以及行政相对人的时间、精力与财产，因此，加强行政程序的规则化，减少不必要的环节，明确必须严格遵循的时限，对于提高行政效率有极大的裨益。另外，行政组织实施管理的手段是多种多样的，行政立法、行政处罚、行政强制、行政许可、行政确认、行政裁决，等等，不一而足。每一种手段的运用，或者甚至同一种手段的运用，都需采取不同的行政程序，并无固定的模式。其中，特别是简易程序或即时程序，也是反映了行政效率原则的要求。

第三，适当控制行政自由裁量权的范围，法律赋予行政主体自由裁量权的目的是为了提高行政效率，但行政效率的提高并不能必然地带来行政相对人行为效率的提高，因此，对行政自由裁量权的适当限制体现了行政法所追求的是行政效率与行政相对人行为效率的平衡，而法律的历史始终是在推崇广泛的自由裁量权和坚持严格细致的规则之间来回摆动。[②] 即行政法应当将行政自由裁量权控制在合理的范围内。

第三节 行政程序法的主要制度

考察不同国家和地区的行政程序法，在立法架构和主要内容、制度设计方面，存在着一定的差异，德国的行政程序法包含了大量总则性实体规则，而美国的行政程序法则更纯粹涉及程序性事项，这与一国或地区的法律体制、行政文化以及行政程序法自身的目标定位有关。但是，无论立法架构和具体内容如何变化，体现正当程序的基本制度始终都是各国行政程序立法的核心。本书从程序的技术面出发，提炼以下制度予以阐述。

---

① 杨海坤、黄学贤：《中国行政程序法典化——从比较法角度研究》，法律出版社 1999 年版，第 160 页。

② [美]E. 博登海默：《法理学——法哲学及其方法》，邓正来、姬敬武译，华夏出版社 1987 年版，第 142 页。

一、行政管辖制度

行政管辖是行政主体之间就某一行政事务的首次处置所作的权限划分，为行政主体在行政程序法上的一项程序性权力。[①] 同时管辖权配置也是规范内部行政程序的一项重要制度，《瑞士行政程序法》、《奥地利行政程序法》、《德国行政程序法》等都专门规定了行政管辖权的问题。

行政管辖解决的是行政主体与行政事务之间的对应关系，其理论基础在于权利能力的有限性，因而需要根据行政事务的性质和状态配置相应行政主体的权限和分工。针对不同性质的行政事务配置管辖权，称为权限管辖，如治安行政事务的管辖权属于公安部门，福利行政事务的管辖权属于福利行政部门等。针对同一性质的行政事务，又可以从纵向和横向两种配置方式出发，分为级别管辖和地域管辖。级别管辖，是上下级行政主体之间就某一行政事务的首次处置所作的权限划分；地域管辖，则是不同地域的行政主体之间就某一行政事务的首次处置所作的权限划分。一般而言，行为发生地主义管辖原则是行政管辖的基本原则，如《行政处罚法》第 20 条规定，行政处罚由违法行为发生地的县级以上地方人民政府具有行政处罚权的行政机关管辖。同时，以属人管辖、不动产专属管辖、紧急情况下的特别管辖等原则为补充。

行政管辖具有内部性、法定性、排他性等特点，合理配置管辖权是行政效率和理性政府的要求。实践中，因管辖真空而导致的“管辖扯皮”或者“管辖竞合”总是存在的，行政程序法上应当对管辖权争议解决机制制定规则，以更好地优化内部程序，提高行政效率。例如，应松年教授主持的《行政程序法(试拟稿)》第 18 条至第 21 条，就对管辖权竞合、管辖权冲突和移送管辖、变更管辖等问题作出了规范。[②]

二、行政回避制度

行政回避是指行政机关工作人员在行使职权过程中，因其与所处理的事务有利害关系，为保证实体处理结果和程序进展的公正性，根据当事人的申请或行政机关工作人员的请求，有权机关依法终止其职务的行使并由他人代理的一种法律制度。[③]

如前所述，普通法上体现自然公正原则的一项基本内容，就是“自己不能做自己的法官”，回避制度正是基于人类朴素的自然正义观而形成并发展的一项保障行政公正的基本制度。

---

① 章剑生:《行政管辖制度探索》,《法学》2002 年第 7 期。

② 参见《中华人民共和国行政程序法(试拟稿)》,2004 年 11 月。

③ 章剑生:《论行政回避制度》,《浙江大学学报》2002 年第 6 期。

行政程序法上的回避制度，应当对其适用范围及程序等内容作出具体的规定。从回避的适用范围来看，主要在于与所处理事务有利害关系的各项情形的列举，包括行政事务的当事人或者当事人、代理人的近亲属；与行政事务有利害关系；与当事人有其他关系，可能影响对行政事务的公正处理等情形。从回避的程序来看，则主要有当事人申请回避或者行政机关工作人员自行回避两种程序。这也是许多国家行政程序法所确立的两种回避方式。自行回避应当是行政机关工作人员的一项法定职责，如行政机关工作人员在执行公务时遇有自行回避的法定情形而不回避的，则应当承担相应的法律责任，其作出的行政行为效力也会因此受到影响。申请回避应当是行政相对人的一项法定权利，只要行政相对人在参与行政程序过程中认为有法定回避情形时，有权依法向法定机关提出回避申请。有决定回避申请权力的机关必须在法定期间内给予一个明确的决定，否则，行政相对人可以启动行政救济程序或者在事后的法律救济中，将此作为一个要求撤销行政行为的抗辩理由。

三、说明理由制度

行政行为说明理由，是指行政主体在作出对相对人合法权益产生不利影响的行政行为时，除法律有特别规定外，必须向行政相对人说明其作出该行为的事实因素、法律依据以及进行自由裁量时所考虑的政策和公益等因素。[①] 说理的过程是理性行使行政权的一种体现，行政程序法上说明理由制度的设计，本身就是行政机关经审慎考量从而作出行政决定的过程，说理的全面性、客观性以及能否令人信服，本身也是证成整个行政权行使过程是否正当的过程，能够有效排除行政权行使的独断、恣意、专横。

随着我国行政程序理念不断深入人心，说明理由制度在我国也经历了一个从无到有并且不断被理论和实务所重视的过程。例如，2004 年开始实施的《行政许可法》第 38 条第 2 款便规定："行政机关依法作出不予行政许可的书面决定的，应当说明理由，并告知申请人享有依法申请行政复议或者提起行政诉讼的权利。"

行政行为说明理由制度作为行政程序法的一项重要制度，是公民权利保障理论的体现，有利于及时有效地保护公民的权利免受行政权的滥用所造成的侵害。在行政行为说明理由制度中，肯定了行政相对人的主体参与的地位，权利的观念使得行政相对人有了一种法律上的对抗行政主体侵害的能力。这种主观、积极、能动地参与到行政行为过程中的法律权利是最有效的保护公民权利实现的方式。这种事中的救济程序较之事后的救济程序更及时，更经济，更有利于及时更正行政行为的错误，减少对社会造成的损失。

---

① 马怀德：《行政法与行政诉讼法》，中国法制出版社 2000 年版，第 241 页。

四、信息公开制度

信息公开制度是行政程序法的一项重要的基本制度，各国在行政程序立法中除规定行政公开的一般规定外，一般都还制定专门的信息公开法律法规，作为行政程序法的重要配套立法之一。例如，美国 1946 年《联邦行政程序法》制定之后，基本架构不曾改变，几度修改都在补强原有规定，其中就包括 1966 年制定并于 1974 年修正的《信息公开法》(*The Freedom of Information Act*, FOIA)，1976 年制定的《阳光下的政府法》(*The Government in the Sunshine Act*)等，这些立法为打造一个公正、透明的政府，限制公共权力，保障公民权利，作出了重要贡献。

我国的政府信息公开立法也走了一条“先地方后中央”的立法进路。例如，广州市政府于 2002 年底颁布了《广州市政府信息公开规定》，它开启了我国政府信息公开法制建设的进程，首次以成文法的方式，就政府的信息公开义务设定了公民的知情权。此后，上海市、重庆市、吉林省、湖北省、海南省、辽宁省以及武汉、杭州、成都、济南等省市，都先后以规章或者规范性文件的方式，颁布了信息公开规定，从而为 2007 年《中华人民共和国政府信息公开条例》的颁布奠定了基础，积累了经验。

《政府信息公开条例》将政府信息界定为“行政机关在履行职责过程中制作或者获取的，以一定形式记录、保存的信息”，并规定了主动公开和依申请公开两种方式。根据《条例》，行政机关对符合下列基本要求之一的政府信息应当主动公开：涉及公民、法人或者其他组织切身利益的；需要社会公众广泛知晓或者参与的；反映本行政机关机构设置、职能、办事程序等情况的；其他依照法律、法规和国家有关规定应当主动公开的。对于县级以上各级人民政府及其部门，《条例》还规定了应该重点公开的内容：财政预算、决算报告；行政事业性收费的项目、依据、标准；突发公共事件的应急预案、预警信息及应对情况；环境保护、公共卫生、安全生产、食品药品、产品质量的监督检查情况等。

针对矛盾比较突出、公众反映强烈的征收或者征用土地、房屋拆迁及其补偿、补助费用的发放、使用情况，以及抢险救灾、优抚、救济、社会捐助等款物的管理、使用和分配情况，《条例》也明确将其列为设区的市级人民政府、县级人民政府及其部门重点公开的政府信息内容。

除此之外，公民、法人或者其他组织还可以根据自身生产、生活、科研等特殊需要，向国务院部门、地方各级人民政府及县级以上地方人民政府部门申请获取相关政府信息。

2008 年起实施的《政府信息公开条例》从宏观到具体对信息公开的内容予以了较为详细的规定，防止行政机关以各种托词不履行公开政府信息义务，体现了政府推进透明行政的决心。信息公开规范的制定和实施，为我国统一行政程序法的制定和行政法治的推进奠定了坚实的基础。

五、听证制度

听证是行政主体在作出影响行政相对人合法权益的决定前，由行政相对人表达意见、提供证据的程序以及行政主体听取意见、接受证据的程序所构成的一种法律制度，它是行政程序法的核心。[①] 各国行政程序法尽管在内容上存在着差异性，但都确立了听证制度，作为保障行政公开公正的一项基本制度。

听证制度是一项古老的制度，来源于普通法上的自然正义理念。英国早在1732 年的一个判决中，法院就指出“即使上帝在对亚当判刑之前，也曾召唤亚当给予辩解的机会”[②]。我国也有古谚“兼听则明、偏听则暗”，意思就是指通过听取双方的意见以作出一个公正的决定。在行政程序中，赋予行政相对人通过听证行使陈述、抗辩的权利，可以使行政决定的作出更客观、公正，提高行政决定的可接受度，同时相对人在听证程序中被赋予的人格尊重，也是听证制度保障行政公正的独立价值所在。1996 年的《行政处罚法》首次将听证制度引入我国，规定了行政处罚决定听证制度，这在我国行政立法史上具有开创性意义。目前，听证制度不仅适用于下列作出具体行政决定的领域——行政许可、城市房屋拆迁行政裁决、产业损害调查、反倾销与反补贴调查等，也适用于行政立法与行政规范性文件的制定、重大行政决策的形成以及“制定关系群众切身利益的公用事业价格、公益性服务价格和自然垄断经营的商品价格等政府指导价、政府定价”等行政领域。这在实践中可以为我们制定行政程序法中的听证制度提供可行性经验。

广义的听证权，不仅包括正式听证，还包括非正式听证，即在行政程序中，听取相对人的陈述和申辩。就正式听证制度的内容而言，主要包含听证主体、听证程序两个方面。

第一，行政程序法上的听证制度应当对听证主持人的资格和条件进行限定，并规定听证主持人的各项职权。例如，在美国，听证主持人由专门的独立于行政机关的行政法法官担任，具有律师资格和行政经验的人员，经考试合格后，可以由文官事务委员会列入行政法官的名单，行政机关根据工作需要，从名单中任命本机关的听证主持人。美国的行政法官具有独立于行政机关的地位，并通过一系列制度予以保障。[③]我国目前已有的程序性规范欠缺对听证主持人条件及职权的具体规定以及独立性的保障，通常由本机关内非调查人员担任，由负责人指定，一般由法制机构人员或者专职法制人员担任。

---

① 胡建淼：《行政法学》(第二版)，法律出版社 2003 年版，第 418 页。

② Jurgen Schwarze, *European Administrative Law*, London: Sweet & Maxwell, 1992, p. 1244.

③ 应松年主编：《行政程序法》，法律出版社 2009 年版，第 127 页。

第二，行政程序法上的听证制度应当包含完整的听证启动、通知、进行、制作听证笔录等程序。正式听证程序一般由调查和辩论两个阶段组成，听证当事人可以就待决事实提供证据质证以及发表辩论意见，与此相适应的是，当事人与利害关系人在听证中应享有委托代理人、阅览卷宗、陈述意见、进行质证、询问调查人员等权利。

需要提到的是，听证笔录是行政机关制定规章、作出决策或具体行政决定时的重要依据。美国《联邦行政程序法》第 556 条第 5 款规定："证言的记录、证物以及裁决程序中提出的全部文书和申请书，构成按照本编第 557 条规定作出裁决的唯一案卷。"这一规定确立了正式听证中的案卷排他原则。1996 年的《行政处罚法》没有对听证笔录的效力作出规定，实践中对待听证笔录与行政决定之间的关系出现了一定的模糊，2004 年的《行政许可法》对此作了明确规定，根据第 48 条第 2 款，"行政机关应当根据听证笔录，作出行政决定"，从而确立了听证笔录作为行政决定的唯一依据的效力规则。

六、送达制度

送达是指行政机关将作出的行政决定递交给相对人的制度，送达直接影响了行政决定的生效，同时也决定了行政复议、行政诉讼等期间的起算。送达制度是行政程序法需要处理的一个技术性问题，送达的及时、可行及准确，关系着行政相对人的合法权利的保护，同时送达制度的实施，也面临行政成本的考验等，因此，行政程序法应当对送达制度作出合理的设计。例如，德国《联邦行政程序法》规定，在集团程序中，如果参加人超过 50 人，行政机关可以在官方公报和地方报纸上刊登公告，以取代必要的个别传唤和通知。这对最终决定的送达也适用。我国的《行政处罚法》第 40 条也规定了送达制度，行政处罚决定书应当在宣告后当场交付当事人；当事人不在场的，行政机关应当在 7 日内依照民事诉讼法的规定，将行政处罚决定书送达当事人。

目前我国行政程序中的送达多采民事诉讼有关送达制度的规定，主要有直接送达、留置送达、委托送达、邮寄送达、公告送达等，在这些方式中，直接送达是最常使用的方式，采取直接送达有困难的，可以采取委托送达和邮寄送达，采用委托送达和邮寄送达仍有困难的，才能采取公告送达。将来的行政程序立法应当在此基础上建立行政领域的送达制度，同时也应当吸收一些实践中已经使用的送达方式，如转交送达，以及随着科技发展而具有技术可能性的电子化送达手段，如短信送达、网络送达等方式，以提高行政效率，完善送达制度。

【自我测试】

1. 关于合理行政原则，下列哪一选项是正确的？（　　）

A. 遵循合理行政原则是行政活动区别于民事活动的主要标志。

B. 合理行政原则属实质行政法治范畴。

C. 合理行政原则是一项独立的原则,与合法行政原则无关。

D. 行政机关发布的信息应准确是合理行政原则的要求之一。

2. 申请人申请公开下列哪一项政府信息时,应当出示有效身份证件或证明文件?(　　)

A. 要求税务机关公开本人缴纳个人所得税情况的信息。

B. 要求区政府公开该区受理和审查行政复议案件的信息。

C. 要求县卫生局公开本县公共卫生费用使用情况的信息。

D. 要求市公安局公开办理养犬证收费情况的信息。

3. 下列哪一项信息是县级和乡(镇)人民政府均应重点主动公开的政府信息?(　　)

A. 征收或征用土地、房屋拆迁及其补偿、补助费用的发放、使用情况。

B. 社会公益事项建设情况。

C. 政府集中采购项目的目标、标准及实施情况。

D. 执行计划生育政策的情况。

4. 下列哪一事项不属于政府信息公开工作机构的职责?(　　)

A. 更新本行政机关公开的政府信息。

B. 监督本行政机关的政府信息公开工作。

C. 对拟公开的政府信息进行保密审查。

D. 组织编制本行政机关的政府信息公开目录。

5. 王某户籍所在地是甲市A区,工作单位所在地是甲市B区。2002年1月王某在乙市出差时因涉嫌嫖娼被乙市A区公安分局传唤,后被该公安分局以嫖娼为由处以罚款500元。在被处罚以前,王某被留置于乙市B区两天。经复议王某对罚款和留置措施提起行政诉讼。下列哪一法院对本案没有管辖权?(　　)

A. 甲市A区人民法院　　B. 甲市B区人民法院

C. 乙市A区人民法院　　D. 乙市B区人民法院

6. 因一高压线路经过某居民小区,该小区居民李某向某市规划局申请公开高压线路图。下列哪些说法是正确的?(　　)

A. 李某提交书面申请时应出示本人有效身份证明。

B. 李某应说明申请信息的用途。

C. 李某可以对公开信息方式提出自己的要求。

D. 某市规划局公开信息时,可以向李某依法收取相关成本费。

7. 2002年,甲、乙两村发生用地争议,某县政府召开协调会并形成会议纪要。2008年12月,甲村一村民向某县政府申请查阅该会议纪要。下列哪些选项是

正确的？（　　）

A. 该村民可以口头提出申请。

B. 因会议纪要形成于《政府信息公开条例》实施前，故不受《条例》规范。

C. 因会议纪要不属于政府信息，某县政府可以不予公开。

D. 如某县政府提供有关信息，可以向该村民收取检索、复制、邮寄等费用。

8. 下列哪些情形违反《公务员法》有关回避的规定？（　　）

A. 张某担任家乡所在县的县长。

B. 刘某是工商局局长，其侄担任工商局人事处科员。

C. 王某是税务局工作人员，参加调查一企业涉嫌偷漏税款案，其妻之弟任该企业的总经理助理。

D. 李某是公安局局长，其妻在公安局所属派出所担任户籍警察。

9. 材料分析。

2002 年 7 月，某港资企业投资 2.7 亿元人民币与内地某市自来水公司签订合作合同，经营该市污水处理。享有规章制定权的该市政府为此还专门制定了《污水处理专营管理办法》，对港方作出一系列承诺，并规定政府承担污水处理费优先支付和差额补足的义务，该办法至合作期结束时废止。

2005 年 2 月，市政府以合作项目系国家明令禁止的变相对外融资举债的“固定回报”项目，违反了《国务院办公厅关于妥善处理现有保证外方投资固定回报项目有关问题的通知》的精神，属于应清理、废止、撤销的范围为由，作出“关于废止《污水处理专营管理办法》的决定”，但并未将该决定告知合作公司和港方。港方认为市政府的做法不当，理由是：其一，国务院文件明确要求，各级政府对涉及固定回报的外商投资项目应“充分协商”、“妥善处理”，市政府事前不作充分论证，事后也不通知对方，违反了文件精神；其二，1998 年 9 月国务院《通知》中已明令禁止审批新的“固定回报”项目，而污水处理合作项目是 2002 年经过市政府同意、省外经贸厅审批、原国家外经贸部备案后成立的手续齐全、程序合法的项目。

问题：

请运用行政法原理对某市政府的上述做法进行评论。

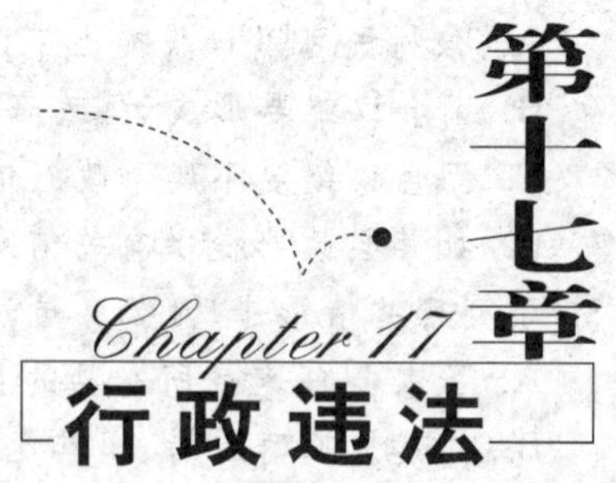

第十七章 Chapter 17 行政违法

【要点提示】

本章讲述了行政违法的概念、特征、构成要件、分类及其确认与后果，讲述了行政失职、行政越权、行政滥用职权、事实依据错误、适法错误、程序违法和行政侵权的概念、特征、表现及对其的处理。重点掌握行政违法概念、特征及其构成要件，掌握行政失职、行政越权、行政滥用职权、事实依据错误、适法错误、程序违法和行政侵权的概念、特征，了解行政失职、行政越权、行政滥用职权、事实依据错误、适法错误、程序违法和行政侵权的表现。

行政法要求行政主体的行政行为既要符合行政合法性原则又要符合行政合理性原则。违反行政合法性原则的行政行为是行政违法行为，违反行政合理性原则的行政行为是行政不当行为。本章只讨论行政违法问题。

第一节 行政违法概述

一、行政违法的概念和特征

按我国行政法学理论，行政违法是指行政主体所实施的，违反行政法律规范，侵害受法律保护的行政关系而尚未构成犯罪的有过错的行政行为。①

行政违法是一种独立的违法行为，具有不同于民事违法、刑事违法等违法行为的特点，表现在以下四个方面。

1. 行政违法的主体是行政主体，而不是行政相对人。行政相对人实施的违反

① 胡建淼：《行政法学》，法律出版社 2010 年版，第 437 页。

行政法律规范尚未构成犯罪的行为,行政主体可以对其行政处罚,相对人的违法称为可处罚行为,而不称为行政违法行为。只有行政主体的违法才可能是行政违法,行政机关只有以行政主体身份出现时,其行为才有可能是行政违法;如果以民事主体身份出现,其行为就可能是民事违法。并且行政主体的行为是通过其工作人员的行为表现出来的,如行政机关的公务员只有以行政机关的名义实施行政行为,该行为违法才属于行政违法;当他以个人名义活动时,其身份是公民,公民的违法归属于相对人违法。

2. 行政违法是违反行政法律规范,侵害受法律保护的行政关系的行为。首先行政违法是一种违反法律规范的行为,而不是一种违纪行为。因此,违反党纪、团纪和社会团体章程的行为不属行政违法。但目前有不少纪律规范被上升为法律规范,如果违反了已经上升为法律规范的纪律规范也构成行政违法行为。其次,行政违法违反的是行政法律规范,而不是民事等其他法律规范,从而使行政违法与民事等其他违法行为相区别。

3. 行政违法是尚未构成犯罪的违法行为。行政违法与犯罪都是危害社会的行为,但二者有质的不同和量的差异。从质上看,二者违反的是不同的法律规范,前者违反行政法律规范,后者违反刑事法律规范;依法应追究不同的法律责任,前者是行政责任,后者是刑事责任。从量上看,行政违法比犯罪对社会危害的程度轻微,只有"情节严重"的违法才构成犯罪。当某一种行为一旦由违法上升为犯罪,就不再受行政法律规范调整,而应受刑事法律规范调整。

4. 行政违法的法律后果是承担行政责任。"违法必究",违反法律必须承担法律责任,这是社会主义法治的基本要求之一。任何行政违法主体必须为其行政违法行为承担法律责任。只不过,由行政违法引起的法律责任既不是民事责任,也不是刑事责任,而是行政责任。行政违法是引起行政法律责任的根据,行政法律责任是行政违法的法律后果,二者在法律上具有内在的联系。

二、行政违法的构成要件

所谓行政违法的构成要件,是指由行政法规定的构成行政违法所必须具备的一切主、客观条件的总和。行政违法的构成要件,是判断行政主体及其工作人员行政行为是否违法的标准,也是追究行为人行政责任的根据。

某种行政行为构成行政违法必须同时具备以下四个要件。

(一) 违法行为主体必须是行政主体

只有行政主体的行为才可能构成行政违法,非行政主体的行为不可能构成行政违法。

(二) 行为人负有相关的法定义务

违法行为,实际上就是不履行、不承担法定义务(包括作为义务和不作为义务)

的行为。因此,要确定行为人的行为是否构成行政违法,首先就得弄清行为人在这方面是否具有法定义务。行政主体依法享有行政管理的权力的同时,必须履行相应的职责和义务。但不同的行政主体的具体职责和义务是不同的。特定的法律所规定的义务,一般要求特定的行政主体承担。某一行政主体所负有的法定义务,并不一定适用其他行政主体。如警察所负有的法定义务并不适用于民政干部。因此,要确定行政主体的某种行为是否构成行政违法,必须首先确认其是否具有相关的法定义务。

(三)行为人有不履行法定义务的行为

仅有法定义务,行政违法还只是一种可能性,只有当行为人作出不履行、不承担法定义务的行为时,行政违法才会发生。对于构成行政违法的基本要件,必须把握两层意思:一是必须是一种行为,而不是思想意识活动,后者不构成行政违法;二是这种行为是违反行政法律规范的,是不履行法定义务的作为或不作为,它侵害了受法律保护的行政关系,对社会有一定的危害性。

(四)行为人主观上有过错

所谓主观过错,是指行为人实施行为时所持的心理状态,包括故意和过失两种,统称为"过错"。任何行为都是人们有意识的活动。行为是否违法,不能单看行为在实际上是否违反法律,同时应看行为是否出于行为人的过错。任何既不出于故意也不出于过失的行为,均不构成行政违法。

三、行政违法的分类

按照不同的标准,可以对行政违法进行不同的分类。

1. 以行为的方式和状态为标准,行政违法可划分为作为行政违法和不作为行政违法。作为行政违法指行政主体不履行行政法律规范规定的不作为义务;不作为行政违法指行政主体不履行行政法律规范规定的作为义务。这种分类的意义在于改变人们在立法、执法上对两种不同行政违法厚此薄彼的态度。

2. 以行为的实体和程序为标准,行政违法可分为实体行政违法和程序行政违法。实体行政违法是指行政行为不符合行政法律规范要求的实质要件。具体表现为行政行为由不具合法资格的行政主体及其工作人员所为,行政行为的内容与法律、法规相抵触,行政行为的内容为相对人无法履行等。程序行政违法是指行政行为不符合行政法律规范要求的形式要件。具体表现为行为的作出不符合法律规定的步骤,行为的表现形式不符合法律规范等。这种分类的意义在于:实体行政违法从该行为发生之时就没有法律效力,行为人因实体行政违法主要应承受惩罚性行政责任;程序行政违法如果不影响该行为的实质内容则可通过补救手段使其具有法律效力,行为人因程序行政违法主要应负补救性行政责任。

3. 以行政行为的范围及与相对人的关系为标准，可把行政违法分为内部行政违法和外部行政违法。

内部行政违法是行政主体的内部行政行为违反行政法律规范。如行政文书的制定、处理、保管违反法定的程序。外部行政违法是行政主体的外部行政行为违反行政法律规范。如某工商局没收张三的驾驶执照。这种分类的意义在于对两者的救济手段不同，内部行政违法不受司法审查，相对人不服只能请求行政救济（行政复议以外的行政救济）；外部行政违法除了行政救济外，还有司法救济和立法救济。

4. 根据行政主体的数量不同，行政违法可划分为单一行政违法和共同行政违法。

单一行政违法指一个行政主体单独作出的行政行为违法。共同行政违法指两个或两个以上行政主体共同作出的行政行为违法。这种划分的意义在于：单一行政违法的行政责任主体是单一的，如引起行政诉讼，则被告是单一的。共同行政违法的行政责任主体是两个或两个以上行政主体即共同责任主体，如引起行政诉讼，则被告是两个或两个以上即共同被告。

5. 以行政复议机关和人民法院撤销行政行为的理由为主要参考标准，可以把行政违法划分为：(1)行政失职；(2)行政越权；(3)行政滥用职权；(4)事实依据错误；(5)适法错误；(6)违反法定程序；(7)行政侵权等。本章第二节以后的论述，便以这种划分为标准。

四、行政违法的确认和后果①

(一) 行政违法的确认

行政违法的确认权是指有关组织对行政行为作出法律评价的权力。它是一种直接产生法律后果的权力。某行政行为一经有权机关确认为违法行政行为，该行为会因此丧失效力的完整性。根据违法程度的轻重，它或许完全丧失原有的拘束力、确定力和执行力，或许需要通过一定手段（比如修正）才能完全恢复它原有的合法效力。而且，严重的行政违法行为一被确认，可能还意味着它自始无效。

根据现行法律的规定，有权确认行政行为违法的国家机关包括权力机关、行政机关和司法机关（仅指人民法院）。其中，权力机关的确认权具有最高、最后效力，但它仅限于针对行政机关的抽象行政行为。人民法院的确认权是一种最终的确认权，也是一种有限的确认权，仅限于对具体行政行为作出违法与否的判断。人民法院对行政行为的确认权，以行政诉讼为前提，通过法院审理行政案件的诉讼活动，最终以法院裁判形式来实现。行政机关的确认权是一种行政机关对其自身实行监督而产生的当然权力，它包括作为原行政行为的行政机关和上级行政机关对违法

① 胡建淼：《行政法学》，法律出版社2010年版，第441—442页。

行政行为的确认。这种确认权既可以是依职权进行的主动的行为，也可以是依据相对人的申请进行的行为，是行政执法实践中运用最广的一种违法行政行为确认权。与权力机关的确认权和人民法院的确认权相比，行政机关的确认权是效力最低的确认权，当它与权力机关的确认权、人民法院的确认权相矛盾时，它必须服从后者。

(二) 行政违法的后果

行政违法的后果是多方面的，但最主要的表现在两个方面。

1. 影响行为的法律效力。符合有效要件的行政行为方具有法律效力，即拥有拘束力、公定力、确定力和执行力。违法的行政行为，便失去上述效力的完整性。具体说，有两种情况：(1)完全失去法律效力，如行政行为违法被有权的机关撤销后，该行为就失去了法律效力；(2)必须补正违法，补正后方具有法律效力，如在善意越权行为中，有权机关对越权行为的事后追认。

2. 引起法律责任。行政主体实施了一种行政违法行为，必然会引起行政责任，它包括：(1)纠正行政违法的责任，即行政违法主体本身有义务纠正其业已发生的违法行为；(2)对行政违法侵害人权利的补救责任，如行政主体对行政相对人实施行政赔偿；(3)惩罚性行政责任，如违法抽象行政行为或违法的具体行政行为被依法撤销。

第二节　行政失职

一、行政失职的概念和特征

根据《行政诉讼法》第 11 条第 1 款第（五）项规定，人民法院受理公民、法人和其他组织对申请行政机关履行保护人身权、财产权的法定职责，行政机关拒绝履行或者不予答复的不服提起的诉讼。这里的行政机关拒绝履行或不予答复履行保护相对人的人身权、财产权的法定职责的行为就是行政失职，可见，行政失职是指行政主体不履行法定的作为义务而构成的行政违法。如公安机关见死不救。

行政失职行为具有以下特征。

1. 行政主体负有法定的作为义务。这里的“法”既包括法律、法规、规章，又包括有权机关作出的决定、命令。没有某方面法定义务的行政主体，不可能在这方面出现行政失职。

2. 行政主体没有履行法定作为义务。如果行政主体已经履行了法定作为义务，不论其行为是否违法，都不构成行政失职。行政失职是一种违反作为义务而构成不作为形式的行政违法。它表现为对法定作为义务的“不履行”或者“拖延履行”。

行政失职不同于行政主体作出否定性决定。如行政许可机关对相对人的申请进行审查后，认为相对人的申请不符合法定条件，因而作出了不予许可的决定，这里的不予许可的决定就是否定性行政决定，这种否定性的决定，是行政主体已经作出的一种决定，不属于行政失职，因为行政失职是指“不作任何行政决定”的消极状态，如行政许可机关对相对人的申请在法定期限后仍不作任何的答复。

二、行政失职的具体情形

从行为的表现形式上看，行政失职有两种情形。一是拒不履行法定职责的行政失职，这是指行政主体对于法定的作为职责，明确表示不履行或者在法定期限内不予履行；二是拖延履行法定职责的行政失职，这是指在法律没有明确规定履行期间的情况下，行政主体经过相对人多次申请，仍然不予答复，或者虽然表示愿意履行，但拖延履行。

从行为人的主观心理态度上来看，行政失职有两种情形。一是故意的行政失职，指行为人明知自己有相关的法定职责而主观上不肯履行；二是过失的行政失职，指行为人虽然明知自己有相关的法定职责，但由于主观上不认真负责从而疏于履行法定职责。

三、对行政失职的处理

行政失职事件发生后，行政违法主体有义务自我纠正。行政违法主体不自我纠正的，行政相对人可依据《行政复议法》和《行政诉讼法》的规定申请行政复议和提起行政诉讼。

行政复议机关在行政复议中，根据《行政复议法》第 28 条第 1 款第(二)项的规定，即对被申请人不履行法定职责的，决定其在一定期限内履行，对行政违法主体作出“决定履行”的复议决定。

人民法院在行政诉讼中，根据《行政诉讼法》第 54 条规定，人民法院经过审理，对被告不履行或者拖延履行法定职责的，判决其在一定期限内履行，对行政违法主体作出“履行判决”。

如果行政主体的行政失职行为同时构成对行政相对人合法权益侵害的，还必须依据《国家赔偿法》承担行政赔偿责任。

第三节　行政越权

一、行政越权的含义和特征

行政越权是指行政主体超越法定职权范围而作出的行政行为。其法律特征表现为：

1. 行政越权是行政主体在法定职权范围之外作出的行政行为。因此，只有明确行政主体的行政职权，才能确认行政主体的行为是否构成行政越权。任何行政主体都有确定而有限的行政职权，行政主体只能依法在此范围内从事行政活动，超越这个范围即属越权。

2. 行政越权是一种作为形式的行政违法。行政主体实施行政越权行为是积极的而非消极的，行政主体的不作为不可能构成行政越权。

3. 判断行政越权与否是以客观标准而非主观标准。不管行为人在实施行政行为时的动机、目的是否正当、合法，也不论行为人主观上是否有故意或过失，是恶意的还是善意的，只要其行为在客观上超越了法定职权范围，就构成行政越权。

二、行政越权的分类

根据不同的标准可以对行政越权作不同的分类。

(一) 行政权外越权和行政权内越权

根据被越权的性质不同，行政越权可划分为行政权外越权和行政权内越权。所谓行政权外越权是指行政主体在行政行为中把自己的权力深入到了立法权、审判权、法律监督权等国家权力领域的一种行政越权。如在“何某诉某市公安局行政处罚案”中，法院认为：原告何某与某建筑安装有限公司联合开发豫龙花园因发生民事纠纷，何某诉至法院，该案在审理期间已裁定该工程停止施工。某建筑安装有限公司不按裁定履行，继续施工并出售部分房屋，原告因此拆除了正在施工用的电线线路的行为属民事诉讼案件受理后的侵权行为，且对水、电路双方在承包合同中已有约定。因目前该民事案件尚在审理之中，故原告的行为不能定性为故意毁坏公私财物。因此被告将原告的行为定性为故意毁坏公私财物，并对其进行行政拘留10日的处罚即被告对原告作出的第0291号公安行政处罚属超越职权，应予撤销。此案中，公安机关对正在民事诉讼中的行为进行定性处罚，明显地超越了行政权。[1]

所谓行政权内越权是指行政主体超越其职权范围而行使的权力仍然属于行政权领域。如某市公安局行使了本属于该市工商局的行政职权,但这种权力仍然属于行政权的范围。

(二) 时间上的越权、空间上的越权和事务上的越权

根据影响行政权限因素的不同,行政越权可划分为以下三种。

1. 时间上的越权。这是指行政主体将过去一段时间所享有的行政职权现在继续行使或行使将要被授予的行政职权。如《戒严法》第 15 条规定:"戒严期间,戒严实施机关可以决定在戒严地区采取宵禁措施。宵禁期间,在实行宵禁地区的街道或者其他公共场所通行,必须持有本人身份证件和戒严实施机关制发的特别通行证。"根据该规定,在非戒严期间或戒严期间结束后,戒严实施机关就不得采取宵禁措施,如果它还行使这项行政职权就属于时间上的越权。

2. 空间上的越权。这是指行政主体超越其管辖的空间范围行使其行政职权。如在"马某诉某县公安局行政拘留案"中,马某在 2001 年 11 月 27 日到某市政法委询问上访案结果,被某县公安局大码头派出所行政拘留 15 天。马某不服某县公安局治安管理处罚,向某市公安局申请复议。经审查,复议机关认为马某违反《治安管理处罚条例》的规定,但因行为地在某市某区,即以县公安局超越职权为由,决定撤销某县公安局对马某的治安行政处罚。[2] 在此案中,县公安局行使了某市某区公安分局的行政职权,属于空间上的越权。

3. 事务上的越权。这是指一个行政主体管辖依法应由另一行政主体管辖的行政事务。如在"李某诉某县上街镇人民政府土地承包纠纷处理决定案"中,县人民法院经审理认为:根据《福建省农业集体经济承包合同条例》第 5 条第 1 款、第 2 款的规定,县级以上人民政府主管农业的部门是农业集体经济承包合同的主管部门,农业承包合同纠纷的处理是县级以上人民政府主管农业部门的职权。因此,被告以其农业承包合同管理委员会名义作出的"关于中美村村民陈某与李某土地纠纷的调查处理决定",是属于超越职权,其行政行为违法。[3] 在此案中,某县上街镇人民政府行使了属于县农业局的行政职权,属于事务上的越权。

(三) 纵向越权和横向越权

根据行政隶属关系的不同,行政越权可划分为纵向越权和横向越权。

---

① 河南省登封市人民法院(2005)登行初字第 36 号《行政判决书》。

② 山东省广饶县人民法院(2002)广行初字第 12 号《行政判决书》,参见章剑生:《现代行政法基本理论》,法律出版社 2008 年版,第 282 页。

③ 福建省闽侯县人民法院(2002)侯行初字第 25 号《行政判决书》。

纵向越权指存在行政隶属关系的上下级行政主体之间的行政越权。它表现为下级行政主体行使了上级行政主体的行政职权和上级行政主体行使了下级行政主体的行政职权。如在"某酒店诉某市二七区质量技术监督局行政处罚"一案中,被告以某酒店使用的电话计时计费装置未经强制检定为由,认定某酒店使用未经强制检定的电话计时计费装置的行为,违反了《河南省计量监督管理条例》的有关规定,责令其限期改正,并处以5万元罚款。法院认为,根据《中华人民共和国计量法实施细则》第60条规定,本细则规定的行政处罚,由县级以上地方人民政府计量行政部门决定,罚款1万元以上的,应当报省级人民政府计量行政部门决定。被告对原告作出的5万元的罚款处罚,应当报省级人民政府计量部门决定,而被告却以自己的名义作出了上述处罚决定,显然违反了法律规定,属超越职权的行为。[①] 此案中,某市二七区质量技术监督局行使了其上级省质量技术监督局的行政职权,属于纵向的越权。

横向越权指不存在行政隶属关系的行政主体之间的行政越权。如某市物价局行使了本市劳动局的行政职权。

(四) 善意越权和恶意越权

根据行为人的主观态度不同,行政越权可划分为善意越权和恶意越权。

善意越权指行政主体在特定情况下,从有利于社会利益、公共利益的角度出发而作出的越权行为。

恶意越权指行政主体从非法的目的、不良的动机出发而作出的越权行为。

恶意越权一律无效,而善意越权如何处理,目前国内尚无统一的法律规定,亟待行政立法予以解决,但有的国家已经确立了善意越权的事后追认有效制度。

三、行政越权与行政失职的区别

行政越权是不同于行政失职的行政违法,它们的区别表现在以下四个方面。

1. 主观方面不同。判断行政越权遵循的是客观标准而非主观标准,行为人的行为只要在客观上超越了其自身的权限,不论其主观上是否有过错,都不影响行政越权的构成;行政失职必须是行为人主观上有过错才能构成。

2. 客观方面不同。行政越权是一种作为形式的行政违法,只能由积极的作为构成;而行政失职是一种不作为的行政违法,只能由消极的不作为构成。

3. 职权范围不同。行政越权是行政主体超越了其本身的职权范围作出行政行为,即越权行政主体所行使的权力不在其自身的法定职权范围之内;行政失职是

---

① 《5万元处罚超越行政职权无效,郑州红珊瑚一审告赢质监局》,《法制日报》2005-7-29,转引自章剑生:《现代行政法基本理论》,法律出版社2008年版,第282—283页。

行政主体对本属于自己的职权范围内的权力的放弃,没有尽到自己应尽的法定职责。

4. 法律后果不同。行政越权存在有过错和无过错之别,有过错的行政越权和行政失职都必须给予行政管理相对人以法律救济,如果给相对人的合法权益造成损害的还必须给予行政赔偿;无过错的行政越权一般只承担越权无效的法律后果。

四、对行政越权的处理

行政越权事件发生后,行政违法主体有义务自我纠正。行政违法主体不自我纠正的,行政相对人可依据《行政复议法》和《行政诉讼法》的规定申请行政复议和提起行政诉讼。

行政复议机关在行政复议中,根据《行政复议法》第 28 条的规定,针对超越行政职权的具体行政行为,对行政违法主体作出撤销该具体行政行为,责令被申请人在一定期限内重新作出具体行政行为的决定,或者确认该具体行政行为违法,责令被申请人在一定期限内重新作出具体行政行为的决定,或者变更该具体行政行为的决定。

人民法院在行政诉讼中,根据《行政诉讼法》第 54 条第(二)项规定,对超越职权的具体行政行为,依法对行政违法主体作出"撤销(包括部分撤销)判决"和"重新作出具体行政行为的判决"。

如果行政主体的行政越权行为同时构成对行政相对人合法权益侵害的,还必须依据《国家赔偿法》承担行政赔偿责任。

第四节　行政滥用职权

一、行政滥用职权的概念

行政滥用职权在许多国家都被列为行政救济和司法救济的对象,但不同国家对行政滥用职权的含义理解不一。

在英国,权力滥用是越权的一种形式,具有以下三种情形:(1)不符合法律规定的目的;(2)不相关的考虑;(3)不合理的决定。[①]

在法国,权力滥用是指行政机关的决定,虽然在其职权范围内,但不符合法律授予这种职权的目的,其表现形式有以下三种:(1)行政机关行使权力的目的不是出于公共利益,而是出于私人利益或所属团体利益;(2)行政机关行使权力的目的

① 王名扬:《英国行政法》,中国政法大学出版社 1987 年版,第 170—172 页。

符合公共利益,但不符合法律授予这种权力的特殊目的;(3)程序滥用。[①]

在德国,行政机关没有遵守裁量规范的目的,即构成裁量滥用。[②] 构成滥用自由裁量权情形有:(1)违反合理性原则;(2)不正确的目的;(3)不相关的因素;(4)违反客观性;(5)违反平等对待。[③]

在美国,滥用职权被定义为滥用自由裁量权,而滥用自由裁量权是指不合理地使用自由裁量权,它包括:(1)不正当的目的;(2)错误的和不相干的原因;(3)错误的法律或事实依据;(4)遗忘了其他有关事项;(5)不作为或迟延;(6)背离了既定的判例或习惯。[④]

在日本,滥用职权就是"裁量滥用",即违背授予裁量的法规目的的情况,主要表现为:(1)事实的误认;(2)目的的违反和动机不正;(3)违反比例原则和平等原则。[⑤]

我们认为,行政滥用职权,指行政主体在其职权范围内不正当行使行政权力而达到一定程度的违法行为。

二、行政滥用职权的特征

行政滥用职权的特征有:

1. 行政主体滥用职权是在其职权范围之内进行的,尤其是在其自由裁量权限范围之内进行的;

2. 行为人滥用职权主观上主要是出于故意,这里的故意包括主观上出于不正当的动机或非法的动机;

3. 行政滥用职权在客观上表现为行政主体不正当地行使行政权力,即这种权力的行使不符合社会公共利益的要求或者虽然符合社会公共利益的要求但不符合法律授予该项权力的特定目的。

三、行政滥用职权的主要表现形式

1. 因受不正当动机和目的的支配致使行为背离法定目的和利益。这种行为有两个构成条件。(1)主观上有不正当的动机和目的。如出于给个人或单位带来某种利益,或为了敲诈勒索,或为了挟嫌打击报复与自己有隙之人,等等。(2)客观

---

① 王名扬:《法国行政法》,中国政法大学出版社 1989 年版,第 664—665 页。

② [德]哈特穆特·毛雷尔:《行政法学总论》,高家伟译,法律出版社 2000 年版,第 130 页。

③ [印度]M. P. 赛夫:《德国行政法——普通法的分析》中译本,五云图书出版公司 1991 年版,第 211—232 页。

④ [美]伯纳德·施瓦茨:《行政法》,徐炳译,群众出版社 1986 年版,第 571 页。

⑤ [日]南博方:《日本行政法》,杨建顺、周作彩译,中国人民大学出版社 1988 年版,第 37—38 页。

上其行为造成了背离法定目的和利益的结果。如果行为人只存在不正当的动机和目的，但行为的结果恰好符合法定的目的和理由，便不属于行政滥用职权。

2. 反复无常，违反平等性和同一性原则。行政管理是一个动态的过程，但行政主体的行政行为是一种公共行政，对行政管理相对人而言一定要有可预见性、平等性，就类似的情况，由于时间、场合、社会环境等因素的变化，行政主体不是必须要作出一模一样的行政行为，但也不能作出迥然不同甚至截然相反的行为。否则，即属于反复无常，往往会令相对人无所适从。如在“张乙诉某市教育局注销社会办学许可案”中，法院认为，某市教育局主动撤销了载明举办人为张乙的徐教社证字011217号社会力量办学许可证，张乙因此而撤回起诉。但市教育局在第二天却作出注销载明举办人和学校负责人为张乙的徐教社字980316号《江苏省社会办学许可证的通知》，此行政行为反复无常，且导致某中学客观上处于无办学许可证违法办学的状态，滥用了行政管理职权。[①]

3. 不正当的程序。这里的程序主要指行政机关可以自由裁量的程序。在程序可以由行政主体自由裁量的情况下也可能发生不正当程序的滥用职权。主要包括选择了极不合适的方式作出行政行为、省略必要的步骤、恣意增加步骤、颠倒必经的步骤实施行政行为。

4. 违背客观规律。行政主体作出要求相对人履行一定义务的行政行为的时候，行政主体要求相对人履行的义务必须具有能够履行的可能性。如果行政主体违背客观规律，故意刁难相对人，作出在客观上无法由特定相对人履行的义务的，则构成滥用职权。

5. 考虑了不相关的因素或没有考虑应当考虑的因素。考虑了不相关因素是指行政主体在实施行政行为时，故意考虑了不应当考虑的因素。相反，行政主体作出行政行为时，没有考虑法律规定应当考虑的因素，或没有考虑到具体事件的特殊情况，从而故意作出不符合实际情况的行政行为即属于未考虑相关因素的滥用职权。如在“余某、井某诉某县计划生育局征收社会抚养费行政争议案”中，法院认为，上诉人余某、井某夫妇未经批准，生育第二个女儿，应当缴纳社会抚养费。上诉人主张井某怀孕后因胎盘前置，无法施行引产手术，其生育第二胎不需要缴纳社会抚养费，缺乏事实和法律依据，本院不予采纳。但是，上诉人井某在怀孕后主动到某县计划生育指导站接受检查，因胎盘前置，施行引产手续有一定危险而生育第二胎，其违法的情节显然比较轻微。被上诉人某县计划生育局以《浙江省人口与计划生育条例》第49条第1项规定的最高数额对上诉人征收社会抚养费，没有考虑上述应当考虑的因素，属滥用职权。[②] 在此案中，上诉人并非想生育第二胎，而是由于客

---

① 江苏省徐州市中级人民法院(2001)徐行初字第11号《行政判决书》。

② 浙江省温州市中级人民法院(2003)温行终字第211号《行政判决书》。

观原因无法引产所致。但被上诉人仍决定向上诉人征收最高数额的社会抚养费，显然没有考虑上诉人"主动接受检查"、"胎盘前置不能引产"等应当考虑的因素。

6. 不正当的迟延或不作为。主要指法律没有明文规定行政行为的期限，或规定了一定的行为幅度，致使行政主体享有自由裁量权，而且在这自由裁量权限范围内，行政主体有不正当的迟延或不作为，这便属于行政滥用职权。

四、对行政滥用职权的处理

行政滥用职权事件发生后，行政违法主体有义务自我纠正。行政违法主体不自我纠正的，行政相对人可依据《行政复议法》和《行政诉讼法》的规定申请行政复议和提起行政诉讼。

行政复议机关在行政复议中，根据《行政复议法》第28条的规定，针对滥用职权的具体行政行为，对行政违法主体作出撤销该具体行政行为，责令被申请人在一定期限内重新作出具体行政行为的决定，或者确认该具体行政行为违法，责令被申请人在一定期限内重新作出具体行政行为的决定，或者变更该具体行政行为的决定。

人民法院在行政诉讼中，根据《行政诉讼法》第54条第(二)项规定，对滥用职权的具体行政行为，依法对行政违法主体作出"撤销(包括部分撤销)判决"和"重新作出具体行政行为的判决"。

如果行政主体的行政滥用职权行为同时构成对行政相对人合法权益侵害的，还必须依据《国家赔偿法》承担行政赔偿责任。

第五节　事实依据错误

一、事实依据错误的概念和特征

一个合法有效的行政行为必须要以事实为依据，以法律为准绳，如果无事实依据，就构成事实依据错误。

所谓事实依据错误，系指行政主体作出没有合格事实依据的行政行为。就是《行政复议法》第28条第(三)项第1目所讲的"主要事实不清、证据不足"的行为。

事实依据错误的主要特征有以下三点。

1. 具体行政行为的内容与它所赖以作出的事实有直接的关联性或有因果关系。这种"关联性"或"因果关系"主要表现为：当所认定的事实错误时，据以作出的具体行政行为必然是错误的。如果事实错误，对具体行政行为的内容没有直接的影响，那就表明两者之间没有关联性或因果关系。

2. 事实依据错误是一种作为形式的行政违法。它不可能发生在不作为状态之中。

3. 事实依据错误既可能出于行为人的故意，也可能出于行为人的过失。

二、事实依据错误的表现

事实依据错误主要有下列四种情况。

1. 无中生有。即以不存在的事实为根据作出行政行为。如某工商局以某个体户卖假货为由对其进行处罚，但事实上该个体户根本没有卖假货的行为。

2. 事实误会。即行政主体错误认定某一事实为另一事实，从而作出行政行为。如公安局以甲殴打丙为由，给甲以 3 天治安拘留处罚，事实上，丙是被乙所打伤的。这就是典型的因事实认定误会导致的行政违法行为。

3. 事实证据不足。即行政主体作出某一行政行为的事实根据确凿但不全面、不充分。

4. 证据不确凿。即行政主体作出具体行政行为的事实依据不确凿、不可靠。例如，税务机关以某企业偷税为由，对该企业处以罚款。税务机关认定该企业偷税只是根据一封匿名举报信，并未做任何调查、核实，而事实上该企业偷税一说纯属子虚乌有。

三、对事实依据错误的处理

事实依据错误事件发生后，行政违法主体有义务自我纠正。行政违法主体不自我纠正的，行政相对人可依据《行政复议法》和《行政诉讼法》的规定申请行政复议和提起行政诉讼。

行政复议机关在行政复议中，根据《行政复议法》第 28 条的规定，针对事实依据错误的具体行政行为，对行政违法主体作出撤销该具体行政行为，责令被申请人在一定期限内重新作出具体行政行为的决定，或者确认该具体行政行为违法，责令被申请人在一定期限内重新作出具体行政行为的决定，或者变更该具体行政行为的决定。

人民法院在行政诉讼中，根据《行政诉讼法》第 54 条第(二)项规定，对事实依据错误的具体行政行为，依法对行政违法主体作出“撤销(包括部分撤销)判决”和“重新作出具体行政行为的判决”。

如果行政主体的事实依据错误的行为同时构成对行政相对人合法权益侵害的，还必须依据《国家赔偿法》承担行政赔偿责任。

第六节　适法错误

一、适法错误的概念和特征

适法错误是指行政主体实施行政行为没有正确地适用法律依据。即行政主体在作出具体行政行为时适用了不应该适用的法律、法规或者没有适用应该适用的法律、法规的违法行为。

适法错误具有下列三个法律特征。

1. 具体行政行为与它所基于的法律依据有直接的关联性。这种“关联性”主要表现为:当行政主体在作出具体行政行为时,适用的法律依据发生适用上的错误时,则该具体行政行为必然错误。

2. 适法错误属于作为形式的行政违法。它不可能发生在不作为状态之中。它既可能出于行为人的故意,也可能出于行为人的过失。

3. 适法错误中“法”的范围一般指法律、行政法规、地方性法规、规章,以及上级行政机关依法制定和发布的具有普遍约束力的决定、命令。

二、适法错误的表现

适法错误的具体表现有以下八点。

1. 应当有法律、法规和规章的明文规定条件下才能作出的行政行为,在没有该依据时,行政主体作出了该行政行为。

2. 实施某一行政行为必须适用法律、法规或者规章的,行政主体没有适用这些依据,而适用了规章以下的行政依据作出了该行政行为。

3. 应当适用这个法规的,行政主体适用另一个法规作出了行政行为。如税务局对偷税的行为适用《治安管理处罚法》予以处罚。

4. 应当适用一个法规中的这个条款的,行政主体适用了另一个条款作出了行政行为。如对胁迫他人乞讨的行为本应该适用《治安管理处罚法》第 41 条予以处罚,而公安机关却以该法第 40 条规定予以处罚。

5. 适用了尚未生效的法律、法规,或适用了已经失效的法律、法规。法律、法规只有合法有效,才会对相对人具有法律效力,行政主体也才能适用,否则的话,行政主体适用未生效或失效的法律、法规作出行政行为属于适法错误。如 2007 年 12 月 29 日全国人民代表大会常务委员会通过了《道路交通安全法》,但该法于 2008 年 5 月 1 日起施行。某公安机关于 2008 年 2 月 6 日即以该法之规定对违反该法的某机动车驾驶人予以处罚就属于适用了未生效的法律,属于适法错误。

6. 行政主体作出某一具体行政行为应当同时适用两个或两个以上法律、法规，而实质上却仅适用了某一个法律、法规的规定。

7. 行政主体作出某一具体行政行为应当同时适用某一法律、法规的两个或两个以上的条款的规定，而实质上仅适用了其中某一个条款的规定。

8. 行政主体对某一行政相对人的数个违法行为在处理上应当予以并罚而未予并罚，或者不能予以并罚的却加以并罚。

三、对适法错误的处理

适法错误事件发生后，行政违法主体有义务自我纠正。行政违法主体不自我纠正的，行政相对人可依据《行政复议法》和《行政诉讼法》的规定申请行政复议和提起行政诉讼。

行政复议机关在行政复议中，根据《行政复议法》第 28 条的规定，针对适法错误的具体行政行为，对行政违法主体作出撤销该具体行政行为，责令被申请人在一定期限内重新作出具体行政行为的决定，或者确认该具体行政行为违法，责令被申请人在一定期限内重新作出具体行政行为的决定，或者变更该具体行政行为的决定。

人民法院在行政诉讼中，根据《行政诉讼法》第 54 条第(二)项规定，对适法错误的具体行政行为，依法对行政违法主体作出“撤销(包括部分撤销)判决”和“重新作出具体行政行为的判决”。

如果行政主体的适法错误的行为同时构成对行政相对人合法权益侵害的，还必须依据《国家赔偿法》承担行政赔偿责任。

第七节 程序违法

一、程序违法的概念和特征

所谓程序违法就是行政主体违反行政程序法律规范的行政行为。更进一步说，程序违法是行政主体在实施行政行为时，违反法定的步骤、方式、顺序、时限的一种行政违法。

程序违法的主要特征有：

1. 程序违法包括作为的程序违法和不作为的程序违法。作为的程序违法主要表现为行政主体在实施行政行为时附加了不法程序；不作为的程序违法主要表现为行政主体在应当经过的法定程序没有经过时便实施了行政行为。

2. 程序违法所违反的是行政程序法，而不是行政实体法。我国目前尚未制定统一的行政程序法,有关行政程序法律规范大量存在于各种法律、法规、规章以及规章以下的规范性文件中。

3. 程序违法既可能出于行为人的主观故意,也可能出于行为人的主观过失。

4. 程序违法中的程序仅限于法定程序,而不包括非法定程序。

二、程序违法的表现

(一) 方式违法

所谓方式违法是指行政主体作出的行政行为不符合法律规定的表现形式。为了保证行政目标的实现,在许多情况下,法律对行政行为的方式作了明确的规定和要求。如果某一行政行为不按法律规定的形式来进行则属程序违法。方式违法通常有两种情况。

1. 行政行为违反法定的方式。包括以下三种情形。(1)如果法律要求行政行为采取书面方式,行政机关却采取口头方式,则构成方式违法。(2)如果法律要求采取公开的文件形式而行政机关却采取内部文件形式即为违法。如《行政法规制定程序条例》规定,行政法规签署公布后,及时在国务院公报和在全国范围内发行的报纸上刊登,如果国务院采取了以内部文件的形式刊登该行政法规即构成方式违法。(3)行政机关采取没有法律根据的方式,也属于行政行为的方式违法。

2. 违反法定的具体要求。这是指行政行为虽符合法定的方式,但是与法定方式的具体要求相违背。主要情形有四种。(1)未签署或盖印。如行政法规须经总理签署而未经总理签署给予公布的,行政处罚决定书上未盖行政处罚决定机关的印章的。(2)欠缺理由说明。行政行为的作出总是基于一定理由的,在书面文件上必须载明行政机关作出行政行为的理由,没有理由说明的即构成方式违法。(3)欠缺告知法律救济方法或期限。(4)未记载其他重要事项。如没有记载行政决定的日期、决定的内容等。

(二) 步骤违法

步骤违法是指行政主体的行政行为未按法定步骤作出。它表现为以下两点。

1. 法定步骤省略。如《行政许可法》规定,行政许可必须经过申请、受理、审查和决定四个步骤,如工商局未经张三的申请就给张三颁发了营业执照的许可行为就是属于省略了申请这个法定的步骤,导致该行政许可行为构成了程序违法。

2. 无根据增加步骤。指行政主体不是出于法定利益或公共利益的需要任意增加行政程序。如某婚姻登记机关要求申请结婚登记人申报财产就属于无根据增加步骤。

(三)顺序违法

作为行政程序要素的顺序是指行政行为的各步骤之间的先后次序。法定顺序不能随意颠倒，因为它们是行政执法客观需要的带有规律性的合理安排，如先表明身份，后实施行为；先取证，后裁决；先裁决，再执行等。顺序违法是指行政行为违反了这种先后次序关系。如公安机关对李四作出了罚款的处罚后，再去收集有关李四违法的证据，就属于顺序违法。顺序违法不同于步骤违法，步骤违法指的是行政机关任意增加或减少行政行为的步骤，其侧重点在于行政行为步骤的增加或减少。而顺序违法并不涉及行政程序步骤的增减，其侧重点在于行政程序的先后次序关系。因而，顺序违法与步骤违法是两种不同的程序违法的形态。

(四)期限违法

期限违法通常指法定期间届满，行政主体没有作出行政行为。如《行政许可法》规定，除可以当场作出行政许可决定的外，行政机关应当自受理行政许可申请之日起二十日内作出行政许可决定。如行政机关在该期限届满后未作出行政许可就属于期限违法。

三、对程序违法的处理

程序违法事件发生后，行政违法主体有义务自我纠正。行政违法主体不自我纠正的，行政相对人可依据《行政复议法》和《行政诉讼法》的规定申请行政复议和提起行政诉讼。

行政复议机关在行政复议中，根据《行政复议法》第 28 条的规定，对违反法定程序的具体行政行为，对行政违法主体作出撤销该具体行政行为，责令被申请人在一定期限内重新作出具体行政行为的决定，或者确认该具体行政行为违法，责令被申请人在一定期限内重新作出具体行政行为的决定，或者变更该具体行政行为的决定。

人民法院在行政诉讼中，根据《行政诉讼法》第 54 条第(二)项规定，对违反法定程序的具体行政行为，依法对行政违法主体作出“撤销(包括部分撤销)判决”和“重新作出具体行政行为的判决”。

需要说明的是，法定程序违法也未必要全部撤销，应作具体分析。从行政法理上说，主要程序违法的，强制程序违法的，必须予以撤销。次要程序违法的，任意程序违法的以及行为方式有瑕疵的，可以经补正后依然有效。[①]

如果行政主体的程序违法行为同时构成对行政相对人合法权益侵害的，还必须依据《国家赔偿法》承担行政赔偿责任。

---

① 胡建淼：《行政法学》，法律出版社 2010 年版，第 454 页。

第八节 行政侵权

一、行政侵权的概念和特征

行政侵权是指行政主体不法侵害相对人合法权益而依法必须承担行政赔偿责任的行政行为。行政侵权具有以下特征。

1. 行政侵权必然导致相对人的合法权益受到损害。这里“合法权益受到损害”是指:第一,必须有客观存在的损害事实,没有损害事实存在的行为不属于行政侵权;第二,受到损害的是合法权益,不合法的权益受到损害的也不构成行政侵权。因为相对人的非法利益不受法律的保护。例如,公安机关没收了盗版刊物,虽然也给相对人造成了损失,但盗版刊物是不受法律保护的,因此公安机关的行政行为不构成行政侵权。

2. 行政侵权的法律后果是行政主体承担行政赔偿责任。行政行为的目的在于维护国家正常的社会秩序,保护国家利益、社会利益和行政相对人的合法利益。行政主体的行政侵权客观上使行政相对人的合法的人身利益或财产利益受到实际的损害,对于这种损害,行政侵权主体必须依法承担由此产生的行政赔偿责任。

3. 行政侵权包括作为行政侵权和不作为行政侵权。作为行政侵权指行政主体违反法定的对行政管理相对人负有的不作为义务,而以过错的作为方式造成行政管理相对人实际的人身、财产等合法权益受到损害的行为,如公安机关非法限制他人人身自由。不作为行政侵权指行政主体违反法定的对行政管理相对人负有的某种作为的义务,由于未实施或未正确实施该义务而给相对人的合法权益造成实际损害的行政侵权,如工商局对符合发放营业执照的企业不予发放,以致影响企业的正式开业造成经济损失的。

4. 行政侵权在本质上仍然是一种行政违法行为。行政机关的合法行政行为也会给行政相对人的合法权益造成损失,但不构成行政侵权。

二、行政侵权的分类

(一) 侵犯人身权的行政侵权和侵犯财产权的行政侵权

根据侵犯的客体不同,行政侵权可划分为侵犯人身权的行政侵权和侵犯财产权的行政侵权。侵犯人身权的行政侵权指侵犯相对人的人身自由、健康权等;侵犯财产权的行政侵权指侵犯相对人的财产所有权及其他物权。这种分类有利于确定侵权行为人所应负的不同责任。

（二）行政行为本身侵权与行政行为过程侵权

行政行为本身侵权指行政主体实施了错误的行政行为，并给相对人造成了损害。例如，某公安机关将午夜仍在大街上散步的李某误以为是小偷非法拘禁5日。

行政行为过程侵权指行政主体实施的行政行为本身是合法的，但在行为过程中对相对人的合法权益造成了损害。例如，某卫生局去某饭店检查食品卫生时砸烂了饭店的锅碗。本来卫生局检查饭店的食品卫生是合法的，但在实施这一合法的行政行为过程中砸锅碗的行为却给相对人造成了财产损失，仍构成行政侵权。

三、行政侵权与其他行政违法的区别

行政侵权是行政违法的一种，它同其他行政违法存在以下区别。

1. 行政侵权必然给行政相对人的财产或人身权益造成直接而实际的损害；而其他行政违法则没有这种必然性。

2. 行政侵权是构成行政赔偿责任的前提和基础，行政赔偿责任是行政侵权直接的法律后果；而其他行政违法并不必然引起行政赔偿责任的法律后果。

3. 其他行政违法可能与行政侵权竞合。当行政失职、行政越权、行政滥用职权、事实依据错误、适法错误以及程序违法等行政违法行为给行政相对人的合法的人身权、财产权造成实际损害时，便因此引起了行政赔偿责任，该行为同时构成行政侵权。

四、对行政侵权的处理

行政侵权事件发生后，行政违法主体有义务自我纠正。行政违法主体不自我纠正的，行政相对人可依据《国家赔偿法》和《行政诉讼法》的规定申请行政赔偿和提起行政赔偿诉讼。

人民法院在行政赔偿诉讼中，应依据《行政诉讼法》第九章和《国家赔偿法》第二章对行政侵权主体作出“赔偿判决”。

【自我测试】

1. 下列属于不作为形式的行政违法的有（　　）。

   A. 行政失职　B. 行政越权　C. 事实依据错误　D. 适法错误

2. 行政违法的法律后果是承担（　　）。

   A. 行政责任　B. 民事责任　C. 刑事责任　D. 宪法责任

3. 下列属于行政违法构成要件的有（　　）。

   A. 违法行为主体必须是行政主体

   B. 行为人负有相关的法定义务

C. 行为人有不履行法定义务的行为

D. 行为人主观上有过错

4. 程序违法的表现有(　　)。

A. 方式违法　　B. 步骤违法　　C. 顺序违法　　D. 期限违法

5. 材料分析。

蔡某,系某市高等教育自学考试法学专业考生,在 2002 年 10 月举行的考试中,共报名参加马克思主义哲学原理等 8 门课程的考试。蔡某在 10 月 19 日上午参加的马克思主义哲学原理课程考试中有作弊行为,市教育考试院因此作出了取消蔡某本期 8 门课程的考试成绩的决定。蔡某不服,向人民法院提起了行政诉讼。法院经审理认为:"取消考试成绩"与"宣布考试成绩无效"两者同属对在国家教育考试中有作弊行为的考生的处理措施,并无实质区别。因《教育法》的效力高于《高等教育自学考试暂行条例》,在《教育法》实施后,对在包括高等教育自学教育在内的国家教育考试中有作弊行为的考生,决定取消其考试成绩的权力应当专属于教育行政主管部门,市教育考试机构不再享有此项职权。因此,市教育考试院以自己的名义宣布取消蔡某自学考试各科成绩不符合《教育法》第 70 条的规定。

问题:

在此案例中,某市教育考试院取消蔡某自学考试各科成绩的行为属于哪类行政违法行为?

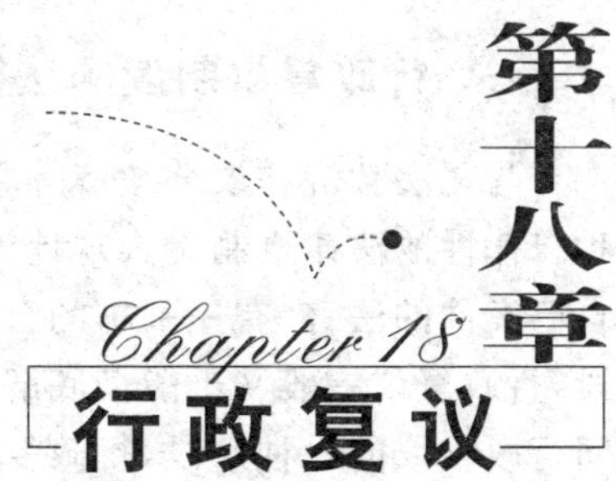

第十八章 Chapter 18 行政复议

【要点提示】

1. 了解行政复议制度的法律价值:(1)为相对人提供方便、快捷、廉价的权利救济;(2)有助于强化行政机关的内部监督并提高行政效率;(3)对行政争议起到一种过滤作用,减轻司法负担。

2. 掌握《行政复议法》、《行政复议实施条例》关于我国行政复议制度的具体规定,特别是关于行政复议参加人、行政复议的范围和管辖、行政复议的审理方式和审理程序的规定。

3. 对其他国家或地区的行政复议制度作概括了解。

第一节 行政复议概述

行政机关在行使行政职权对社会事务进行组织、管理的过程中,必然会影响到相对一方当事人的权益,相对人和行政机关之间可能会因此产生纠纷。相对人如果认为行政行为违法或者不当,侵犯了自己的权益,可以向有关国家机关提出申请,要求对相应行政行为进行审查,撤销、变更违法或者不当的行政行为。有关国家机关也可以依职权主动撤销、变更违法或者不当的行政行为。这种法律机制在行政法学上称为行政救济制度。

行政救济有广义和狭义之分。广义的行政救济既包括行政机关系统内部的救济,也包括司法机关、立法机关对相对人的救济等外部救济机制。狭义的行政救济仅指行政系统内部的救济,是指相对人向作出行政行为的原行政机关或者其上级行政机关或者法定的其他行政机关提出申请,要求撤销、变更违法或者不当的行政行为,受理机关对该行政行为的合法性、合理性进行审查并作出相应的决定。这种意义上的行政救济,是通过行政机关自身纠正违法、不当行政行为以保障公民权益的救济方式,不同于来自行政系统外的司法和议会救济。本章的研究对象即是指这种狭义的行政救济，我国称之为行政复议制度。

一、行政复议制度的法律价值

与司法救济和议会救济等救济手段相比，行政复议是行政机关自我纠错的一种自律性的法律机制。客观地说，至少从形式上来看，行政机关在一定程度上作为自己案件的法官，有违基本的自然公正原则，而且，相对于司法救济的最终救济手段，行政复议一般又不能彻底解决行政争议。然而，作为解决行政机关和相对人之间行政争议的一种手段，行政复议制度却为当今各国普遍采用。这一现象说明行政复议制度自有其存在的重要法律价值。此种价值主要表面在以下几个方面。

（一）为相对人提供方便、快捷、廉价的权利救济

行政复议制度对相对人而言，其价值主要在于相对人权益受到违法、不当行政行为侵犯时，可以为之提供方便、快捷、廉价的权利救济。司法救济通常要经过严格的诉讼程序，需要大量时间和经济上的花费。而行政复议程序可以灵活设置，简便、迅速地纠正违法、不当的行政行为。与司法救济程序相比，行政复议程序更为方便、快捷、廉价，可以及时补救当事人受到侵害的合法权益。

在司法救济程序中，法院通常只能够审查行政行为的合法性，而对于行政行为不当的问题，法院往往爱莫能助。而行政复议由于是行政机关自我纠错的法律机制，因而可以对行政行为的合法性和合理性进行全面的审查，既可以纠正违法的行政行为，也可以纠正不当的行政行为。在行政行为的合理性问题上，行政复议可以为当事人提供比司法救济更为全面、深入的权利救济。

（二）有助于强化行政机关的内部监督，并提高行政效率

行政复议制度对行政机关而言，其价值主要在于强化其内部监督，建立自我纠错机制，并有助于提高行政效率。行政复议制度是一种行政的自我监督。相对于其他监督制度而言，行政复议，尤其是利用上下级行政关系的层级监督，要更为直接、有力得多。借助于相对人寻求自身权益救济的机会，行政机关可以强化其内部监督，建立自我纠错机制，保障法律、法规的正确适用。

行政复议也是一种行政机关自我反省的制度。在行政复议程序中，行政机关有机会重新考虑自己所作行政行为的合法性与妥当性，避免违法或者不当的行政行为侵害当事人合法权益。因此，设立行政复议制度，可以使一部分行政争议在行政程序中就得以化解，尽早结束行政行为效力的不确定状态，这也有助于减少行政行为实施过程中的摩擦，提高行政管理的效率。

（三）对行政争议起到一种过滤作用，减轻司法负担

行政复议制度对法院而言，其价值主要在于对行政争议进行过滤，减轻司法负担，节约司法资源。众所周知，司法是社会正义的最后一道防线。虽然所有的案

件，包括行政案件，除非法律有特别规定，都可以在司法程序中得到最终解决，但是，如果行政机关和相对人之间的行政纠纷全部都进入法院的话，会导致法院不堪重负。因此，适当在行政程序阶段解决一部分争议，可以减轻法院的工作负担。并且，在行政复议程序中，使当事人之间的争议在某种程度上得以明确和梳理，其后纠纷到法院后，法院也比较容易审理。[①]

当然，行政复议制度既具有上述优点，同时也具有某些缺陷。这主要表现在两个方面。其一，行政复议制度有多种形式，但无论是何种形式，行政复议的主管机关都是行政机关，行政机关是在一定程度上作为自己案件的法官。与法院相比，行政复议主管机关居间裁判所必需的中立性较弱。因此，行政复议制度在公平性方面次于司法救济。其二，行政复议制度的一大特征是其能够方便、快捷地处理行政违法或者行政不当。这既是行政复议制度的优点，同时也是行政复议制度的缺点。由于行政复议不必像司法救济那样必须遵循严格的程序和规则，处理案件所要求的时限又比较短，因而对于事实的查清和认定具有一定的限制。如果为了避免这种弊端而完全采用司法程序的严格规则，又会使行政复议制度丧失其灵活、简便的特点。由此可见，行政复议与司法救济相比，既具有很多优点，也有其不足之处。如何扬长避短，充分发挥行政复议的独特法律价值，是各国行政复议制度面临的重要问题。

二、各国或地区行政复议制度的概念与形式

由于法律传统和实定法的不同，各国或地区的行政复议在概念表述上不尽一致。为了避免制度比较时的误读，我们首先需要对各国或地区的行政复议的概念与形式加以简单介绍。

（一）美国的行政上诉

在美国，行政复议称为“行政上诉”。《联邦行政程序法》第 557 条第 2 款规定：“听证主持人作出初步决定后，在规章规定的时间内，如果当事人没有向该机关提出上诉，该机关也没有主动要求复议时，则该初步决定不需要经过进一步的程序，即成为该机关的决定。机关在受理初步决定的上诉或者复议初步决定时，具有作出初步决定的一切权力，除非根据机关的通知或者规章限制某些事项时例外。”据此，当事人对行政机关听证主持人作出的初步决定不服时，可以在法定时限内向行政机关提出申请，要求改变或者撤销初步决定，这称为“上诉”（Appeal）。同时，作出初步决定的机关也可以主动提出再审查该决定的动议，这又称为“复议”（Re-

---

① ［日］盐野宏：《行政法》，杨建顺译，法律出版社 1999 年版，第 258 页。

view)。[①]

(二) 英国的部长救济和行政裁判所救济

英国的行政复议主要有两种形式:部长救济和行政裁判所救济。部长救济是指公民的权利或利益受到地方政府违法、不当的行政行为侵害时,可以向有关部长申诉,以寻求法律救济。行政裁判所救济是公民的权益受到侵害时,向依法设置的地位独立、具有准司法机构性质的行政裁判所申请救济。行政裁判所的救济颇有些类似大陆法系国家行政法院的救济,但由于英国还存在普通法院的司法审查制度,所以行政裁判所的救济还不能称为司法救济,而仍被归入行政复议制度。

(三) 法国的善意救济和层级救济

在法国,行政复议根据受理机关的不同,分别称为"善意的救济"(Le recours gracieux)和"层级的救济"(Le recours hiérarchique)。"善意的救济"是行政行为的当事人向原行政机关申请的救济。"层级的救济"是向作出决定的行政机关的上级机关申请的救济。[②]

(四) 日本的行政不服申诉

日本把行政复议称为"行政不服申诉"。根据《行政不服审查法》的规定,行政不服申诉有如下三种形式:异议申诉、审查请求和再审查请求。异议申诉是指向原行为机关提出的申诉。审查请求是向原行为机关以外的行政机关提出的不服申诉,通常是向原行为机关的直接上级机关申诉;有时法律特别指定上级机关以外的机关为审查机关,则审查请求应当向该机关提起。再审查请求是指对审查请求的裁决不服者,再次提出不服申诉。[③]

行政不服申诉是正式的行政复议制度。此外,日本还有一种非正式的行政复议,称为"苦情处理",类似中国的信访制度。

(五) 德国的行政复议

第二次世界大战之后,联邦德国出现了当代德国行政复议制度的早期形式,其主要内容是针对作出行政行为的原行政机关的"行政异议程序"和向上级机关提出申诉的"行政申诉程序"。1960 年,联邦德国《行政法院法》颁布实施。该法第 77 条把行政异议程序和行政申诉程序统一称为"行政复议程序"(Widerspruchsverfahren)。[④]

---

① 参见美国《联邦行政程序法》第 557 条第 2 款。

② 王名扬:《法国行政法》,中国政法大学出版社 1988 年版,第 537 页。

③ 参见日本《行政不服审查法》第 3 条。

④ 梁志建:《德国行政复议制度探析》,《河海大学学报》(哲学社会科学版)2002 年第 1 期。

（六）韩国的行政审判

第二次世界大战之后，韩国的行政复议最初被称为“诉愿”，其法源是 1951 年颁布的《诉愿法》。1980 年 10 月，韩国制定《第五共和国宪法》，该法第 108 条第 3 款规定：“作为裁判的前审程序，可以进行行政审判。”据此，韩国于 1984 年 12 月颁布《行政审判法》，取代了旧《诉愿法》。之后，韩国又多次对《行政审判法》进行修改。目前生效的法律是 1998 年修改后的《行政审判法》。根据韩国行政法学的通说，“行政审判”是受违法或者不当的行政行为侵害的行政相对人向行政机关寻求救济的行政争讼程序。从字面意义上，即可以看出韩国行政复议制度的司法化色彩相当浓厚。①

（七）我国澳门地区的声明异议和行政上诉

根据澳门地区《行政程序法典》的规定，行政复议分为“声明异议”和“行政上诉”两种。“声明异议”是指向作出行政行为的机关请求废止或者变更该行政行为。“行政上诉”是指向原行为机关的上级、向原行为机关所属的合议机关，或者向授权者或者转授权者请求废止、变更该行政行为，以及向对原行为机关行使监督权或监管权的机关请求废止、变更该行政行为。其中，向具有等级关系的机关（即上级机关）提起的行政上诉，称为“诉愿”。“诉愿”又以是否可直接对争议行为提起行政诉讼，分为“任意诉愿”和“必要诉愿”。“任意诉愿”针对的行为可直接提起诉讼；“必要诉愿”针对的行为不可以直接提起诉讼，诉愿是必要的前置程序。当一机关对属于同一法人的另一机关行使监管权，而两者并不具有行政等级关系时，向该行使监管权的机关所提起的行政上诉，称为“不真正诉愿”；当监督上诉的标的为受监督或监管的公法人所作出的行政行为时，行政上诉则称为“监督上诉”。②

澳门地区的行政复议种类的图示为：

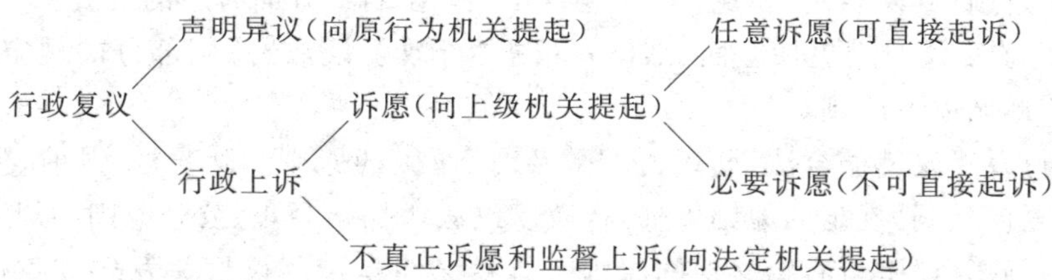

通过对上述行政复议概念的初步介绍，可以发现，尽管行政复议在各国或地区的称谓不尽一致，但根据救济主管机关的不同，各国或地区行政复议的种类基本上可以划分为三种形式：(1)向作出行政行为的原行政机关提出不服申诉，这一般被

① 韩国另有以行政法院为审判机关的行政诉讼制度，这里所称的“行政审判”并非行政诉讼，需要提请读者注意。

② 参见澳门地区《行政程序法典》第三章“声明异议及行政上诉”。

称为“异议”;(2)向上一级行政机关提出复议申请,这一般被称为“上诉”;(3)向并不具有等级关系但根据法律规定对原行政机关行使监督职权的机关提出复议申请,这种形式称为“监督上诉”。当然,这三种形式在各个国家或地区的体现不完全一样,有些更倚重司法救济的国家或地区,上述三种形式未必完全具备;而有些比较重视行政复议的国家或地区,在上述三种形式之中和三种形式之外,可能还有更详细的进一步的划分,如日本、我国澳门地区等国家和地区。

总之,尽管各国或地区行政复议在概念表述和形式等各方面存在很大差异,但作为一种“功能等值物”(functional equivalents),各国或地区的行政复议制度还是存在许多共性和共通的规律。对这些共性和共通的规律作一定程度的了解,有助于更深刻地认识和理解我国的行政复议制度。[①]

三、我国行政复议制度的产生与发展

我国行政复议制度的建立经历了几个大的发展阶段。新中国成立以后,早在20世纪50年代,我国的行政复议制度就开始萌芽,但其发展一直比较缓慢。直到1990年12月24日,国务院发布了《行政复议条例》,行政复议制度有了最直接的法律依据,我国的行政复议才进入了一个快速发展阶段,在实践中产生了非常重要的影响,对于促进国家行政机关依法行政具有十分重要的意义。[②]

1999年4月29日,全国人大常委会审议通过了《行政复议法》,这是在1990年国务院颁布的《行政复议条例》的基础上修改而成的,它既对近10年来的行政复议实践进行了总结和完善,也对我国行政监督与救济制度进行了新的有益的尝试和突破。

(一)《行政复议法》的特色

与原《行政复议条例》相比较,《行政复议法》在四个方面有新的发展。

1. 行政复议原则更加全面、准确。根据《行政复议法》总则部分的规定,行政复议必须遵循以下原则。

(1)行政复议遵循合法、公正、公开、及时、便民的原则。除合法、及时、便民是原《行政复议条例》规定的原则以外,行政复议法增加了公正、公开原则的规定。

(2)行政复议坚持有错必纠的原则。有错必纠是指复议机关发现行政行为错误违法的,必须及时予以纠正。有权机关发现复议机关及复议人员在行政复议程序中有违法违纪行为的,也必须及时纠正,防止违法行政、滥用复议权现象的发生,

---

① 关于各国或地区行政复议制度比较,参见姜明安主编:《行政程序研究》,北京大学出版社2006年版,第347页。

② 《行政复议条例》发布前的行政复议发展史,参见罗豪才主编:《行政法学》,北京大学出版社1996年版,第358页。

保证行政复议制度发挥应有的作用。

(3)行政复议坚持保障法律、法规正确实施的原则。该原则要求行政复议活动不仅要纠正违法、不当的行政行为,还要保障和监督行政机关依法行使职权,保障有关法律、法规得到切实执行。

(4)行政复议遵循司法最终原则。行政复议是对公民权益进行救济的一种重要方式,但不是唯一的方式,也不是最终的救济方式。当事人对行政复议决定不服,除了法律规定的例外情形,可以向人民法院提起行政诉讼,人民法院作出的司法裁判具有最终法律效力。该原则是处理行政复议与行政诉讼关系的重要准则。

2. 行政复议范围明显扩大。《行政复议法》与原《行政复议条例》相比,最突出的一个特点就是明显扩大了行政复议的范围。《行政复议法》是通过两种方式扩大行政复议范围的:一是扩大复议机关受理的行政行为的范围,二是扩大《行政复议法》所保护的公民的权利的范围。

在扩大复议机关受理的行政行为的范围方面,《行政复议法》又是通过两种方式来进行的。一是对《行政复议法》第 6 条列举的可以受理的具体行政行为的种类作了大幅度扩充;二是在《行政复议法》第 7 条把国务院部门的规定,县级以上地方人民政府及其工作部门的规定,乡、镇人民政府的规定等抽象行政行为纳入了行政复议附带审查的范围。

在扩大受保护的权利范围方面,《行政复议法》除在第 6 条列举条款中增加了"受教育权利"之外,在概括条款中把原《行政复议条例》规定的"其他人身权、财产权"的概念扩大为"合法权益"。"合法权益"的范围显然要比"人身权、财产权"的范围宽,除了人身权、财产权之外,还包括其他受法律保护的权益。

3. 行政复议程序更加便民、公正、合理。《行政复议法》不同于原《行政复议条例》的另一个重要方面是复议程序的变化。具体表现在以下八个方面。

(1)申请行政复议的期限延长。《行政复议法》第 9 条规定,公民、法人或者其他组织认为具体行政行为侵犯其合法权益的,可以自知道具体行政行为之日起 60 日内提出行政复议申请;法律另有规定申请期限超过 60 日的从其规定。这与原《行政复议条例》规定的 15 日相比,更有利于保护当事人申请救济的权利。

(2)申请行政复议的方式更加灵活。《行政复议法》第 11 条规定,申请人申请行政复议,可以书面申请,也可以口头申请;口头申请的,行政复议机关应当当场记录申请人的基本情况,行政复议请求,申请行政复议的主要事实、理由和时间。允许申请人口头申请行政复议,是《行政复议法》便民原则的重要体现。

(3)行政复议的管辖规定更加合理、全面。《行政复议法》不再如原《行政复议条例》单独设置管辖一章,而是本着便民、公正的原则对原来比较复杂的管辖规定进行了调整,即实行以申请人自行选择复议机关为原则,"条条块块管辖"和原机关管辖为例外的管辖体制。

(4)缩短了行政复议机关受理案件时的审查期限。《行政复议法》第17条规定,行政复议机关收到行政复议申请后,应当在5日内进行审查,对不符合本法规定的行政复议申请,决定不予受理,并书面告知申请人;对符合本法规定,但是不属于本机关受理的行政复议申请,应当告知申请人向有关行政复议机关提出。该规定与原《行政复议条例》相比,将原来复议机关在受理阶段进行的形式要件审查期限,由10日缩短为5日,这更有利于对当事人进行及时、有效的权利救济。

(5)进一步明确了行政复议案件的审理方式。原《行政复议条例》规定:"行政复议实行书面复议制度,但复议机关认为有必要时,可以采取其他方式审理复议案件。"至于何谓其他方式,原《行政复议条例》未曾明确。对此,《行政复议法》第22条规定:"行政复议原则上采取书面审查的办法,但是申请人提出要求或者行政复议机关负责法制工作的机构认为有必要时,可以向有关组织和人员调查情况,听取申请人、被申请人和第三人的意见。"也就是说,复议机关应申请人的要求或认为有必要时,应当组织类似《行政处罚法》规定的听证会,调查情况,听取各方当事人的意见。这一方式不同于书面审查,它允许当事人通过言词辩论的方式直接陈述自己的意见和理由,提供有关证据,促使行政复议机关作出更为公正的决定。

(6)行政复议的证据制度更趋合理。《行政复议法》针对复议实践中举证责任不明确,复议机关剥夺或忽视申请人查阅证据权利,被申请人违法补证等现象,对行政复议的证据制度作了更明确也更为合理的规定。首先,明确规定行政复议中的举证责任由被申请人承担。《行政复议法》第23条第1款规定:"行政复议机关负责法制工作的机构应当自行政复议申请受理之日起7日内,将行政复议申请书副本或者行政复议申请笔录复印件发送被申请人。被申请人应当自收到申请书副本或者申请笔录复印件之日起10日内,提出书面答复,并提交当初作出具体行政行为的证据、依据和其他有关材料。"《行政复议法》第28条第1款第(四)项规定:"被申请人不按照本法第二十三条的规定提出书面答复,提交当初作出具体行政行为的证据、依据和其他有关材料的,视为该具体行政行为没有证据、依据,决定撤销该具体行政行为。"其次,规定了申请人、第三人在复议程序中的查证权。《行政复议法》第23条第2款规定:"申请人、第三人可以查阅被申请人提出的书面答复,作出具体行政行为的证据、依据和其他有关材料,除涉及国家秘密、商业秘密或者个人隐私外,行政复议机关不得拒绝。"再次,明确规定被申请人不得在复议过程中补充证据。《行政复议法》第24条规定:"在行政复议过程中,被申请人不得自行向申请人和其他有关组织或者个人搜集证据。"

(7)增加规定了复议机关和有权机关审查抽象行政行为的程序。《行政复议法》规定了对国务院部门的规定、县级以上地方人民政府及其工作部门的规定、乡镇人民政府的规定等抽象行政行为,可以提请附带审查。《行政复议法》第26条规定:"申请人在申请行政复议时,一并提出对本法第七条所列有关规定的审查申请的，行政复议机关对该规定有权处理的，应当在三十日内依法处理；无权处理的，应当在七日内按照法定程序转送有权处理的行政机关依法处理，有权处理的行政机关应当在六十日内依法处理。处理期间，中止对具体行政行为的审查。”尽管这一条款只是简单的期限规定，但仍不失为一项重要变化。

(8)复议机关可以依职权作出行政赔偿决定。《行政复议法》第 29 条规定，申请人在申请行政复议时可以一并提出行政赔偿请求，行政复议机关对符合国家赔偿法的有关规定应当给予赔偿的，在决定撤销、变更具体行政行为或者确认具体行政行为违法时，应当同时决定被申请人依法给予赔偿。申请人在申请行政复议时没有提出行政赔偿请求的，行政复议机关在依法决定撤销或者变更罚款，撤销违法集资、没收财物、征收财物、摊派费用以及对财产的查封、扣押、冻结等具体行政行为时，应当同时责令被申请人返还财产，解除对财产的查封、扣押、冻结措施，或者赔偿相应的价款。

4. 进一步强化了行政复议的法律责任。原《行政复议条例》对行政复议的法律责任规定得相当简单、笼统，相比之下，《行政复议法》则对行政复议程序中各方面的法律责任都作了比较详细的规定。

首先，《行政复议法》增加规定了行政复议机关的法律责任。《行政复议法》第 34 条规定：“行政复议机关违反本法规定，无正当理由不予受理依法提出的行政复议申请或者不按照规定转送行政复议申请的，或者在法定期限内不作出行政复议决定的，对直接负责的主管人员和其他直接责任人员依法给予警告、记过、记大过的行政处分；经责令受理仍不受理或者不按照规定转送行政复议申请，造成严重后果的，依法给予降级、撤职、开除的行政处分。”这一规定明确了复议机关的具体法律责任，对于督促行政复议机关及时受理或者转送复议申请，作出行政复议决定都具有重要意义。

其次，进一步明确了行政复议机关工作人员在行政复议活动中的法律责任。《行政复议法》第 35 条规定：“行政复议机关工作人员在行政复议活动中，徇私舞弊或者有其他渎职、失职行为的，依法给予警告、记过、记大过的行政处分；情节严重的，依法给予降级、撤职、开除的行政处分；构成犯罪的，依法追究刑事责任。”

最后，详细规定了行政复议被申请人承担法律责任的情况。《行政复议法》第 36 条、第 37 条规定，被申请人违反本法规定，不提出书面答复或者不提交作出具体行政行为的证据、依据和其他有关材料，或者阻挠、变相阻挠公民、法人或者其他组织依法申请行政复议的，对直接负责的主管人员和其他直接责任人员依法给予警告、记过、记大过的行政处分；进行报复陷害的，依法给予降级、撤职、开除的行政处分；构成犯罪的，依法追究刑事责任。被申请人不履行或者无正当理由拖延履行行政复议决定的，对直接负责的主管人员和其他直接责任人员依法给予警告、记过、记大过的行政处分；经责令履行仍拒不履行的，依法给予降级、撤职、开除的行政处分。

需要指出的是,《行政复议法》在行政监督与救济制度方面的突破与创新远不止上述四个方面。尽管《行政复议法》在个别问题上的规定,比如最终复议裁决的设置、未确立不利变更禁止原则等方面,仍有不尽如人意之处,但从整体上来看,与原《行政复议条例》相比,这一立法已有很大的进步,特别是扩大行政复议范围,启动对非立法性抽象行政行为(行政规定)的审查机制,加强行政复议法律责任的规定,对于进一步完善行政复议制度,促进行政诉讼制度的改革都具有极其重要的意义。

(二)《行政复议法实施条例》的细化规定

《行政复议法》出台后,为了进一步增强行政复议制度的可操作性,把《行政复议法》规定的各项制度具体化,2007 年 5 月 29 日,国务院制定颁布了《行政复议法实施条例》(以下简称《实施条例》),自 2007 年 8 月 1 日起施行。《实施条例》共 7 章 66 条,具体内容主要体现在以下四个方面。

1. 强化了行政复议机关的职责,加强了行政复议工作的指导和监督。《实施条例》第 2 条规定,各级行政复议机关应当认真履行行政复议职责,领导并支持本机关负责法制工作的机构(行政复议机构)依法办理行政复议事项,并依照有关规定配备、充实、调剂专职行政复议人员,保证行政复议机构的办案能力与工作任务相适应。《实施条例》第 4 条规定,专职行政复议人员应当具备与履行行政复议职责相适应的品行、专业知识和业务能力,并取得相应资格。具体办法由国务院法制机构会同国务院有关部门规定。

《实施条例》第 53 条和第 54 条规定,行政复议机关应当加强对行政复议工作的领导。行政复议机构在本级行政复议机关的领导下,按照职责权限对行政复议工作进行督促、指导。县级以上各级人民政府应当加强对所属工作部门和下级人民政府履行行政复议职责的监督。行政复议机关应当加强对其行政复议机构履行行政复议职责的监督。

2. 完善了行政复议申请制度,细化了行政复议受理程序。《实施条例》第 18 条、第 20 条规定,申请人书面申请行政复议的,可以采取当面递交、邮寄或者传真等方式提出行政复议申请。有条件的行政复议机构可以接受以电子邮件形式提出的行政复议申请。申请人口头申请行政复议的,行政复议机构应当当场制作行政复议申请笔录交申请人核对或者向申请人宣读,并由申请人签字确认。

《实施条例》第 27 条和第 31 条规定,公民、法人或者其他组织认为行政机关的具体行政行为侵犯其合法权益提出行政复议申请,除不符合《行政复议法》和本条例规定的申请条件的,行政复议机关必须受理。上级行政机关认为行政复议机关不予受理行政复议申请的理由不成立的,可以先行督促其受理;经督促仍不受理的,应当责令其限期受理,必要时也可以直接受理;认为行政复议申请不符合法定受理条件的，应当告知申请人。

3. 改进和创新了行政复议的审理方式，增加了行政复议决定的类型。在行政复议审理方式上，一是增加了听证的审理方式。《实施条例》第 33 条规定，行政复议机构认为必要时，可以实地调查核实证据；对重大、复杂的案件，申请人提出要求或者行政复议机构认为必要时，可以采取听证的方式审理。二是增加了和解、调解的审理方式。《实施条例》第 40 条规定，公民、法人或者其他组织对行政机关行使法律、法规规定的自由裁量权作出的具体行政行为不服申请行政复议，申请人与被申请人在行政复议决定作出前自愿达成和解的，应当向行政复议机构提交书面和解协议；和解内容不损害社会公共利益和他人合法权益的，行政复议机构应当准许。《实施条例》第 50 条规定，有下列情形之一的，行政复议机关可以按照自愿、合法的原则进行调解："(一)公民、法人或者其他组织对行政机关行使法律、法规规定的自由裁量权作出的具体行政行为不服申请行政复议的；(二)当事人之间的行政赔偿或者行政补偿纠纷。当事人经调解达成协议的，行政复议机关应当制作行政复议调解书。调解书应当载明行政复议请求、事实、理由和调解结果，并加盖行政复议机关印章。行政复议调解书经双方当事人签字，即具有法律效力。调解未达成协议或者调解书生效前一方反悔的，行政复议机关应当及时作出行政复议决定。"

在行政复议决定的类型方面，《实施条例》第 48 条补充规定，有下列情形之一的，行政复议机关应当决定驳回行政复议申请："(一)申请人认为行政机关不履行法定职责申请行政复议，行政复议机关受理后发现该行政机关没有相应法定职责或者在受理前已经履行法定职责的；(二)受理行政复议申请后，发现该行政复议申请不符合行政复议法和本条例规定的受理条件的。上级行政机关认为行政复议机关驳回行政复议申请的理由不成立的，应当责令其恢复审理。"

4. 明确了重新作出行政行为的时限，增加了不利变更禁止原则。《实施条例》第 49 条规定，行政复议机关依照《行政复议法》第 28 条的规定责令被申请人重新作出具体行政行为的，被申请人应当在法律、法规、规章规定的期限内重新作出具体行政行为；法律、法规、规章未规定期限的，重新作出具体行政行为的期限为 60 日。

《实施条例》第 51 条规定，行政复议机关在申请人的行政复议请求范围内，不得作出对申请人更为不利的行政复议决定。这一规定是对《行政复议法》的一个重大完善。

当然，与其他先进法治国家相比，我国的行政复议制度在法律规定上和实践中都还存在一些不足和问题，这些问题还有待今后进一步改革与完善。[①]

第二节　行政复议参加人

行政复议参加人是指作为行政复议主体，参加行政复议活动的当事人和类似当事人复议地位的代理人。具体而言，当事人包括行政复议申请人、被申请人和第三人。需要注意的是，证人、鉴定人、翻译人员、勘验人员等虽然参与行政复议活动，在复议中有一定的法律地位，享有一定的复议权利并承担相应的复议义务，但他们与被申请复议的行政行为和复议结果都没有利害关系，因而不属于行政复议主体，不是行政复议的参加人，而是行政复议的参与人。

一、行政复议申请人

（一）行政复议申请人的资格问题

关于有权提起行政复议的主体，日本《行政不服审查法》第 4 条第 1 款规定，是指对处分“不服者”。什么样的人符合这种“不服者”，《行政不服审查法》本身未作进一步的规定。日本学界认为，谁能够提起不服申诉，和行政案件撤销诉讼中的原告资格问题具有共同点。[②] 在《行政不服审查法》上，由于行政的公正运作也被明确揭示为法的目的，因而有的观点认为，符合不服申诉的资格者的范围应该比撤销诉讼中的原告资格的范围更加广泛地予以承认。[③]

韩国《行政审判法》第 9 条规定：“当事人对于处分的撤销以及变更有法律上利益的，可以提出撤销的审判请求。处分的效果因为期间的经过、处分的执行以及其他事由消灭的，因该处分的撤销仍有可以恢复的法律上利益的当事人，亦同样可提出请求。当事人对于请求确认处分有无效力或者存在与否有法律上利益的，可以提出确认无效等的审判请求。当事人对于行政机关的拒绝决定或者不作为请求作出一定处分有法律上利益的，可以提出义务履行的审判请求。”该条款采纳的是和日本法一样的“法律上的利益”标准。

---

① 我国行政复议制度目前存在的不足和改革与完善问题，参见姜明安主编：《行政程序研究》，北京大学出版社 2006 年版，第 371 页。

② 日本行政诉讼中撤销诉讼原告资格的标准，《行政案件诉讼法》第 9 条规定的是“就请求撤销该处分或裁决具有法律上的利益者”，即“法律上的利益”标准。

③ 但最高法院的判例没有承认不服申诉与撤销诉讼资格存在特别的差异，认为两者为同一意义。参见[日]盐野宏：《行政法》，杨建顺译，法律出版社 1999 年版，第 266 页；[日]室井力主编：《日本现代行政法》，吴微译，中国政法大学出版社 1995 年版，第 218 页。

我国澳门地区《行政程序法典》规定："有权利及有受法律保护之利益之人，认为被行政行为侵害者，有就行政行为提出声明异议或上诉之正当性。"[①]

比较上述立法例可以看出，有权提起行政复议的主体，各国或地区法律都规定得比较宽泛，申请人不限于行政行为的直接对象，凡是权利或者利益受到行政行为影响的人都可以依法申请救济。

（二）我国《行政复议法》上的申请人

我国《行政复议法》第 2 条、第 10 条第 1 款规定，公民、法人或者其他组织认为具体行政行为侵犯其合法权益，向行政机关提出行政复议申请，行政机关受理行政复议申请、作出行政复议决定，适用本法。依照本法申请行政复议的公民、法人或者其他组织是申请人。因而，行政复议申请人是"认为"具体行政行为侵犯其合法权益的公民、法人或者其他组织，这一资格要求亦相当宽泛。

《行政复议法》第 10 条第 2 款规定，有权申请行政复议的公民死亡的，其近亲属可以申请行政复议。有权申请行政复议的公民为无民事行为能力人或者限制民事行为能力人的，其法定代理人可以代为申请行政复议。有权申请行政复议的法人或者其他组织终止的，承受其权利的法人或者其他组织可以申请行政复议。

《行政复议法实施条例》第 6 条至第 8 条补充规定，合伙企业申请行政复议的，应当以核准登记的企业为申请人，由执行合伙事务的合伙人代表该企业参加行政复议；其他合伙组织申请行政复议的，由合伙人共同申请行政复议。前款规定以外的不具备法人资格的其他组织申请行政复议的，由该组织的主要负责人代表该组织参加行政复议；没有主要负责人的，由共同推选的其他成员代表该组织参加行政复议。股份制企业的股东大会、股东代表大会、董事会认为行政机关作出的具体行政行为侵犯企业合法权益的，可以以企业的名义申请行政复议。同一行政复议案件申请人超过 5 人的，推选 1 至 5 名代表参加行政复议。

二、行政复议被申请人

根据《行政复议法》第 10 条第 4 款、《行政复议法实施条例》第 2 章第 2 节的有关规定，公民、法人或者其他组织对行政机关的具体行政行为不服申请行政复议的，作出该具体行政行为的行政机关为被申请人。

行政机关与法律、法规授权的组织以共同的名义作出具体行政行为的，行政机关和法律、法规授权的组织为共同被申请人。

行政机关与其他组织以共同名义作出具体行政行为的，行政机关为被申请人。

下级行政机关依照法律、法规、规章规定，经上级行政机关批准作出具体行政

---

① 参见澳门地区《行政程序法典》第 139 条。

行为的,批准机关为被申请人。

行政机关设立的派出机构、内设机构或者其他组织,未经法律、法规授权,对外以自己名义作出具体行政行为的,该行政机关为被申请人。

三、行政复议第三人

《行政复议法》第10条第3款规定,同申请行政复议的具体行政行为有利害关系的其他公民、法人或者其他组织,可以作为第三人参加行政复议。

《行政复议法实施条例》第9条规定,行政复议期间,行政复议机构认为申请人以外的公民、法人或者其他组织与被审查的具体行政行为有利害关系的,可以通知其作为第三人参加行政复议。

行政复议期间,申请人以外的公民、法人或者其他组织与被审查的具体行政行为有利害关系的,可以向行政复议机构申请作为第三人参加行政复议。

第三人不参加行政复议,不影响行政复议案件的审理。

四、行政复议代理人

所谓行政复议代理人,是指根据法律规定或者行政复议机关指定,或者接受当事人、法定代理人的委托,享有代理权,以当事人的名义在代理权限范围内进行复议活动的人。根据代理权产生的来源不同,行政复议代理人可分为法定代理人、委托代理人和指定代理人三种类型。

《行政复议法》第10条第2款规定,有权申请行政复议的公民为无民事行为能力人或者限制民事行为能力人的,其法定代理人可以代为申请行政复议。这是法定代理人的情形。

《行政复议法》第10条第5款规定,申请人、第三人可以委托代理人代为参加行政复议。这是委托代理人的情形。《行政复议法实施条例》第10条规定,申请人、第三人可以委托1至2名代理人参加行政复议。申请人、第三人委托代理人的,应当向行政复议机构提交授权委托书。授权委托书应当载明委托事项、权限和期限。公民在特殊情况下无法书面委托的,可以口头委托。口头委托的,行政复议机构应当核实并记录在卷。申请人、第三人解除或者变更委托的,应当书面报告行政复议机构。

此外,在某些特殊情形下,即当事人没有法定代理人,或者法定代理人因特殊情况无法参加复议,或者多个法定代理人互相争夺或互相推诿代理责任的,行政复议机关可以为无复议行为能力的当事人指定代理人代为进行行政复议。对于指定代理人,行政复议机关要对其处分当事人实体权利的行为进行审查和监督。①

---

① 朱维究主编:《行政复议法释义》,中国人民公安大学出版社1999年版,第234页。

第三节　行政复议的范围和管辖

一、行政复议的范围

行政复议的范围，是指相对人根据行政复议法律规范的规定可以向主管机关申请复议的行政争议案件的范围。明确行政复议的范围是各国行政复议制度的一个重要问题。

（一）其他各国关于行政复议范围的立法例

关于可申请行政复议的范围，各国法律多采用概括主义的立法模式，而避免以列举的方式限制当事人申请行政复议的权利。

关于行政复议的申诉对象，各国立法多采用“行政行为”或者“行政处分”的概念，大致相当于我国行政法学上的“具体行政行为”。日本《行政不服审查法》第1条规定，行政不服审诉的对象是“行政厅的违法或不当的处分及其他属于行使公权力的行为”。关于“处分”，该法没有作出积极的定义，仅仅在第2条规定了“具有连续性的行使公权力的事实行为包括在处分之内”。因此，“处分”的意义及其范围，被委任给判例和学说进行解释。

除了积极的行政行为，不作为行为亦属于行政复议的申诉对象。韩国《行政审判法》第3条规定“对于行政机关的处分或者不作为，可以根据本法之规定请求进行行政审判”，并在第2条分别对“处分”和“不作为”的概念进行了解释。[①] 日本《行政不服审查法》第2条第2款也对不作为的概念进行了阐明，行政厅的不作为，是指“尽管行政厅对依据法令进行的申请应该在相当的期间内作出某种处分及其他行使公权力的行为，但行政厅却没有作出任何行为”的状态。

至于诉请行政复议的事由，既可以是行政行为的合法性问题，也可以是行政行为的适当性问题。例如，德国《行政法院法》第68条第1款规定：“提起撤销之诉之前，应在复议程序中对有关行政处分的合法性和合目的性进行审查。”

（二）我国的行政复议受案范围

我国《行政复议法》采用列举和概括相结合的方式，对行政复议的范围作了相当详细的规定。《行政复议法》第6条规定，有下列情形之一的，公民、法人或者其他组织可以申请行政复议。

1. 对行政机关作出的警告、罚款、没收违法所得、没收非法财物、责令停产停

---

① 参见韩国《行政审判法》第2条。

业、暂扣或者吊销许可证、暂扣或者吊销执照、行政拘留等行政处罚决定不服的；

2. 对行政机关作出的限制人身自由或者查封、扣押、冻结财产等行政强制措施决定不服的；

3. 对行政机关作出的有关许可证、执照、资质证、资格证等证书变更、中止、撤销的决定不服的；

4. 对行政机关作出的关于确认土地、矿藏、水流、森林、山岭、草原、荒地、滩涂、海域等自然资源的所有权或者使用权的决定不服的；

5. 认为行政机关侵犯合法的经营自主权的；

6. 认为行政机关变更或者废止农业承包合同，侵犯其合法权益的；

7. 认为行政机关违法集资、征收财物、摊派费用或者违法要求履行其他义务的；

8. 认为符合法定条件，申请行政机关颁发许可证、执照、资质证、资格证等证书，或者申请行政机关审批、登记有关事项，行政机关没有依法办理的；

9. 申请行政机关履行保护人身权利、财产权利、受教育权利的法定职责，行政机关没有依法履行的；

10. 申请行政机关依法发放抚恤金、社会保险金或者最低生活保障费，行政机关没有依法发放的；

11. 认为行政机关的其他具体行政行为侵犯其合法权益的。

《行政复议法》第 7 条规定，公民、法人或者其他组织认为行政机关的具体行政行为所依据的下列规定不合法，在对具体行政行为申请行政复议时，可以一并向行政复议机关提出对该规定的审查申请：(1)国务院部门的规定；(2)县级以上地方各级人民政府及其工作部门的规定；(3)乡、镇人民政府的规定。该款所列规定不含国务院部委规章和地方人民政府规章。规章的审查依照法律、行政法规办理。这意味着公民可以对部分抽象行政行为，即一般的行政规范性文件提请附带审查。

另外，《行政复议法》第 8 条规定，不服行政机关作出的行政处分或者其他人事处理决定的，依照有关法律、行政法规的规定提出申诉。不服行政机关对民事纠纷作出的调解或者其他处理，依法申请仲裁或者向人民法院提起诉讼。这些争议不属于行政复议的范围。

二、行政复议的管辖

在行政系统内，行政机关林立，并不是任何机关都可以办理当事人申请复议的案件。只有具有复议管辖权的行政机关才能受理当事人的复议申请，也只有具有复议管辖权的行政机关作出的复议决定，才具有法律上的效力，才能产生对当事人具有救济作用的法律效果。行政复议的管辖，就是指行政复议案件应由哪一个特定的复议主管机关受理、审查并作出复议决定的权限划分问题。它是关于行政机关管理行政复议案件的分工机制，是行政复议制度的重要内容。

(一) 行政复议管辖的三种形式[①]

1. 直接上级机关管辖。行政复议的管辖问题并不复杂。直接上级机关管辖是行政复议管辖的基本原则，这对于在行政复议制度中居于中心地位的“行政上诉”来说更是一个直接适用的原则。[②] 因为行政复议制度主要是利用行政系统内部的层级监督来达到救济当事人权益，纠正违法、不当行政行为的目的。

2. 原机关管辖。原机关管辖是直接上级机关管辖原则的一个例外。除了法国“善意救济”意义上的声明异议之外，原机关管辖主要适用于两种情况：原行为机关并无直接上级机关，或者行为机关处理的事务属于自治事务。如韩国《行政审判法》第 5 条第 2 款规定：“对于以下各项所规定的行政机关的处分以及不作为，由该行政机关担任裁决机关：①国务总理、行政各部负责人以及总统直属机关的负责人；②国会事务总长、法院行政处长、宪法法院事务处长以及中央选举管理委员会；③其他无主管监督行政机关的行政机关。”日本《行政不服审查法》则规定，在下列三种情况下，对处分的不服申诉采取异议申诉的方式，由原行为机关管辖：处分厅没有上级厅时；处分厅是主任大臣或外局长官、设于外局的厅的长官时；处分厅虽有上级厅，但是，根据法律规定，应当采取异议申诉的情况。[③]

3. 法定机关管辖。法定机关管辖是直接上级机关管辖原则的第二个例外。适用法定机关管辖的情形主要是原行为机关无直接上级机关，或者行为机关虽有直接上级机关，但是法律将对该行为机关的监督权赋予了另外某一特定的机关。

(二) 我国《行政复议法》关于管辖问题的规定

前文指出，《行政复议法》不再如原《行政复议条例》单独设置管辖一章，而是本着便民、公正的原则对原来比较复杂的管辖规定进行了调整。

第一，确定了可选择复议机关的管辖原则。《行政复议法》第 12 条第 1 款规定，对县级以上地方各级人民政府工作部门的具体行政行为不服的，由申请人选择，可以向该部门的本级人民政府申请行政复议，也可以向上一级主管部门申请行

---

① 尽管行政诉讼法学理论对行政诉讼中的管辖有较为科学、完整的分类，诸如级别管辖、地域管辖、移送管辖、指定管辖等概念仍可被借用来说明行政复议管辖的内容，但鉴于行政复议管辖的特殊性，行政诉讼管辖的理论分类无法照搬到行政复议管辖的分类之中。因此，本书通过对国外行政复议管辖的比较并从便利论述和方便掌握的角度出发，把行政复议的管辖分为直接上级机关管辖、原机关管辖和法定机关管辖三种形式。

② 在行政复议程序的多种形式之中，行政上诉在各国基本上都居于中心地位，这在日本被称为“审查请求中心主义”。参见[日]盐野宏：《行政法》，杨建顺译，法律出版社 1999 年版，第 263 页。

③ 参见日本《行政不服审查法》第 5 条、第 6 条。

政复议。

第二,确立了针对垂直领导的行政机关和国家安全机关的行政复议实行“条条复议”的原则。《行政复议法》第 12 条第 2 款规定,对海关、金融、国税、外汇管理等实行垂直领导的行政机关和国家安全机关的具体行政行为不服的,向上一级主管部门申请行政复议。

第三,确立了针对地方各级人民政府的行政复议实行“块块复议”的原则。《行政复议法》第 13 条规定,对地方各级人民政府的具体行政行为不服的,向上一级地方人民政府申请行政复议。对省、自治区人民政府依法设立的派出机关(即行政公署)所属的县级地方人民政府的具体行政行为不服的,向该派出机关申请行政复议。

第四,针对国务院部门或者省级人民政府的行政复议实行原机关复议原则。《行政复议法》第 14 条规定,对国务院部门或者省、自治区、直辖市人民政府的具体行政行为不服的,向作出该具体行政行为的国务院部门或者省、自治区、直辖市人民政府申请行政复议。对行政复议决定不服的,可以向人民法院提起行政诉讼;也可以向国务院申请裁决,国务院依照《行政复议法》的规定作出最终裁决。

第五,增加规定了复议机关在受理复议申请时的告知义务和转送义务。由于行政复议机关设置比较复杂,复议权限不尽一致,容易出现申请人找不到相应的复议机关的情形。对此,《行政复议法》第 17 条、第 18 条分别规定,行政复议机关收到行政复议申请后,经审查发现不属于本机关受理的行政复议申请时,应当告知申请人向有关行政复议机关提出,或者转送有关行政复议机关,并告知申请人。

第四节 行政复议的程序

行政复议程序是申请人向行政复议机关提出复议申请至复议机关作出复议决定的各项步骤、形式、顺序和时限的总和。行政复议程序一般包括这样几个组成要素:行政复议的申请、受理、审理,作出行政复议决定,以及行政复议决定的执行。

一、行政复议的申请

行政复议的申请是行政复议程序的出发点。行政复议申请主要包括两个问题:提出复议申请的时间期限和提出申请的方式。

(一)提出复议申请的期限

1. 其他各国和各地区关于行政复议申请期限的要求。行政复议必须在法定期限内提起。其他各国和各地区的法律对此期间的规定有 15 日、30 日、60 日、90 日不等。如我国澳门地区《行政程序法典》第 141 条规定:“声明异议应自下列时间起15日内提出:(1)有关行为必须公布于《澳门政府公报》者,自公布之时起;(2)有关行为无须公布而就该行为已作出通知者,自通知之时起;(3)属其他情况者,自利害关系人知悉该行为之日起。”该法第147条规定:“如法律未另定期间,则提起必要诉愿之期间为30日;任意诉愿应在为有关行为提起司法上诉所定之期间内提起。”

日本《行政不服审查法》第14条、第45条、第48条规定,不服申诉,原则上必须在法定的期间内进行,即必须在知道处分之日的翌日起60日以内提起;从作出处分之日的翌日起,经过1年后,不得再提起。这与撤销诉讼中的起诉期间相对应,并且是作为行政行为效力的不可争力的一种制度性表现。①

韩国《行政审判法》第18条则规定:“审判请求应当自知道行政机关作出处分之日起90日内提出。请求人因天灾、地变、战争、事变以及其他不可抗力未能在第1款规定的期间内提出审判请求的,可以自该事由消灭之日起14日内提起审判请求。但是,自外国提出审判请求的,其期间应为30日。自处分作出之日起经过180日的,不得提出审判请求。但有正当理由的除外。”

我们认为,提请行政复议的期限的设定,其长短要根据各国和各地区的具体情况而定,要考虑各国和各地区行政机关行使职权的状况、公民的权利意识以及本国和各地区交通、通讯的发达程度等各方面的因素。在综合考虑这些因素时,提请行政复议期限的确定要从两个角度出发:一是为了及早确定行政行为的效力,维护法律关系的安定性,要尽可能缩短这一期限;二是该期限的确定,又要充分照顾到当事人申请救济的可能性,要给当事人留有足够的申请救济的准备时间。另外,为了协调行政复议和司法救济的关系,行政复议的申请期限以短于司法救济的申请期限为宜。

2. 我国行政复议申请的期限要求。《行政复议法》第9条规定,公民、法人或者其他组织认为具体行政行为侵犯其合法权益的,可以自知道该具体行政行为之日起60日内提出行政复议申请;但是法律规定的申请期限超过60日的除外。因不可抗力或者其他正当理由耽误法定申请期限的,申请期限自障碍消除之日起继续计算。

对于行政复议申请期限的计算方式,《行政复议法实施条例》第2章第3节“行政复议申请期限”补充规定,《行政复议法》第9条第1款规定的行政复议申请期限的计算,依照下列规定办理:

(1)当场作出具体行政行为的,自具体行政行为作出之日起计算;

(2)载明具体行政行为的法律文书直接送达的,自受送达人签收之日起计算;

(3)载明具体行政行为的法律文书邮寄送达的,自受送达人在邮件签收单上签

---

① [日]盐野宏:《行政法》,杨建顺译,法律出版社1999年版,第266页。

收之日起计算;没有邮件签收单的,自受送达人在送达回执上签名之日起计算;

(4)具体行政行为依法通过公告形式告知受送达人的,自公告规定的期限届满之日起计算;

(5)行政机关作出具体行政行为时未告知公民、法人或者其他组织,事后补充告知的,自该公民、法人或者其他组织收到行政机关补充告知的通知之日起计算;

(6)被申请人能够证明公民、法人或者其他组织知道具体行政行为的,自证据材料证明其知道具体行政行为之日起计算。

行政机关作出具体行政行为,依法应当向有关公民、法人或者其他组织送达法律文书而未送达的,视为该公民、法人或者其他组织不知道该具体行政行为。

公民、法人或者其他组织依照《行政复议法》第 6 条第(八)项、第(九)项、第(十)项的规定申请行政机关履行法定职责,行政机关未履行的,行政复议申请期限依照下列规定计算:

(1)有履行期限规定的,自履行期限届满之日起计算;

(2)没有履行期限规定的,自行政机关收到申请满 60 日起计算。

公民、法人或者其他组织在紧急情况下请求行政机关履行保护人身权、财产权的法定职责,行政机关不履行的,行政复议申请期限不受前款规定的限制。

(二)提出复议申请的方式

1. 其他各国和各地区关于复议申请方式的要求。申请行政复议,其他各国和各地区一般都要求应当以书面方式提出。申请书应当载明当事人的基本情况、请求事项、申请救济的理由及有关证据,等等。

2. 我国关于行政复议申请方式的要求。《行政复议法》第 11 条规定,申请人申请行政复议,可以书面申请,也可以口头申请;口头申请的,行政复议机关应当当场记录申请人的基本情况,行政复议请求,申请行政复议的主要事实、理由和时间。《行政复议法实施条例》第 2 章第 4 节"行政复议申请的提出"部分补充规定,申请人书面申请行政复议的,可以采取当面递交、邮寄或者传真等方式提出行政复议申请。有条件的行政复议机构可以接受以电子邮件形式提出的行政复议申请。

申请人书面申请行政复议的,应当在行政复议申请书中载明下列事项:

(1)申请人的基本情况,包括:公民的姓名、性别、年龄、身份证号码、工作单位、住所、邮政编码;法人或者其他组织的名称、住所、邮政编码和法定代表人或者主要负责人的姓名、职务;

(2)被申请人的名称;

(3)行政复议请求、申请行政复议的主要事实和理由;

(4)申请人的签名或者盖章;

(5)申请行政复议的日期。

申请人口头申请行政复议的,行政复议机构应当当场制作行政复议申请笔录交申请人核对或者向申请人宣读，并由申请人签字确认。

二、行政复议的受理

行政复议的受理，是指行政复议机关通过审查复议申请人的复议申请是否有正当理由而决定是否受案和处理。如果申请人的复议申请符合法律规定的条件，行政复议程序继续进行，否则行政复议程序就即行中断。

（一）受理行政复议申请时的审查

1. 其他各国对行政复议申请进行审查的立法例。行政复议的主管机关在接到当事人的复议申请之后，要在法律规定的时间内对其申请进行审查。这种审查主要是形式上的审查，确定当事人是否适格、申请书有无遗漏事项、当事人的申请时间是否适当，等等。其中，要重点审查当事人的申请事项是否属于行政复议范围，因为法律可能针对某种特定事项在提请行政复议方面作了限制或者排除性规定。例如，奥地利《普通行政程序法》第 63 条第 2 款规定："不得仅因违反程序之规定，而单独对之提起诉愿。仅得于对终结该案之裁决所提起之诉愿中声明不服。"瑞士《行政程序法》第 46 条规定："对下列行政处分不得提起诉愿：(1)得经由向联邦法院或联邦保险法院提起行政诉讼而撤销之行政处分；(2)得经由异议撤销之行政处分；(3)军方之估算机关对于土地或财物损失估算之行政处分，其损害赔偿金额低于 1000 法郎者，以及对于租用或被征收之客体所为之估算之行政处分；(4)依据其他联邦法律，已属确定之行政处分；(5)不得与终局之行政处分一并以诉愿撤销之中间处分。"①

受理机关在对当事人的申请进行初步审查之后，认为符合受理条件的，要在法律规定的时间内作出受理决定。

2. 我国《行政复议法》关于受理案件时的审查要求。《行政复议法》第四章"行政复议受理"部分规定，行政复议机关收到行政复议申请后，应当在 5 日内进行审查，对不符合本法规定的行政复议申请，决定不予受理，并书面告知申请人；对符合本法规定，但是不属于本机关受理的行政复议申请，应当告知申请人向有关行政复议机关提出。除前款规定外，行政复议申请自行政复议机关负责法制工作的机构收到之日起即为受理。

依照《行政复议法》第 15 条第 2 款的规定接受行政复议申请的县级地方人民政府，对依照《行政复议法》第 15 条第 1 款的规定属于其他行政复议机关受理的行政复议申请，应当自接到该行政复议申请之日起 7 日内，转送有关行政复议机关，

---

① 当然，这些排除条款规定某一事项排除某种特定的行政复议程序，并不意味着完全排除法律救济，法律通常提供其他行政复议程序或者司法救济程序可供利用。

并告知申请人。接受转送的行政复议机关应当依照《行政复议法》第 17 条的规定办理。

公民、法人或者其他组织依法提出行政复议申请，行政复议机关无正当理由不予受理的，上级行政机关应当责令其受理；必要时，上级行政机关也可以直接受理。

对于受理的条件，《行政复议法实施条例》第 3 章“行政复议受理”部分规定，行政复议申请符合下列规定的，应当予以受理：

(1)有明确的申请人和符合规定的被申请人；

(2)申请人与具体行政行为有利害关系；

(3)有具体的行政复议请求和理由；

(4)在法定申请期限内提出；

(5)属于《行政复议法》规定的行政复议范围；

(6)属于收到行政复议申请的行政复议机构的职责范围；

(7)其他行政复议机关尚未受理同一行政复议申请，人民法院尚未受理同一主体就同一事实提起的行政诉讼。

行政复议申请材料不齐全或者表述不清楚的，行政复议机构可以自收到该行政复议申请之日起 5 日内书面通知申请人补正。补正通知应当载明需要补正的事项和合理的补正期限。无正当理由逾期不补正的，视为申请人放弃行政复议申请。补正申请材料所用时间不计入行政复议审理期限。

申请人就同一事项向两个或者两个以上有权受理的行政机关申请行政复议的，由最先收到行政复议申请的行政机关受理；同时收到行政复议申请的，由收到行政复议申请的行政机关在 10 日内协商确定；协商不成的，由其共同上一级行政机关在 10 日内指定受理机关。协商确定或者指定受理机关所用时间不计入行政复议审理期限。

依照《行政复议法》第 20 条的规定，上级行政机关认为行政复议机关不予受理行政复议申请的理由不成立的，可以先行督促其受理；经督促仍不受理的，应当责令其限期受理，必要时也可以直接受理；认为行政复议申请不符合法定受理条件的，应当告知申请人。

(二) 复议申请受理后行政行为的效力

1. 其他各国关于复议程序启动后行政行为效力的立法例。复议机关作出受理决定之后，意味着行政复议程序的正式启动。行政复议程序的启动，对效力尚处于不确定状态的行政行为产生拘束力。至于对原行政行为拘束到什么程度，各国法律的规定不尽一致。仅就行政行为的“执行力”而言，各国法律有“停止执行”和“不停止执行”两种立法例。

(1)停止执行。采取停止执行原则的国家有德国、奥地利、瑞士等国。如德国《行政法院法》第 80 条规定：“复议和撤销之诉具有延缓效力。只有在下列情形中才不具备延缓效力:①要求缴纳公共税负和费用的;②执行警察局官员不可延缓的命令和措施的;③其他联邦法或州法规定的情形,特别是第三人对有关投资或创造劳动岗位的行政处分提起复议和诉讼的;④出于公共利益或诉讼参与人重要利益的考虑,作出行政处分的行政机关或对复议进行决定的行政机关特别指令需要立即执行的。各州可规定,如法律救济涉及联邦法规定的由州负责的行政执行措施,则它们不具备延缓效力。"奥地利《普通行政程序法》第64条规定:"①于期间内适时提起之诉愿,有停止执行之效力。②如为一方当事人之利益,或因急迫之危险为公共福利有及时执行之必要时,官署得拒绝停止执行。此项拒绝停止执行之宣示,应尽可能采纳入就本案而为之裁决中。"

(2)不停止执行。采取不停止执行原则的有西班牙、韩国、日本等国。如韩国《行政审判法》第21条规定:"审判请求不影响处分的效力、执行或者程序的继续进行。裁决机关认为为了避免由于处分或者其执行、程序的继续进行而产生难以回复的损害且有紧急必要的,可以根据当事人的申请或者依职权,经过委员会的审理以及议决,决定全部或者部分停止处分的效力、其执行或者程序的继续进行。但是,停止处分的执行或者程序的继续进行可以达到目的的,不能停止处分的效力。执行停止有可能对公共利益产生重大影响的,不得为之。"

比较上述的规定,这两种立法例是否存在实质上的差异呢?仔细分析就会发现,各国立法例在规定"停止执行"原则或者"不停止执行"原则的同时,都规定了例外情形。现实社会生活的复杂性要求在原则之外也必须有例外的存在。为了防止个别场合下个别正义被丢弃,法律在规定原则的同时也必须规定例外。而"原则"与"例外"的结合使两种立法例达到的客观效果实际上差不多,即能在必要的情况下,为当事人提供临时的权利救济措施。

2. 我国的"不停止执行原则"及停止执行的例外情形。在复议申请受理后行政行为的效力问题上,我国立法采取的是"不停止执行原则",同时,法律又规定了停止执行的例外情形。

《行政复议法》第21条规定,行政复议期间具体行政行为不停止执行;但是,有下列情形之一的,可以停止执行:

(1) 被申请人认为需要停止执行的;

(2) 行政复议机关认为需要停止执行的;

(3) 申请人申请停止执行,行政复议机关认为其要求合理,决定停止执行的;

(4) 法律规定停止执行的。

三、行政复议的审理

行政复议的审理是复议机关对受理的行政争议案件进行合法性和适当性审查的过程,是行政复议程序的核心。没有复议机关对行政争议案件的审理,行政争议就不能得到解决，复议机关也无法作出复议决定。行政复议的审理主要包括审理方式、审理范围、审理期限等几个问题。我们先介绍其他各国和各地区关于这些问题的法律规定。

(一) 其他各国和各地区关于行政复议审理环节的规定

1. 审理方式。在争讼程序中，对采取书面审理主义还是采取口头审理主义的问题，存在各种不同的观点。一般地说，书面审理，具有资料确实而稳定，审理简易而迅速的优点，但是，也具有印象是间接的，不能通过释明而当场明确疑点等缺点。与此相对，口头审理，具有印象直接而鲜明、可以通过释明而明确疑点、容易把握当事人的真正意图等优点，另一方面，也具有可能产生陈述者遗漏、要求审理机关有一定的能力等缺点。①

日本《行政不服审查法》考虑到确保审理的简易、迅速性和审理机关的情况，规定了书面审理主义的原则。但是，《行政不服审查法》同时规定，审查请求人提出申请时，审查厅、处分厅必须赋予其口头陈述意见的机会，并保障不服申诉人要求阅览处分厅所提交的材料及其他物件、自己提出证据以及要求进行证据调查的请求权等诸项程序性权利。②

韩国《行政审判法》将其立法目的定位为权利救济和行政监督，并将重点放在对国民权益的救济之上，而不是将寻求案件处理的高效率作为其首要目的。为此，《行政审判法》没有刻意强调要适用简易、迅速的程序处理案件，而是在程序设置上采取司法化的方式确保当事人对案件审理的参与。1984 年颁布的《行政审判法》规定以书面审理为原则，是否采取口头审理的方式完全取决于行政审判委员会的裁量。这与推进救济程序司法化的方针相违背，不利于当事人通过口头辩论的方式提出有利于自身的主张并进行举证。为此，许多学者提出了批评意见，1993 年的修改草案中甚至倾向于采取口头审理为原则、书面审理为例外的做法。最终，1995 年《行政审判法》修订之后，书面审理的原则被废止，审理方式改为可以口头审理也可以书面审理；当事人申请口头审理的，除非委员会认为必须进行书面审理的以外，应当进行口头审理。③

2. 审理范围。在诉讼程序中，基于不告不理(Nemo judex sine actore)及不得为诉外裁判(non petitio ultra)的原则，法院只能在当事人的诉讼请求范围内作出判决。行政复议程序虽然在许多国家(地区)越来越具有浓厚的司法化色彩，但它在本质上仍然属于行政程序，是行政行为的一种，与其他行政行为一样，也贯彻职

---

① [日]盐野宏:《行政法》，杨建顺译，法律出版社 1999 年版，第 271 页。

② 参见日本《行政不服审查法》第 25 条至第 30 条、第 33 条、第 48 条。

③ 吕艳滨:《日本、韩国的行政复议制度——行政复议司法化的若干实例》，《环球法律评论》2004 年春季号，第 15 页；韩国《行政审判法》第 26 条第 2 款。

权主义的原则。并且，在很多情况下，对有争议行政行为的处理都具有超越当事人和行政机关双方的法律意义。因此，反映在审理范围上，行政复议机关一般不受当事人请求的限制，可以就当事人未主张的事实进行调查取证。例如，韩国《行政审判法》第 26 条第 1 款规定，行政审判委员会认为有必要的，可以就当事人未主张的事实进行审理。日本《行政不服审查法》第 27 条至第 30 条也承认对审查请求的审理可以采用职权主义，审查厅不仅可以审查当事人提交的有关证据，还可以通过职权的行使，调查当事人尚未表明的事实，并据此作出裁决。

3. 审理期限。行政复议程序的审理期限，各国（地区）法一般都规定得比较短。这主要是为了督促行政复议机关尽快作出救济决定，发挥行政复议程序迅速、及时救济当事人权益的作用。例如，我国澳门地区《行政程序法典》第 154 条规定，当法律未另定期间时，应自将有关程序送交有权限审理诉愿之机关之时起 30 日内，就诉愿作出决定。如需重新进行预审或采取补足措施，则上款所指之期间最多延长至 90 日。韩国《行政审判法》第 34 条规定，裁决应当在裁决机关或者作为被请求人的行政机关收到审判请求书之日起 60 日内作出，但有不得已之情形时，委员长可以依职权最多延长 30 日。

（二）我国《行政复议法》关于审理环节的规定

1. 审理方式。《行政复议法》第 22 条规定，行政复议原则上采取书面审查的办法，但是申请人提出要求或者行政复议机关负责法制工作的机构认为有必要时，可以向有关组织和人员调查情况，听取申请人、被申请人和第三人的意见。

《行政复议法实施条例》第 33 条规定，行政复议机构认为必要时，可以实地调查核实证据；对重大、复杂的案件，申请人提出要求或者行政复议机构认为必要时，可以采取听证的方式审理。

2. 审理范围。根据《行政复议法》第 3 条第 3 款的规定，行政复议机关有权对被申请的具体行政行为的合法性与适当性进行审查。

行政复议机关在审查具体行政行为的合法性与适当性时，是否受复议申请范围的限制，我国《行政复议法》对这一问题没有作出明确规定。但根据《行政复议法》第 4 条“有错必纠”原则和《行政复议法》第 27 条、第 28 条、第 29 条等相关条款的规定，一般认为行政复议机关对具体行政行为的审查不受当事人申请范围的限制。这是行政复议制度区别于行政诉讼制度的一个显著特点。[①]

3. 审理期限。《行政复议法》第 31 条第 1 款规定，行政复议机关应当自受理申请之日起 60 日内作出行政复议决定；但是法律规定的行政复议期限少于 60 日的除外。情况复杂，不能在规定期限内作出行政复议决定的，经行政复议机关的负

① 罗豪才主编：《行政法学》，北京大学出版社 1996 年版，第 383 页。

责人批准，可以适当延长，并告知申请人和被申请人；但是延长期限最多不超过30日。

4. 审理中的其他有关问题。《行政复议法》第24条规定，在行政复议过程中，被申请人不得自行向申请人和其他有关组织或者个人搜集证据。

《行政复议法》第25条、《行政复议法实施条例》第38条规定，行政复议决定作出前，申请人要求撤回行政复议申请的，经说明理由，可以撤回；撤回行政复议申请的，行政复议终止。申请人撤回行政复议申请的，不得再以同一事实和理由提出行政复议申请。但是，申请人能够证明撤回行政复议申请违背其真实意思表示的除外。

《行政复议法实施条例》第39条规定，行政复议期间被申请人改变原具体行政行为的，不影响行政复议案件的审理。但是，申请人依法撤回行政复议申请的除外。

行政复议期间有《行政复议法实施条例》第41条规定情形之一，影响行政复议案件审理的，行政复议中止；行政复议期间有《行政复议法实施条例》第42条规定情形之一的，行政复议终止。

四、行政复议的决定

行政复议决定，是指复议机关在对具体行政行为的合法性和适当性进行审查的基础上所作出的审查结论。行政复议决定的形成，标志着复议机关对行政争议案件的处理结束。

(一) 其他各国和各地区关于行政复议决定的种类

根据当事人的请求是否得到支持，行政复议决定可以概括为两种基本类型：驳回裁决和支持裁决。

1. 驳回裁决。驳回裁决主要适用于当事人的请求无理由或者不合法的情形。韩国《行政审判法》第32条第1款、第2款规定，审判请求不合法的，由裁决机关驳回该审判请求。裁决机关认为审判请求无理由的，驳回该审判请求。

除了通常的驳回裁决，在特殊情况下，即使当事人的请求有理由，但撤销或者变更原行政行为有损公共利益时，当事人的请求也会被驳回。这种裁决在日本被称为“事情裁决”（又称“特别情况下的驳回裁决”）。[①] 日本《行政不服审查法》第40条第6款规定，在撤销或者撤回处分有可能给公共利益带来严重障碍和损害时，在权衡审查请求人所受损害的程度、其损害的赔偿或者防止的程度及方法，以及其他

---

① 日本行政不服审查中的这种事情裁决和行政诉讼中的事情裁决本质上是一样的，关于这种特别情况下的驳回裁决制度，参见[日]盐野宏：《行政法》，杨建顺译，法律出版社1999年版，第379页。

所有事情的基础上，认为撤销或者撤回处分，不适合公共利益时，裁决可以驳回请求。审查厅在作出这种例外的驳回裁决时，必须在裁决中宣布该处分是违法的或者是不当的。韩国《行政审判法》第 33 条也对事情裁决作了规定。

此外，我国澳门地区《行政程序法典》第 154 条第 3 款还规定了默示驳回的情况：当法定裁决期限经过而没有作出决定时，诉愿视为被默示驳回。意大利《行政程序法》(1955 年草案)第 56 条也有类似规定：诉愿提起后，如经过 90 日该管行政机关仍未作出任何决定时，诉愿人得对该管行政机关提出申请书，催促其诉愿之决定。申请书提出后，经过 30 日如果仍然未作出任何决定时，视为诉愿全部被驳回。

2. 支持裁决。行政复议机关经审查，认为当事人的申请有理由时，除非例外情况(“事情裁决”)，作出支持当事人请求的支持裁决。支持裁决的内容，根据不同的情况，分为以下几种：

(1)撤销、变更裁决。行政复议机关认为行政行为违法或者不当时，可以撤销或者变更该行政行为，或者责令原行为机关重新作出行政行为以取代原行政行为。如韩国《行政审判法》第 32 条规定，裁决机关认为请求撤销的审判请求有理由的，撤销或者变更该处分，或者命令原行政机关予以撤销或者变更。

需要指出的是，许多国家(地区)规定在变更行政行为时，要求不得作出与原行政行为相比对当事人更为不利的行政行为。这一原则称为“不利变更禁止”。例如韩国《行政审判法》第 36 条第 2 款规定，裁决机关不得作出与作为审判请求对象的处分相比，对请求人更为不利的裁决。瑞士《行政程序法》第 62 条则规定有条件适用这一原则：诉愿机关认为被撤销之行政处分违反联邦法律或所认定之事实不正确或不完整时，得变更被撤销之行政处分而不利于一方当事人；除变更被撤销之行政处分有利于他方当事人外，不得因被撤销之行政处分不当而为不利于一方当事人之变更。这是将行政行为区分为违法、不当的情形，分别决定是否适用这一原则。

(2)确认裁决。当事人请求确认行政行为无效，或者对行政行为的成立有异议的，以及行政行为违法但不具有可撤销内容的，行政复议机关可以作出确认裁决。如韩国《行政审判法》第 32 条规定，裁决机关认为无效等的确认审判请求有理由的，对处分效力的有无或者存在与否作出确认。

(3)履行义务裁决。针对不作为行为，行政复议机关认为申请有理由时，责令负有作为义务的机关在一定期限内履行职责。如日本《行政不服审查法》第 51 条规定，对于不作为的申请有理由时，审查厅命令有关不作为厅对申请迅速实施某些行为，并以裁决宣告之。韩国《行政审判法》第 32 条规定，裁决机关认为履行义务审判请求有理由的，应毫不迟延地依照申请作出处分或者命令有关行政机关作出处分。

(二)我国《行政复议法》确定的行政复议决定的种类

根据我国《行政复议法》第28条、第29条的规定,行政复议决定的种类可分为下列七种。

1. 维持决定。其适用条件是:具体行政行为认定事实清楚,证据确凿,适用依据正确,程序合法,内容适当。

2. 履行义务决定。被申请人不履行法定职责的,决定其在一定期限内履行。

3. 撤销决定。具体行政行为有下列情形之一的,可以作出撤销决定:(1)主要事实不清、证据不足的;(2)适用依据错误的;(3)违反法定程序的;(4)超越或者滥用职权的;(5)具体行政行为明显不当的。

4. 变更决定。适用条件同撤销决定。根据《行政复议法实施条例》第51条的规定,行政复议机关在申请人的行政复议请求范围内,不得作出对申请人更为不利的行政复议决定。

5. 确认(具体行政行为违法)决定。适用条件同撤销决定,具体行政行为已经无法撤销或者撤销已经失去实际意义的,适用确定违法决定。

6. 重作决定。决定撤销或者确认具体行政行为违法的,可以责令被申请人在一定期限内重新作出具体行政行为。行政复议机关责令被申请人重新作出具体行政行为的,被申请人不得以同一的事实和理由作出与原具体行政行为相同或者基本相同的具体行政行为。

根据《行政复议法实施条例》第49条的规定,行政复议机关责令被申请人重新作出具体行政行为的,被申请人应当在法律、法规、规章规定的期限内重新作出具体行政行为;法律、法规、规章未规定期限的,重新作出具体行政行为的期限为60日。

7. 赔偿决定。申请人在申请行政复议时可以一并提出行政赔偿请求,行政复议机关对符合《国家赔偿法》的有关规定应当给予赔偿的,在决定撤销、变更具体行政行为或者确认具体行政行为违法时,应当同时决定被申请人依法给予赔偿。申请人在申请行政复议时没有提出行政赔偿请求的,行政复议机关在依法决定撤销或者变更罚款,撤销违法集资、没收财物、征收财物、摊派费用以及对财产的查封、扣押、冻结等具体行政行为时,应当同时责令被申请人返还财产,解除对财产的查封、扣押、冻结措施,或者赔偿相应的价款。

在上述几种行政复议决定类型的基础上,《行政复议法实施条例》增加了一种驳回决定。该条例第48条规定,有下列情形之一的,行政复议机关应当决定驳回行政复议申请:(1)申请人认为行政机关不履行法定职责申请行政复议,行政复议机关受理后发现该行政机关没有相应法定职责或者在受理前已经履行法定职责的;(2)受理行政复议申请后,发现该行政复议申请不符合《行政复议法》和本条例规定的受理条件的。上级行政机关认为行政复议机关驳回行政复议申请的理由不成立的，应当责令其恢复审理。

此外，《行政复议法实施条例》还增加了和解、调解的结案方式。《行政复议法实施条例》第 40 条规定，公民、法人或者其他组织对行政机关行使法律、法规规定的自由裁量权作出的具体行政行为不服申请行政复议，申请人与被申请人在行政复议决定作出前自愿达成和解的，应当向行政复议机构提交书面和解协议；和解内容不损害社会公共利益和他人合法权益的，行政复议机构应当准许。

《行政复议法实施条例》第 50 条规定，有下列情形之一的，行政复议机关可以按照自愿、合法的原则进行调解：(1)公民、法人或者其他组织对行政机关行使法律、法规规定的自由裁量权作出的具体行政行为不服申请行政复议的；(2)当事人之间的行政赔偿或者行政补偿纠纷。当事人经调解达成协议的，行政复议机关应当制作行政复议调解书。调解书应当载明行政复议请求、事实、理由和调解结果，并加盖行政复议机关印章。行政复议调解书经双方当事人签字，即具有法律效力。调解未达成协议或者调解书生效前一方反悔的，行政复议机关应当及时作出行政复议决定。

五、行政复议决定的执行

《行政复议法》第 32 条规定，被申请人应当履行行政复议决定。被申请人不履行或者无正当理由拖延履行行政复议决定的，行政复议机关或者有关上级行政机关应当责令其限期履行。

《行政复议法》第 33 条规定，申请人逾期不起诉又不履行行政复议决定的，或者不履行最终裁决的行政复议决定的，按照下列规定分别处理：(1)维持具体行政行为的行政复议决定，由作出具体行政行为的行政机关依法强制执行，或者申请人民法院强制执行；(2)变更具体行政行为的行政复议决定，由行政复议机关依法强制执行，或者申请人民法院强制执行。

【自我测试】

1. 关于行政复议第三人，下列哪一选项是错误的？(　　)(2009 年司法考试试卷一单选题第 45 题)

   A. 第三人可以委托一至两名代理人参加复议。

   B. 第三人不参加行政复议，不影响复议案件的审理。

   C. 复议机关应为第三人查阅有关材料提供必要条件。

   D. 第三人与申请人逾期不起诉又不履行复议决定的强制执行制度不同。

2. 某县政府依田某申请作出复议决定，撤销某县公安局对田某车辆的错误登记，责令在 30 日内重新登记，但某县公安局拒绝进行重新登记。田某可以采取下列哪一项措施？(　　)(2008 年司法考试试卷一单选题第 45 题)

A. 申请法院强制执行。

B. 对某县公安局的行为申请行政复议。

C. 向法院提起行政诉讼。

D. 请求某县政府责令某县公安局登记。

3. 某省甲市乙县工商局以某企业构成不正当竞争为由,决定予以罚款2万元。某企业不服申请行政复议。有关本案复议机关,下列哪一选项是错误的?( )(2008年司法考试延考区试卷一单选题第42题)

A. 复议机关可以为乙县政府。

B. 复议机关可以为甲市工商局。

C. 若国家工商总局对工商部门作出的具体行政行为申请复议的复议机关作出了规定,则依此规定办理。

D. 若某省政府对工商部门作出的具体行政行为申请复议的复议机关作出了规定,则依此规定办理。

4. 齐某不服市政府对其作出的决定,向省政府申请行政复议,市政府在法定期限内提交了答辩,但没有提交有关证据、依据。开庭时市政府提交了作出行政行为的法律和事实依据,并说明由于市政府办公场所调整,所以延迟提交证据。下列哪一选项是正确的?( )(2007年司法考试试卷一单选题第48题)

A. 省政府应接受市政府延期提交的证据材料。

B. 省政府应中止案件的审理。

C. 省政府应撤销市政府的具体行政行为。

D. 省政府应维持市政府的具体行政行为。

5. A市某县土地管理局以刘某非法占地建住宅为由,责令其限期拆除建筑,退还所占土地。刘某不服,申请行政复议。下列哪一种说法是正确的?( )(2005年司法考试试卷一单选题第47题)

A. 复议机关只能为A市土地管理局。

B. 若刘某撤回复议申请,则无权再提起行政诉讼。

C. 刘某有权委托代理人代为参加复议。

D. 若复议机关维持了某县土地管理局的决定,刘某逾期不履行的,某县土地管理局可以自行强制执行。

6. 某大学对教师甲的工资和职称问题作出处理意见。甲不服多次向有关部门上访。3年后,某大学根据市教委的要求,对甲反映的问题再次调查研究,形成材料后报市教委。市教委拟写了《关于甲反映问题及处理情况》的报告,呈报省教委,并抄送甲。该报告载明:"我委原则上同意该校对甲的处理意见,现将此材料报请你委阅示。"甲不服,就市教委的报告向市政府申请行政复议。下列关于甲的复议申请的表述哪一个是正确的?( )(2003年司法考试试卷一单选

题第 25 题)

A. 属于行政复议范围,因该报告抄送甲,已经涉及甲的权益。

B. 不属于行政复议范围,因该报告还没有经过上级机关批准,没有对甲发生法律效力。

C. 不属于行政复议范围,因该报告是下级向上级的报告,是内部行为。

D. 不属于行政复议范围,因该报告是重复处理行为。

7. 某市政府依王某申请,作出行政复议决定,撤销市国土房管局对王某房屋的错误登记,并责令市国土房管局在一定期限内重新登记。市国土房管局拒不执行该行政复议决定,王某有权采取下列哪一种措施?(　　)(2003 年司法考试试卷一单选题第 28 题)

A. 要求市政府责令市国土房管局限期履行。

B. 申请市政府强制执行。

C. 申请人民法院强制执行。

D. 对市国土房管局不作为再次申请行政复议。

8. 张某因不服税务局查封财产决定向上级机关申请复议,要求撤销查封决定,但没有提出赔偿请求。复议机关经审查认为该查封决定违法,决定予以撤销。对于查封决定造成的财产损失,复议机关正确的做法是什么?(　　)(2002 年司法考试试卷一单选题第 28 题)

A. 解除查封的同时决定被申请人赔偿相应的损失。

B. 解除查封并告知申请人就赔偿问题另行申请复议。

C. 解除查封的同时就损失问题进行调解。

D. 解除查封的同时要求申请人增加关于赔偿的复议申请。

9. 关于行政复议有关事项的处理,下列哪些说法是正确的?(　　)(2010 年司法考试试卷二多选题第 84 题)

A. 申请人因不可抗力不能参加行政复议致行政复议中止满 60 日的,行政复议终止。

B. 复议进行现场勘验的,现场勘验所用时间不计入复议审理期限。

C. 申请人对行政拘留不服申请复议,复议期间因申请人同一违法行为涉嫌犯罪,该行政拘留变更为刑事拘留的,行政复议中止。

D. 行政复议期间涉及专门事项需要鉴定的,当事人可以自行委托鉴定机构进行鉴定。

10. 刘某对市辖区土地局依据省国土资源厅的规定作出的一项行政处理决定不服提起行政复议,同时要求审查该规定的合法性。在此情况下,下列哪些说法是正确的?(　　)(2002 年司法考试试卷二多选题第 72 题)

A. 市政府作为复议机关无权对省国土资源厅的规定进行处理。

B. 区政府作为复议机关应当将省国土资源厅的规定转送市政府处理。

C. 省政府有权对该规定进行处理。

D. 市土地局作为复议机关应当将审查省国土资源厅规定的请求转送省国土资源厅处理。

11. 材料分析。

某地区行署为发展本地经济，保护本区域的酒业作出一项决定，凡是外地生产的酒进入本地销售，必须获得销售许可证，未经许可擅自销售则予以3万元罚款。甲是该地区A县的一家百货商场，在未获得许可的情况下，销售外地生产的某种酒，于是A县政府对甲处以1万元的罚款。

问题：

(1) 甲公司能否提起行政复议？为什么？

(2) 如果甲公司提起行政复议，复议机关是谁？被申请人是谁？为什么？

(3) 甲公司能否对地区行署的决定提起审查？为什么？如果甲公司提起审查那么向谁提起？

(4) 复议机关该如何处理该案？

【要点提示】

本章将探讨行政赔偿的基本问题，包括：

1. 什么是行政赔偿？行政赔偿与司法赔偿等相关概念有何区别？
2. 行政机关的哪些侵权行为属于行政赔偿的范围？
3. 行政赔偿中的申请人及赔偿义务机关如何确定？
4. 行政赔偿的程序为何？行政赔偿的方式以及计算标准是什么？

第一节　行政赔偿概述

一个国家及其政府能够在多大范围内、多大程度上以赔偿的方式来承担其责任，是衡量一国公民权利保护程度和法治发展水平的标尺。行政赔偿是国家因行政行为侵犯相对人权益引发的行政责任体系的核心内容。1995 年 1 月，《国家赔偿法》的正式实施，在我国民主法治建设史上具有里程碑的意义，时至 2010 年 4 月，随着我国公民权利保护意识的不断增强以及人民法院审理赔偿案件经验的逐步积累，第十一届全国人大第十四次会议表决通过了《关于修改〈中华人民共和国国家赔偿法〉的决定》，并于 2010 年 12 月 1 日起施行，新修正的《国家赔偿法》与旧法相比，在归责原则、赔偿范围、正当程序和举证责任等方面，都更好地回应了实践诉求。此后，国务院颁布了《国家赔偿费用管理条例》，最高人民法院出台了《关于适用〈中华人民共和国国家赔偿法〉若干问题的解释（一）》等配套行政法规和司法解释，进一步为修正后的《国家赔偿法》的实施制定了细化规则。

本章将根据新修正的《国家赔偿法》及相应规定，从法理与立法结合的角度，阐述我国行政赔偿制度的概念、原理，并对行政赔偿的制度作全面梳理。

一、行政赔偿的产生与发展

行政赔偿责任，是国家赔偿责任的重要组成部分，它的确立与发展，与社会经济发展及国家民主法制建设密不可分。从西方国家赔偿立法的历史来看，行政赔偿经历了从否定到有限肯定再到全面确立三个阶段。

(一) 行政赔偿责任的豁免阶段

19 世纪以前，也即现代国家建立之前，可称为国家赔偿的全面否定时期。[①] 尽管，西方资产阶级革命已经成功建立资本主义的民主制度，但是由于受到封建专制制度的影响，“国家至上论”、“主权无责论”等理论，皆主张国家为统治者，享有绝对的权力，国家与人民之间，属于权力服从关系，因此，“国家不服从外部所课予其负担之义务，公务员执行职务，如违法侵害人民之权利者，须由公务员个人自负其责，国家不负赔偿责任”。例如，在英国，国王就是国家最高主权的代表，“国王不能为非”，因此，法律上推定“国王无过错”，自然也不可能承担责任。

(二) 行政赔偿责任的确立阶段

19 世纪中叶以后，随着“主权在民”、“天赋人权”、“社会契约论”等资产阶级民主思想的广为传播和深入人心，“王权神圣不可侵犯”的教条被彻底废除。根据卢梭的社会契约思想，国王统治国家乃是基于人民的委托和社会契约，无论国家还是国家的统治者都无权随意侵犯公民的合法权益。因此，理论上，论证国家应有限地承担赔偿责任的行政赔偿理论不断涌现。例如，在法国，学说开始将国家行为划分为权力行为与管理行为两种。权力行为是国家基于统治者的地位而行使的行为，例如征兵、课税等，公务员在从事此类行为时，如果对人民权益产生侵害，则国家仍不负赔偿责任，但是在后一类行为中，公务员所执行的是权力行为之外的其他管理行为，类似于民法上关于雇用人与受雇人、或法人与其代表机关之间的关系，应当承担赔偿责任。[②]

行政赔偿责任的正式确立，以法国 1873 年的“勃朗哥案”为标志。该案中，一个名叫勃朗哥的小孩，在横过马路时被一辆国营烟草工厂的货车撞伤，勃朗哥的家属向法院提起赔偿诉讼，并认为国有工厂工人的过失应由国家来承担责任，此案由权限争议法庭作出判决。通过这个案件，法院确立了行政法上的三项重要原则，包括：(1)国家对公务员的过错承担责任；(2)行政责任与民事责任不同，对行政责任应当适用不同于民法的特殊规则来处理；(3)行政责任案件应当由行政法院管辖。

---

① 吴庚：《行政法之理论与实用》，中国人民大学出版社 2005 年版，第 441 页。

② 叶百修：《国家赔偿法》，参见翁岳生编：《行政法》(下)，中国法制出版社 2002 年版，第 1551 页。

“勃朗哥案”无疑对现代行政责任和赔偿制度的确立具有开创性的意义，此后，行政赔偿进入了公务员个人责任与国家有限责任并存的阶段。

（三）行政赔偿制度的发展与成熟

“勃朗哥案”以后，西方国家的行政责任制度在突破了理论和法律障碍的基础上有了迅速的发展。法国行政法上开始采用“个人过错”与“公务过错”的划分技术，进一步为公权力行政行为承担行政责任提供理论基础。19 世纪末 20 世纪初，全面确立国家的行政赔偿责任的立法开始涌现。例如，德国于 1910 年以《国家责任法》的形式确立了公务员行使统治权行为所产生的赔偿责任，1919 年的《魏玛宪法》则在世界上首次以根本法的形式确立了国家赔偿责任。该法第 131 条规定：“官吏就其所受委任之职务行使公共权力，而违反对第三人之职务上的义务时，原则上由该官吏所属的国家或公共团体负其责任，但对于官吏有求偿权，上述损害赔偿，得以非司法手续求之。”第二次世界大战以后，随着民主法制建设与公民权利运动的推进，国家赔偿立法出现了高潮。1946 年，美国颁布《联邦侵权行为求偿法》，1947 年，英国制定《王权诉讼法》，同年，日本根据 1946 年新宪法出台了《国家赔偿法》，均全面确立了国家对公权力侵权行为承担赔偿责任的法律体系。

二、行政赔偿的概念及构成要件

我国《国家赔偿法》第 2 条明确提出了国家赔偿的含义：“国家机关和国家机关工作人员行使职权，有本法规定的侵犯公民、法人和其他组织的合法权益的情形，造成损害的，受害人有依照本法取得国家赔偿的权利。本法规定的赔偿义务机关，应当依照本法及时履行赔偿义务。”行政赔偿是国家赔偿的类型之一，具体而言，是指行政机关及其工作人员行使行政职权，有《国家赔偿法》规定的侵犯公民、法人和其他组织的合法权益的情形，造成损害的，应依法承担赔偿责任的制度。

国家赔偿责任的基础实际上就是国家侵权，因此从侵权法的一般理论结合《国家赔偿法》的立法来看，行政主体、违法行政行为、损害结果以及违法行政行为与损害结果之间具有因果关系，是行政赔偿的四个构成要件，这四个要件决定了国家承担行政赔偿责任的条件。

(1)从主体要件来看，行政赔偿的义务机关为国家行政机关及其工作人员，虽然国家行政机关的职权行为是通过具体的工作人员实施的，但是只要该行为为职务行为，则公务员的行为即为代表国家行使，应由行政机关来承担赔偿责任。当然在行政机关内部，也可以通过追偿程序要求故意或有重大过失的公务员承担责任。另外，《国家赔偿法》第 7 条规定：“法律、法规授权的组织在行使授予的行政权力时侵犯公民、法人和其他组织的合法权益造成损害的，被授权的组织为赔偿义务机关。受行政机关委托的组织或者个人在行使受委托的行政权力时侵犯公民、法人和其他组织的合法权益造成损害的，委托的行政机关为赔偿义务机关。”因此，在行政授权和行政委托中，具有行政主体资格的被授权组织或委托组织，也是行政赔偿责任的承担主体。

(2)从行为要件来看，哪些行为属于行政赔偿的范围，具有法定性与职务性的特征。首先，《国家赔偿法》第3条、第4条对侵犯人身权和财产权的违法行政行为进行了列举，包括违法行政处罚、非法拘禁、违法行政强制措施、违法征收征用以及违法使用武器警械等。其次，对第3条、第4条中的兜底条款“其他行为”的理解，应当包括作为与不作为，行政法律行为与行使行政职务相关的事实行为。最后，《国家赔偿法》第5条从否定角度设定了行政赔偿的排除范围，包括与行使职权无关的个人行为等。对职权行为与个人行为的划分，属于行政赔偿责任之行为要件的判断核心，应当综合考虑行为的主体、内容、时空等要素，并结合具体案例事实加以确定。[①]

(3)从损害结果要件来看，行政赔偿侵犯的合法权益以人身权和财产权为限。根据《国家赔偿法》第3条、第4条，行政机关的侵权行为侵犯公民人身自由权、生命健康权和财产权的，应当予以赔偿。侵犯人身权、财产权之外的合法权益的行政行为，如政治权利和自由，考虑到目前我国国家赔偿制度的现状，并不属于行政赔偿的范围。

(4)因果关系要件，解决的是损害行为与损害结果之间的逻辑联系问题，也就是说，作为结果的特定损害事实，确实是由作为原因的特定国家侵权行为造成的，否则，就不能在受损权益与国家责任之间建立有机联系。行为与损害结果之间的因果关系，往往较为复杂，有一因一果、一因多果、多因一果、多因多果等情形，因此，因果关系要件设定的宽严程度，是行政赔偿实务中较难把握的一个问题，既要避免设定过宽带来的国家责任泛化，也要避免设定过窄带来的公民权利保障受阻。

因果关系的判断，在理论上存在强调原因与结果之间具有本质的、必然的联系的“必然因果关系说”，强调原因与结果之间具有直接的、正常的联系的“直接因果关系说”，以及强调原因与结果之间有适当的、符合一般理性的联系的“相当因果关系说”等主张。[②] 一般在我国审判实务上，行政赔偿责任的认定多采用“必然因果关系说”或“直接因果关系说”，但是也有学者认为，“审判实务中常用的这些术语，虽然不是很准确，却也在很大程度上体现了相当因果关系说的理念”。[③]

三、行政赔偿与相关概念的区别

为进一步理解行政赔偿的概念，这里有必要将行政赔偿与其他相关概念的联

① 关于职务行为的认定标准，进一步的讨论，参见江必新、梁凤云、梁清：《国家赔偿法理论与实务》(上卷)，中国社会科学出版社2010年版，第300—306页。

② 详细的讨论参见房绍坤、毕可志编著：《国家赔偿法学》(第二版)，北京大学出版社2011年版，第99—100页。

③ 沈岿：《国家赔偿法：原理与案例》，北京大学出版社2011年版，第172页。

系与区分作一梳理。

(一) 行政赔偿与国家赔偿

行政赔偿是国家赔偿的一种类型,由《国家赔偿法》予以规定,国家赔偿是行政赔偿的上位概念。在实行三权分立的国家,因立法机关行使立法权、行政机关行使行政权、司法机关行使司法权的行为给公民造成权益损害的,国家赔偿被划分为立法赔偿、行政赔偿和司法赔偿。我国《国家赔偿法》的调整范围包括行政赔偿和司法赔偿,不包括立法赔偿。

(二) 行政赔偿与司法赔偿

行政赔偿与司法赔偿是两种不同性质的国家赔偿责任,就我国《国家赔偿法》的调整范围而言,前者是由行政侵权行为引起的,而后者的赔偿义务机关则为行使侦查、检察、审判职权以及看守所、监狱管理职权的机关及其工作人员。在我国《国家赔偿法》上,司法赔偿又可划分为刑事赔偿和民事、行政诉讼司法赔偿,前者主要调整刑事司法行为,而后者则适用于法院的民事、行政诉讼司法行为。行政赔偿与刑事赔偿构成了我国《国家赔偿法》的两大主要类型。从《国家赔偿法》的规定来看,两者的区别主要体现为以下三点。

1. 赔偿义务机关和赔偿范围不同。行政赔偿是由行政侵权行为引起的,赔偿义务机关为行使行政职权的国家机关及其工作人员。司法赔偿是由司法侵权行为引起的,赔偿义务机关为行使侦查、检察、审判职权的机关以及看守所、监狱管理机关及其工作人员。

2. 归责原则不同。根据我国《国家赔偿法》,行政赔偿的归责原则实行违法性原则,即以行使行政职权的行为是否存在违反法律规定为判断标准。司法赔偿的归责原则则是实行违法归责原则和特定情形下的结果归责原则二元体系。例如,根据《国家赔偿法》第 17 条第(一)项,因对公民采取刑事拘留措施侵犯公民人身权的,国家赔偿责任的承担以该拘留行为违反刑事诉讼法实施或者依照刑事诉讼法规定的条件和程序实施,"但是拘留时间超过刑事诉讼法规定的时限"为判断标准。而根据该条第(二)项,对公民采取逮捕措施后,决定撤销案件、不起诉或者判决宣告无罪终止追究刑事责任的,则无论该逮捕措施是否是按照刑事诉讼法的规定实施的,义务机关都应承担国家赔偿责任。后者就属于特定情形下的结果归责责任。

3. 赔偿程序不同。行政赔偿程序包括单独向行政机关提起赔偿请求或者在行政复议、行政诉讼时一并提起赔偿请求两种,申请人有程序选择权。因先行向行政机关提出赔偿请求,但行政机关未予赔偿或者对赔偿数额有异议的,仍可提起行政赔偿诉讼,应当说,赔偿诉讼程序是行政赔偿的主要方式。司法赔偿程序则更为复杂。根据我国《国家赔偿法》,司法赔偿程序一般由赔偿义务机关先行处理程序、上一级机关复议程序、人民法院赔偿委员会决定程序、上一级人民法院赔偿委员会申诉程序组成。司法赔偿以人民法院赔偿委员会决定程序为主要审查方式，这是一种非讼特别程序。

（三）行政赔偿与民事赔偿

行政赔偿与行政机关的民事赔偿责任，又是两种不同法律属性的赔偿责任。行政赔偿是公法上的一种责任承担方式，是由公权力行为引发的，而行政机关的民事赔偿责任，则是行政机关以民事主体的身份参与民事法律活动时，例如签订合同、租赁房屋等，因违反民事法律规定而应承担的民事责任。前者适用《国家赔偿法》，而后者一般通过民事实体法及民事诉讼法来调整。

值得一提的是，在 1995 年我国出台专门的《国家赔偿法》规范因公权力引发的侵权责任之前，1986 年的《中华人民共和国民法通则》第 121 条规定："国家机关或者国家机关工作人员在执行职务中，侵犯公民、法人的合法权益造成损害的，应当承担民事责任。"

（四）行政赔偿与行政补偿

在我国行政法理论中，行政赔偿不同于行政补偿，两者的区别体现为以下四点。

1. 前提不同。行政赔偿是因行政主体违法行使行政职权引起的赔偿责任，而行政补偿则是因行政主体的合法行为造成公民权益受损而引起的，例如合法的土地征用、房屋拆迁行为等。

2. 处理方式不同。行政赔偿必须以损害事实的发生为前提，而行政补偿一般在损害事实发生前，先行给予相对人补偿。

3. 性质不同。行政赔偿是一种事后救济程序，以司法审查为主要审查方式，行政补偿则是一种由行政机关作出补偿决定的事前程序。

4. 法律属性不同。行政赔偿是行政责任制度的核心，但严格意义上说，行政补偿不是一种行政责任，它是基于行政主体的一种法定的"积极义务"而实施的补救性行政行为。①

第二节　行政赔偿的范围

一、行政赔偿的范围概述

我国《国家赔偿法》第 3 条、第 4 条，通过列举式的规定肯定了行政赔偿的行为

① 胡建淼：《行政法学》（第二版），法律出版社 2003 年版，第 502 页。

范围,即国家对哪些行政行为应当承担赔偿责任。从这两个条文来看,我国《国家赔偿法》规定了两类赔偿行为:一是侵犯人身权的行政行为,二是侵犯财产权的行政行为。

首先,我国《国家赔偿法》对行政赔偿范围的确定,主要是"在行政诉讼法规定的基础上,针对目前实际存在的问题",对赔偿范围作适当规定。[①] 因此,一些被行政诉讼法排除在受案范围之外的行政行为,如国家行为、抽象行政行为、军事行为等,没有纳入行政赔偿的范围。根据最高人民法院《关于审理行政赔偿案件若干问题的规定》第 6 条:"公民、法人或者其他组织以国防、外交等国家行为或者行政机关制定发布行政法规、规章或者具有普遍约束力的决定、命令侵犯其合法权益造成损害为由,向人民法院提起行政赔偿诉讼的,人民法院不予受理。"抽象行政行为针对的是不特定的多数公民,受众广泛,可反复适用,且具有一定的政策性,从我国目前的国家赔偿实践来看,还不宜将这类行为纳入赔偿范围。另外,军事赔偿"主要是军队在演习、训练过程中,公民受到损失,需要采取适当方式补偿,由于这不是因违法行为造成的损害,不宜列入国家赔偿的范围"[②]。

其次,行政赔偿的行为范围既包括列举的具有强制性的具体行政行为,也包括与行使行政职权相关的事实行为,例如殴打、虐待等行为。根据最高人民法院《关于审理行政赔偿案件若干问题的规定》第 1 条:"《国家赔偿法》第三条、第四条规定的其他违法行为,包括具体行政行为和与行政机关及其工作人员行使行政职权有关的,给公民、法人或者其他组织造成损害的,违反行政职责的行为。"从这一点来看,行政赔偿的行为范围实际上大于行政诉讼的受案范围。

再次,行政行为侵犯人身权、财产权之外的合法权益的,例如政治权利和自由,考虑到目前我国国家赔偿的现状,亦未纳入赔偿的范围。

最后,从《国家赔偿法》的立法精神和相关司法解释来看,侵犯公民人身权、财产权的行为既包括作为,也包括不作为。根据《国家赔偿法》第 3 条第(三)项,"放纵他人以殴打、虐待等行为造成公民身体伤害或者死亡的",属于行政赔偿的范围。同时 2001 年 7 月 17 日,最高人民法院针对四川省高级人民法院《关于公安机关不履行法定职责是否承担行政赔偿责任的问题的请示》作出的批复,也明确"由于公安机关不履行法定行政职责,致使公民、法人和其他组织的合法权益遭受损害的,应当承担行政赔偿责任"。

---

① 参见全国人大常委会法制工作委员会副主任胡康生:《关于〈中华人民共和国国家赔偿法(草案)〉的说明》,1993 年 10 月 22 日在八届全国人大常委会第四次会议上的讲话。

② 同①。

二、行政赔偿的肯定范围

我国《国家赔偿法》有关行政赔偿的行为范围，分别从侵犯人身权和侵犯财产权两个方面加以规定。《国家赔偿法》第 3 条规定，人身自由权和生命健康权受到违法职权行为侵害时可以依法提起行政赔偿，第 4 条规定，财产权受到违法职权行为侵害时可以依法提起行政赔偿。同时两个条文均通过兜底条款——“其他违法行为”的规定，扩大了国家赔偿的覆盖范围和种类。

（一）侵犯人身权的行为范围

《国家赔偿法》上公民的人身权，包含人身自由权与生命健康权。前者是指自然人的身体活动与精神活动不受不当拘束或妨碍之权利，后者包括身体之安全与健康不受不当妨害之权利。可以说，自由权是以人的动态利益为标的的人身权，而身体权、健康权是以人的静态利益为标的的人身权。值得注意的是，1995 年《国家赔偿法》出台时，对人身权的保护仅限于身体行动的自由，不包括精神自由，仅限于生理健康，不包括心理健康。2010 年新修正的《国家赔偿法》则将理论和实务界一直呼吁的侵害精神健康的行为也纳入赔偿范围，根据修正后的《国家赔偿法》第 35 条，有侵犯人身权的行政行为，且“致人精神损害的，应当在侵权行为影响的范围内，为受害人消除影响，恢复名誉，赔礼道歉；造成严重后果的，应当支付相应的精神损害抚慰金”。即对于侵犯人身权的行政赔偿的标准扩展至精神损害赔偿，不能不说是我国国家赔偿制度的一个进步。

侵犯公民人身自由权和生命健康权的行政行为种类，主要包括以下五类。

1. 违法拘留或者违法采取限制公民人身自由的行政强制措施。拘留包括行政拘留、司法拘留和刑事拘留三种形式。这里仅指违法的行政拘留，不包括司法拘留与刑事拘留。行政拘留是特定行政机关对违法行为人实施的短期内限制其人身自由的处罚形式。这是行政处罚中最为严厉的一种形式。根据《行政处罚法》、《治安管理处罚法》、《国家安全法》等规定，实施行政拘留的机关只能是特定的行政机关，即公安机关和国家安全机关，且由人民警察执行，其他行政主体或个人不得为之。拘留期限也由法律严格规定，一般为 1 日以上 15 日以下，合并执行的，最长不超过 20 日。

所谓行政强制措施，是指行政机关为了维护和实施行政管理秩序，预防与制止社会危害事件与违法行为的发生与存在，依照法律、法规规定，针对特定公民、法人或者其他组织的人身、行为及财产进行临时性约束或处置的限权性强制行为。[①] 根据《行政强制法》、《治安管理处罚法》、《突发事件应对法》、《禁毒法》等，限制公民

---

① 胡建淼：《行政法学》，法律出版社 2010 年版，第 316 页。

人身自由的行政强制措施的适用情形、实施主体、期限、程序等应当由法律严格设定，实施行政强制措施的目的已经达到或者条件已经消失的，应当立即解除。

实践中，违法行政拘留或者违法采取限制公民人身自由的行政强制措施的情形主要有：(1)主体不合格；(2)适用对象错误；(3)缺乏事实根据的拘留或者强制措施；(4)适用法律错误的拘留或者强制措施；(5)违反法定程序实施；(6)超过法定期限等。行政机关在行使拘留或行政强制措施权时，若存在上述违反法律规定的情形造成公民权益受损的，则属于行政赔偿的范围。

2. 非法拘禁或者以其他方法非法剥夺公民人身自由的行为。非法拘禁，是指行政机关及其工作人员在行使职权过程中，以拘禁的方法非法剥夺他人人身自由的行为。以其他方式非法剥夺公民人身自由，是指行政机关采取非法拘禁以外的方式，例如非法扣押、关押、捆绑、强制禁闭等，非法剥夺公民人身自由。

非法拘禁与违法拘留的区别在于：非法拘禁是行政机关在法定行政拘留或限制人身自由的行政强制措施之外，剥夺公民人身自由；而违法拘留，则往往是行政机关在法定职权范围内违反有关规定，限制公民的人身自由。实践中，某些没有行政拘留权或者强制措施权的行政机关，由于法制意识淡薄，经常采用非法限制公民人身自由的方式来要求公民履行一定的行政法上的义务，反映了依法行政理念的薄弱和执法方式的粗暴，结果是，以承担行政赔偿责任的方式，为违法行为付出代价。

3. 殴打、虐待等暴力行为。暴力行为，是指国家行政机关工作人员在行使职权时违法乱纪，殴打公民或者以虐待等其他暴力方法使公民的身体健康或生命受到损害。从本质上讲，暴力行为本身并不是职务行为，但是无论何种形式的暴力行为，只要发生在行政职权的行使过程中，与行使职权有关，从保护相对人权益的角度，就应当纳入行政赔偿的范围。

殴打、虐待等暴力行为可以是行政机关工作人员自己实施的，也可以是行政机关工作人员唆使、放纵他人实施的。唆使是一种作为行为，而放纵则是一种不作为行为，例如对他人实施暴力行为采取默许、视而不见、不予组织等默示方式纵容他人实施殴打、虐待等。

4. 违法使用武器、警械。武器是指枪支、弹药等致命性警用武器；警械是指警棍、催泪弹、高压水枪、特种防爆枪、手铐、脚镣、警绳等警用器械。

国家对武器、警械的使用条件、使用主体、适用对象等由立法作出专门的规定。例如，根据《人民警察使用警械和武器条例》第 7 条，只有在遇到结伙斗殴、寻衅滋事、侮辱妇女等流氓活动，聚众扰乱车站等公共场所秩序，非法举行集会、游行、示威，袭击人民警察等特定情形时，经警告无效，方可使用警棍、催泪弹等驱逐性、制服性警械，且“应当以制止违法犯罪行为为限度”。否则，违法使用武器、警械造成公民身体伤害或者死亡的，国家应承担赔偿责任。

5. 造成人身损害的其他违法行为。《国家赔偿法》有关"造成公民身体伤害或者死亡的其他违法行为"的规定，是一个兜底性的规定，旨在对有关违法致伤致死的未尽事宜进行概括性规定。例如，《行政许可法》第 76 条规定，行政机关违法实施行政许可，给当事人的合法权益造成损害的，应当依照《国家赔偿法》的规定给予赔偿。根据最高人民法院《关于审理行政许可案件若干问题的规定》第 13 条，"被告在实施行政许可过程中，与他人恶意串通共同违法侵犯原告合法权益的，应当承担连带赔偿责任；被告与他人违法侵犯原告合法权益的，应当根据其违法行为在损害发生过程和结果中所起作用等因素，确定被告的行政赔偿责任；被告已经依照法定程序履行审慎合理的审查职责，因他人行为导致行政许可决定违法的，不承担赔偿责任"，进一步明确了行政许可机关承担行政赔偿责任的情形。

(二) 侵犯财产权的行为范围

财产权在宪法学上是一个极为宽泛的概念，根据日本学者阪本昌成的观点，财产权是"对财产的法的利益"，"财产"则是"满足人的各种各样欲求的有形无形的手段"。[①] 一般认为，宪法上的财产权是指民事权利主体所享有的具有一定物质内容并直接体现为经济利益的权利，包括物权、债权、知识产权等。[②] 我国《国家赔偿法》第 4 条规定了四类侵犯财产权的行为。

1. 违法行政处罚。行政处罚是指行政机关依法对违反行政法律规范的行政相对人实施的一种惩戒性法律制裁。我国《行政处罚法》明确设定了六类处罚：警告；罚款；没收违法所得，没收非法财物；责令停产停业；暂扣或者吊销许可证、暂扣或者吊销执照；行政拘留。除了警告和行政拘留以外，其他都是直接针对财产权实施的惩戒性措施。例如，罚款是要求违法行为人在一定期限内交纳一定数量金钱的处罚方式，是目前行政管理中应用最为广泛的一种处罚手段。对行政罚款的适用条件、种类、数额幅度和适用程序等，《行政处罚法》及具体的部门性行政法律、法规都有明确的规定，这就要求行政机关作出罚款决定时，要防止出现构成违法处罚的认定要件，否则就应承担赔偿责任。实践中，违法的罚款行为主要有：(1)主体无权限；(2)巧立名目，越权罚款；(3)超越法定数额和幅度实施罚款；(4)违反"一事不再罚"；(5)程序违法；(6)显失公正等。

2. 违法行政强制措施。如前所述，行政强制措施，作为行政机关针对特定公民、法人或者其他组织的人身、行为及财产进行临时性约束或处置的限权性行为，可以划分为对人的强制、对物的强制和对场所的强制。对财物的处置，表现为对所有权四项权能，即占有、使用、收益、处分的各项处理。具体表现为，对财物的查封、

---

① [日]阪本昌成：《宪法理论》(Ⅲ)，日本成文堂 1995 年版，第 250 页。转引自韩大元、林来梵、郑贤君：《宪法学专题研究》，中国人民大学出版社 2004 年版，第 344 页。

② 《宪法和宪法修正案学习问答》，中国民主法制出版社 2004 年版，第 199 页。

扣押和冻结，以及划拨、扣缴、强制拆除、登记保全、拍卖变卖财产等对财物的使用、处分的某种限制性行为。

行政机关违法实施行政强制措施的，例如，对无权实施的扣押、滥用职权实施的查封、冻结了相对人的合法财产、违反法定程序等，将对公民、法人或其他组织的财产的流通和使用，构成直接的限制或剥夺，造成他们的物质损失。因此，如果行政机关违法的强制措施行为，造成公民、法人和其他组织财产权受损的，受害人有权请求国家赔偿。

3. 违法征收、征用。行政征收是指国家行政主体凭借国家行政权，依法向行政相对人强制的、无偿的征集一定数额金钱或实物的行政行为。主要由行政征税和行政征费两大类组成。行政征用，则是指国家行政主体对非国家所有的财物进行强制的、有偿的征购和使用。[①] 两者的区别在于前者是对所有权的剥夺，一般是无偿的，而后者一般针对使用权，部分也针对所有权，如征地行为，且一般是有偿的。尽管有一定区别，但两者的核心都在于国家基于公共利益的需要，无需征得财产权人的同意，根据单方面的意思表示即可取得私人财产，是对私有财产权的强制剥夺与限制。这体现了征收、征用权与私有财产权的冲突，亦即体现了个人利益与公共利益的冲突。我国第四次宪法修正案既强调了“公民的合法的私有财产不受侵犯”，又规定了“国家为了公共利益的需要，可以依照法律规定对公民的私有财产实行征收或征用”。这就说明，既要保障征收、征用权的正当合法行使，维护和增进公共利益，又要防止征收、征用权的滥用，有效地保护私有财产权。两者之间形成动态平衡的关系，关键就在于由法律对征收、征用权的边界划出严格的限定：一是为了公共利益的目的；二是必须严格依照法律规定的程序；三是必须予以公正补偿。行政主体如果违法实施征收、征用的，就应承担国家赔偿责任。

4. 造成财产损害的其他违法行为。造成财产损害的其他违法行为，是指除了前述列举的三类侵犯财产权的具体行政行为以外，其他由行政机关及其工作人员行使职权造成公民、法人、其他组织财产损害的行为，这是一个概括性的兜底条款。

造成财产损害的其他违法行为，可以是除了违法的行政处罚、行政强制措施、征收与征用以外的其他具体行政行为，例如，违法行政登记、违法行政许可、违法行政裁决等，也可以是与行使行政职权相关的行为，例如，行政机关在行政执法过程中，打碎、砸坏公民、法人或其他组织的其他合法财产等。

(三) 行政赔偿的排除范围

我国《国家赔偿法》第 5 条规定了行政赔偿的免责情形，设定了三类行为属于行政赔偿的排除范围。

---

① 胡建淼：《行政法学》(第二版)，法律出版社 2003 年版，第 260 页、第 263 页。

1. 个人行为。行政机关工作人员的行为,从广义来讲,包括职权行为和个人行为。从行政赔偿的构成要件来看,只有职权行为才属于行政赔偿的范围,对于职权行为造成的损害,国家应承担赔偿责任。所谓个人行为,是指行政机关工作人员所为与职权无关的涉及个人感情、利益等因素的行为,例如以个人名义实施的各类行为或公务人员在行使职权时间以外的民事等其他法律行为。对于与行政职权无关的个人行为,应当由公务员个人承担民事赔偿责任。

一般而言,职权行为与个人行为的区别主要有以下三个方面。第一,主体要素,即实施具体的行为时,是否是以公权力机关的名义进行的,可以从公职人员的身份以及是否身着制服、佩戴公务标志来进行判断。但是冒充公职人员进行的欺骗行为,本质上并非公职人员实施的行为,应由行为人个人承担法律责任。第二,时空要素,即该行为发生的时间和地点,是否是在工作时间或特定办公场所。在工作时间和地点之外发生的行为,例如警察下班后去酒吧娱乐与他人因琐事发生冲突将他人打伤,因与行使职权无关,则属于个人行为。第三,职权要素,即行为内容与行政职权之间的关联性。实践中,判断一个行为是职权行为还是个人行为,不能简单按照行为发生时的主体或者时间等单一因素来判断,最根本的是要看该行为与行政职权的行使是否存在必然联系,或者外观上是否具有履行职责的一般特征以至于一般人都会认为这是职务行为,从而从保护公民合法权益的角度,判定国家是否应承担行政赔偿责任。

2. 受害人自己的行为。因公民、法人或者其他组织自己的行为致使损害发生的,即使是发生在行政机关及其工作人员行使职权时,但从行政赔偿的构成要件上看,职权行为因为与损害结果之间缺乏因果关系,因而国家不承担赔偿责任。例如,公民因不服行政处罚,而以自伤的手段向行政机关抗议,此时,就公民自伤行为造成的损害,要求行政机关予以赔偿的,则不能得到法院的支持。

实践中,较为复杂的情形是,损害是由职权行为与自伤行为共同造成的,或者存在一定的联系。此时,从审判实践来看,一般是从因果关系的角度,确定行政机关与受害人各自责任的大小,并确定相应的赔偿责任。

3. 法律规定的其他情形。行政赔偿的免责范围可以由法律作出设定,这里的法律仅是指全国人大及其常委会所指定的基本法和一般法,不包括行政法规、地方性法规、规章及规章以下的规范性文件。这说明,行政赔偿免责范围的限定是极为严格的。

第三节　行政赔偿请求人和赔偿义务机关

行政赔偿法律关系中的当事人,从广义上讲,包括行政赔偿请求人、行政赔偿义务机关以及第三人，从狭义上讲，仅指行政赔偿请求人与行政赔偿义务机关。修正后的《国家赔偿法》进一步对行政赔偿请求人与义务机关的条件作了完善和细化规定，本节将主要讨论请求人资格与义务机关的确定。

一、行政赔偿请求人

行政赔偿请求人，是指其合法权益受到违法行政行为的侵害，依法提出行政赔偿请求的个人或者组织。行政赔偿请求人包括公民、法人或者其他组织。公民是指具有特定国家国籍的自然人，包括中国公民和外国公民。法人是具有民事权利能力和民事行为能力，依法独立享有民事权利和承担民事义务的组织。其他组织是指不符合法人条件或不具有法人资格的组织。《国家赔偿法》第 40 条规定，外国人、外国企业和组织在中华人民共和国领域内要求中华人民共和国国家赔偿的，适用本法。外国人、外国企业和组织的所属国对中华人民共和国公民、法人和其他组织要求该国国家赔偿的权利不予保护或者限制的，中华人民共和国与该外国人、外国企业和组织的所属国实行对等原则。

我国《国家赔偿法》第 6 条同时规定了行政赔偿请求人资格转移制度。所谓请求人资格转移，即在原有请求权资格的公民、法人或者其他组织发生死亡或者终止的情形下，为了保护承受者的权益，其请求资格依法转移给特定的公民、法人或者其他组织。

行政赔偿请求人资格转移表及其他

自然人请求权转移	由继承人和有扶养关系的亲属以及死者生前扶养的无劳动能力人继受。
法人或组织请求权转移	由承受其权利的法人或组织继受。
请求权时效计算	侵权行为被确认违法之日起 2 年内提出请求，但请求人被羁押期间不计。
时效的中止	最后 6 个月因不可抗力等事由可以中止，事由消除后继续计算。

国家赔偿请求权是一种债权，受害公民死亡的，根据《继承法》的规定，继承人有权继承其包括债权在内的遗产，有扶养关系的亲属有权在继承之外分得其遗产，所以两者都有权要求国家赔偿。[①] 继承人行使国家赔偿请求权的顺序，应依照继承法规定的顺序进行。配偶、子女、父母为第一顺序继承人，兄弟姐妹、祖父母、外

① 如果出现求偿主体数人时，赔偿金如何分配？1996 年 10 月 28 日，最高人民法院赔偿委员会在《关于如何处理石晓丽等 5 人请求赔偿一案的批复》(法赔复〔1996〕2 号)中指出：多位赔偿请求人都享有申请国家赔偿的权利，各自都应获得一部分赔偿金。赔偿金不应按份额平均分割，在作出赔偿决定时，应适当照顾未成年人的利益，并应就赔偿请求人各自获得的赔偿金额直接作出决定。

祖父母为第二顺序继承人。

法人和其他组织终止有多种情况,包括依法被取缔、破产、合并或分立等。法人和其他组织被取缔、破产的,不发生权利义务的转移问题。这里,法人和其他组织终止是指其经合并或者分立后权利义务转移给其他法人、组织的情形。此时承受的终止法人或其他组织权利义务,应当包括国家赔偿请求权。

二、行政赔偿义务机关

行政赔偿义务机关,是指因其本身或所属工作人员或者其委托的组织,违法行使行政职权侵犯相对人的合法权益,依法必须承担赔偿责任的行政机关。根据我国《国家赔偿法》、《行政诉讼法》以及最高人民法院《关于审理行政赔偿案件若干问题的规定》的相关规定,行政赔偿义务机关的具体认定,应当区分不同情况而定。

1. 两个以上行政机关共同行使行政职权时侵犯公民、法人和其他组织的合法权益造成损害的,共同行使行政职权的行政机关为共同赔偿义务机关。这里的两个以上的行政机关是指两个以上具有独立主体资格的行政机关,不包括同一行政机关内部的两个以上具有独立主体资格的行政机关,不包括同一行政机关内部具有从属关系的两个以上的行政机构和组织。

2. 由法律、法规授权的组织在行使授予的行政权力时侵犯公民、法人和其他组织的合法权益造成损害的,被授权的组织为赔偿义务机关。这里所说的法律、法规授权,必须是法律、法规明文规定的授权,规章以及规章以下的规范性文件所作的授权只能视为委托,发生赔偿问题,由委托机关作为赔偿义务机关。

3. 受行政机关委托的组织或者个人在行使受委托的行政权力时侵犯公民、法人和其他组织的合法权益造成损害的,委托的行政机关为赔偿义务机关。值得注意的是,如果受委托的组织或者个人所实施的致害行为与委托职权无关,则该被致害行为只能被认定为个人行为,由致害人承当民事责任。

4. 赔偿义务机关被撤销的,继续行使其职权的行政机关为赔偿义务机关,没有继续行使职权的行政机关的,撤销该赔偿义务机关的行政机关为赔偿义务机关。毕竟国家赔偿的实质是赔偿责任由国家来承担。

5. 经复议机关复议的,最初造成侵权行为的行政机关为赔偿义务机关,但复议机关的复议决定加重损害的,复议机关对加重的部分履行赔偿义务。也就是说,复议机关是最初造成侵权行为的行政机关的上一级行政机关,但赔偿义务机关仍为最初造成侵权行为的行政机关;只有当复议机关的复议决定加重损害的,复议机关才对加重的部分履行赔偿义务。在后一种情形下,复议机关与原侵权机关不是共同赔偿义务机关,不负连带责任,而是各自对自己侵权造成的损害承担责任。《最高人民法院关于审理行政赔偿案件若干问题的规定》第 18 条对此作了详细阐述:复议机关的复议决定加重损害的,赔偿请求人只对作出原决定的行政机关提起行政赔偿诉讼，作出原决定的行政机关为被告；赔偿请求人只对复议机关提起行政赔偿诉讼的，复议机关为被告。

6. 根据行政诉讼法及相关司法解释，行政机关的内设机构、派出机构在法律、法规、规章的授权范围内行使职权时侵犯公民、法人或者其他组织的合法权益造成损害的，视为自己的侵权行为，自己为赔偿义务机关；内设机构或派出机构执行设立机关交办的任务时侵害公民、法人或者其他组织合法权益的，应当视为受委托实施的侵权行为，由设立机关即委托的行政机关为赔偿义务机关。

7. 根据《最高人民法院关于审理行政赔偿案件若干问题的规定》第 19 条，行政机关根据《行政诉讼法》第 66 条申请人民法院强制执行生效的具体行政行为的，由于据以强制执行的根据错误而发生行政赔偿诉讼的，申请强制执行的机关为赔偿义务机关。

行政赔偿义务机关一览表

单独行政赔偿	行政机关及其工作人员行使行政职权侵犯公民、法人或其他组织的合法权益造成损害的，该行政机关为赔偿义务机关。
共同行政赔偿	两个及以上行政机关共同行使行政职权时侵犯公民、法人或其他组织的合法权益造成损害的，为共同赔偿义务机关，负连带责任。
授权组织赔偿	法律、法规授权的组织在行使行政职权时侵犯公民、法人或者其他组织的合法权益造成损害的，该组织为赔偿义务机关。
委托机关赔偿	受行政机关委托的组织或者个人在行使受委托职权时侵犯公民、法人或其他组织的合法权益造成损害的，委托的行政机关为赔偿义务机关。
继受机关赔偿	赔偿义务机关被撤销的，由继续行使职权的机关赔偿。
撤销机关赔偿	赔偿义务机关被撤销又无继受机关的，由撤销它的机关赔偿。
复议机关赔偿	经复议机关复议，最初造成侵权行为的行政机关为赔偿义务机关，但复议机关的复议决定加重损害的，复议机关对加重的部分履行赔偿义务。复议机关与原侵权机关不是共同赔偿义务机关，不负连带责任，而是各自对自己侵权造成的损害承担责任。之所以这么确定，因为它们之间是一种混合责任。而原决定机关和复议机关之间的责任非常分明，特别是复议机关加重的部分非常明确，因此，它们之间就不是一种连带责任(按份责任)。
派出机构赔偿	派出机构在法律、法规、规章的授权范围内行使职权时侵犯公民、法人或者其他组织的合法权益造成损害的，视为自己的侵权行为，自己为赔偿义务机关； 派出机构执行设立机关交办的任务时侵害公民、法人或者其他组织合法权益的，应当视为受委托实施的侵权行为，由设立机关即委托的行政机关为赔偿义务机关。
申请机关赔偿	申请法院强制执行具体行政行为，由于执行根据错误的，由申请机关赔偿。

注意：赔偿义务机关赔偿损失后，应当责令有故意或者重大过失的工作人员或者受委托的组织或者个人承担部分或者全部赔偿费用。对有故意或者重大过失的责任人员，有关机关应当依法给予行政处分；构成犯罪的，应当依法追究刑事责任。

第四节　行政赔偿程序

一、行政赔偿程序概述

行政赔偿程序，是指依据《国家赔偿法》，由行政赔偿请求人提出赔偿请求，赔偿义务机关、复议机关或者法院受理并解决行政赔偿争议的方式、步骤、顺序和时限。

我国行政赔偿程序的突出特点是实行“双轨制”，赔偿请求人有程序选择权。根据《国家赔偿法》第9条：“赔偿义务机关有本法第3条、第4条规定情形之一的，应当给予赔偿。赔偿请求人要求赔偿，应当先向赔偿义务机关提出，也可以在申请行政复议或者提起行政诉讼时一并提出。”即赔偿请求人可以向赔偿义务机关单独提起赔偿请求，由赔偿义务机关先行处理；同时，也可以在行政复议、行政诉讼时一并提起赔偿请求，或者对赔偿义务机关的处理决定不满的，提起赔偿诉讼程序。前者我们称为行政赔偿的先行处理程序，后者称为行政赔偿的复议、诉讼程序。

首先，先行处理程序实质为一种行政程序，可以由赔偿请求人先行向赔偿义务机关提出，赔偿请求时效为知道或应当知道权利受侵害之日起的两年内。先行处理程序可以转化为赔偿诉讼程序，根据《国家赔偿法》，如果赔偿义务机关不予赔偿或者对赔偿数额不满，请求人可以在三个月内向人民法院提起赔偿诉讼。

其次，复议、诉讼并行程序实为一种司法或准司法程序。请求人可以将要求判定行政行为违法以及行政赔偿请求在申请行政复议或者提起行政诉讼时一并向复议机关或法院提出，这时争议的行政行为本身的合法性往往还有待有权机关判定，同时也要求争议的行政行为与赔偿请求之间具有因果联系及赔偿请求的损害事实，是由违法的具体行政行为造成的。复议、诉讼一并程序的具体要求，如请求时效等，则应依据《行政复议法》和《行政诉讼法》的相关规定。

最后，赋予请求人以程序选择权，更好地保护了公民的合法权益。修正后的《国家赔偿法》在行政赔偿程序方面，作了诸多细化与完善的规定，包括取消了确认程序；将听取请求人意见和协商程序引入先行处理程序；行政机关不予赔偿的应当说明理由；对行政赔偿先行处理程序与行政赔偿诉讼程序的衔接进行了细化，从而更好地保护了相对人的救济权利。①

---

① 朱新力、骆梅英主编：《新编国家赔偿法要义与案例释解》，法律出版社2011年版，第123—124页。

二、行政赔偿的先行处理程序

行政赔偿先行处理程序，是指行政赔偿权利人依法请求损害赔偿时，应先向赔偿义务机关请求，而不得直接向法院提起赔偿之诉。① 有学者指出，这种模式的优点主要体现为三个方面。其一，正确区分了行政机关与法院的角色定位，也体现了对行政机关首次判断权的尊重。行政机关在具体事实认定、赔偿数额确定等方面有着"天然优势"，而法院则在法律适用、程序审查等方面更为擅长。其二，有助于为法院解决行政赔偿争议构筑必要的过滤机制。由于受司法资源、能力等限制，法院并不适合处理所有的纠纷与争议。行政机关的先行处理机制减轻了法院的负担，有利于保证法院有足够的时间、资源来处理那些在性质上必须由其处理的争议。其三，相对于行政诉讼程序，行政赔偿先行处理程序更为简便、及时，有助于减少赔偿请求人的诉累，降低求偿成本。② 也正是在这一意义上，行政赔偿先行处理程序往往成为各国解决行政赔偿案件的首选。

（一）赔偿请求时效

行政赔偿的请求时效，是指行政赔偿请求权人，在权利受到行政职权行为的侵害时请求保护的期限。《国家赔偿法》第 39 条规定：赔偿请求人请求国家赔偿的时效为两年，自其知道或者应当知道国家机关及其工作人员行使职权时的行为侵犯其人身权、财产权之日起计算，但被羁押等限制人身自由期间不计算在内。

首先，修正后的《国家赔偿法》将赔偿时效的期间计算由"自国家机关及其工作人员行使职权时的行为被依法确认为违法之日起计算"修正为"自其知道或者应当知道国家机关及其工作人员行使职权时的行为侵犯其人身权、财产权之日起计算"，这是取消确认程序后，对请求时效起算期日作了更准确的表达。

其次，考虑到除羁押以外，尚有其他措施亦可能限制人身自由，妨碍赔偿请求权之行使，因此将原条文中的"但被羁押期间不计算在内"修正为"但被羁押等限制人身自由期间不计算在内"，扩大了对赔偿请求人的权益保护。

最后，第 39 条第 2 款同时规定了时效中止。即赔偿请求人在赔偿请求时效的最后六个月内，因不可抗力或者其他障碍不能行使请求权的，时效中止。从中止时效的原因消除之日起，赔偿请求时效期间继续计算。

（二）赔偿请求的提出

赔偿请求人提出申请，是启动赔偿程序的重要途径，也是获取行政赔偿的前提条件。根据《国家赔偿法》第 9 条，赔偿请求人可以向赔偿义务机关径直提出赔偿

---

① 马怀德主编：《国家赔偿问题研究》，法律出版社 2006 年版，第 210 页。

② 高家伟：《国家赔偿法》，商务印书馆 2004 年版，第 211—212 页。

请求，与原法相比，取消了前置确认程序。原《国家赔偿法》中的“确认”程序是国家赔偿实践中广受非议的一个问题。由于通常人们认为我国的国家赔偿实行违法归责原则，“确认”也就成了对国家机关及其工作人员行使职权是否违法侵权的确定。基于这样一种观念，“确认”程序成为行政赔偿先行处理程序的前置程序。但“确认”程序是一把双刃剑。一方面，确认程序给赔偿义务机关带来压力，“确认”了就意味着承担赔偿责任；另一方面，确认程序也成为规避赔偿义务的一种工具，只要不“确认”，就无需赔偿。因此，实务中，“确认”程序往往成为受害人获得行政赔偿的障碍。修正后的《国家赔偿法》取消了原法条中的“确认”二字，也即意味着取消了行政赔偿实践中作为前置程序的确认程序。当然，也应当了解，这并不是说实务中行政机关就不需要再对侵权行为及造成损害的事实进行确认了，而是“取消了赔偿义务机关及其上级机关自行其是、没有监督制约的独断确认权”①。

《国家赔偿法》第 10 条规定：赔偿请求人可以向共同赔偿义务机关中的任何一个赔偿义务机关要求赔偿，该赔偿义务机关应当先予赔偿。所谓共同赔偿义务机关，是指两个以上行政机关共同行使行政职权时侵犯公民、法人或其他组织的合法权益造成损害的，则共同行使行政职权的行政机关为共同赔偿义务机关，对造成的损害都有履行赔偿的义务。共同赔偿义务机关之间的责任是连带责任。其中一个共同赔偿义务机关先行赔偿后，可以要求其他有责任的行政机关负担相应的赔偿费用。如果受害人和赔偿义务机关进入到行政赔偿诉讼程序中，那么，共同赔偿义务机关应该为共同被告，法院应该告知受害人增加被告，并根据共同被告在侵权损害中的过错大小分配责任。同时，《国家赔偿法》第 11 条规定：行政机关及其工作人员依职权处理某一事项可能因不同的侵权行为造成公民、法人或者其他组织不同的损害，因此，受害人有权对不同的损害后果同时提出数项赔偿要求。

最后，请求人提起行政赔偿，应当递交书面形式的赔偿申请书，申请书应当载明受害人的情况以及赔偿的具体要求、事实根据和理由等。在赔偿请求人书写申请书确有困难的情况下，也可以口头申请，由赔偿义务机关记入笔录。赔偿请求人不是受害人本人的，应当说明与受害人的关系，例如，受害公民死亡的，其继承人和其他有扶养关系的亲属在申请赔偿时应当说明与受害人的具体关系，并提供相应证明。针对请求人递交的申请书，赔偿义务机关应当当场出具加盖本行政机关专用印章并注明收讫日期的书面凭证。申请材料不齐全的，赔偿义务机关应当当场或者在五日内一次性告知赔偿请求人需要补正的全部内容，而不得反复要求赔偿请求人补正，以避免浪费赔偿请求人的时间与精力。

（三）赔偿义务机关的处理

赔偿义务机关收到赔偿申请之日起两个月内，应当作出是否赔偿的决定。《国

---

① 江必新主编：《国家赔偿法指导案例评注》，中国法制出版社 2010 年版，第121 页。

家赔偿法》之所以规定两个月的期限，主要是考虑“行政复议的时间也是两个月，况且，有时赔偿请求人是在申请复议时一并提出赔偿请求的，这就更需要与复议期间保持一致”①。依据《国家赔偿法》第13条和第14条，赔偿义务机关的处理，包括决定赔偿、决定不予赔偿、未作出赔偿决定三种情形。

1. 决定赔偿。赔偿义务机关作出决定的期限为自收到申请之日起两个月内。赔偿义务机关决定赔偿的，应当制作赔偿决定书，并自作出决定之日起十日内送达赔偿请求人。

修正后的《国家赔偿法》进一步明确：“赔偿义务机关作出赔偿决定，应当充分听取赔偿请求人的意见，并可以与赔偿请求人就赔偿方式、赔偿项目和赔偿数额依照本法第四章的规定进行协商。”在行政赔偿决定的作出程序中，要求赔偿义务机关充分听取赔偿请求人的意见，不仅有助于赔偿义务机关发现事实真相，作出公正的决定，而且这种双向的、互动的程序装置具有一定的疏导功能，有助于使最终的赔偿决定更易为赔偿请求人所接受。协商程序的引入也是如此，它是对早已在赔偿诉讼实务中得到认可的调解和协议方式解决赔偿争议的立法肯定，同时也有助于促进行政赔偿争议的有效解决。当然，行政机关与请求人之间的协商仍应限制在法律规定的严格限度内，“原则上，赔偿义务机关只允许在法律给其裁量的空间内，与赔偿请求人‘讨价还价’”②，既要避免行政机关利用强势地位要求请求人接受赔偿协议，另一方面，也要避免因协商而造成的公共利益的损失。

赔偿请求人对赔偿的方式、项目、数额有异议的可以自赔偿义务机关作出赔偿决定之日起三个月内，向人民法院提起诉讼。

2. 决定不予赔偿。赔偿义务机关经审查后，认为存在行政赔偿不符合主体、行为、损害结果及因果关系等构成要件的，可以拒绝赔偿，但必须作出不予赔偿的书面决定送达赔偿请求人。《国家赔偿法》规定，赔偿义务机关决定不予赔偿的，应当自作出决定之日起十日内书面通知赔偿请求人，并说明不予赔偿的理由。

赔偿义务机关作出不予赔偿决定的，赔偿请求人可以自赔偿义务机关作出不予赔偿决定之日起三个月内，向人民法院提起诉讼。

3. 未作出赔偿决定。赔偿义务机关自收到赔偿申请之日起两个月内对赔偿请求置之不理或者拖延作出赔偿决定的，赔偿请求人可以自期限届满之日起三个月内，向人民法院提起诉讼。

三、行政赔偿的复议、诉讼程序

《国家赔偿法》第9条第2款规定：“赔偿请求人要求赔偿应当先向赔偿义务机

---

① 刘家琛主编：《新国家赔偿法条文释义》，人民法院出版社2010年版，第150页。

② 沈岿：《国家赔偿法：原理与案例》，北京大学出版社2011年版，第374页。

关提出,也可以在申请行政复议和提起行政诉讼时一并提出。”表明赔偿请求人请求国家赔偿可以选择三种程序途径:直接向赔偿义务机关提出、申请行政复议时一并提出、提起行政诉讼时一并提出。赔偿请求人选择在复议、诉讼时一并提出赔偿请求的,赔偿程序适用《行政复议法》、《行政诉讼法》规定的复议、诉讼程序。关于行政赔偿的复议程序,本书第 18 章已有详细论述。本部分我们将阐述行政赔偿诉讼程序的重点内容。

(一) 行政赔偿诉讼的提出

行政赔偿诉讼的提出,除了可以在对争议的具体行政行为的合法性提出审查要求的同时,一并提出赔偿请求以外,还包括请求人对先行处理程序的决定不满,单独向法院提出赔偿诉讼两种情形。一般称为并行程序和单独程序。

对于并行程序的请求时效而言,根据《国家赔偿法》第 39 条,在申请行政复议或者提起行政诉讼时一并提出赔偿请求的,适用《行政复议法》、《行政诉讼法》有关时效的规定。因此,请求人应当在知道作出具体行政行为之日起三个月内向法院提起行政诉讼,同时,在提起行政诉讼后至人民法院一审庭审结束前,原告可以提出行政赔偿请求。

对于单独提起赔偿诉讼程序而言,赔偿请求人应当在赔偿义务机关作出赔偿或不予赔偿决定之日起三个月内,或者不作出赔偿决定的,自期限届满之日起三个月内,向人民法院提起诉讼。《最高人民法院关于审理行政赔偿案件若干问题的规定》第 24 条规定:赔偿义务机关作出赔偿决定时,未告知赔偿请求人的诉权或者起诉期限,致使赔偿请求人逾期向人民法院起诉的,其起诉期限从赔偿请求人实际知道诉权或者起诉期限时计算,但逾期的期间自赔偿请求人收到赔偿决定之日起不得超过一年。

(二) 法院的审理与裁判

《最高人民法院关于审理行政赔偿案件若干问题的规定》规定:当事人在提起行政诉讼的同时一并提出行政赔偿请求,或者因具体行政行为和与行使行政职权有关的其他行为侵权造成损害一并提出行政赔偿请求的,人民法院应当分别立案,根据具体情况可以合并审理,也可以单独审理。

人民法院审理行政赔偿案件在坚持合法、自愿的前提下,可以就赔偿范围、赔偿方式和赔偿数额进行调解。调解成立的,应当制作行政赔偿调解书。

被告在一审判决前同原告达成赔偿协议,原告申请撤诉的,人民法院应当依法予以审查并裁定是否准许。

法院对请求人的赔偿请求经审查后,可以作出支持或否定的判决,或者维持或改变原赔偿义务机关决定的判决。被告的具体行政行为违法但尚未对原告合法权益造成损害的,或者原告的请求没有事实根据或法律根据的,人民法院应当判决驳回原告的赔偿请求。

发生法律效力的行政赔偿判决、裁定或调解协议，当事人必须履行。一方拒绝履行的，对方当事人可以向第一审的人民法院申请执行。申请执行的期限，申请人是公民的为一年，申请人是法人或者其他组织的为六个月。

（三）行政赔偿诉讼的举证责任分配

修正后的《国家赔偿法》新增加了有关行政赔偿诉讼的举证责任分配的条款，该法第 15 条明确了当事人的举证责任义务，即以“谁主张、谁举证”为原则，以特定情况下采举证责任倒置，由行政机关承担举证责任为例外。

行政赔偿，本质上是解决行政侵权的法律责任问题，适用侵权法的一般法理，诉讼当事人“须对自己提出之事项负举证责任”、“主张对自己有利之事项，须负举证责任”，因此，行政赔偿诉讼的举证责任分配，不同于行政诉讼的举证责任分配，不论是赔偿请求人或赔偿义务机关，不管提出任何主张，特别是有利于自己的主张，皆应对其所主张之事项提供证据。

但举证责任的分配，也应当考虑当事人提供证据的成本、与证据的接近程度等因素，在特定情况下，采用“谁主张谁举证”的一般规则，可能会导致法律上不公正的结果出现。因此，举证责任的倒置，就成为平衡当事人举证义务的一项特殊规则出现。《国家赔偿法》第 15 条第 2 款就是吸纳了这一规则，目的在于更好地保护公民权利，落实国家责任。根据该款，被限制人身自由的人在行政拘留或强制措施期间死亡或丧失行为能力的，赔偿义务机关主张损害结果（受害人死亡或丧失行为能力）与自己行为无关的，必须提出证据证明损害结果之发生，与自己的行为并不存在因果关系；换句话说，赔偿义务机关必须证明，受害人的损害结果并非由于自己的行为所导致，否则赔偿义务机关之行为极可能被认为与受害人之损害结果具有因果关系。

四、行政追偿

（一）行政追偿的含义

行政追偿，是指行政赔偿义务机关赔偿损失后，依法责令有故意或重大过失的工作人员或者受委托的组织或个人承担部分或者全部赔偿费用的制度。

首先，行政追偿以行政赔偿为前提，赔偿义务机关只有在已经支付请求人赔偿费用后，才能启动行政追偿程序。

其次，行政追偿程序是一种行政内部程序，主要包括两类，一是行政机关与工作人员之间的追偿程序，二是行政机关与委托组织或个人之间的追偿程序。

最后，行政追偿的条件，必须是被追偿的公务员或者受委托组织或个人存在故意或重大过失。排除了“一般过失”，目的在于在国家、公务人员和受害人之间寻求或达成一个合理的权责关系。

(二)行政追偿的范围及标准

国家因行政侵权而对造成的损失承担赔偿责任后,再向相关人员进行追偿已成为各国国家赔偿制度的重要内容。然而,我国《国家赔偿法》在行政追偿的时效、追偿标准、追偿程序等操作性较强的诸多问题上,规定还较为笼统。根据一般法的原理,国家行使求偿权,应当注意以下问题。

第一,从监督赔偿义务机关行使求偿权、保护被求偿人的权益以及维护稳定的行政秩序、提高行政效率的目的出发,应当对追偿时效进行规定。有学者建议,国家追偿的性质属于一种请求权,其时效可参照国家赔偿请求时效,规定为两年。[①]

第二,追偿的条件为相关人员有故意或者重大过失。一般认为,在对"故意"认定时,要考虑行为人的意志自主性,如果其处于其他人的强迫情形下,则不能认定其具有故意。在对"重大过失"认定时,主要是指行为人的主观状态没有达到对业务水平的最低要求,如违反行政机关内部基本的业务操作程序,违反内部的业务规章制度等。[②]

第三,关于追偿的标准,我国《国家赔偿法》并未对行政追偿的标准即赔偿费用的承担限额予以量化规定,仅笼统表述为"承担部分或者全部赔偿费用",实际上是将裁量权限赋予赔偿义务机关。实践中,追偿金额的确定,既要考虑被追偿人的过错程度,也要衡量其薪金收入。例如,《浙江省行政赔偿程序规定》[③]第 29 条第 1 款规定:"追偿的具体标准是:(一)对故意违法的受委托组织追偿其全部赔偿费用;(二)对故意违法的工作人员或者受委托的个人根据违法性质、赔偿金额的大小、个人实际承受能力,追偿赔偿额的 1/5 至全部赔偿费用,但最高不得超过其本人当年度工资收入;(三)对有重大过失的受委托的组织视其情节追偿赔偿额1/2或者2/3的赔偿费用;(四)对有重大过失的工作人员或者受委托的个人根据违法性质、情节,赔偿金额的大小,个人实际承受能力,追偿赔偿额的 1/3 以下的赔偿费用,但最高不得超过其本人当年度工资收入的一半。"

(三)行政追偿的程序

我国《国家赔偿法》也未明确规定国家追偿的程序。根据《国家赔偿费用管理条例》第 12 条,行政追偿采用财政收缴程序。该条规定:"赔偿义务机关应当依照《国家赔偿法》第 16 条的规定,责令有关工作人员、受委托的组织或者个人

① 马怀德主编:《完善国家赔偿立法基本问题研究》,北京大学出版社 2008 年版,第 179 页。

② 马怀德主编:《国家赔偿问题研究》,法律出版社 2006 年版,第 222 页。

③ 浙江省人民政府第 57 次常务会议通过,自 1996 年 9 月 15 日起施行。

承担或者向有关工作人员追偿部分或者全部国家赔偿费用。赔偿义务机关依照前款规定作出决定后，应当书面通知有关财政部门。有关工作人员、受委托的组织或者个人应当依照财政收入收缴的规定上缴应当承担或者被追偿的国家赔偿费用。”

第五节　行政赔偿的方式和计算标准

一、行政赔偿的方式

行政赔偿的方式是国家承担行政赔偿责任的各种形式，根据侵权行为的性质、情节以及程度的不同，赔偿的方式也有所区别，侵权责任的承担方式一般包括财产性质的赔偿和非财产性质的赔偿，前者如停止侵害、排除妨害、返还财产、恢复原状、赔偿损失等，后者如消除影响、恢复名誉、赔礼道歉等。从各国国家赔偿法的立法来看，金钱赔偿和恢复原状是最为常见的两种赔偿方式。[①]

我国《国家赔偿法》的立法过程中，对国家赔偿的主要方式曾存在不同的看法。一种观点认为，国家赔偿应以金钱赔偿为原则，以恢复原状为例外。理由是如果以恢复原状为原则的话，国家机关将因此承担许多不必要的工作，不仅浪费人力、物力，不符合经济要求，而且也会影响国家机关正常的管理活动和工作效率。另外一种观点认为，国家赔偿应当以恢复原状为主要的赔偿方式，其理由是，国家赔偿应是全面赔偿，其宗旨在于恢复受损害的合法权益，从我国的具体情况看，恢复原状比金钱赔偿更适于填补受害人的损害。[②] 最终，综合考虑以下三个原则：一是要使受害人所受到的损失能够得到适当的弥补；二是考虑国家的经济和财力能够负担的状况；三是便于计算，简便易行。[③] 我国《国家赔偿法》第 32 条规定：“国家赔偿以支付赔偿金为主要方式。能够返还财产或者恢复原状的，予以返还财产或者恢复原状。”同时，修正后的《国家赔偿法》第 35 条规定，行政行为侵犯公民人身权，致人精神损害的，“应当在侵权行为影响的范围内，为受害人消除影响，恢复名誉，赔礼道歉，造成严重后果的，应当支付相应的精神损害抚慰金”。

---

① 朱新力、骆梅英主编：《新编国家赔偿法要义与案例释解》，法律出版社 2011 年版，第 246 页。

② 房绍坤、毕可志编著：《国家赔偿法学》（第二版），北京大学出版社 2011 年版，第 268 页。

③ 参见全国人大常委会法制工作委员会副主任胡康生：《关于〈中华人民共和国国家赔偿法（草案）〉的说明》，1993 年 10 月 22 日在八届全国人大常委会第四次会议上的讲话。

从立法来看，我国国家赔偿的方式采纳了以金钱赔偿为主、以其他赔偿方式为辅的赔偿方式体系。具体的赔偿方式包括以下三类：(1)金钱赔偿，金钱赔偿即以支付赔偿金的方式承担赔偿责任，赔偿金包括精神损害抚慰金；(2)返还财产、恢复原状，这是行政赔偿的优先方式，一般能够返还财产或恢复原状的，则首先采取返还财产、恢复原状的赔偿方式，不能的，则采用支付赔偿金的方式；(3)消除影响、恢复名誉、赔礼道歉，主要是针对非财产性质的损害，一般应通过登门、公告、报纸等传播媒介的方式进行。

最后，我国《国家赔偿法》从保护公民合法权益的目的出发，规定了赔偿金不收税以及赔偿请求不收费制度。

二、行政赔偿的计算标准

（一）人身权损害的赔偿标准

行政赔偿中赔偿金的计算标准主要包括人身损害的计算标准和财产损害的计算标准。人身损害中又进一步分为侵犯人身自由权的赔偿标准和侵犯生命健康权的赔偿标准。

1. 人身自由权损害的计算标准。《国家赔偿法》第33条规定了侵犯公民的人身自由权的赔偿标准，即每日的赔偿金按照国家上年度职工日平均工资计算。这项规定表明，国家关于侵犯公民人身自由权的赔偿对所有人一律平等，按日为单位支付赔偿金。

根据最高人民法院《关于人民法院执行〈中华人民共和国国家赔偿法〉几个问题的解释》第6条，《国家赔偿法》第33条中的“上年度”，应为赔偿义务机关、复议机关或者人民法院赔偿委员会作出赔偿决定时的上年度；复议机关或者人民法院赔偿委员会决定维持原赔偿决定的，按作出原赔偿决定时的上年度执行。

国家上年度职工日平均工资的数额，应当以职工年平均工资除以全年法定工作日数的方法计算。年平均工资以国家统计局公布的数字为准。根据《最高人民法院关于印发国家统计局〈关于对职工日平均工资计算问题的复函〉》，劳动部在关于贯彻执行劳动法若干问题的意见中规定，实行每周40小时工作制的年法定工作日数为254日。

2. 生命健康权损害的计算标准。根据《国家赔偿法》第34条，侵犯公民生命健康权的，赔偿金按照下列规定计算。

(1)造成身体伤害的，应当支付医疗费、护理费，以及赔偿因误工减少的收入。减少的收入每日的赔偿金按照国家上年度职工日平均工资计算，最高额为国家上年度职工年平均工资的五倍。

(2)造成部分或者全部丧失劳动能力的，应当支付医疗费、护理费、残疾生活辅助具费、康复费等因残疾而增加的必要支出和继续治疗所必需的费用，以及残疾赔偿金。残疾赔偿金根据丧失劳动能力的程度,按照国家规定的伤残等级确定,最高不超过国家上年度职工年平均工资的二十倍。造成全部丧失劳动能力的,对其扶养的无劳动能力的人,还应当支付生活费。

(3)造成死亡的,应当支付死亡赔偿金、丧葬费,总额为国家上年度职工年平均工资的二十倍。对死者生前扶养的无劳动能力的人,还应当支付生活费。

前款第二项、第三项规定的生活费的发放标准,参照当地最低生活保障标准执行。被扶养的人是未成年人的,生活费给付至十八周岁止;其他无劳动能力的人,生活费给付至死亡时止。

从立法来看,侵犯公民生命健康权所造成的损害,根据其严重程度,可分为一般伤害、残疾和死亡。关于身体损害的程度,可以参照最高人民法院1990年作出的《人体轻伤鉴定标准》和《人体重伤鉴定标准》加以确定。

侵犯生命健康权的赔偿方式和计算标准[①]

损害程度	赔偿金	计算标准	注意事项
一般伤害	医疗费	医疗费=挂号费+治疗费+化验费+药费+住院费。	1. 一般应以所在地治疗医院的诊断证明和医药费、住院费的单据为凭; 2. 应经医务部门批准而未获批准擅自另找医院治疗的费用,一般不予赔偿; 3. 擅自购买的与损害无关的药品或者治疗其他疾病的,其费用不予赔偿。
	护理费	1.护理人员有收入的:护理费=误工费; 2. 护理人员没有收入或雇用护工的:护理费=当地护工同等级劳务报酬标准×护理天数。	1. 护理人员一般为一人; 2. 护理期限计算到受害人恢复生活自理能力时为止; 3. 住院治疗期间医院统一安排的护士护理的费用,因为已纳入医疗费的范围,因而不应列入护理费。
	误工费	误工费=误工天数×国家上年度职工日平均工资(Max≤5×国家上年度职工年平均工资)。	1. 误工日期,应当以治疗单位出具的诊断休息证明书为依据; 2. 既包括已经发生的误工损失,也包括将来必然会发生的误工损失。

① 朱新力、骆梅英主编:《新编国家赔偿法要义与案例释解》,法律出版社2011年版,第254—255页。

续　表

损害程度	赔偿金	计算标准	注意事项
残疾	医疗费	医疗费＝挂号费＋治疗费＋化验费＋药费＋住院费。	除依一般伤害的医疗费赔偿标准赔偿外，还应赔偿因残疾继续治疗所必需的费用，包括补救性的治疗费和残后的治疗费等。
	护理费	1. 护理人员有收入的：护理费＝误工费； 2. 护理人员没有收入或雇用护工的：护理费＝当地护工同等级劳务报酬标准×护理天数（最长不超过20年）×护工人数（原则上1人，医疗机构或者鉴定机构有明确意见的，可以参照确定护理人员人数）。	1. 护理人员原则上为一人，在特定情形下可以多于一人，具体可以参照医疗机构或者鉴定机构的明确意见，确定护理人员人数； 2. 护理期限一般计算到受害人恢复生活自理能力时为止。因残疾不能恢复生活自理能力的，根据其年龄、健康状况等因素确定，但是最长不超过二十年； 3. 应当考虑受害人的护理依赖程度和配制残疾辅助器具的情况。
	残疾生活辅助具费	按照普及型器具的费用标准。	辅助器具的更换周期和赔偿期限参照配制机构的意见确定。
	康复费	因康复护理、器官功能恢复训练等继续治疗实际发生的必要费用。	若一次性赔偿须根据医疗证明或者鉴定结论确定为“必然”发生的费用。
	残疾赔偿金	根据丧失劳动能力的程度，按照国家规定的伤残等级确定（Max≤20×国家上年度职工年平均工资）。	
	生活费	1. 未成年的被扶养人：参照当地最低生活保障标准至十八周岁止； 2. 其他无劳动能力的被扶养人：参照当地最低生活保障标准至死亡时止。	1. 受害人全部丧失劳动能力； 2. 与受害人有法定扶养关系； 3. 被扶养人无劳动能力（包括未成年人）。
死亡	死亡赔偿金	死亡赔偿金＋丧葬费＝20×国家上年度职工年平均工资。	
	丧葬费		
	生活费	同表中生活费之标准。	

（二）财产权损害的赔偿标准

根据《国家赔偿法》第36条，对财产权造成损害的，则区分具体损害情况，依照如下标准进行赔偿。

1. 处罚款、罚金、追缴、没收财产或者违法征收、征用财产的，返还财产。返还的财产应当是罚款、罚金、追缴的金钱、摊派的费用的原额，或者是追缴、没收、违法征收的财物的原物。

2．查封、扣押、冻结财产的，解除对财产的查封、扣押、冻结。解除查封，即宣布取消不许动用财产的禁令。解除扣押，即将运走的财物退还给受害人，由其自由支配。解除冻结，即将被限制动用的金融账户恢复至使用。

3．应当返还的财产损坏的，能够恢复原状的恢复原状，不能恢复原状的，按照损害程度给付相应的赔偿金。恢复原状，指通过修理、更换、重作的方式恢复物品的原来状态。所谓按照损害程度给付相应的赔偿金，指损害赔偿金应当相当于物品损坏部分的价值，即物品全部损坏的，按购买整件物品的价格赔偿；物品部分损坏的，按购买损坏部分的物品的价格赔偿，因部分损坏影响物品全值的，按购买整件物品的价格赔偿。

4．当返还的财产灭失的，给付相应的赔偿金。即当财物不复存在或者下落不明时，可以按照赔偿时的市场价格给付赔偿金。

5．财产已经拍卖的，给付拍卖所得的价款。国家对罚没或者追缴的财物，不便直接上交国家的，应当交拍卖机构拍卖。拍卖后，如果经法定程序确认罚没或追缴为违法，应当将拍卖所得的价款退还给受害人。

拍卖款高于物品原价格的，不能截留；变卖的价款明显低于财产价值的，应当支付相应的赔偿金。

6．吊销许可证和执照、责令停产停业的，赔偿停产停业期间必要的经常性费用开支。造成企业停产停业的，只能赔偿企业在停产停业期间必要的经常性开支。必要的经常性开支，指为维持企业停顿状态下所必须交纳的水电煤气费、税金和职工工资，不包含利润损失。

7．返还执行的罚款或者罚金、追缴或者没收的金钱，解除冻结的存款或者汇款的，应当支付银行同期的定期存款利息。

8．对财产造成其他损害的，按照直接损失补偿原则给予赔偿。

（三）精神损害的赔偿标准

精神损害，是指侵权行为致使受害人心理和感情遭受创伤和痛苦，无法正常进行日常活动的非财产上的损害，如精神上的悲伤、失望、忧虑等。精神损害通常由侵犯人身权而造成，但也不排除因侵犯财产权而引起。前者如侵犯人格尊严或侵犯身体健康权引起受害人精神上的痛苦；后者如行政机关非法拆除相对人的建筑，致使受害人气愤、痛苦。[①] 新修正的《国家赔偿法》第 35 条规定了精神损害的赔偿，但仅指由国家机关及其工作人员行使职权侵犯人身权而造成的损害。

---

① 姜明安主编：《行政法与行政诉讼法》（第三版），北京大学出版社、高等教育出版社 2007 年版，第 677 页。

国家承担精神损害赔偿责任的方式有消除影响、恢复名誉、赔礼道歉、支付精神损害抚慰金等四种赔偿方式。消除影响是指赔偿义务机关在侵权行为影响的范围内，为受害人消除不良后果的一种补救措施。恢复名誉是指赔偿义务机关在侵权行为影响的范围内，采取一定的方式，使受害者的名誉和荣誉得以恢复的赔偿方式。恢复名誉常常与消除影响合并适用。实际上，恢复名誉也就是在消除影响。赔礼道歉是指赔偿义务机关在侵权行为影响的范围内，以适当的方式和途径，向受害人承认错误，表示歉意，请求谅解的赔偿方式。赔礼道歉既可以采取口头形式，也可以采取书面形式。

值得一提的是，支付精神损害抚慰金是修正后的《国家赔偿法》新纳入的赔偿方式，指赔偿义务机关致使受害人精神损害后果严重时，对受害人或近亲属造成的精神痛苦和精神创伤给予一定数额的金钱予以抚慰的赔偿方式。1995 年的《国家赔偿法》未规定精神损害赔偿，理由主要在于当时我国的精神损害赔偿法律制度尚不成熟，同时出于保护国家利益的考虑，国家承担赔偿责任可以低于一般的侵权赔偿标准，而当时国家处于经济困难时期，无法承担过重的赔偿负担。随着我国民主与法制建设进程的推进，当初未规定精神损害赔偿的阻碍条件已经消除，并且经过十几年国家赔偿实践的检验，过低的国家赔偿标准已经不能适应公民权利保护的要求。因此，在理论与学术界的积极主张下，修正后的《国家赔偿法》终将精神损害赔偿纳入了立法。

但是，也有必要指出，精神损害抚慰金适用于造成严重后果的侵权情形，哪一些情形构成“造成严重后果”，同时精神抚慰金的具体标准又如何确定，《国家赔偿法》并没有作出明确规定，而是交给赔偿义务机关和法院进一步出台细化规则或结合个案予以裁量。

三、行政赔偿费用的支付

行政赔偿的费用如何支付，也是行政赔偿制度增强可操作性的具体内容。根据《国家赔偿法》第 37 条以及《国家赔偿费用管理条例》的相关规定，国家赔偿费用由各级人民政府按照财政管理体制分级负担，并由各级人民政府财政部门统一管理。行政赔偿费用的支付程序主要包括“请求人向赔偿义务机关申请—赔偿义务机关向财政部门提出支付申请—财政部门经审查后支付赔偿金”三个阶段。

第一，赔偿请求人申请支付国家赔偿费用的，应当向赔偿义务机关提出书面申请，并提交与申请有关的生效判决书、复议决定书、赔偿决定书或者调解书以及赔偿请求人的身份证明。赔偿请求人书写申请书确有困难的，可以委托他人代书；也可以口头申请，由赔偿义务机关如实记录，交赔偿请求人核对或者向赔偿请求人宣读，并由赔偿请求人签字确认。

第二，赔偿义务机关受理申请的，应当书面通知赔偿请求人。申请材料不完整的，赔偿义务机关应当当场或者在3个工作日内一次告知赔偿请求人需要补正的全部材料。申请材料虚假、无效，赔偿义务机关决定不予受理的，应当书面通知赔偿请求人并说明理由。

赔偿请求人对赔偿义务机关不予受理决定有异议的，可以自收到书面通知之日起10日内向赔偿义务机关的上一级机关申请复核。上一级机关应当自收到复核申请之日起5个工作日内依法作出决定。

赔偿义务机关应当自受理赔偿请求人支付申请之日起7日内，依照预算管理权限向有关财政部门提出书面支付申请。

第三，财政部门应当自受理申请之日起15日内，按照预算和财政国库管理的有关规定支付国家赔偿费用。同时，自支付国家赔偿费用之日起3个工作日内告知赔偿义务机关、赔偿请求人。

【自我测试】

1. 张某租用农贸市场一门面从事经营。因赵某提出该门面属于他而引起争议，工商局扣缴张某的营业执照，致使张某停业2个月之久。张某在工商局返还营业执照后，提出赔偿请求。下列属于国家赔偿范围的是：(　　)。
   A. 门面租赁费
   B. 食品过期不能出售造成的损失
   C. 张某无法经营的经济损失
   D. 停业期间张某依法缴纳的税费
2. 某县工商局以某厂擅自使用专利申请号用于产品包装广告进行宣传、销售为由，向某厂发出扣押封存该厂胶片带成品通知书。该厂不服，向法院起诉要求撤销某县工商局的扣押财物通知书，并提出下列赔偿要求：返还扣押财物、赔偿该厂不能履行合同损失100万元、该厂名誉损失和因扣押财物造成该厂停产损失100万元。后法院认定某县工商局的扣押通知书违法，该厂提出的下列哪些请求事项不属于国家赔偿的范围？(　　)
   A. 返还扣押财物。
   B. 某厂不能履行合同损失100万元。
   C. 某厂名誉损失。
   D. 某厂停产损失100万元。
3. 李某租用一商店经营服装。某区公安分局公安人员驾驶警车追捕时，为躲闪其他车辆，不慎将李某服装厅的橱窗玻璃及模特衣物撞坏。事后，公安分局与李某协商赔偿不成，李某请求国家赔偿。下列哪些选项是错误的？(　　)
   A. 公安分局应作为赔偿义务机关，因为李某曾与其协商赔偿。
   B. 公安分局不应作为赔偿义务机关，因该公安人员行为属于与行使职权无关的个人行为。

C. 公安分局不应作为赔偿义务机关，因为该公安人员的行为不是违法行使职权，应按行政补偿解决。

D. 公安分局应作为赔偿义务机关，因为该公安人员的行为属于与行使职权有关的行为。

4. 经张某申请并缴纳了相应费用后，某县土地局和某乡政府将一土地(实为已被征用的土地)批准同意由张某建房。某县土地局和某乡政府还向张某发放了建设用地规划许可证和建设工程许可证。后市规划局认定张某建房违法，责令立即停工。张某不听，继续施工。市规划局申请法院将张某所建房屋拆除，张某要求赔偿。下列哪些说法是正确的？(　　)

A. 某县土地局、某乡政府和市规划局为共同赔偿义务机关。

B. 某县土地局和某乡政府向张某发放规划许可证和建设工程许可证的行为系超越职权的行为。

C. 市规划局有权撤销张某的规划许可证。

D. 对张某继续施工造成的损失，国家不承担赔偿责任。

5. 兴汇有限公司申报进口人工草坪，某海关征收关税和代征增值税后放行。后某海关发现兴汇有限公司进口人工草坪税则归类错误导致税率差异，遂又向兴汇有限公司补征关税和代征增值税近5万元。兴汇有限公司以第一次征税行为违法致使其未能将税款纳入成本造成损失为由要求某海关赔偿，在遭拒绝后，兴汇有限公司向法院提起行政赔偿诉讼。下列哪种说法是正确的？(　　)

A. 此案为涉外行政案件。

B. 因兴汇有限公司提起诉讼，补征税款的决定停止执行。

C. 兴汇有限公司的起诉符合单独提起行政赔偿诉讼的程序要求。

D. 兴汇有限公司应当对所遭受的损失承担举证责任。

6. 2001年5月李某被某县公安局刑事拘留，后某县检察院以证据不足退回该局补充侦查，2002年11月李某被取保候审。2004年，县公安局撤销案件。次年3月，李某提出国家赔偿申请。县公安局于2005年12月作出给予李某赔偿的决定书。李某以赔偿数额过低为由，于2006年先后向市公安局和市法院赔偿委员会提出复议和申请，二者均作出维持决定。对李某被限制人身自由的赔偿金，应按照下列哪个年度的国家职工日平均工资计算？(　　)

A. 2002年度　　B. 2003年度　　C. 2004年度　　D. 2005年度

7. 县工商部门以办理营业执照存在问题为由查封了张某开办的美容店。查封时，工商人员将美容店的窗户、仪器损坏。张某向法院起诉，法院撤销了工商部门的查封决定。张某要求行政赔偿。下列哪些损失属于县工商部门应予赔偿的费用？(　　)

A. 张某因美容店被查封损坏而生病支付的医疗费。

B. 美容店被损坏仪器及窗户所需修复费用。

C. 美容店被查封停业期间必要的经常性费用开支。

D. 张某根据前一个月利润计算的被查封停业期间的利润损失。

8. 材料分析。

2006 年 10 月 11 日晚，王某酒后在某酒店酗酒闹事，砸碎店里玻璃数块。此时某区公安分局太平派出所民警任某、赵某执勤路过酒店，任某等人欲将王某带回派出所处理，王某不从，与任某发生推搡。双方在扭推过程中，王某被推倒，头撞在水泥地上，当时失去知觉，送往医院途中死亡，后被鉴定为颅内出血死亡。2006 年 12 月 20 日，王某之父申请国家赔偿。

问题：

(1)公安机关是否应当对王某的死亡承担国家赔偿责任？为什么？

(2)王某的父亲是否有权以自己的名义提出国家赔偿请求？

(3)本案请求国家赔偿的时效如何计算？

(4)本案国家赔偿义务机关是谁？

(5)若本案公安机关需承担赔偿责任，赔偿方式和标准是什么？

(6)如果公安机关对受害人赔偿后，对民警如何处理？

第二十章 Chapter 20 综合案例分析

案例一：

【田永诉北京科技大学案】

【案情简介】

田永系北京科技大学应用科学学院物理化学系94级学生。1996年参加电磁学课程补考过程中，随身携带写有电磁学公式的纸条，虽未被发现有偷看纸条的行为，但还是按照考试纪律，被停止了考试。学校按《关于严格考试管理的紧急通知》(068号通知)第3条第5项关于"夹带者，包括写在手上等作弊行为者"的规定，认为田永的行为是考试作弊，对其作出了退学的处理决定，填发了学籍变动通知。1998年6月，学校以其不具有学籍为由，未颁发毕业证、学位证。田永认为学校未颁发毕业证、学位证的行为违法，向法院提起行政诉讼，请求判令北科大为其颁发毕业证、学位证，及时有效地为其办理毕业派遣手续及在校报上公开向其赔礼道歉、为其恢复名誉等。北京市海淀区人民法院经审理后于1999年作出判决：被告北科大在本判决生效之日起30日内向原告田永颁发大学本科毕业证书并履行向当地教育行政部门上报原告毕业派遣的有关手续的职责；在本判决生效之日起60日内召集本校的学位评定委员会对原告的学士学位资格进行审查；驳回原告其他诉讼请求。被告不服上诉，北京第一中级人民法院经审理后作出驳回上诉、维持原判的终审判决。

【争点分析】

本案争论的焦点之一：北科大即高等院校能否成为行政主体？

行政主体是指参加行政法律关系，依法拥有独立的职权，能以自己的名义行使行政职权，并独立承担相应法律责任的组织。认定某个组织是否是行政主体，关键在于它是否被法律赋予了某种行政职权。在我国，行政主体一般由行政机关担任，行政机关是行政主体的主要载体，主要是因为国家立法机关把国家的行政职权赋予行政机关。某些事业单位、社会团体，虽然不具有行政机关的资格，但是只要法律赋予它行使一定的行政管理权，当它在行使该行政职权时就成为了行政主体。本案中的北科大就是这样的一个事业单位，它被《中华人民共和国教育法》和《中华人民共和国学位条例》赋予了一定的行政管理权，从而成为行政主体。《教育法》第21条规定："国家实行学业证书制度。""经国家批准设立或认可的学校及其他教育机构按照国家规定，颁发学历证书或者其他学业证书。"第22条规定："国家实行学位制度。""学位授予单位依法对达到一定学术水平或者专业技术水平的人员授予相应的学位，颁发学位证书。"《学位条例》第8条规定："学士学位，由国务院授权的高等学校授予。"北科大是从事高等教育事业的法人，原告田永诉求其颁发毕业证、学位证，正是由于其代表国家行使对受教育者颁发毕业证、学位证的行政职权。

本案争论的焦点之二：北科大以田永不具有学籍为由，未颁发毕业证、学位证的行政行为是否合法？

行政行为指行政主体行使行政职权对行政相对人作出的具有法律效果的行为。本案中北科大行使了对受教育者颁发毕业证、学位证的行政职权，对田永作出了不予颁发毕业证和学位证的行为。而田永认为自己应当得到毕业证和学位证，故认为学校未颁发毕业证、学位证的行为违法，向法院提起行政诉讼，请求判令北科大为其颁发毕业证、学位证。因此北科大未颁发毕业证、学位证的行政行为是否合法就成了本案争论的焦点，这也是人民法院在行政诉讼中审查的对象。田永没有得到北科大颁发的毕业证、学位证，起因是北科大认为田永已被按退学处理，没有了学籍。《教育法》第28条规定了学校有权对受教育者进行学籍管理，实施奖励或者处分，审查田永是否具有学籍是认定北科大的未颁发毕业证和学位证的行为合法与否的关键所在。田永经考试合格被北科大录取后，即享有该校的学籍，取得了在该校学习的资格，同时也应当接受该校的管理。教育者在对受教育者实施管理中，虽然有相应的教育自主权，但不得违背国家法律、法规和规章的规定。田永在补考时虽然携带写有与考试有关内容的纸条，但没有证据证明其偷看过纸条，其行为尚未达到考试作弊的程度，应属于违反考场纪律。学校可根据本校的规定对田永违反考场纪律的行为进行处理，但这种处理至少不得重于法律、法规、规章的规定。国家教委1990年发布的《普通高等学校学生管理规定》第12条规定："凡擅自缺考或考试作弊者，该课程成绩以零分计，……考试作弊的，应予以纪律处分。"第29条规定应予退学的10种情形中，没有不遵守考场纪律或考试作弊应予退学的规定。北科大的《068号通知》扩大了考试作弊的范围，对考试作弊的处理方法明显重于《普通高等学校学生管理规定》第12条规定，也与第29条的退学条件相抵触，应属于无效。另一方面，按退学处理，涉及被处理者的受教育权利，从充分保障当事人权益的原则出发，作出处理决定的单位应当将该处理决定直接向被处理者本人宣布、送达，允许被处理人本人提出申辩意见。而学校没有照此原则办理，忽视了当事人的申辩权利，这样的处理行为违反了正当法律程序原则和自然公正原则而不具有合法性。事实上，该校从未给田永办理过注销学籍，迁移户籍、档案等手续。特别是田永丢失学生证后，该校在1996年9月为其补办了学生证并注册，这一事实应视为该校自动撤销了原对田永作出的按退学处理的决定。此后发生的田永在该校修满四年学业，还参加了该校安排的考核、实习、毕业设计，其论文答辩也获得通过等事实，均证明按退学处理的决定在法律上从未发生过应有的效力，田永仍具有北科大的学籍。故北科大以其不具有学籍为由，未颁发毕业证、学位证的行政行为是违法的。

案例二：

【汇丰实业发展有限公司诉哈尔滨市规划局案】

——行政法中的比例原则及其适用①

【案情简介】

1993年4月，哈尔滨市同利实业公司（以下简称同利公司）向哈尔滨市规划土地管理局申请翻建其位于哈尔滨市道里区中央大街108号院内的两层楼房。同年6月17日，同利公司与汇丰实业发展有限责任公司（以下简称汇丰公司）达成房屋买卖协议，前者将上述两层楼房以1000万元的价格出售给后者。此后，汇丰公司领取了房屋产权证。同年12月7日，哈尔滨市规划土地管理局颁发93（地）字246号建设用地规划许可证，同意同利公司翻建108号楼。1994年1月和5月，哈尔滨市规划土地管理局又向同利公司颁发了哈规土（94拨）字第2号建设用地许可证和94（审）1004号《建设工程规划许可证》。

1994年6月24日，同利公司与汇丰公司共同向哈尔滨市规划土地管理局申请扩建改造中央大街108号楼。至哈尔滨市规划局作出处罚决定前（1996年8月12日），汇丰公司将中央大街108号院内原有2层建筑（建筑面积303.76平方米）拆除，建成地下1层、地面9层（建筑面积3800平方米）的建筑物。同时将中央大街108号临街原有3层建筑（建筑面积1678.21平方米）拆除，建成地下1层、地面最高层数为9层（建筑面积6164平方米）的建筑物，两建筑物连为一体。1996年8月12日，哈尔滨市规划局下发了哈规罚决字（1996）第1号行政处罚决定书，责令汇丰公司：(1)拆除临街部分的5至9层，并罚款192000元；(2)拆除108号院内地

① 本案例的案情资料主要来源于最高人民法院行政判决书（1999）行终字第20号。参见湛中乐：《行政法上的比例原则及其司法运用——汇丰实业发展有限公司诉哈尔滨市规划局案的法律分析》，《行政法学研究》2003年第1期。

面8至9层，并罚款182400元。汇丰公司不服上述处罚决定，向黑龙江省高级人民法院提起行政诉讼。

黑龙江省高级人民法院经审理认定，哈尔滨市规划局处罚显失公正，对市规划局的具体行政行为予以变更。具体判决内容为：(1)撤销哈尔滨市规划局哈规罚字(1996)第1号行政决定中第一部分第1项和第2项的罚款部分；撤销第二部分第1项和第2项的罚款部分。(2)维持哈尔滨市规划局哈规罚字(1996)第1号行政决定第一部分第2项的保留部分；维持第二部分第2项的保留部分。(3)变更哈尔滨市规划局哈规罚字(1996)第1号行政处罚决定对该楼的拆除部分，变更为：第七层由中央大街方向向后平行拆至3、2支撑柱；第八层从中央大街方向向后拆至4支撑柱；第七至九层电梯间保留，电梯间门前保留一个柱距面积通行道。(4)对该违法建筑罚款398480元。相比于原有的行政处罚决定，法院的判决减少了对违法建筑拆除面积和罚款数量。哈尔滨市规划局对一审判决不服，向最高人民法院提起上诉。最高人民法院经审理认为，原判认定事实基本清楚，适用法律法规正确，驳回上诉，维持原判。

【争点分析】

在汇丰公司诉哈尔滨市规划局一案的审理过程中，两级法院特别是作为终审法院的最高人民法院在最后作出的判决书中，其所阐述的判决理由明确地表达了在行政法上占有重要地位的"比例原则"的基本内涵。因而本案被认为是我国行政法制引进"比例原则"的标志，对于我国法院今后审理类似案件以及适用比例原则具有开创性的意义。

1. 比例原则的基本含义。

比例原则要求，行政行为所采用的手段与其所要达到的行政目的之间应当具有相称性。如果行政目标的实现可能对相对人权益造成不利影响，则这种不利影响应被限制在尽可能小的限度之内，两者之间应符合一定的比例。

比例原则源于德国，借由联邦宪法法院的判决，将此原则概念化与体系化。依照一般通说，比例原则至少包含三部分：适当性原则、必要性原则以及狭义比例原则。适当性原则是指所采行之措施必须能实现行政目的或至少有助于目的之达成。必要性原则是指在所有能够达成立法目的的方式中，必须选择对人民之权利"最少侵害"的方法。狭义比例原则也被称为法益相称性原则，它要求在宪法的价值秩序内，对政府干涉行为所获得的实际利益与人民所付出的相应损害之间进行"利益衡量"，使人民因此受到的损害，比起公权力干涉行为所获得的利益而言要小得多，是人民可以合理忍受的程度。否则，公权力的行使就有违法、违宪之虞。

2. 比例原则在本案中的体现。

在本案的判决中，尽管法院并未明确使用"比例原则"这一概念来进行解释，但是其在判决理由的说明中实际上充分地体现了比例原则的基本内容。

根据《中华人民共和国城市规划法》第37条、第40条的规定，哈尔滨市规划局有权对其辖区内的违法建设行为进行查处，并根据违法行为人所实施的违法行为的性质、情节及该行为所造成的危害程度，作出相应的行政处罚决定。所以，规划局在对个案的处罚过程中，需要根据情况，由自己来考虑选择恰当的处罚手段、确定合适的处罚力度，其间的裁量余地就非常之大。在本案的一审判决中，黑龙江省高级人民法院经过审理认为哈尔滨市规划局处罚显失公正，故而对市规划局的具体行政行为予以变更。那么，法院是如何得出这一结论的呢？一审法院认为："……被告确定了中央大街保护建筑'外文书店'为影响中央大街景观的参照标准，就应以汇丰公司建筑物遮挡该书店多少，就决定拆除多少是正确的。经勘验，被告所作的处罚拆除面积超过遮挡面积，故对汇丰公司的违建行为处罚显失公正。……"

在二审程序中，最高人民法院在判决书中的表述更加清晰地阐述了比例原则的内容。该判决写道："……诉讼中，上诉人提出汇丰公司建筑物遮挡中央大街保护建筑新华书店（原外文书店）顶部，影响了中央大街的整体景观，按国务院批准的'哈尔滨市总体规划'中关于中央大街规划的原则规定和中央大街建筑风貌的实际情况，本案可以是否遮挡新华书店顶部为影响中央大街景观的参照标准。规划局所作的处罚决定应针对影响的程度，责令汇丰公司采取相应的改正措施，既要保证行政管理目标的实现，又要兼顾保护相对人的权益，应以达到行政执法目的和目标为限，尽可能使相对人的权益遭受最小的侵害。而上诉人所作的处罚决定中，拆除的面积明显大于遮挡的面积，不必要地增加了被上诉人的损失，给被上诉人造成了过度的不利影响。……"

从中我们可以看到，两级法院在判断规划局作出的行政处罚是否显失公正时，实际上是以行政机关在进行行政管理过程中保障行政目的的实现和保护相对人合法权益之间是否平衡来作为判断标准的。而这恰恰是"比例原则"的基本含义之一。

3. 比例原则在我国的发展前景。

目前，我国现行法律中对比例原则尚无明文规定。但是，比例原则的基本含义在我国的一些法律、法规中实际上已经有所体现。例如，《行政处罚法》第4条规定："行政处罚遵循公正、公开的原则。设定和实施行政处罚必须以事实为依据，与违法行为的事实、性质、情节以及社会危害程度相当……"国务院颁布的《社会抚养费征收管理办法》第3条第2款规定："社会抚养费的征收标准，分别以当地城镇居民人均可支配收入和农村居民年人均纯收入为计征的参考基本标准，结合当事人的实际收入水平和不符合法律、法规生育子女的情节，确定征收数额。"将比例原则引入我国行政法的理论中来，对于进一步加强对行政自由裁量权的监督控制，切实保障相对人合法权益具有极为重要意义。正是在这个意义上，本案彰显了其重要价值。

案例三：

【张先著诉芜湖市人事局“乙肝歧视”案】

【案情简介】

张先著，毕业于某大学环境专业，于2003年5月报名参加安徽省国家公务员考试，报考芜湖县县委办公室经济管理职位。经过笔试和面试，综合成绩在报考该职位的30名考生中名列第一，按规定进入体检程序。同年9月17日，张先著在芜湖市人事局指定的铜陵市人民医院进行体检。体检报告显示张先著为“乙肝小三阳”，主检医师依据安徽省国家公务员录用体检标准，作出体检不合格的结论。张先著即向市人事局提出复检要求，并递交书面报告。同月25日，芜湖市人事局经请示省人事厅同意，组织包括张先著在内的11人前往解放军八六医院进行复检。复检结果显示，张先著的乙肝两对半中的一、五项为阳性（HBsAg、HBcAb阳性），复检结论为不合格。后芜湖市人事局根据复检结果，口头宣布张先著不能进入考核程序，其由于“两对半”不符合公务员身体健康标准而不被录取。2003年11月10日，张先著提起行政诉讼，认为芜湖市人事局违反了《宪法》第32条第2款“中华人民共和国公民在法律面前人人平等”之规定，剥夺了其平等担任国家公务员的资格和劳动权利，应当承担相应的法律责任。请求判令被告认定其体检乙肝两对半一、五阳（HBsAg、HBcAb阳性）不符合国家公务员身体健康标准，并非法剥夺其进入考核程序资格而未被录用的行为违法；判令撤销被告不准许其进入考核程序的具体行政行为，依法准许其进入考核程序并被录用至相应的职位，案件诉讼费用由被告承担。

【争点分析】

这起全国首例在国家公务员招录过程中的乙肝歧视案，争议的焦点在于芜湖市人事局因张先著的体检乙肝两对半一、五阳不符合国家公务员身体健康标准，不准其进入考核程序和不录用其的行为是否合法。

芜湖市人事局认为，解放军八六医院复检结论虽不符合安徽省体检标准的规定，但不合格结论是由医院作出，且《安徽省国家公务员录用体检实施细则（试行）》规定体检是否合格也只能由医院的医生作出，芜湖市人事局无权改变医院的体检结论，其依据该结论作出不予录用的具体行政行为合法。

一审法院认为，《安徽省国家公务员录用体检实施细则（试行）》属合法有效的规范性文件，可以参考适用；同时认为解放军八六医院的体检不合格结论违反《安徽省国家公务员录用体检实施细则（试行）》规定，芜湖市人事局作为招录国家公务员的主管行政机关，依据解放军八六医院的体检结论，认定张先著身体检查不合格，并作出不准予张先著进入考核程序的具体行政行为缺乏事实证据，依法应予撤销，但鉴于2003年安徽省国家公务员招考工作已结束，被诉具体行政行为不具有可撤销内容，故判决确认芜湖市人事局在2003年安徽省国家公务员招录过程中作出取消张先著进入考核程序资格的具体行政行为主要证据不足。芜湖市人事局不服，提起上诉。后又申请撤回上诉，二审法院裁定准许撤回上诉。

我们赞同法院的判决，理由如下。第一，张先著的体检结果并未违反安徽省公务员体检标准。按医学定义，乙肝五个检测指标中，第一、三、五项为阳即为“大三阳”，病毒复制快，有传染性；第一、四、五项阳性则是“小三阳”，病毒复制相对较慢，传染性相对较小。而张先著只有第一项和第五项是阳性，说明他感染过乙肝，或者正在康复之中，但基本不具备传染性，在社会生活角色上应该视为健康人。《安徽省国家公务员录用体检实施细则(试行)》规定：大三阳、小三阳等7种携带乙肝病毒的情况属于公务员体检不合格，不予录取。而张先著并不在这7种明确规定不合格的范畴之内，故其体检结果符合安徽省公务员体检标准。解放军八六医院认定其体检不合格的结论违反《安徽省国家公务员录用体检实施细则(试行)》规定。第二，《安徽省国家公务员体检实施细则(试行)》也不符合法律的规定。医学常识告诉我们，乙肝病毒携带者无需经过特殊治疗，只要定期复查就可正常工作、生活，乙肝病毒主要是通过血液传播、母婴传播和性传播，不会对周围的人群构成直接危害。根据《全国病毒性肝炎防治方案》规定，乙肝病毒携带者除不能献血及从事直接入口的食品和保育员工作外，可以照常工作。但现实情况是，包括安徽在内的全国大部分省份在《国家公务员录用体检实施细则》中都对乙肝患者的录取有明确的限制。这些限制显然是不合理的，而且违反了《宪法》赋予公民自由生活和工作的平等权利。因为它将7种乙肝患者排斥在公务员行列之外，将参加公务员考试的人，简单地划分为乙肝患者和非乙肝患者，这违反了《宪法》中关于“法律面前人人平等”、公民平等担任公务员的政治权利等规定。

“中国乙肝歧视第一案”发生后，人事部、卫生部于2005年出台了《公务员录用体检通用标准(试行)》，其中第七条规定，各种急慢性肝炎，不合格。乙肝病原携带者，经检查排除肝炎的，合格。

案例四：

【成某不服抚顺市公安局交警支队行政处罚案】

【案情简介】

2006年11月17日，原告成某驾车在限制时速为100公里的沈吉高速公路行驶，在行驶至吉林方向30公里、38公里和48公里处时，被设置在该处的公路管理速度监测仪拍照记录了其车辆行驶速度分别为139公里每小时、128公里每小时和124公里每小时，被告抚顺市公安局（下称交警）根据监测记录以原告超速行驶为由对原告作出了三次公安交通管理处罚决定，各罚款二百元。原告不服，于2007年7月12日向抚顺市新抚区法院提起行政诉讼。原告成某诉称，其超速行驶的状态是连续性，其在处罚路段未减速至100公里以内，故应视为超速驾车行为是一次违法行为，而不是三次违法行为。按照《行政处罚法》的规定，对其一次违法行为不得进行重复处罚，故只能处罚一次，而不应处罚三次。

交警辩称，原告驾车三次超速是在不同时间、不同地点，且速度不同，被三次监控超速而得的结果。如果三次超速行为算做一次超速行为的话，就意味着原告可以一进高速入口，一脚油门一直超速驾驶至高速出口，反正处罚就一次。那么，这种行为显然是对公共安全的漠视，法律保护的是守法者，而不是违法者。

【争点分析】

本案争议的焦点在于原告成某超速驾驶的行为到底属于一次违法还是可以构成多次的违法行为。根据我国《行政处罚法》第24条的规定，对当事人的同一个违法行为，不得给予两次以上罚款的行政处罚。这实际上即是所谓的“一事不再罚”原则。

从理论上而言，在一定的时间限度内，驾驶员在高速公路上实施的超速驾驶行为必然是一种具有连续性的行为。换言之，一旦某人在高速驾驶的过程中实施了超速行驶，其在短时间内很难立即发现并予以纠正。因而其超速驾驶的行为在一定程度上应当被视为是“一个”违法行为。但是，在经过了较长一段时间和距离的超速行驶以后，驾驶员应当并且也是有能力发现其处于违法行驶的状态的，因而，此时驾驶员应当立即采取措施限制其驾驶速度，使其回复到法定的限速范围之内。因而，本案争议的焦点就转化为：在交警所设置的测速装置的间距范围之内，驾驶员是否有足够的时间和能力来发现其处于超速行驶状态并将其驾驶速度回复到法定范围之内。在现有的法律法规对于测速装置的间隔距离缺少明确规定的情形下，对此的判断实际上只能依赖于人们的驾驶经验来进行。

法院经审理后认为，原告作为持有机动车驾驶证的驾驶人，应当了解《道路交通安全法》的有关规定，并应自觉遵守。被告根据路况在相距八公里以上的间距设立合法的交通技术监控设备是合理的。在合理的运行间隔区域对原告记录的三次超速行为，均符合超速行驶这一违法行为的构成要件，被告据此对原告分别作出处罚没有违反法律规定，且具有合理性。并且，《道路交通安全法》的立法原则和目的，是为了保障公共安全，限速行驶是保障交通安全的重要措施，所有的驾驶人都应当遵守。被告对原告的处罚，符合《道路交通安全法》的立法宗旨。因而，2007年9月7日，辽宁省抚顺市新抚区人民法院判决结果驳回了原告成某的诉讼请求。

通过对法院判决的解读，我们可以发现法院在本案的判决中实际上也运用了行政法中的比例原则。亦即，在相隔8公里以上的地点设置测速装置来分别进行测速并据此对行政相对人作出处理是否属于一个妥当的、手段与目的相称的行为。显然，法院的判决认可了这样一种主张。关于行政法中比例原则的含义，可参见本章案例二中的相关内容。

案例五：

【杭州市个体出租车经营户诉杭州市人民政府违法征收经营权使用费案】

【案情简介】

杭州市的出租车行业始于20世纪80年代，至1992年底出租车达3000多辆，这些出租车经营权是通过行政审批发给出租车营运证，不收取费用，也未规定经营权的使用期限。1996年8月1日杭州市人大常委会通过颁布实施《客运出租汽车管理条例》，规定小型客运出租车在市区的经营权通过竞拍等方式实行有偿使用，此后至2000年底对出租车经营权实行竞拍有偿使用，最低的为11万元，最高的为38.7万元，出租车的经营权使用期限一律为10年，这样出现有偿和无偿使用出租车经营权的双轨制。为了解决双轨制，市政府于1998年请示市人大常委会，该条例能否适用原审批取得者，市人大常委会作出肯定的函。于2001年5月18日作出《关于对市区行政审批的小型客运出租汽车征收经营权有偿使用费的通告》(以下简称《通告》)，决定：(一)对市区(不含萧山、余杭区)原行政审批取得经营权，但至今尚未缴纳经营权有偿使用费的小型客运出租汽车，按每辆3万元标准对其一次性征收经营权有偿使用费。(二)这次被征收经营权有偿使用费的车辆，其经营权使用年限为10年，即从2001年6月1日起至2011年5月31日止。(三)征收小型客运出租汽车经营权有偿使用费的工作，由杭州市客运出租汽车管理机构统一办理。所征费用全额上缴财政。(四)凡应缴纳经营权有偿使用费的客运出租汽车，超过本通告第5条截止时间仍未缴纳经营权有偿使用费的，视为自动放弃经营权，原持有的营运证同时作废。若继续从事客运出租汽车经营业务的，按无证经营论处。(五)这次征收经营权有偿使用费的时间，自2001年5月25日开始至2001年8月31日办理完毕。方小燕等688名个体出租汽车经营户于2001年6月27日向杭州市中级人民法院提起诉讼，认为杭州市人民政府的行为违反了法律、法规及行政决定不溯及既往的法制原则，违反了自愿、公平的法制原则，从形式上看似乎履行了相关的审批手续，但实质上没有法律依据，属违法要求原告履行义务、滥用职权的行为。请求判决撤销被告作出的“关于对市区行政审批的小型客运出租汽车征收经营权有偿使用费并核定使用年限为10年的决定”。2001年7月29日杭州市中级人民法院经审后作出(2001)杭行初字第12号行政判决书，维持杭州市人民政府2001年5月18日作出的《关于对市区行政审批的小型客运出租汽车征收经营权有偿使用费的通告》中对市区原行政审批的尚未缴纳经营权有偿使用费的小型客运出租汽车，一次性征收经营权有偿使用费3万元，并重新核定使用期限为10年，即从2001年6月1日起至2011年5月31日止的行政决定。

【争点分析】

1. 本案争议的焦点之一是杭州市人民政府2001年5月18日作出的《关于对市区行政审批的小型客运出租汽车征收经营权有偿使用费的通告》，是抽象行政行为还是具体行政行为。所谓抽象行政行为是行政主体针对不特定对象作出的具有普遍约束力的规范性文件的行为；所谓具体行政行为是指行政主体针对特定对象作出的涉及行政相对人权利义务的行为。本案中立案时争议的焦点就是该通告是抽象行政行为还是具体行政行为，如果是抽象行政行为，则法院不予受理，如果是具体行政行为，则法院应依法受理。最后法院认为该通告针对的是某一阶段的出租车司机，对象特定，人数确定，针对的事项具体明确，效力具有特定性和一次性，即认为该通告是具体行政行为，法院应依法予以受理。

2. 本案争议的焦点之二是该通告是否违法。具体行政行为的合法要件要求：行政行为的主体合法，符合法定权限；行政行为的内容合法，既要求符合立法的目的、精神，也要求事实清楚，证据确凿充分，同时要求有法律依据，符合法律规定；行政行为的程序合法，既要求在时间上遵循法定的步骤、顺序和时限，也要求空间上符合法定的方式和形式。本案中最重要的争论之处就在于这里。

本案中杭州市人民政府行为主体合法，符合法定的权限，其依据是《中华人民共和国地方各级人民代表大会和地方各级人民政府组织法》第59条；同时行为内容和程序也合法。1996年6月29日浙江省人民代表大会常务委员会批准《杭州市人民代表大会常务委员会关于修改〈杭州市客运出租汽车管理条例〉部分条款的决定》，1996年8月1日《杭州市客运出租汽车管理条例》公布施行。该条例第7条规定：“……小型客运出租汽车(九座以下)在市区的经营权通过竞拍等方式实行有偿使用，有偿使用所得用于城市交通基础设施，具体办法由杭州市人民政府另行规定。”1998年2月14日杭州市人民政府向杭州市人大常委会提请《关于要求明确原已投入市区营运的客运出租汽车经营权适用有偿使用原则的报告》，杭州市人大常委会认为，为了体现公平原则，对市区原已投入运营的小型客运出租汽车适当收取有偿使用费是必要的，但涉及经省人大常委会批准的《杭州市客运出租汽车管理条例》第7条的理解和适用问题，故于1998年3月30日提请浙江省人大常委会《关于对〈杭州市客运出租汽车管理条例〉第7条的理解和适用问题的请示》，1998年4月13日浙江省人大法制委员会作出了同意的批复。同月24日杭州市人大常委会函告杭州市人民政府，复述了省人大法制委员会的批复内容。1999 年 11 月 23 日《国务院办公厅转发建设部、交通部等部门关于清理整顿城市出租汽车等公共客运交通意见的通知》(以下简称《通知》)。该《通知》第 2 条第 4 项规定："已经实行出租车经营权有偿转让或者出让的城市，要依据有关规定，针对经营权有偿使用和管理存在的问题进行清理，严格规范经营权有偿出让和转让行为，清理整顿后，确需保留有偿出让和转让经营权的城市，经省、自治区、直辖市财政、物价部门审核后，重新报省、自治区、直辖市人民政府批准，并报财政部和国家计委备案。"2000 年 5 月 24 日，杭州市清理整顿城市公共客运交通工作小组向省清理整顿城市公共客运交通工作小组报送《进一步规范出租汽车经营权出让转让和经营行为的报告》。2000 年 7 月 4 日杭州市人民政府报送浙江省财政厅、物价局《关于要求统一城市客运出租汽车经营权有偿使用标准的函》。2001 年 4 月 4 日浙江省人民政府函告省财政厅、物价局，同意杭州市对 1992 年底前行政审批的市区 3675 辆出租车(不含萧山、余杭区)从 2001 年起重新核定经营权使用期 10 年，并对每辆出租车一次性收取有偿使用金 3 万元。省财政厅、物价局于 2001 年 4 月 23 日复函杭州市人民政府，复述其向省政府请示后的同意内容。2001 年 6 月 26 日财政部、国家计委发还浙江省财政厅、物价局《关于杭州市对城市客运出租汽车经营权实行有偿使用问题的批复》，明确已在 2001 年 5 月中旬收到浙江省报备案的浙财综字(2001)42 号文件。

3. 本案争议的焦点之三是 1996 年 8 月 1 日修改后的《杭州市客运出租汽车管理条例》对原告方小燕等 688 名个体出租汽车经营户，依据 1987 年 5 月 1 日起施行的《杭州市客运出租汽车管理暂行规定》和 1991 年 2 月 1 日起施行的《杭州市客运出租汽车管理条例》取得客运出租汽车营运资格是否有溯及力的问题。法一般不溯及既往，本案中该《通告》是杭州市人民政府在 1996 年《杭州市客运出租汽车管理条例》施行后依据新的法规作出的行政决定，其没有针对《杭州市客运出租汽车管理条例》生效以前的行为征费、补费。《通告》规定只征收自 2001 年 6 月 1 日起至 2011 年 5 月 31 日止的费用，故不存在溯及既往的问题。

4. 本案双方争论遗漏的问题是《通告》的行为内容的性质问题。从行政法理角度看，该通告其实是废止原告等原先取得的出租汽车营运资格证，是一个《通告》(行政行为)废止原先取得的多个出租汽车营运资格证的行为。根据行政行为废止理论，行政行为具有三种情形可废止，即继续存在不符合新的形势，不符合新的法律、法规等，自身任务已完成。本案中原告方的出租汽车营运资格证其实已经符合废止的前两种情形，故从行政行为废止的角度，该《通告》也是合法的。问题在于废止后的处理，行政行为废止应予以补偿，该《通告》中对继续要求营运的则一次性征收经营权有偿使用费 3 万元，并重新核定使用期限为 10 年，其实已经予以补偿，因为当年 10 年的出租汽车经营权拍卖价为 38 万元，而原告方如果同样取得 10 年的出租汽车经营权则只需3万元，也即予以补偿了35万元，但该《通告》遗漏的是如果这些出租汽车司机不想继续营运的，其补偿则没有体现，是否应给予现金补偿35万元。现在的《行政许可法》的规定，解决了行政行为废止后的补偿问题，让行政相对人对补偿的取得有法可依。

案例六：

【王某状告民政局政府信息公开案[①]】

【案情简介】

王某的朋友因租赁合同与一家居公司发生纠纷，房屋内财物也被强行搬走。王某作为代理人参加了法庭辩论，并向法庭提交了一份某工贸公司出具的出库单，证明对方拉走的货物数量。这份出库单被一审法院采纳作出判决。败诉的家居公司不服提起上诉。二审开庭时，家居公司的律师亮出了一份某民政局出具的"查档证明"，内容是王某的婚姻情况查询记录，证明王某与提供出库单的工贸公司法定代表人曾经是夫妻，以质疑出库单的合法性。这样民政局的行为对王某代理的案件造成了影响。王某认为民政局在一起诉讼中出具了他的个人婚姻记录情况的政府信息，侵犯了其隐私权，于2008年向人民法院提起行政诉讼，请求确认民政局出具"查档证明"的具体行政行为违法。一审法院认可了民政局的答辩意见，认定家居公司律师调查王先生的婚姻状况与民事诉讼中的证据有一定关联性，符合律师在诉讼过程中查阅与诉讼有关的婚姻登记档案的要求，故作出了驳回原告诉讼请求的判决。

【争点分析】

北京首起状告政府信息公开案争议的焦点在于被告民政局依家居公司律师的申请，出具了内容为原告王某个人婚姻记录情况的政府信息的具体行政行为是否合法。

根据《中华人民共和国政府信息公开条例》的规定，政府信息指行政机关在履行职责过程中制作或者获取的，以一定形式记录、保存的信息。政府信息公开是指行政机关、法律法规授权的组织将其在行政管理或提供公共服务过程中获取的信息，依照法定程序，主动或依申请向社会公众或申请人(包括个人、单位和组织)公开的法律制度。政府信息公开的基本内容有：(一)政府信息公开的主体，包括义务

---

① 《北京首起状告政府信息公开案原告败诉》，110法律咨询网，发布日期：2009-04-22，文章来源：互联网。http://www.110.com/ziliao/article-132207.html，最后访问日期为2011年11月3日。

主体和权利主体。义务主体是指掌握政府信息而又负有公开义务的行政机关和法律、法规授权的组织,权利主体则是享有政府信息知情权的公民、法人和组织。(二)政府信息公开的范围,包括应当公开的范围和不予公开的范围。应当主动公开范围为:(1)涉及公民、法人或者其他组织切身利益的;(2)需要社会公众广泛知晓或者参与的;(3)反映本行政机关机构设置、职能、办事程序等情况的;(4)其他依照法律、法规和国家有关规定应当主动公开的。行政机关不得公开涉及国家秘密、商业秘密、个人隐私的政府信息。但是,经权利人同意公开或者行政机关认为不公开可能对公共利益造成重大影响的涉及商业秘密、个人隐私的政府信息,可以予以公开。(三)政府信息公开的方式,主要包括主动公开和依申请公开两种方式。(四)政府信息公开的程序,指行政机关和法律、法规授权的组织依照法律规定的步骤和方法,主动地或依公民、法人或其他组织申请公开其所掌握的政府信息的过程。政府信息公开的程序具有法定性、过程性、形式性和参与性等特征。(五)政府信息公开的法律救济。公民、法人或者其他组织认为行政机关在政府信息公开工作中的具体行政行为侵犯其合法权益的,可以依法申请行政复议或者提起行政诉讼。

我们认为,被告民政局向家居公司律师出具原告王某婚姻状况的政府信息合法。首先,对涉及公民隐私权的政府信息,行政机关不得主动公开,除非经权利人同意公开或者行政机关认为不公开可能对公共利益造成重大影响的涉及个人隐私的政府信息,才可以予以公开。本案中,这两种情形都不具备,民政局也没有主动公开涉及王某隐私权的政府信息。民政局是依申请公开政府信息,是家居公司律师根据《政府信息公开条例》第 13 条的规定,根据自身生产、生活、科研等特殊需要,主要是民事诉讼的需要,向民政局申请公开涉及王某隐私权的政府信息。对家居公司律师的申请,民政局依据《婚姻登记档案管理办法》第 15 条规定,即律师及其他诉讼代理人在诉讼过程中,持受理案件法院出具的证明材料及本人有效证件,可以查阅与诉讼有关的婚姻登记档案,而公开涉及王某婚姻状况的政府信息。本案中,家居公司律师调查王某的婚姻状况与民事诉讼中的证据有一定关联性,符合律师在诉讼过程中查阅与诉讼有关的婚姻登记档案的要求。因为在王某的朋友与家居公司因租赁合同发生纠纷的民事诉讼中,王某作为代理人参加了法庭辩论,并向法庭提交了一份证明家居公司拉走的货物数量的某工贸公司出具的出库单,一审法院采纳这份出库单作出判决,这说明了这份出库单是一份十分重要的证据。家居公司律师向民政局申请查询王某的婚姻状况,来证明王某与提供出库单的工贸公司法定代表人曾经是夫妻,以此来质疑出库单的合法性。可见,民政局依申请出具王某婚姻状况的政府信息符合《婚姻登记档案管理办法》的规定。其次,民政局依申请出具的涉及王某婚姻状况的政府信息没有损害王某的合法权益。根据《政府信息公开条例》第 23 条规定,行政机关认为申请公开的政府信息涉及商业秘密、个人隐私，公开后可能损害第三方合法权益的，应当书面征求第三方的意见；第三方不同意公开的，不得公开。但是，行政机关认为不公开可能对公共利益造成重大影响的，应当予以公开，并将决定公开的政府信息内容和理由书面通知第三方。本案中，民政局向家居公司的律师公开涉及王某婚姻状况的政府信息不会对王某的合法权益带来损害。家居公司律师将所查阅情况仅在法庭上作为证据使用，不是在其他场合使用，不存在侵犯隐私权问题。并且原告出具的出库单是其妻子出具的，不能仅凭这一点就否认了该书证在证明作用上的合理性，而应该结合其他情况综合判断。综上所述，被告民政局出具“查档证明”是合法的，法院为此作出了驳回原告诉讼请求的判决。

案例七：

【李某不服行政裁决申请行政复议案】

【案情简介】

1988 年，李某与村民委员会签订承包合同，承包了村里的 100 亩山地，约定每年上缴承包款 2000 元，承包期 20 年。1998 年，在部分村民的要求下，村民委员会召开村民代表会议讨论后决定，以情况变化为由，将这 100 亩山地收回，并转由何某、石某承包，年承包款各 1 万元。李某向乡人民政府申请裁决，乡人民政府经审查后认定，村民委员会收回山地的行为经村民代表会议讨论通过，是有效的行为，并确定山地由何某、石某使用。李某向县人民法院提起行政诉讼。县人民法院裁定不予受理，并告知李某应先提起行政复议。李某随即向该乡所属的区公所申请行政复议，区公所未予受理，李某又向县人民政府申请复议。在县人民政府复议过程中，乡人民政府辩称，其行为是对民事纠纷的调解，不属于行政复议范围。最后，县人民政府作出了李某与村民委员会签订的合同有效，撤销乡人民政府的裁决的复议决定。

【争点分析】

1. 乡人民政府的行为属于具体行政行为还是民事调解行为？

乡人民政府的行为属于具体行政行为。行政机关对民事纠纷的调解是在纠纷当事人自愿的基础上，由行政机关主持，根据国家法律规定及法律精神，通过说服、沟通，促使纠纷各方协商、互谅互让、达成一致，消除纠纷的活动。该案中，原由李某承包的山地转由何某、石某承包，不是李某与村民委员会自愿达成的一致意见，而是乡人民政府以行政权力作出的决定；并且，乡人民政府的行为废止了李某与村民委员会签订的农业承包合同，李某也认为该行为侵犯了其合法权益。因此，乡人民政府的行为是具体行政行为，属于《行政复议法》第 6 条第 6 项明确规定的行政复议范围。

2. 县人民法院的做法是否合法？

县人民法院的做法符合法律规定。李某通过与村民委员会签订承包合同，已合法取得了对山地的使用权。根据《行政复议法》第30条第1款的规定，李某如认为乡人民政府的具体行政行为侵犯其对山地的使用权，应当先向行政复议机关提起行政复议，对复议决定不服的才可以提起行政诉讼，即属于复议前置的情况。因此，县人民法院裁定不予受理李某对乡人民政府的起诉是符合法律规定的。

3. 区公所是否有复议管辖权？

区公所没有复议管辖权。根据《行政复议法》第13条的规定，只有对省级人民政府依法设立的派出机关所属的县级地方人民政府的具体行政行为不服，才向该派出机关申请行政复议。区公所尽管是县人民政府依法设立的派出机关，但它并不具有对乡人民政府具体行政行为的行政复议管辖权。因此，对乡人民政府的具体行政行为，不能向其所属的区公所提起行政复议，而应向县人民政府提起行政复议。

案例八：

【李某申请行政不作为赔偿案】

【案情简介】

四川阆中市水观镇农民李茂润，在1998年5月16日至5月19日的四天三夜中，连续遭到一名叫郑国杰的疯子的追杀，他20多次向水观镇派出所求救，但派出所没有对其实施保护。他认为，造成他终身残疾、财产损失的主要原因是水观镇派出所的干警拒不履行保护人民群众的生命财产安全的法定职责所致。1999年3月20日，李茂润以公安局拒不履行法定职责向其索赔遭到拒绝。同年9月5日，他向阆中市人民法院控告阆中市公安局拒不履行法定职责，致使其人身、财产遭受损害，请求法院判令阆中市公安局赔偿其医疗费、鉴定费、护理费、交通费、误工费、残疾赔偿金等财产损失。因在当时人民警察不履行保护人民群众人身安全的职责是否承担赔偿责任我国法律没有明确规定，2000年4月21日，阆中市人民法院作出了中止诉讼的裁定。四川省高级人民法院以《关于公安机关不履行法定职责是否承担行政赔偿责任的问题的请示》向最高人民法院请示，最高人民法院于2001年6月26日作出批复："由于公安机关不履行法定行政职责，致使公民、法人和其他组织的合法权益遭受损害的，应当承担行政赔偿责任。在确定赔偿的数额时，应当考虑该不履行法定职责的行为在损害发生过程和结果中所起的作用等因素。"2001年9月4日四川省阆中市人民法院，根据最高人民法院关于执行《行政诉讼法》和最高人民法院对本案作出的司法解释，以及《行政诉讼法》、《国家赔偿法》作出一审判决：被告阆中市公安局的工作人员不履行法定职责的行为违法；被告阆中市公安局赔偿李茂润医疗费、误工费、残疾赔偿金等共计19751.32元。

【争点分析】

本案争议的焦点在于公安机关不履行法定行政职责，致使公民、法人和其他组织的合法权益遭受损害的，国家要不要承担行政赔偿责任。即行政不作为的行政赔偿责任问题。对此问题，首先要界定行政不作为含义。行政不作为是指行政主体负有某种作为的法定义务，并且具有作为的可能性而在程序上逾期有所不为的行为。所谓不作为就是当为而不为。其构成要素有：一是行政主体负有某种作为的法定义务。这里的法定义务的范围较广，包括法律、法规、规章、规定和政府制定的政策等规定的义务。二是行政主体有作为的可能性，即行政主体具有履行该义务的主观意志能力。三是在程序上逾期有所不为的行为。其次，我们从《国家赔偿法》的规定及行政赔偿构成要件来分析行政不作为的行政赔偿责任问题。行政不作为赔偿责任实质上是因行政主体未履行对特定人应当承担的行政作为义务以致发生损害而由国家承担的赔偿责任。其一，行政不作为属于国家赔偿的范围。我国《国家赔偿法》未明确行政不作为的赔偿责任，但其列举的可予赔偿的违法行为既可以作为的方式表现，也可以不作为的方式表现，并且行政不作为不属于《国家赔偿法》第5条明文列举的国家不承担赔偿责任的情形，因此可以认为《国家赔偿法》承认不作为的赔偿责任。依最高人民法院1997年4月29日《关于审理行政赔偿案件若干问题的规定》第1条，“与行政机关及其工作人员行使行政职权有关的，给公民、法人和其他组织造成损害的，违反行政职责的行为”属于《国家赔偿法》第3条和第4条规定的“其他违法行为”。这里的“违反行政职责”应当包括“未履行行政职责”，因此可以认为我国法院对行政不作为的赔偿责任亦持肯定态度。其二，行政不作为造成的损害符合行政赔偿的构成要件。我们结合该案的案情来分析。第一，行政不作为存在。李茂润在庭审中，向法庭递交了水观镇100多名群众的证言证词，证明派出所没有对其实施保护，而被告拿不出证据证明自己对其进行过救助，这些证据证明了水观镇派出所没有履行保护公民的人身权和财产权的职责。第二，行政不作为违法。依法及时查处危害社会治安的各种违法犯罪活动，保护公民的人身安全、人身自由和合法财产；对严重危害公共安全或者他人人身安全的精神病人，采取保护性约束措施；遇到公民人身、财产安全受到侵犯或者处于其他危难情形，应当立即救助。这些都是《警察法》规定的公安机关的法定职责。被告阆中市公安局接到报警后未按规定立即派员保护李茂润的人身权和财产权，不履行法定的职责，其不作为行为违法。第三，有损害事实的发生。李茂润的人身权和财产权受到损害，他被疯子追杀，被迫跳楼摔伤，经残联核定为八级残疾。为治疗疾病花去了治疗费、交通费、误工损失费、护理费、营养费共计23万元；“疯子”给他造成的财产损失为 1.37 万元。第四,行政不作为与损害事实之间存在着因果关系。李茂润遭到追杀向派出所求救,但派出所未对其进行保护,致使其人身权和财产权受到损害,公安局的不作为与损害事实之间存在因果关系。综上所述,公安局不履行法定职责,致使公民的合法权益遭受损害的,国家应当承担行政赔偿责任。

自我测试参考答案

第一章

1—8. 略

第二章

1. D　2. C　3. B　4. CD　5. BD　6. 略

第三章

1—2. 略

第四章

1. ABC　2. BCD　3. AB　4. ACD　5. BCD　6. BCD　7. ABD　8. ABD　9. B　10. 略

第五章

1. BD　2. AB　3. A　4. B　5. AC　6. ABD　7. BD　8. AB　9. ACD　10. ABD

第六章

1. ABD　2. AD　3. A　4. A　5. AC　6. ABC　7. ABC

第七章

1. ABC　2. C　3. A　4. AB　5. BC　6. BCD　7. A　8. AD　9. D　10. ABD　11. 略

第八章

1. D　2. C　3. ABCD　4. A　5. ABCD　6. 略

第九章

1. C　2. B　3. AB　4. BD　5. D　6. D　7. ABCD　8. AD　9. ACD　10. 略

第十章

1. CD　2. ABCD　3. ABCD　4. ABC　5. ABD　6. ABCD　7. ABCD　8. ACD　9. CD　10. ABC

第十一章

1. ACD　2. A　3. A　4. B　5. A　6. ACD　7. C　8. AB　9. ABCD　10. A　11. 略

第十二章

1. ABCD　2. ABCD　3. AB　4. ABC　5. 略　6. 略

第十三章

1. ABD　2. B　3. ABCD　4. AD　5. ABCD　6. 略

第十四章

1. ABCD　2. ABCD　3. ABCD　4. ABC　5. ABC　6. D　7. ACD　8. 略

第十五章

1. ABCD　2. C　3. ABC　4. C　5. 略

第十六章

1. B　2. A　3. A　4. B　5. B　6. CD　7. AD　8. ABC　9. 略

第十七章

1. A　2. A　3. ABCD　4. ABCD　5. 略

第十八章

1. D　2. D　3. C　4. C　5. C　6. B　7. A　8. A　9. BD　10. BCD　11. 略

第十九章

1. AD　2. BCD　3. ABD　4. BCD　5. CD　6. C　7. BC　8. 略

本教材系浙江省教育厅组织编写的浙江省“十一五”重点教材建设的系列项目之一。本教材由胡建淼教授任主编，并由浙江工商大学法学院行政法与行政诉讼法课程组的全体教师共同参与编写，因而本书是集体智慧的结晶。

本教材的写作分工如下(以下成员均系浙江工商大学法学院教师)：

章　节	撰写者
第一章　行政法概述	陈骏业
第二章　行政法的渊源与适用	吕尚敏
第三章　行政法基本原则	陈骏业
第四章　行政法主体	陈　党
第五章　行政行为概述	吕尚敏
第六章　行政立法与行政规定	吴佩周
第七章　行政处罚	罗文燕
第八章　行政征收与行政征用	雷伟红
第九章　行政强制	刘东亮
第十章　行政确认	陈骏业
第十一章　行政许可	罗文燕
第十二章　行政给付与行政奖励	雷伟红
第十三章　行政裁决	雷伟红
第十四章　行政合同	雷伟红

续 表

章　　节	撰写者
第十五章　行政指导	陈　党
第十六章　行政程序法	骆梅英
第十七章　行政违法	雷伟红
第十八章　行政复议	刘东亮
第十九章　行政赔偿	骆梅英
第二十章　综合案例分析	雷伟红:案例一、三、六、八 吕尚敏:案例二、四 吴佩周:案例五 刘东亮:案例七

全书由胡建淼教授统稿,吕尚敏副教授协助主编做了许多组织工作并承担了本书的初审任务。浙江工商大学法学院曹静同学也为本书的写作做了许多协助工作,在此一并致谢。由于本书写作时间较紧,因而其中的错误或不足在所难免,敬请各位学界同仁批评指正,以便再版时予以修订。